Andrej Sinjawskij

# Iwan der Dumme

Vom russischen Volksglauben

Aus dem Russischen
von Swetlana Geier

*Für unser Pater Gregor
— den Weisen —
von den Wallfahrtsteilnehmern
Würzburg/Fahrbrück
im August '92*

S. Fischer

Die russische Originalausgabe erscheint 1990 unter dem Titel
»Iwan Durak. Russkaja narodnaja wera« bei SYNTAXIS, Paris
© 1990 Editions Albin Michel S. A., Paris
Für die deutsche Ausgabe:
© 1990 S. Fischer Verlag GmbH, Frankfurt am Main
Umschlaggestaltung: Buchholz/Hinsch/Walch
Abbildung: ›Sieh genau hin, Sterblicher‹,
(Guslizer Schule, 1840er oder 1850er Jahre),
Historisches Museum, Moskau
Satz: Wagner GmbH, Nördlingen
Druck und Einband: Franz Spiegel Buch GmbH, Ulm
Printed in Germany 1990
ISBN 3-10-074412-8

# Inhalt

Vorwort . . . . . . . . . . . . . . . . . . . . . . . . . 9

## I. Das Märchen

1. Die Lichtnatur des Schönen . . . . . . . . . . . . . . . . . 16
2. Die moralische Welt des Märchens . . . . . . . . . . . . 24
3. Die Wahl des Helden . . . . . . . . . . . . . . . . . . . 31
4. Iwan der Dumme . . . . . . . . . . . . . . . . . . . . . 42
5. Der Dieb, der Narr und der Gaukler . . . . . . . . . . . 53
6. Die Spiegelung der lebendigen Gegenwart und des Alltags im Märchen . . . . . . . . . . . . . . . . . . . . . 69
7. Der traditionelle Märchenstil. *Ort, Zeit und Handlung* . . . 79
8. Anfangs- und Schlußvignette . . . . . . . . . . . . . . . 88
9. Die ununterbrochene Rede . . . . . . . . . . . . . . . . 94
10. Der Weg und das Haus . . . . . . . . . . . . . . . . . 103

## II. Heidentum und Magie

1. Die heidnischen Gottheiten der alten Rus . . . . . . . . . 117
2. Die Dämonologie. *Der Domowoj und seinesgleichen* . . . . 124
3. Waldschrat und Nöck . . . . . . . . . . . . . . . . . . 136
4. Die unreinen Geister . . . . . . . . . . . . . . . . . . 144
5. Die Seele und die Dinge . . . . . . . . . . . . . . . . . 155
6. Zaubersprüche und Beschwörungen . . . . . . . . . . . 165
7. Die Zauberer und die weisen Männer . . . . . . . . . . 174

III. Auf der Suche nach der Heiligen Rus

1. Christus und die Taufe . . . . . . . . . . . . . . . . . . . . 189
2. Die Mutter Feuchte Erde und die Muttergottes . . . . . . . 198
3. Die Heiligen Nikołaj und Jegorij . . . . . . . . . . . . . . 208
4. Die Heiligen und ihre Aufgaben . . . . . . . . . . . . . . 227
5. Der Kalender . . . . . . . . . . . . . . . . . . . . . . . . . 233
6. Die Ikonen . . . . . . . . . . . . . . . . . . . . . . . . . . 247
7. Das Taubenbuch . . . . . . . . . . . . . . . . . . . . . . . 256
8. Geistliche Gesänge von der Flucht aus dieser Welt. *Das Jüngste Gericht* . . . . . . . . . . . . . . . . . . . . . . . . 271
9. Die pilgernde und wandernde Rus . . . . . . . . . . . . . 283
10. Das Bild der russischen rechtgläubigen Heiligkeit. *Serafim von Sarow* . . . . . . . . . . . . . . . . . . . . . . . . . . . 291

IV. Die Kirchenspaltung und die religiösen Sekten

1. Die Reform des Patriarchen Nikon und der Beginn der religiösen Wirren . . . . . . . . . . . . . . . . . . . . . . 299
2. Das Leben des Protopopen Awwakum, von ihm selbst aufgezeichnet . . . . . . . . . . . . . . . . . . . . . . . . . . . 312
3. Wege und Schicksale des Alten Glaubens . . . . . . . . . . 330
4. Die Fortsetzung der Spaltung . . . . . . . . . . . . . . . . 342
5. Die rationalistischen Sekten. *Duchoborzen und Molokanen* 358
6. Wassilij Sjutajew und andere rationalistische Wahrheitssucher . . . . . . . . . . . . . . . . . . . . . . . . . . . . . 369
7. Die mystischen Sekten. *Die Geißler* . . . . . . . . . . . . 384
8. Die Skopzen . . . . . . . . . . . . . . . . . . . . . . . . . 400

Statt eines Schlußworts . . . . . . . . . . . . . . . . . . . . . 417

Anmerkungen . . . . . . . . . . . . . . . . . . . . . . . . . . 425

# Iwan der Dumme

# Vorwort

Wenn man über den russischen Volksglauben sprechen will, muß man zunächst die im eigentlichen Sinne volkstümlichen Formen und Vorstellungen von der offiziellen kirchlichen Kultur unterscheiden. Und dann muß man darauf achten, diese verschiedenen Sphären und Aspekte religiöser Problematik nicht zu verwechseln.
Indessen ist es keineswegs einfach, und manchmal sogar unmöglich, hier eine deutliche Grenze zu ziehen. Jahrhundertelang waren Weltverständnis, Alltag und Leben des russischen Volkes vom Christentum durchdrungen, dessen höchste Verkörperung die orthodoxe Kirche darstellte. Der Volksglaube siedelte nicht entfernt von der Kirche, sondern in ihrer unmittelbaren Nähe. Sie war die unanzweifelbare geistige Autorität und brachte allen Ständen die Wahrheit des Evangeliums, das Ideal der Heiligkeit, die Bilder und Formen der Gottesverehrung, die Moral, den Kultus, die Liturgie, den Kanon und – die Schriftsprache. Die ganze altrussische Kultur bis einschließlich des siebzehnten Jahrhunderts war in ihren schöpferischen Manifestationen – Kirchenbauten, Ikonen, Schrifttum – streng kirchlich. Auch der Volksglaube ist kirchlich, darüber hinaus aber leben in ihm andere Ideen und Möglichkeiten, und deshalb scheint er, ungeachtet seiner Kirchlichkeit, manchmal zweideutig oder häretisch und weckt, als eine der Orthodoxie nicht genehme Richtung, die Entrüstung der Kirche. Folgerichtig ist der Volksglaube – vor allem im späteren Abschnitt der russischen Geschichte – der Nährboden der Opposition gegen die Kirche und bringt außerdem eine Vielzahl sich gegenseitig bekämpfender Sekten hervor.
Aber auch in der Kirche entstehen Differenzen und Risse. Der Volksglaube wird zu einem Nebenzweig der offiziellen Religion. Schließlich entsteht in der Auslegung des Volkes ein originäres, völlig selbständiges Modell der christlichen Religion.

Solche Prozesse wurden von einer ganzen Reihe von Umständen begünstigt. In der Alten Rus war die Schicht höherer christlicher Bildung verhältnismäßig dünn und drang kaum in die Tiefe des Volkes ein. Die überwiegende Mehrzahl der Bevölkerung Rußlands konnte nicht lesen und schreiben und hielt sich an die mündliche Überlieferung, nicht an die Bücher.

Außerdem lebten im Volk über lange Zeiträume neben dem Christentum auch heidnische Traditionen weiter, die in magischen Praktiken und Ahnenkult gründeten. Diese schwelenden heidnischen Herde wirkten in der Regel nicht für sich, nicht als ein »anderer Glaube«, sondern vermischten sich mit dem Christentum.

Gleichzeitig beobachten wir eine Anpassung christlicher Normen und Begriffe an die wirtschaftlichen Bedürfnisse des russischen Bauern, an seinen Kalender und seinen Alltag.

Und schließlich ist es die schöpferische religiöse Kunst des Volkes, die zu einem der wichtigsten Faktoren dieses Prozesses wird. Ein Volk, und insbesondere ein junges Volk (wie es das russische immer noch ist), nimmt eine neue Religion nicht nur an, sondern es entwickelt und ergänzt sie auf seine Weise und nach seinem Geschmack und seinen Bedürfnissen. Auf diesem – dem künstlerischen – Grund entfalten sich die erstaunlichen, wunderbaren Mythen der christlichen und gleichzeitig volkstümlichen Weltanschauung.

In der religiösen Hierarchie nahm der Volksglaube einen untergeordneten Rang ein und überließ die führende Rolle, die sakralen, lehrenden und wegweisenden Funktionen der Kirche. Gleichzeitig aber erwies sich diese unterste Ebene des sozialen Seins und Bewußtseins auf Schritt und Tritt als weiter, offener, freier und differenzierter als die reine, strenge Orthodoxie, sie nährte diese und diente ihr als Stütze. So entstand eine Art Diffusion, eine gegenseitige Durchdringung und Bereicherung der Volkskultur und der offiziellen.

Trotz allem wurde die hierarchische Ordnung nicht nur im Alltag und im praktischen Leben, sondern auch in den Vorstellungen des Volkes peinlichst gewahrt. Hierarchisch und stilistisch sind die orthodoxe Ikone und das bunt bemalte Spinnrad, die Kirche und das Bauernhaus unvereinbar. Die geistlichen Gesänge (selbst vor der Kirchentür) sind etwas völlig anderes als die liturgischen Chöre. Ein Märchen (selbst religiösen Inhalts) ist etwas ganz anderes als eine sich an der Bibel orientierende theologische Schrift.

Im Zentrum einer jeden christlichen Kultur steht selbstverständlich die Heilige Schrift, das erste und das wichtigste Buch. In Rußland jedoch ist die Bedeutung der Bibel besonders groß, da die altrussische Schriftsprache zuerst und ursprünglich mit der Bibel in Erscheinung trat, als Medium und Selbstbestätigung des Christentums. Die Bekehrung zum Christentum und die Einführung der Schriftsprache gingen Hand in Hand. Das ist die Ursache für das hohe Ansehen, vielleicht sogar für die Heiligkeit des Buches im alten Rußland und ebenfalls für die Weigerung, das Buch durch Sekundäres, durch weltlichen oder bloß erbaulichen Inhalt zu mißbrauchen. Das Buch im alten Rußland war ein Lehrer des Lebens, und zwar nach dem entscheidenden Vorbild der Heiligen Schrift.

Daher auch seine zweite Tugend – die unbezweifelbare Zuverlässigkeit, die sein Gewicht und seine Autorität erhöhte. Die altrussische Literatur kannte keine Phantasie in des Wortes weitester Bedeutung, und wenn sie phantasierte, tat sie es unbewußt und ohne Vorsatz. Die bloße Tatsache des Geschriebenseins garantierte die Wahrheit und die Verläßlichkeit des Dargestellten. Das Schrifttum hatte die Aufgabe, die jeweilige Wahrheit vor den sie umbrandenden Meereswogen der Phantasie zu schützen und zu bewahren. Dies war die Ursache für die unerbittliche Trennung zwischen Literatur und Folklore – Märchen und Schwänke mußten lange vor den Pforten der schriftlichen Literatur stehenbleiben.

Der Volksglaube jedoch grenzte, im Gegensatz zur Kirchenkultur, an dieses Meer der Folklore unmittelbar an und setzte sich über die Schranken zwischen Wahrheit und Phantasie hinweg. Das will nicht heißen, daß der Volksglaube lediglich eine bloße Abweichung von der Orthodoxie oder gar deren Verzerrung darstellte, eine Überwältigung durch weitentlegene, dem Christentum fremde Spekulationen und eine willkürliche Auslegung religiöser Setzungen. Hier handelte es sich um ein kompliziertes Gleichgewicht, um eine empfindliche Balance zwischen den verschiedenen Aspekten der menschlichen Seele und des Lebens, zwischen Wissen und Intuition, Wahrheit und Traum, ferner Erinnerung und aktueller Wirklichkeit. Die Folklore selbst ruhte auf einem stabilen Fundament, das tief in das vorchristliche Altertum hinabreichte und gleichzeitig eine große religiöse Kraft in sich barg, die nötig ist, um in eine eigenwillige Kreativität Ordnung und Harmonie zu bringen.

Deshalb schicke ich meinen Betrachtungen über den Volksglauben einige Reflexionen über die Märchen und Schwänke voraus, die scheinbar mit Religion nichts zu tun haben, aber die vorhistorische Schicht der religiösen Kultur des Volkes bilden. Sie sind der fruchtbare Boden, der den Samen des Christentums aufgenommen hat und auf dem – und nur auf ihm – schließlich der jungfräuliche, geheimnisvolle Wald des russischen Volksglaubens emporwuchs.

# I
# Das Märchen

Die Sujets des Zaubermärchens reichen tief in die Vergangenheit zurück. Wie kommt es eigentlich, daß spätere Generationen sie erinnern und das Märchen unablässig hinter sich herziehen und weitergeben? So, daß der Begriff »Volk« kaum ohne das Märchen zu denken ist? Was haben sie davon? Denn das Volk selbst weiß von seinen ältesten Wurzeln nichts mehr und hat sogar den Sinn für sie verloren. Und an das meiste, was sich im Märchen ereignet, glaubt kaum jemand noch. Im vorigen Jahrhundert und am Anfang des jetzigen führten russische Volkskundler eine Befragung unter alten Märchenerzählern durch: Glauben sie ihren eigenen Erzählungen oder nicht? Es stellte sich heraus, daß kaum noch einer die eigentlich märchenhaften, die phantastischen Elemente des Zaubermärchens für wahr hielt. Anders stand es mit den Bylinen (die parallele epische Gattung). Die alten bäuerlichen Märchenerzähler empfanden die Byline als etwas *Reales,* etwas, was tatsächlich irgendwann einmal *Wirklichkeit* war. Selbst die übernatürliche physische Kraft der Bylinen-Recken fand bei ihnen eine Erklärung. Früher – als alles viel besser war –, da gab es solche kräftigen Bauern, eben die Recken. Aber das Märchen?
Man fragt sich: Warum liebt und schätzt das Volk das ahistorische Märchen nicht minder als die historische, vergleichsweise näherliegende und glaubwürdigere Byline, man muß sogar sagen, schätzt es mehr? Offensichtlich drückt das Märchen, selbst wenn es für Schwindel oder Phantasie gehalten wird, höchst bedeutsame Aspekte seines Weltverständnisses aus. Die Bilder des Märchens könnten nie über Jahrtausende im Gedächtnis des Volkes weiterleben, wenn sie nicht bestimmte, für das menschliche Sein und Bewußtsein bleibende, unvergängliche Werte enthielten. Es wird nur das erinnert und von Generation zu Generation weitergegeben, was dem Menschen auf die eine oder andere Weise teuer ist. Schon die Widerstandsfähigkeit des Märchensujets weist darauf hin, daß es etwas unglaublich Bedeutsames – Gutes, Nützliches, Gütiges, Dauerhaftes, Ewiges – und deshalb Unvergeßliches in sich birgt.

# 1
# Die Lichtnatur des Schönen

»So, und jetzt kommt das letzte Rätsel: Was ist Schönheit? Und der Soldat antwortet wieder unbeirrt: ›Das Brot‹, sagt er, ›ist die Schönheit.‹ – ›Falsch, Kamerad, Schönheit – das ist das Feuer.‹«[1]
So klein noch, aber es weiß schon, was Nutzen ist und was Schönheit! Und so, wie Motten vom Licht angezogen werden, so, wie Kinder ihre Ärmchen nach allem ausstrecken, was leuchtet und funkelt, so, wie ein Streichholz jederzeit entflammbares Feuer in sich trägt, so offenbart das Märchen seine innigste Verwandtschaft mit dem Licht. Seine Bilder funkeln und schimmern: Goldenes Haar, goldene Federn, goldene Schuppen, goldene Mähne, goldenes Dach – alles Zeichen der Zugehörigkeit zum höchsten, kostbarsten Lichtglanz. Im Märchen wird Gold gespuckt und werden Perlen geweint, mit jedem Lächeln Blumen über das Antlitz der Erde gestreut und die Gewänder nach der höchsten Konzentration von Licht und sämtlichen Farben des Regenbogens gewählt.
»Und als der Zar am nächsten Morgen aufwachte und an das Fenster trat, da mußte er geblendet die Augen schließen – und drei Saschen weit zurückspringen: Da war also die Brücke, eine Bahn aus Silber, die andere aus Gold. Sie funkelte und leuchtete...«[2]
Die Farben im Märchen lumineszieren und scheinen die Gegenstände in Brand zu setzen, was schließlich dazu führt, daß schon der Begriff *märchenhaft* in unserer Vorstellung ein irgendwie eigentümliches Licht verbreitet. Die Farben sind mit Feuer angerührt, in Gold aufgelöst und von Gold durchsetzt, das übrigens die höchste Steigerung aller Farben darstellt und die Fassung, die das Bild wie einen Edelstein einschließt und zur Geltung bringt.
»Kikeriki! Bojare, Bojare! Gib uns unsere Mühle zurück, die goldene,

die himmelblaue! Bojare, Bojare, gib uns unsere Mühle zurück, die goldene, die himmelblaue!«[3]
Man fragt sich: Welche Farbe hat nun eigentlich diese kleine Mühle – ist sie golden oder himmelblau? Sie ist golden und himmelblau in einem, und das Blau wird durch das Gold gesteigert, wie es immer die Qualität eines Gegenstandes steigert – von welcher Farbe er auch sein mag, in jedem Fall aber ist er der Bedeutsamkeit wegen auch noch golden.
Das Gold ist, wie bekannt, *rot*. »Rotes Gold rostet nicht in der Erde.«[4] Seine Gegenwart tut sich durch einen unauslöschlichen Lichtschein kund, und dieses wunderbare Leuchten im Märchen darf als die Schönheit in ihrer vollkommensten Form und ihrem reinsten Sinn verstanden werden. »Der Dumme knüpfte das Sacktuch auf, und das ganze Haus war voller Licht. Da fragten ihn seine Brüder: ›Woher hast du diese Schönheit?‹«[5]
Die Macht, das Gute, der Edelmut treten als farbiger Glanz und Leuchten auf, was schließlich dazu führt, daß Jurisdiktion, Religion, Moral und ökonomische Verhältnisse eindeutig von der Ästhetik in den Hintergrund gedrängt und transformiert werden. Glanz und Farbe sind die gültigen Wertmaßstäbe. Die Welt wird als Dekor gesehen und erklärt – aber nicht nur zur Augenweide und aus Spielerei, sondern kraft eines unfaßbaren, wundersamen Gesetzes, einer Ordnung, die die Physiologie des Märchens lenkt und dabei Alles und Jedes zu einem Farb- und Licht-Code sublimiert.
»Sie flogen und flogen; da sagte der Adler zum Zaren: ›Wirf einen Blick zurück – was ist hinter uns?‹ Der Zar wandte sich um und sagte: ›Hinter uns ist ein rotes Haus.‹ Darauf der Adler: ›Dort brennt das Haus meiner jüngsten Schwester.‹«[6]
». . . Mitten im Meer liegt eine Insel. Auf dieser Insel ragen hohe Berge, und am Gestade brennt etwas wie Feuer. ›Ich glaube, ich sehe ein Haus brennen‹, sagte der Kaufmannssohn.«[7] Feuer, Gold, Sonne, Regenbogen, rotes Gewand, schöne Jungfrau, Blumen, Edelsteine – so schimmert das Märchen in befreundeten Begriffen, die mit der Befugnis synonymer Merkmale die Strahlkraft der hinter dem Text liegenden Quelle einzufangen versuchen. Auf eine ähnliche Weise bemühte

sich Jakob Böhme, das fehlende Epitheton für das Funkeln des himmlischen Reichs zu ertasten: »Ich kann es mit nichts vergleichen als mit den edelsten Steinen, als Rubin, Smaragden, Delfin, Onix, Saphir, Diamant, Jaspis, Hyacinth, Amethist, Berill, Sardis, Carfunckel und dergleichen.« (*Aurora oder die Morgenröte im Aufgang,* Kap. XII, Uziel, 114)

Das Märchen weiß nichts von gelehrter Terminologie, es ist schlichter, direkter und bedient sich vorwiegend des Goldes und des Feuers. Aber eigentlich geht es ihm um ein Etwas, das leuchtender und schöner ist als Gold und reiner als Feuer, und wenn es davon erzählt, stößt es jedesmal gegen die Materie der Sprache und muß sich vor der Kraft des unaussprechlichen Lichts zu seiner Ohnmacht bekennen: »Nicht auszudenken, nicht zu erraten und nicht im Märchen zu sagen!« Aber die Beharrlichkeit, mit der es sich an den Strohhalm der Selbstbeschränkung klammert, deutet darauf hin und ist der beredte Beweis dafür, daß das Märchen gerade im Äußersten, an der Grenze des Unsagbaren angesiedelt ist, und daß es immer wieder zur Schönheit will, die die Möglichkeiten der Sprache übersteigt, und daß der Widerschein dieses jenseitigen Lichts auf seinem golddurchwirkten Schleier liegt.

Daher kommt es übrigens, daß das üppige Gold im Märchen niemals dick aufgetragen, aber auch niemals nur Flitter ist. Seine Farbigkeit hat niemals das selbstzufrieden Grelle des rustikalen kolorierten Holzschnitts, dessen Farbe als dichte Schicht auf der Oberfläche liegt, als Zeichen materiellen Wohlseins, ohne Beziehung zu einer geistigen Aussage, bar alles Geheimnisvollen und ohne Glauben an das Wunder des Lichts. Wenn das Märchen zum Zeichen seines unversiegbaren Reichtums Gold spuckt und Gold rülpst, so ist es eigentlich nur in der Ansicht des goldenen Zauberlandes versunken, und der plumpe Stoff wahrt die lichtdurchwirkte Transparenz des feinsten Elements – des Feuers, das die schwerfällige Materie in den Zustand seraphischer Luftigkeit versetzt.

Die Lichtnatur des Schönen tritt im Märchen so deutlich zutage, daß es längere Zeit als eine Form der Sonnenanbetung betrachtet wurde. Aber das Märchen ist anspruchsvoller; gleich Jelena, der Wunderschönen: »›Weshalb hast du, liebe rote Sonne, drei Tage nicht geleuchtet?‹ – ›Weil ich in all der Zeit mit Jelena der Wunderschönen gestritten habe – wer von uns die Schönere ist.‹«[8] Seine Neigung zu dem Über-Sonnenglanz scheint tiefer zu liegen als ein ausgeformter Kultus oder eine Glaubensrichtung. Diese Neigung ist der allgemeinen Vorliebe des Menschen für alles Glänzende und Farbige verwandt, die er mit der ungezählten Schar von Insekten und mit anderen Tieren teilt, die so empfindsam auf Licht, Blumen, buntes Gefieder, auf allerlei Hahnenkämme und farbenprächtige Körperteile reagieren. In Rattenlöchern wurden gestohlene goldene Ringe und Münzen gefunden, in kleinen Säulen gestapelt nach Größe und Gewicht, wie am Bankschalter. Eine Schwäche für Glänzendes beobachtet man bei Elstern und Krähen. Die Neigungen des Märchens sind offensichtlich ebenso unbewußt, äußern sich jedoch entschiedener, mit schlafwandlerischer Beharrlichkeit.

Der Hang zu Licht und Schönheit macht sich sogar in neuzeitlichen Berichten von magischen oder übernatürlichen Vorgängen bemerkbar – in denen das Märchen schon immer zu Hause war. Die Faszination eines Wesens, das im Banne des Schönen Verstand und Gedächtnis verliert und im Affekt des Staunens und Entzückens aufgeht, ist ihm seiner Natur nach vertraut, selbst wenn es sich dabei um Wahnsinn, Ekstase, Rausch oder einen anderen suspekten Versuch handelt, bei dem die Seele von dem Leib befreit werden soll. Jede Religion reicht in diesem Punkt dem Märchen die Hand, und die Mystik spricht die Sprache der Liebe und Poesie: »Ich bin nicht, du bist mein Ich.« »Der Anschauende wird selbst die Anschauung, und die Anschauung – der, der angeschaut wird«, lehren die Sufis. Die Inder sprechen von der Seligkeit des Eins-Werdens des Bewußtseins mit dem schönen Objekt, in dem wir aufgehen und unser eigenes befreites »Ich« erfahren. Im Märchen sieht das so aus:

»Der Zarewitsch kam näher, sah die Jungfrau und blieb unbeweglich stehen, wie von einer unsichtbaren Kraft festgehalten. So stand er vom Morgen bis in den späten Abend und konnte keinen Blick von ihr wenden. Die Jäger folgten seiner Spur. ›Ja, Majestät, aus gutem Grund seid Ihr eine ganze Woche im Wald umhergeirrt.

Nun werden auch wir hier vor dem Abend nicht fortgehen können.‹

Sie stellten sich um den Sarg, schauten die Jungfrau an, staunten über ihre Schönheit und blieben vom Morgen bis in den späten Abend so stehen.«[9]

Mit hoher Kennerschaft schildert das Märchen Séancen dieser Art, in denen der Schönheit eine magische Macht zufällt. Sie ist die Ursache dafür, daß der Mensch plötzlich »nicht mehr sein eigen ist« und daß er, »wenn er ißt, nicht ißt, wenn er trinkt, nicht trinkt, immerzu hat er sie vor Augen!« – »Das macht nichts«, sagt der Königssohn von seiner Geliebten, die keine Hände hat, »arbeiten braucht sie ja nicht; ihre Schönheit ist mir auch im Schlafe vor Augen!«[10]

Man kann die Augen von der Märchenjungfrau um so weniger abwenden, als ihr Gesicht wie eine Art Scheinwerfer ein blendendes Licht verbreitet. Um dieser Wirkung willen schmückt ihre Stirn die Sonne, der Mond oder ein anderer Planet, und man weiß eigentlich immer noch nicht, worum es sich dabei handelt und ob es nicht vielleicht ein drittes Auge ist, das die Magie des Lichts mit der Energie des Schauens vereint?

Das Schöne im Märchen besitzt die Eigenart, nicht nur den Blick zu bannen, sondern auch selber Vieles zu sehen. Eigentlich sind es sich gegenseitig bedingende Prozesse: Leuchten und Schauen. Deshalb trifft auf das Licht (*swjet*) in Beziehung zur Schönheit seine andere lexikalische Bedeutung zu: Kosmos, das heißt, alles, was wir sehen. Das Auge, wie wir von Goethe erfahren, ist »sonnenhaft«, ist ein Bild der Sonne, folglich muß auch die Sonne, indem sie leuchtet, gleichzeitig schauen. Im alten Ägypten wurde das Sonnenauge als ein göttliches, allsehendes Auge dargestellt. Der volle Mond (in Ägypten ein hoher Feiertag) wurde »Vollauge« genannt. Ilja Muromez, der sich auf den Weg nach allen vier Himmelsrichtungen, wohin die Augen sehen, aufmacht, bittet um den Segen des Allsehenden Auges.

> Da erhob sich Ilja, und da stellte er sich auf die flinken Füße,
> Da bekreuzigte er seine Augen vor der Ikone der Heiligen
> Augen...[11]

Im Schein des übersinnlichen Lichts erfüllt sich der Geist nach dem Zeugnis der Eingeweihten mit einem kosmischen Sehvermögen und wird der Gnade teilhaftig, alles und überall zu schauen. Darin läßt sich vielleicht eine gewisse Gesetzmäßigkeit erkennen, der zufolge im Märchen das Licht (*swjet*) und die Schönheit uns ihren komplementären Aspekt zeigen – die Fülle des Auges im Schauen der hellerleuchteten Welt (*swjet*).

Das Märchen ist keineswegs besonders darstellungsfreudig, aber es ist großäugig und möchte möglichst viele Erscheinungen in einem Blick zusammenfassen, wozu es sich gelegentlich der Breitleinwand bedient, des Weitwinkel-Objektivs für ein Panorama, das alles vor Augen führt, was es für schön hält.

»›Rolle, rolle, Äpfelchen, über das silberne Tellerchen, zeig mir Städte und Felder, Wälder und Meere, der Berge Höhe und des Himmels Schöne!‹ Das Äpfelchen rollt über das Tellerchen, das Klare über das Silberne, und auf dem Tellerchen sind alle Städte zu sehen, eine nach der anderen, die Schiffe auf den Seen und die Heerscharen auf den Feldern und der Berge Höhe und des Himmels Schöne; die Sonne geht auf, und die Sonne geht unter, die Sterne führen Reigen, und alles ist so schön und ein Wunder, nicht im Märchen zu sagen, nicht mit der Feder zu beschreiben. [...] Sie rollt das Kläräpfelchen über das silberne Tellerchen, und da sieht man auf dem Tellerchen eine Stadt nach der anderen, und in den Städten stellen sich die Heerscharen auf, mit Fahnen und mit Büchsen, sie treten in Schlachtordnung auf, die Wojwoden vor den Fronten, die Hauptleute vor den Rotten, die Zehentmänner vor ihren zehn Mann; Feuer und Donner, Rauchschwaden wehen, und die Hand ist nicht vor den Augen zu sehen! Das Äpfelchen rollt über das Tellerchen; das Klare über das Silberne; und auf dem Tellerchen ist ein stürmisches Meer zu sehen, Schiffe schwimmen darauf wie Schwäne, die Fahnen flattern, von Bord wird geschossen, Feuer und Donner, Rauchschwaden wehen, und die Hand ist nicht vor den Augen zu sehen!«[12]

Das erleichterte Aufatmen angesichts der grenzenlosen freien Weite, die gestillte Sehnsucht der Seele, ihre Flügel über den ganzen Horizont auszubreiten, der Augenblick, in dem die Alten »Gottes Segen und Wohltat!« zu sagen pflegten – das ist das bewegte Ruhen des erhellten Auges auf dem silbernen Tellerchen, eines Auges, das selbst den Krieg in eine Zierde der Welt verwandelt, die in einer Folge von Breitwandbildern vor uns paradiert, von denen jedes jederzeit zu einem totalen Bild der Weltordnung anwachsen kann, ein wohleingerichtetes hierarchisches Dasein, ebenso in ein allumfassendes Ganzes eingeschrieben wie die zehn Mann mit dem Zehentmann an der Spitze in die Rotten, die Rotten in Regimenter, die Regimenter in das Feld, das seinerseits eingeschlossen ist von der lieben Sonne, die wie ein Äpfelchen über den Himmel rollt, ein riesiges goldenes Äpfelchen auf einem riesigen silbernen Tellerchen – das man am liebsten in die Hand nehmen und sich über die ganze Gotteswelt Tag und Nacht freuen möchte!...

Eine ähnliche Dichte der Details innerhalb des wahrgenommenen Raumes, gleichsam auf einmal und für immer in eine einzige Landschaft gebannt, begegnet uns auf alten Stichen. Das Blickfeld war früher zweifellos kompakter gefüllt als in der Neuzeit und läßt sich vielleicht mit den alten Städten vergleichen, in deren Mauern auf engem Raum fast der ganze Staat konzentriert war und die deshalb von ihren Kirchtürmen genau jene gedrängte Übersicht boten, deren Schönheit an dem Fassungsvermögen des Auges gemessen wurde. Das Kunstwerk wurde gleichsam wie eine solche Stadt gedacht, die am liebsten als Fülle beschrieben wurde, prall voll von Gemächern, Palästen, Kirchen, Türmen, oder, in größerem Maßstabe, als die Schale der Erde, gehäuft voll, mit einem heutigen Kaufhaus-Schaufenster vergleichbar, in dem alles vorhanden und alles zu sehen ist. »Und auf den Teppich war das ganze Königreich gestickt, mit Städten und Dörfern, mit Flüssen und Seen. Der König schaute und sah auf einmal sein ganzes Reich wie auf der flachen Hand; er staunte und staunte: Ist das ein Teppich!«[13] Der Einbruch des *swjet* in seinen beiden Bedeutungen von »Licht« und »Kosmos« in das königliche Gemach entspricht der Expansion eines Hauses zu einer Stadt, das heißt, zu einem Kosmos, der durch seine umfassende, jedoch auf engstem Raum konzentrierte Fülle verblüfft.

Am Himmel Sonne, im Gemach Sonne,
Am Himmel Mond, im Gemach Mond,
Am Himmel Sterne, im Gemach Sterne,
Am Himmel Morgenrot, im Gemach Morgenrot,
Samt aller Schönheit, die unter dem Himmel ist.[14]

Dies alles kommt zu dem Gedränge des Kunstgewerbes hinzu – ob es sich um eine reich verzierte Kirche, eine in einen Teppich eingewebte Kathedrale handelt oder um Hyperbeln der Goldschmiedezunft, etwa nach dem Muster – »... daß in jedem Knopf Paradiesvögel singen und Katzen aus fremden Ländern miauen«.[15] Man kann sich den Glanz und die Üppigkeit des Kaftans vorstellen, wenn schon die Knöpfe so beschaffen sind!

Das Schöne verdichtet sich zu dem »singenden Baum« (die vereinfachte Variante ist ein von Singvögeln bewohnter Baum), der gleichzeitig singt, blüht, leuchtet, duftet und den Menschen mit süßen Äpfeln bewirtet, das heißt, als synthetische Lichterscheinung gleichzeitig alle Sinne anspricht. So singt und blüht er weiter im Garten des Zaren, der ebenso wie das »Festgelage für die ganze Welt« uns eine Menschheit vor Augen führt, die die höchste Stufe der irdischen Seligkeit erreicht hat. Die akustische Gestaltung des Märchenspektakels ist gleichsam eine Resonanz jenes unvergleichlichen Glanzes, der mit der Stimme des Vogels Sirin uns die Türen des Nirwana öffnet oder den Lärmpegel eines Bacchanals übersteigt und im Büchsenfeuer und Glockendröhnen kulminiert. »In der Stadt Glockengeläut, in den Ohren Dröhnen, die Posaunen tönen, die Schellentrommeln rasseln, die Büchsen feuern. Ein großes Fest im Palast! Die Treppe ist voller Lichter, wie die Sonne in ihrem Schein. Der Zar und die Zarin steigen in die Karosse. Die Erde bebt, das Volk läuft hinterher. ›Hoch sollst du leben!‹ ruft es, ›für alle Zeiten!‹«[16] Indem das Feuer sich zu der Masse des Schönen verfestigt, erreicht es die Härte von Metall und Mineral. Das Licht aber singt und feuert, willfährig dem beständigen Wunsch des Märchens, über den eigenen Schatten zu springen und das auszusprechen, »was man weder im Märchen sagen noch mit der Feder beschreiben kann«.

## 2
# Die moralische Welt des Märchens

Das Märchen kommt nicht nur dem ästhetischen Bedürfnis, sondern auch dem moralischen Empfinden des Volkes entgegen. Letzteres hängt mit der Idee einer allgemeinen und absoluten Gerechtigkeit zusammen. So ist das »Andere Reich« des Märchens jenes ideale Reich, in dem es kein Böses gibt, wo der Apfelbaum mit seinen goldenen Jungbrunnen-Äpfelchen die entschwundene Jugend wiederschenkt und mit dem Wasser des Lebens und dem Wasser des Todes ein zerstückelter Mensch wieder zusammengesetzt und ins Leben zurückgerufen wird. Mit einem Wort, es handelt sich um den Triumph über Armut, Ungerechtigkeit, Alter und sogar über den Tod. Ähnliche Utopien, das Verlangen nach dem Unmöglichen, leben auf die eine oder andere Weise in der Seele eines jeden Menschen und eines ganzen Volkes und veranlassen uns wieder und wieder, die Hand nach dem Märchen auszustrecken, das die Erfüllung aller Wünsche ermöglicht, selbst wenn wir ganz genau wissen, daß sie nicht realisierbar sind. Wir alle möchten den Zauberstab in der Tasche haben oder das Zauberwort kennen, die das Unmögliche möglich machen. Das Märchen antwortet auf die tiefen inneren Bedürfnisse des Menschen in seinem Streben nach Vollkommenheit, sowohl im eigenen Schicksal als auch im Leben überhaupt. Im weitesten Sinne bedeutet das Märchen den Sieg über das Böse in der Welt. Deshalb enden Märchen immer glücklich, von wenigen Ausnahmen abgesehen. Aber für das Genre und für seine Grundidee sind das Negative und die auf Erden herrschende Ungerechtigkeit absolut unannehmbar, selbst wenn dies ein Naturgesetz oder eine gesellschaftliche Norm wäre – um so schlimmer für die Norm! Dann ist eben das Wunder am Zuge, die Metamorphose oder Magie, durch deren Vermittlung der Mensch sein niederes und beklagenswertes Los überwindet und endlich, sei es auch nur in der Phantasie, frei, stark und schön, gelegentlich sogar gottgleich ist. Das ist ein weiterer Grund für die unvergängliche Bedeutung des Märchens.

Das Volk, das die Märchen bildete und umbildete und sie von Generation zu Generation weiterreichte, lebte meistens in großer Armut (gelegentlich in bitterer Not), in Sklaverei, und es zitterte nicht nur vor dem Morgen, sondern auch vor den Mächtigen dieser Welt. Und es ist durchaus folgerichtig, daß das Märchen gewöhnlich mit der Krönung des Helden, der Hochzeit und einem Festgelage für die ganze Welt endet – gleichsam, um den verhaßten Alltag zu widerlegen. Es handelt sich dabei sozusagen um einen materiellen Gewinn, der keine Wünsche mehr offenläßt: *Zar* – Macht und Reichtum, dabei ist es meistens der Bauernsohn Iwan, der gekrönt wird; *Hochzeit* – das Fest der glücklichen Liebe und glücklichen Ehe mit der schönsten Frau der Welt (oder der Vermählung eines mittellosen Mädchens mit einem wunderschönen Prinzen); schließlich das *Fest für die ganze Welt* – das Recht, nach Herzenslust zu essen und zu trinken, noch dazu kostenlos und für alle Stände, auch für den letzten Bettler.

Das »Andere Reich« des Märchens, das ist außer allem übrigen das Reich der Fröhlichkeit und des Sattseins, wie es sich der Hungrige ausmalt. Deshalb fließen im russischen Schlaraffenland Flüsse aus Milch in Ufern aus Kissel. Ähnlich ist es in den Märchen auf der ganzen Welt. Eine russische Variante erzählt zum Beispiel, daß ein Mann eine Bohne in die Erde steckte und die Bohnenranke in den Himmel wuchs. »Der Mann klettert in den Himmel; er klettert und klettert – da sieht er ein Häuschen, die Wände sind aus Pfannkuchen, die Bänke aus Hefezöpfen, der Ofen ist aus Quark und mit Butter bestrichen. Er begann zu essen, aß sich satt und kletterte auf den Ofen, um sich auszuruhen.«[17]

Allgemeine Zufriedenheit und materieller Wohlstand sind Bestätigung moralischer Gerechtigkeit. Da ist zum Beispiel der Soldat Martyschka (die abwertende Verkleinerungsform des Namens Martyn), der plötzlich zaubern kann. Von ihm hängen Wohl und Wehe des Zarenreiches ab. Zu guter Letzt ernennt ihn der Zar zum Hauptminister und macht ihn, als er selbst für drei Jahre verreist, zu seinem Stellvertreter. Was tut nun Martyschka, sobald er das Sagen hat?

»Da führte Martyschka seine eigene Ordnung ein: Er befahl, die Mäntel und Uniformen der Soldaten aus demselben Tuch zu schneidern, das bis dahin nur die Offiziere trugen, und dann ließ er einen höheren Sold auszahlen, dem einen einen, dem anderen sogar zwei Rubel mehr. Und dann befahl er, daß sie vor jedem Essen ein Glas Wein trinken müßten und daß es reichlich Rindfleisch und Kascha zu essen gebe. Und damit im ganzen Reich die Bettelbrüder nicht zu klagen hätten, ließ er aus den Vorratshäusern des Zaren einen Sack oder zwei Sack Mehl pro Mann verteilen. Da beteten die Soldaten und die Bettelbrüder für sein Wohlergehen!«[18]

Dies alles bedeutet die Einführung einer idealen Ordnung im weltlichen Bereich, einer göttlichen Ordnung, da doch Gott selbst dem Starken und Reichen befohlen hat, den Schwachen und Armen nicht darben zu lassen. Deshalb beschenkt der gute Zar des Märchens die Armen und ernährt die Bettler, während der böse nur seinen eigenen Ruhm und Reichtum im Sinn hat und dafür bestraft wird. In einem Märchen kommt der Soldat ins Jenseits und sieht, wie dort, in der Hölle, die Teufel den alten bösen König vor einen Karren mit Holz spannen und ihn mit Knüppeln antreiben. Dieser alte König läßt dem neuen König, seinem Sohn, ausrichten, daß er das einfache Volk gut behandeln möge: »Und richte ihm in meinem Namen dringlich aus, daß er dem einfachen Volk und den Soldaten nichts zuleide tue, denn sonst wird Gott es ihm heimzahlen!« Unter dem einfachen Volk verstand man im alten Rußland die Bauern und überhaupt Menschen niedrigen Standes. Der Soldat ist gerne bereit, die Botschaft des alten Königs seinem Sohn zu überbringen, und nachdem er auf die Erde zurückgekehrt ist, meldet er seinem Herrn: »Euer Majestät! Ich habe der Majestät seligen Vater gesehen – er hat drüben kein leichtes Leben. Er läßt Majestät grüßen und Majestät einen dringlichen Rat erteilen: Mein Sohn möge weder das einfache Volk noch die Soldaten schlecht behandeln! Unser Herrgott würde ihn sonst furchtbar strafen!«[19]

Wir sehen, daß die Moral des Märchens sich gelegentlich mit der christlichen Moral deckt, aber auf eine ganz eigene Art. Das Gute triumphiert nicht nur im Himmel, sondern auch auf Erden, und zwar in der Regel mit Hilfe der Magie. Hier erscheint die Magie als Ausdruck göttlicher Wahrheit, göttlichen Willens und als Gottesgericht. Dann und wann spricht Gott sein Urteil auch auf andere Weise, dann aber gleichsam zufällig, etwa wenn die Helden das Los werfen – wer welchen Weg einschlagen, wer welche Braut heiraten soll (sie schießen einen Pfeil in beliebiger Richtung ab, folgen ihm und finden auf diese Weise ihre Braut). Jedoch setzt die Vorstellung des Gottesgerichts nicht nur den bloßen Zufall, sondern eine wunderbare, übernatürliche Kraft voraus, deren Wirkung unzweifelhaft und unfehlbar ist; und schließlich wird das Gottesurteil als der ersehnte Triumph höchster Gerechtigkeit empfunden. Zum Beispiel versucht die Zarin-Mutter, die leibliche Mutter des Märchenhelden Iwan Zarewitsch, ihn zu verderben, weil sie sich mit dem bösen Feuer-Zaren eingelassen hat. Sie vergiftet ihren Sohn, aber das Wasser des Lebens macht ihn wieder lebendig, und er rechnet mit dem Feuer-Zaren ab. Nun steht er vor der Frage, was mit der bösen Mutter geschehen soll. Iwan Zarewitsch entscheidet sich für das Gottesgericht.

»Iwan Zarewitsch schnitzte einen Bogen und einen Pfeil aus Ahornholz und sagte zu seiner Mutter: ›Laß uns nun aufs freie Feld gehen!‹ Sie kamen ins freie Feld: Der Zarewitsch spannte seinen Bogen und legte ihn abseits auf die Erde. ›Stell dich neben mich, Mütterchen, den Schuldigen soll der Pfeil aus Ahornholz treffen.‹ Seine Mutter schmiegte sich eng an ihn. Der Pfeil schnellte hoch und traf sie mitten ins Herz.«[20]

Die Idee des Gottesgerichts gehört nicht nur dem Märchen an, sondern wurde früher tatsächlich im täglichen Leben praktiziert. Man weiß zum Beispiel, daß auf dem Land eine spezielle Methode der Aufklärung von Verbrechen verbreitet war: das »Küssen des Gewehrs«. Wurde im Dorf ein Diebstahl begangen und konnte der Verdächtige nicht überführt werden, legte man eine geladene Büchse auf den Tisch, und alle Nachbarn und Familienangehörigen mußten die Mündung küssen. Man ging von der Annahme aus, daß der Schuß fallen und den Dieb töten würde, sobald er die Mündung berührte. Diese Methode galt als besonders wirkungsvoll, denn der Täter scheute sich, die Büchse zu küssen, und gestand freiwillig, wenigstens weigerte er sich, an der Zeremonie teilzunehmen, und überführte sich dadurch selbst.

Im elften und zwölften Jahrhundert entschied bei Streitigkeiten unter den russischen Fürsten meistens das Gottesgericht. Die häufigen Konflikte entsprangen aus der Tatsache, daß sämtliche Fürsten miteinander verwandt waren und die Macht dem gesamten Geschlecht zukam. Die einzelnen Fürsten regierten über bestimmte Landstriche (Fürstentümer) nach dem Ältestenrecht. Im Laufe der Zeit, mit der Verzweigung des Stamms, wurden die Verwandtschaftsverhältnisse und damit die Majoritätsfragen außerordentlich kompliziert. Es kam zu Konflikten, die entweder durch Absprachen und Verträge bei Sippentagen oder mit Waffengewalt, durch »Fürstenzwietrachten«, wie die Annalen sie nennen, gelöst wurden. Solche »Zwietrachten« waren in der Frühzeit der russischen Geschichte häufig. Aus der Ferne betrachtet, scheint das eine barbarische Sitte, ein Krieg aller gegen alle, aber der russische Historiker Kljutschewskij deutete diese Sitte anders und wesentlich tiefer, indem er nachwies, daß es sich dabei nicht um Kriege im üblichen Sinne, sondern um eine Rechtsprechung besonderer Art handelte, die »Gottesurteil« genannt wurde. Die zwei streitenden Fürsten ritten in Begleitung ihres Gefolges auf ein Feld und riefen vor dem Kampf: »Der Herr stehe zwischen uns!« oder »Der Herr möge entscheiden!« Man glaubte, daß Gott demjenigen helfen würde, auf dessen Seite das Recht war. Unter diesem Aspekt waren Krieg und Moral keine sich aufhebenden Gegensätze, und die Schlacht (ebenso wie das ritterliche Turnier in Europa und später das Duell) nicht nur eine militärische Auseinandersetzung, sondern eine Methode der Wahrheitsfindung und Wahrheitsbehauptung. Es triumphierte nicht nur die Übermacht, sondern die Wahrheit und der Wille Gottes. Und wenn ein solches Prinzip sogar in der Praxis möglich und wirksam war, so trat es im Märchen desto bestimmender in seiner absoluten und endgültigen Form auf.

Allerdings stößt man in diesem Zusammenhang auf ein weiteres außerordentlich interessantes Merkmal: Das Märchen kennt keine Gleichheit und erkennt sie nicht an. Es beschenkt die Glücklosen mit beiden Händen, es möchte das Böse auf Erden überwinden, und es strebt die allgemeine Wohlfahrt an – trotzdem sind die Menschen nach wie vor ungleich. Und das keineswegs deshalb, weil das Märchen gegenüber den sozialen Staffelungen im wirklichen Leben befangen wäre (sie werden im Märchen auf Schritt und Tritt überrannt), sondern weil es sich um eine von Gott gestiftete Ordnung handelt. Und der Triumph der höchsten Gerechtigkeit zieht keineswegs die absolute soziale Gleichheit nach sich. Wie es in einem russischen Märchen heißt, in dem ein unwahrscheinlich reicher Kaufmann kinderlos bleibt, während einem armen Bauern ein Sohn geboren wird: »Siehst du wohl, vor Gott sind wir ungleich – dem einen schenkt er und dem anderen nicht.«[21] Mit anderen Worten: Gott gewährt seine Gnade nicht gleichmäßig, sondern nach einer bestimmten Auswahl, und die Gaben selbst sind sehr verschieden: der eine hat Geld, der andere einen Sohn, der eine hat dieses Schicksal, der andere jenes.

Letzteres hängt mit den außerordentlich konstanten Vorstellungen des russischen Volkes von Schicksal und Schicksalslos zusammen. Unter Schicksal ist alles das zu verstehen, was der Mensch aus eigener Kraft nicht ändern kann. Alles das, was er mit der Geburt und gleichsam von oben bekommt. Auch alle Wendungen, die sein Leben nimmt, geschehen unabhängig von seinem Willen und seinem Bemühen. Sie gehören eben zum Schicksal. Nicht zuletzt ist die Ungleichheit von Menschen und Dingen von den Vorstellungen von Kosmos und Weltordnung abhängig. Die eine Sonne und der eine Mond am Himmel. Der eine Gott über uns und der eine Zar auf Erden. Die Welt in ihrer Vielfalt ist hierarchisch und mannigfaltig und eine einzige große Harmonie. Einerseits greift das Märchen in die hierarchische Ordnung ein und löst ein Revirement aus, andererseits hält es trotz aller Übergriffe an dem hierarchischen Aufbau fest. Angenommen, ein Bauer wird auf wunderbare Weise Zar. Aber dann gibt es wiederum den einen Zaren, denn alle anderen Bauern bleiben Bauern. Ebenso kommt bei dem Streit des armen Bauern mit dem reichen der arme häufig auf wunderbarem Wege zu Reichtum, der reiche aber steht eines Tages ruiniert da. Aber man kennt kein Beispiel dafür, daß beide zu gleich armen, gleich reichen oder Bauern mittleren Standes würden. Deshalb kann das Märchen auf keinen Fall als volkstümliche Variante der sozialistischen Utopie betrachtet werden, obwohl sein Ideal an sich utopischer Natur ist. Denn das Märchen weiß stets, daß die Menschen nach Begabung und Stand verschieden sind. Und es zieht die einen vor, und die anderen eben nicht. Und den, den es vorzieht, macht es zu seinem Helden.

# 3
# Die Wahl des Helden

Zum Helden des Märchens in des Wortes engster Bedeutung kann jeder avancieren. Es sei denn, er ist ein ausgemachter Schurke, der das Böse aktiv verkörpert. Denn der Triumph des Bösen ist mit den moralischen Idealen des Märchens unvereinbar, was keineswegs bedeuten muß, daß nur ein Tugendbold sein Held sein kann oder nur ein Sonntagskind – der Stärkste, Klügste, Begabteste und Geschickteste. Unbestritten erfüllt das Märchen einen moralischen Auftrag, aber jedes Moralisieren liegt ihm fern. Es ist keineswegs eine didaktische Gattung. Besonders deutlich wird das beim Vergleich mit dem herrschenden religiös-didaktischen Genre der schriftlichen Dichtung des Mittelalters. Denn das Märchen ist älter als jedes literarische Genre und älter als das Christentum, und außerdem verfolgte das Märchen auch im späteren Stadium ausschließlich ästhetische Ziele und keineswegs erzieherische oder utilitaristische. Es erteilt keine Anweisung zum richtigen Leben, und selbst wenn es das tut, dann geschieht es nur ganz nebenbei und ohne Nachdruck. Deshalb ist das Märchen in der Regel heiter und unbekümmert, im Gegensatz zu den ernsthaften didaktischen Erzählungen. Und das verschafft ihm gewisse Vorrechte, auch wenn diese früher nicht anerkannt und sogar von Gesellschaft und Staat verurteilt wurden. Mehr noch, das Märchen versündigt sich dann und wann gegen die gesellschaftlich allgemeingültigen Moralsätze. Dies allerdings in angemessenen Grenzen, da es seinem Wesen nach dem Guten verpflichtet ist.

Man fragt sich: Nach welchen Kriterien wählt das Märchen seine Helden, wenn nicht nur die Tugend entscheidet? Und hier begegnet man einer erstaunlichen und seltsamen Gesetzmäßigkeit, die zwar nicht in jedem Märchen wirksam wird, aber eindeutig für das ganze Genre bestimmend ist. Das Märchen sucht seine Helden nicht unter den Besten, sondern unter den Geringen. Wenn er ein Bauer ist, dann ein armer Bauer, der ärmste und letzte im ganzen Dorf. Wenn der Vater drei Söhne hat, dann muß es der jüngste sein, der dritte. Das Erbe – Reichtum und Macht – wird immer auf den Ältesten übergehen. Zum Märchenhelden aber wird niemals der älteste erfolgreiche Sohn, sondern immer der unversorgte und übergangene jüngste. Außerdem ist er jemand, dem jede Lebenstüchtigkeit abgeht – er ist also nicht nur der jüngste, sondern auch der schwächste, unscheinbarste, unansehnlichste, häßlichste. In einem Märchen werden die drei Brüder vorgestellt: »Die beiden älteren Brüder waren kräftige Burschen: großgewachsen und wohlbeleibt! [Hoher Wuchs und Beleibtheit waren für das Volk Zeichen von Würde und Mannesschönheit.] Der jüngste aber, Iwan, war mickrig wie ein gerupftes Entlein, gar nicht so schön anzusehen!«[22] Beim Wort »Entlein« (noch dazu ein »gerupftes«) denkt man an Andersens berühmtes Märchen »Das häßliche Entlein«, das zweifellos an die Folklore anschließt. Wie man weiß, ist das häßliche Entlein bei Andersen der künftige Schwan, der schönste aller Vögel, der als Küken und auch noch in der Gesellschaft von Enten als der häßlichste erscheint. Und dieses Modell – »häßliches Entlein« – läßt sich auf die gesamte Märchenwelt anwenden, als Auswahlprinzip für den wahren Märchenhelden. Denn der Märchenheld fängt oft als »häßliches Entlein« an, das sich später im Verlauf des Märchens oder im Finale in den wunderschönen Schwan verwandelt und alle anderen in den Schatten stellt. Der Ausgangspunkt eines Märchenhelden ist also das Schlechteste, was dem Menschen zufallen kann: tiefste Erniedrigung, Häßlichkeit, bittere Armut und Verlassenheit. Und in vielen Märchen ist der Held oder die Heldin eine Vollwaise oder ein von seinen Eltern ausgesetztes oder verfluchtes Kind. Am Anfang beschert ihm das Leben nur das Schlimmste, er wird von allen geschlagen und verachtet. Als Helfer wählt sich der Held meistens das jämmerlichste Geschöpf und den am wenigsten anziehenden Gegenstand. Von den drei Kästchen zum Beispiel, die der Vater ihr zur Auswahl vorlegt, entscheidet sich die Heldin für das schlichteste und unansehnlichste. Später stellt sich natürlich heraus, daß gerade dieses das echte Zauberkästchen ist. Ebenso häufig entscheidet sich die schöne Zarentochter (wiederum die jüngste) für den geringsten ihrer Bewerber, der sich später als der Held bewährt. Ebenso folgt der Held beim Kauf seines Pferdes dem Wink von oben und ersteht die allertraurigste Mähre. Dies widerspricht allen Regeln des praktischen Lebens. Der Bauer wie der Recke suchen sich immer das beste Roß aus, und sowohl die Wahl als auch der Kauf sind ein außerordentlich ernstes und folgenschweres Geschäft. Im Märchen jedoch gilt die umgekehrte Regel: Auf keinen Fall das Beste wählen, sondern immer das Geringe. Der Vater gab Iwan einmal hundert Rubel mit auf den Weg, damit er sich in der Stadt auf einem Roßmarkt ein Pferd kauft.

»Iwan kommt in die Stadt. Da begegnet ihm ein alter Mann. ›Guten Tag, Iwan Bauernsohn! Wohin des Wegs?‹ Da antwortet der brave Bursche: ›In die Stadt, Großvater, ich will mir ein Pferd kaufen.‹ ›So, dann folge meinem Rat, wenn du Glück haben willst. Wenn du zum Roßmarkt kommst, siehst du dort ein Bäuerlein, das eine dürre, struppige Mähre verkaufen will, die sollst du nehmen, wie teuer der Bauer sie auch verkauft – schlag ein, ohne zu handeln.‹«[23]

Und diese Mähre wird später sein Zauberpferd.
Ähnlich steht es im Märchen mit der künftigen Frau des Helden. Er macht immer die schlechteste Partie, wie in dem berühmten Märchen von der Zarewna Unke, das in der ganzen Welt verbreitet ist. Darin muß der Märchensohn eine Unke heiraten. Die russische Variante klingt so:

»Ein Zar hatte drei Söhne. Eines Tages sagte der Zar: ›Kinder, schnitzt euch jeder einen Bogen und schießt einen Pfeil ab: Die Frau, die den Pfeil findet, soll eure Braut sein. Wessen Pfeil nicht zurückgebracht wird, der bleibt ledig.‹ Der Große [das heißt, der Älteste] schoß seinen Pfeil ab und führte eine Fürstentochter heim; der Mittlere schoß seinen Pfeil ab, den brachte ihm eine Generalstochter, und den Pfeil des kleinen Iwan Zarewitsch hielt mitten im Sumpf eine Unke im Maul. Die anderen Brüder waren heiter und frohgemut. Iwan Zarewitsch aber ließ den Kopf hängen und klagte: ›Wie soll ich nur mit einem Quakfrosch leben?‹ Er weinte und weinte, aber es war nichts zu machen, er mußte den Frosch heiraten. Alle wurden nach Landessitte getraut; die Unke saß dabei in einer Schüssel.«[24]

Der letzte Satz ist bemerkenswert als Beispiel für den Realismus des Märchens, der sich immer von naiven, konkreten Vorstellungen leiten läßt: Wie kann ein Mann mit einem Frosch getraut werden? Die Unke ist klein, also muß sie in eine Schüssel gesetzt und vor dem Traualtar hochgehalten werden.

Letztlich werden wir Zeugen eines Gottesgerichts. Was Gott oder das Schicksal uns bestimmt hat, muß angenommen werden. In diesem Fall verfügt das Schicksal, eine Unke zu heiraten, die sich später als eine Zarentochter von wunderbarer Schönheit und als hilfreiche Zauberin entpuppt. Das ist aber die Zukunft – am Anfang ist dem Helden vom Schicksal die schlimmste und häßlichste Ehehälfte beschieden, die ihn vor aller Welt zum Gespött macht. Der Märchenheld beginnt immer im Unheil und endet immer im Heil, das ebenso unvermutet über ihn hereinbricht, wie zu Anfang das Unglück. Deshalb tragen viele Helden von früh an, manche seit ihrer Geburt, den Namen oder Beinamen »der Unglückliche« (oder die älteren Formen: Glücklos oder Ohnglück).

In diesem Fall handelt es sich um einen Helden, dem durch Gottes Ratschluß (oder durch das Schicksal) anfangs kein Glück beschieden ist und der später trotz seines Namens, seines geringen Ansehens und seiner Lebensumstände von Glück überschüttet wird.

Als Beispiel kann »Das Märchen vom Glücklosen Jäger« angeführt werden. Es handelt von einem Jäger, dem alles im Leben mißlingt, der irgendwie uranfänglich, von Geburt an, zum Pechvogel bestimmt ist. Die Geschichte des Glücklosen Jägers hat Modellcharakter in allen Punkten, die die Auswahl der Märchenhelden bestimmen. Das Adjektiv »glückloser« wird im Text großgeschrieben. Das heißt, das beständige Epitheton nimmt die Funktion des Eigennamens an, einen anderen Namen bekommt der Held erst gar nicht.

»Es lebte einmal ein Jäger. Wann immer er in den Wald auf die Jagd ging, er hatte kein Jagdglück, mußte mit leerer Jagdtasche nach Hause zurückkehren und wurde deshalb der Glücklose Jäger genannt. Eines Tages war es soweit, daß er weder einen Kanten Brot in der Tasche noch eine Kopeke im Quersack hatte. Der Arme war drei Tage und drei Nächte durch den Wald gestreift und hatte nichts gegessen; er zitterte vor Kälte und glaubte, Hungers sterben zu müssen. Er legte sich schon ins Gras, um sich eine Kugel in den Kopf zu jagen, und schlug schon ein Kreuz – da warf er seine Büchse beiseite und meinte plötzlich, der Wind trage ein Rascheln, ein Wispern herbei. Das Wispern schien aus dem dichten Gras zu kommen, das den Waldboden bedeckte. Der Jäger stand auf, tat ein paar Schritte und bückte sich: Er sah, daß das Gras einen tiefen Abgrund zudeckte und daß aus diesem Abgrund ein Stein emporragte und auf dem Stein eine Schatulle stand. Und der Jäger hörte eine leise Stimme: ›Guter Wandersmann, mach mich frei!‹«

Der Held hatte in seinem Unglück die Grenze der Verzweiflung erreicht und war bereit, seinem Leben ein Ende zu setzen, als plötzlich, bereits am Rande des Todes, ein unerwartetes Ereignis eintritt, das Geschehen eine scharfe Wendung nimmt und auf die Rettung zusteuert. Das Schicksal des Helden ändert sich radikal, es wird aus dem Glücklosen ein Glücklicher, obwohl er es selber nicht merkt und sich fast bis zum Schluß des Märchens den Glücklosen Jäger nennt. Aber die Märchenlogik ist darauf angelegt, daß nur dem Unglücklichen das Glück zuteil wird und daß der Tod oder ein todesähnlicher Zustand die notwendige Voraussetzung der Auferstehung des Helden sind. Und zwar eine Auferstehung zu einer neuen, anderen Qualität. Es ist gewiß kein Zufall, daß die rettende Stimme sich aus dem Abgrund vernehmen läßt. Der Abgrund steht immer für die Unterwelt, für das Jenseits, das Totenreich. Und ausgerechnet von dort her erscheint die Rettung in Gestalt eines magischen Helfers.

»Die Stimme ertönte aus der Schatulle, da sprang der Jäger unerschrocken von Stein zu Stein, bis er selbst über dem Abgrund schwebte: Behutsam nahm er die Schatulle auf und lauschte – in der Schatulle zirpte eine Stimme wie ein Heupferdchen: ›Mach mich frei! Ich werde es dir vergelten!‹ – ›Wer bist du denn, Freundchen?‹ fragte der Glücklose Jäger und hörte es flüstern: ›Einen Namen habe ich nicht. Menschenaugen sehen mich nicht. Rufen kannst du mich, wenn du willst – Mursa! Ein mächtiger Zauberer bannte mich in diese Schatulle, versiegelte sie mit Salomons Siegel, warf sie in den Abgrund, und nun liege ich hier siebzig Jahre, bis du gekommen bist.‹ – ›Gut‹, sagte der Glücklose Jäger. ›Ich will dich befreien, und dann möchte ich sehen, wie du wahr machst, was du versprichst.‹ Der Jäger riß das Siegel ab und schlug den Deckel zurück, aber die Schatulle war leer. ›Ei, wo bist du denn, Freund?‹ fragte der Glücklose Jäger. ›Dicht neben dir‹, hörte er antworten. Der Jäger sah sich um, aber er konnte nichts sehen. ›Ei, Mursa!‹ – ›Was wünschst du? Ich werde drei Tage dein Diener sein und alles nach deinem Wunsch ausrichten. Du brauchst nur zu befehlen: Geh hin, ich weiß nicht, wohin, bringe, ich weiß nicht, was!‹ – ›Gut‹, sagte der Jäger, ›offenbar weißt du besser, was mir nottut, gehe, ich weiß nicht, wohin, und bringe, ich weiß nicht, was.‹«

Der Umstand, daß der Helfer unsichtbar und namenlos ist, spricht für seine jenseitige Herkunft, denn er gehört in *jene* Welt. Der vereinbarte Ruf – Mursa – kommt von *mursá* – »tatarischer Fürst«, umgangssprachlich für »Tatar«. Ins Russische hatte sich dieses Wort aus dem Tatarischen verirrt und wurde häufig als Eigenname für einen Zauberer benutzt. Möglicherweise spielt hier das persische Wort *mirza* mit hinein, mit dem königliche Personen, aber auch gebildete und hochgelehrte Männer angesprochen werden. In diesem Märchen handelt es sich wohl um eine einflußreiche Person, einen kleinen Zaren im Reich des Übersinnlichen, der über magische Fähigkeiten verfügt. Von ihm lernt der Jäger eine Beschwörungsformel, mit deren Hilfe alle Wünsche erfüllt werden können und der die tabuisierte, verschlüsselte Deutung »Andere Welt« zugrunde liegt. Das Märchen betont, daß es sich um die Sphäre des Nichtfaßbaren und Nichtsagbaren handelt. Der Held weiß nicht, was dies alles bedeutet, und er weiß nicht einmal genau, was er braucht, denn auch späterhin stellt der Jäger an Mursa keinerlei konkrete Forderungen, alldieweil Mursa am besten weiß, was für den Helden im gegebenen Augenblick das Günstigste ist, und alles für ihn bedenkt und entscheidet.

»Kaum hatte der Glücklose Jäger die Worte ausgesprochen – und schon stand ein Tisch auf der Wiese, und Teller und Schüsseln flogen vom Gras auf, alle mit wunderbaren Speisen gefüllt, wie für ein Festmahl des Zaren...« Darauf folgt ein Säckchen mit Gold und der erfolgreich bestandene Kampf gegen die Räuber. Alles geht außerordentlich schnell und leicht vonstatten. Der Held braucht nicht den kleinsten Finger zu rühren und nicht die geringste Mühe auf sich zu nehmen, die Handlung gleitet wie geölt dem glücklichen Ende entgegen. Und das entspricht dem Grundschema des Zaubermärchens überhaupt.

»Vor der Stadt waren Zelte aufgebaut, und in den Zelten lagerte bewaffnetes Volk. Als der Jäger fragte, wurde ihm geantwortet, daß die Stadt von den unzähligen Heerscharen des tatarischen Chans belagert wird, er wollte die Zarewna Milowsora, die Wunderschöne, zur Frau haben; als sein Werben abgeschlagen wurde, war er mit seiner Streitmacht vor die Stadt gerückt. Früher hatte der Glücklose Jäger manches Mal Milowsora beim Jagen gesehen, die Zarentochter sprengte auf einem prächtigen Pferd mit einer goldenen Lanze daher, der Köcher mit unzähligen Pfeilen funkelte an ihrer Schulter, und wenn sie den Schleier zurückschlug, dann strahlte sie wie die Frühlingssonne, vor den Augen wurde es licht und ums Herz warm. Der Jäger überlegte und rief: ›Mursa!‹ Und schon stand er prächtig gekleidet da. Alles Tuch wurde zu Samt, der Kaftan war über und über mit Gold bestickt, um die Schultern wehte der Mantel, seine Mütze wurde zum Helm, den Helm schmückten die Federn des Vogels Strauß, der Federbusch war mit einer Spange befestigt, auf dieser Spange funkelten Saphire und Rubine und rings um die Saphire und Rubine lauter Perlen. Schon stand der Jäger im Palast vor des Zaren Angesicht und meldete, daß er gekommen sei, um die Feinde zu schlagen, wenn der Zar ihm verspräche, ihm die Zarewna Milowsora, die Wunderschöne, zur Frau zu geben.«

Es hat in Rußland nie den Namen Milowsora gegeben. Das Wort ist ein Neologismus aus dem siebzehnten oder achtzehnten Jahrhundert, aus der Zeit der Vorliebe für Allegorien. Als Name ist es eine naive Allegorie der weiblichen Schönheit, aus zwei Komponenten zusammengesetzt: Die Jungfrau ist liebreizend (*mila*) und eine Augenweide (*wsor*), vielleicht ist auch ihr Blick (*wsor*) liebevoll, strahlend und wohltuend. In ihrer vollen Bezeichnung, »Milowsora, die Wunderschöne«, erscheinen die Attribute der Schönheit gleichsam gesteigert.

Anfangs läßt ihre Beschreibung etwas Amazonenhaftes durchschimmern: Auf der Jagd sprengt sie hoch zu Roß daher, mit Lanze und Pfeilen bewaffnet, wie die Zar-Jungfrau. Die Zar-Jungfrau ist eine Frau mit allen Eigenschaften des Recken, die gelegentlich den Märchenhelden zum Kampf fordert. Sie gehört zu der Gruppe der schwer zu erringenden Bräute – ein leiser Nachklang des Matriarchats im Märchen. Möglicherweise hätte der Held in einer anderen Variante diese Kriegerin überwältigen und zähmen müssen, aber im vorliegenden Märchen wird dieses Motiv von einem anderen Merkmal Milowsoras verdrängt – von ihrer Schönheit, die deutlich von der Lichtnatur des Schönen zeugt. Ihr Antlitz leuchtet wie die Sonne, und in ihrer Gegenwart »wird es vor den Augen licht«. Gleichzeitig macht die Beschreibung des Gewandes des Helden deutlich, daß die Welt vor unseren Augen nicht nur von Licht überflutet, sondern auch gedrängt voll ist – voll von wunderschönen, auf engstem Raum konzentrierten Dingen. In dem Portrait des verwandelten Jägers macht sich überdies der Einfluß des volkstümlichen Holzschnitts bemerkbar, der im siebzehnten und achtzehnten Jahrhundert aufgetaucht und sogleich außerordentlich beliebt war.

»Der Zar staunte, er wagte gar nicht, den Antrag des Jägers auszuschlagen, und fragte den Unbekannten nach Namen, Herkunft und Besitz. ›Ich werde der Glücklose Jäger genannt und habe den unsichtbaren Mursa zum Diener.‹ Der Zar dachte im stillen: Ist der Fremde vielleicht von Sinnen, auch wenn er noch so tapfer ist und trägt Samt, Seide und Linnen? Da hörte man plötzlich vor dem Palast Donnern und Schießen, der Zar und sein Gefolge liefen auf die Treppe hinaus. Es waren nicht vier Flüsse, die wogten und flossen, es marschierten links und rechts Regimenter, die Fahnen schwenkten und Ehrensalven schossen, alles war zum Staunen schön, der Zar hatte ein solches Heer nie gesehen. Er wollte seinen Augen nicht trauen. ›Das ist richtig, ganz und gar, das sind Soldaten, wunderbar‹, sprach der Glücklose Jäger. Als sie beim Mahl saßen und der zweite Gang aufgetragen wurde, meldete der Bote, der Feind sei aufs Haupt geschlagen und fliehe zu Fuß, zu Roß und im Wagen. Der Zar dankte dem Jäger und sagte seiner Tochter unumwunden, der richtige Bräutigam sei endlich gefunden. Als Milowsora seine Worte hörte, ließ sie verlegen das Köpfchen hängen, erglühte, Tränen stürzten aus ihren Augen, rollten wie Perlen, funkelten wie Diamanten; der Jäger, seiner selbst nicht mächtig, flüsterte leise etwas vor sich hin. Das Gefolge stürzte herbei, um die Tränen aufzulesen – lauter Diamanten und Perlen! Da lachte Milowsora und reichte dem Jäger ihre Hand: Sie war ganz Freude, und ihre Augen ganz Liebe. Und dann begannen das Fest und der Schmaus, unser Märchen ist nun aus.«[25]

Ungeachtet des ritterlichen Dekors und des Federbuschs am Helm hält sich der Held von der Schlacht fern. Grundsätzlich hätte er, wie in anderen Variationen über dieses Thema, auch an der Spitze seines wunderbaren Heeres galoppieren können – aber das hätte an der Sache nichts geändert. Im vorliegenden Fall bleibt er tatenlos, und gerade dies unterstreicht die Allmacht seines Helfers. Man erfährt nicht einmal etwas von der Schlacht, und die »Soldaten wunderbar« bieten lediglich ein malerisches, dem Auge wohlgefälliges Schauspiel. Eines der letzten Details, »der Jäger, seiner selbst nicht mächtig, flüstert leise etwas vor sich hin«, ist eindeutig ein Zitat aus dem Genre des sentimentalen westlichen Ritterromans, der über die Volkserzählungen nach Rußland und in seine Märchen Eingang gefunden hatte.

Kehrt man zu dem Grundproblem zurück – der größte Erfolg im Märchen fällt dem Menschen zu, der sich keineswegs vorteilhaft auszeichnet –, so steht man vor der berechtigten Frage: Wie läßt sich das erklären? Es können mehrere Ursachen, die einzeln oder in verschiedenen Kombinationen zur Wirkung kommen, aufgezählt werden. Das soll hier mehr schematisch, gleichsam punktuell geschehen, um später erörtert und präzisiert zu werden.

Das Märchen beruht auf und lebt von der Magie. Folglich liegt der Akzent nicht auf den Vorzügen des Helden, sondern auf der von außen wirkenden magischen Gewalt. Mehr noch, dieser Kontrast kann im Märchen wirkungsvoll unterstrichen werden, wie es häufig geschieht: Je unbedeutender der Held, desto tiefgreifender und auffälliger ist der Anteil der Magie. Je schwächer der Held – desto mächtiger der Zauber.

Das Märchen gehört im wesentlichen in das bäuerliche Milieu, überhaupt unter das einfache notleidende Volk und jene mittellosen Nichtseßhaften, die im alten Rußland »wanderndes Elend« genannt wurden. Also vorwiegend unter die Ärmsten ohne ein Dach über dem Kopf. Und durch den Mund des glücklosen Märchenhelden scheinen diese Menschen zu sagen: Wartet ab! Man hält mich für den Letzten, aber ich werde vielleicht dereinst der Erste sein.

Das moralische Prinzip des Märchens besagt, daß der Erniedrigte erhöht und der Beleidigte beglückt werden soll. Der erste Platz in der Hierarchie der Märchenwelt gehört nicht dem Ersten, sondern dem Letzten. In dieser Beziehung entspricht das Märchen der bekannten Verheißung des Evangeliums, daß im Himmelreich am Ende der Zeit die Ersten die Letzten und die Letzten die Ersten sein werden. Dabei muß es sich nicht unbedingt um einen Einfluß oder Anlehnung an das Christentum handeln. Denn solche jähen Wendungen im Schicksal des Helden finden sich auch bei anderen Völkern, die mit dem Christentum niemals in Berührung kamen, zum Beispiel bei den Eingeborenen Ozeaniens oder afrikanischen Stämmen.

Jedes literarische Sujet setzt Bewegung, setzt Entwicklung voraus. Im Märchen vollzieht sich die Bewegung nicht nur im Raum – der Aufbruch des Helden in fremde Länder oder ins Jenseits –, sondern auch als Prozeß der Macht- und Glücksgewinnung. Und wenn sich am Ziel, am Ende des Märchens, das Beste konzentriert, so muß an seinem Ursprung und Anfang das Schlechteste stehen. Das Gesetz des Sujets selbst fordert diesen Höhenunterschied.

Die gesamte Märchenwelt ist nicht eine Spiegelung, sondern eine Verwandlung des Lebens. Gelegentlich wird diese Verwandlung durch eine Umkehrung erreicht. Daher ist die Welt des Märchens in mancher Beziehung im Vergleich zur Realität die »verkehrte Welt«. Eine Welt, die niemals Wirklichkeit werden kann, die unerhört und unvorstellbar ist. Der ewige Pechvogel verkehrt sich in den Glückspilz, der kleine Schwächling besiegt den Riesen, und der Gipfel der Weisheit und des Ruhms bleibt dem Dummen vorbehalten.

# 4
# Iwan der Dumme

Er ist der Lieblingsheld des Volksmärchens. Man könnte sogar die Behauptung wagen, daß der Dumme die populärste und farbigste Figur des Märchens schlechthin ist, sein Auserwählter, der besondere Aufmerksamkeit verdient. Im weitesten Sinne ist der Dumme eine Spielart des letzten und geringsten Menschen. Jedoch ist diese Spielart besonders dicht, besonders konkret und besonders plastisch. Der Dumme ist an der untersten Stufe der sozialen und allgemein menschlichen Wertskala angesiedelt. Schon das bloße Wort »dumm« ist ein Schimpfwort, und zwar ein recht beleidigendes. Keiner möchte für dumm gehalten werden, aber hier, im Märchen, sind die Schimpfworte »dumm« und »Dummkopf« zu Namen avanciert, jedenfalls zum Rufnamen des Helden, zum ständigen Epitheton, das an ihm kleben bleibt. Und der Held stellt sich vor – »Ich bin Iwan der Dumme.« Der Dumme wird von allen verachtet, ausgelacht, von allen beschimpft und gelegentlich verprügelt. In der eigenen Familie führt er das Leben eines Ausgestoßenen, und deshalb beginnen viele Märchen mit der Formel: »Es lebte einmal ein Mann, der hatte drei Söhne. Zwei waren gescheit, der dritte aber, Iwan der Dumme, rührte keinen Finger, saß immerzu auf dem Ofen in der Ecke und schneuzte sich.«[26] Oder: »Er saß immerzu auf dem Ofen und jagte Fliegen.«[27] Oder: »Es lebten ein Mann und eine Frau, die hatten drei Söhne; zwei waren gescheit, aber der dritte war ein Dümmling. Die ersten beiden hatte die Mutter lieb, und sie waren immer sauber gekleidet. Der letzte aber war immer schmutzig – er hatte nur das Werktagshemd.«[28]
Die Lage Iwans des Dummen ist kaum beneidenswert, und sie wird durch seine schlechten Neigungen noch erniedrigender – diese Neigungen sind nicht besonders schlimm, aber ziemlich verbreitet, sie

sind vielleicht sogar harmlos, aber trotzdem verächtlich: Der Dumme versteht nicht zu arbeiten und tut es nicht gern. Er ist seiner Natur nach faul und möchte am liebsten auf dem Ofen liegen und schlafen. In manchen Märchen betrinkt er sich auch, sooft es ihm gelingt. Dazu ist er ein Schmutzfink, er will sich nicht waschen und kämmen, und unentwegt läuft ihm die Nase. Dabei schmiert er sich, was besonders schlimm ist, den Rotz übers Gesicht. In einem Märchen (aus einer späteren Sammlung) wird erzählt, daß eine schöne Zarentochter bereit ist, den Dummen zu heiraten. »Da war nichts zu machen: ›Dann ist es mir so beschieden‹, sagte sie, und sie begaben sich zur Trauung in die Kirche. Beim Hochzeitsschmaus saß Iwan da wie ein rechter Tölpel. Die Zarentochter verbrauchte drei Taschentücher, um ihm die Nase zu putzen.«[29]

Aber natürlich ist die wichtigste Eigenschaft des Dummen, daß er eben *dumm* ist und sich immer töricht verhält. Mit anderen Worten, er handelt grundsätzlich verkehrt, gegen den gesunden Menschenverstand und die einfachsten Regeln des täglichen Lebens. Dem Bauern mit seinem praktischen Verstand fiel dieser Widerspruch besonders auf, deshalb wurde er im Märchen auf jede Weise betont, und nach und nach wurde der Dumme zu einer komischen Figur.

So wird er eines Tages in die Stadt geschickt, um alles für das Fest Nötige einzukaufen.

»Iwanuschka hatte alles gekauft: einen Tisch und Löffel und Schüsseln und Salz. Der Wagen war gehäuft voll. So fuhr er nach Hause. Sein Pferdchen aber war nicht besonders munter und kam kaum vom Fleck. ›Wie ist das eigentlich?‹ überlegte Iwanuschka. ›Das Pferd hat vier Beine, und der Tisch hat auch vier Beine. Dann wird der Tisch auch allein nach Hause finden.‹ Er nahm den Tisch und stellte ihn auf die Straße. Er fuhr und fuhr, kurz oder lang, da kam eine Schar Krähen geflogen, sie zogen Kreise über ihm und krächzten. ›Die Schwesterchen haben wohl Hunger, wenn sie so schreien‹, dachte der Dumme. Er holte die Schüsseln mit den Speisen vom Wagen herunter und bewirtete die Krähen: ›Liebe Schwestern, laßt es euch gut schmecken!‹ Und dann fuhr er weiter. So fuhr Iwanuschka durch ein Wäldchen; am Wegrand standen lauter verkohlte Baumstümpfe. ›Ach‹, denkt er, ›die Burschen haben ja keine Mützen. Sie müssen ja frieren!‹ Da stülpte er jedem Baumstumpf einen Topf oder Kessel über.«[30]

Schließlich kommt Iwan mit leeren Händen zu Hause an. Er wird natürlich einmal mehr verprügelt, beschimpft und Dummkopf genannt. Ohne Frage schädigt der Dumme seine Familie und gelegentlich auch die Gesellschaft, aber das tut er nicht aus böser Absicht. Und deshalb nehmen Zuschauer und Zuhörer immer für ihn Partei und sind gerne bereit, ihm alles zu verzeihen. Er erfreut sich sogar ihrer Sympathie, weil er so unglaublich treuherzig, wahrhaftig und aufrichtig ist. Und weil seine Treuherzigkeit ihm jedes Mal Scherereien bereitet. Die Treuherzigkeit des Dummen aber rührt von seiner »Dummheit« her, der Unkenntnis der elementarsten Begriffe.

Aber gerade dies ist der Grund, warum mitten im Märchen für ihn eine Glückssträhne beginnt und er unvermittelt mit Erfolg gesegnet wird. Das geschieht nicht etwa, weil er klüger geworden wäre, sondern gerade deshalb, weil er sich nach wie vor töricht verhält.

Einmal verdingt sich der Dumme für drei Jahre als Knecht bei einem Popen. Als die Zeit abgelaufen war und der Pope mit dem Dummen abrechnen mußte, stellte er zwei gefüllte Säcke vor ihn hin. In dem einen Sack war Silber, in dem anderen Sand. Der Dumme nahm, wie zu erwarten war, den Sack mit Sand. Im dunklen Wald stößt er auf einen Scheiterhaufen, auf dem eine unbeschreiblich schöne Jungfrau brennt, die ihn um Rettung anfleht. Nun erweist sich der Umstand, daß Iwan der Dumme nicht den Sack Silber, sondern den Sack Sand mitgenommen hat, als glücklich: Er setzt den Sack ab, knotet den Strick auf und schüttet den Sand auf das Feuer. Die Flammen erloschen sofort. Die schöne Jungfrau ließ sich auf die Erde fallen, verwandelte sich in eine Schlange, schnellte auf, schoß dem Burschen an die Brust und ringelte sich um seinen Hals. Iwan erschrickt. »»Fürchte dich nicht‹, sprach die Schlange.«[31] Später wird die Schlange zu seiner magischen Helferin und noch später zu seinem vielgeliebten Weib. Schließlich und endlich erweist sich sein »dummes« Verhalten als notwendige Voraussetzung für das Glück, als Voraussetzung für das Eingreifen göttlicher oder magischer Kräfte.

Einige russische Religionsphilosophen aus dem Anfang des zwanzigsten Jahrhunderts, die sich mit dem Volksmärchen beschäftigten (zum Beispiel Jewgenij Trubezkoj), betrachteten es mit zwiespältigen Gefühlen. Einerseits faszinierte sie das Märchen als Ausdruck umfassender Weltschau, auch des religiösen Empfindens des Volkes. Andererseits waren sie befremdet und gelegentlich auch abgestoßen durch die offenkundige Vorliebe des Märchens für den Dummen, einen Menschen, der im Zustand vernunftloser Passivität verharrt und nicht bereit ist, auch nur einen Finger zu rühren, um etwas zu erreichen, was ihm übrigens früher oder später von selbst, wie eine gebratene Taube, in den Mund fliegt. Darin glaubten manche spezifisch russische Untugenden zu erkennen – Passivität, intellektuelle Trägheit, das Vertrauen auf das Irgendwie, die Hoffnung auf den Anderen, der plötzlich auftaucht und alles ins Lot bringt. Es klingt melancholisch, wenn Jewgenij Trubezkoj über den Dummen aus dem Märchen schreibt:

»In ihm dokumentiert sich die Haltung eines Menschen, der alles Lebensglück von *oben* erwartet und dabei seine eigene Verantwortung völlig vergißt. Das ist derselbe Fehler, der die russische Religiosität kennzeichnet, das ist die Gewohnheit des russischen Menschen, die eigene Verantwortung gänzlich auf die breiten Schultern ›Nikolas des Wundertäters‹ abzuladen. Die Priorität des Toren vor dem Recken, der Hilfe von oben vor der eigenverantwortlichen Tat, *die Schwäche der Willenskomponente überhaupt* – das sind die Züge des russischen Märchens, die den Leser schmerzlich berühren. Es handelt sich um einen reizenden poetischen Traum, in dem der Russe vorwiegend Ruhe und Erholung sucht; das Märchen beflügelt seine Träume, aber gleichzeitig wirkt es einschläfernd auf seine Energie.«[32]

Diese Auffassung besticht, weil sie in der Tat auf bestimmte charakteristische Züge des russischen Volkslebens und der russischen Weltsicht hinweist. Aber selbst, wenn man dieser These zustimmt, dürfen mindestens drei wesentliche Einschränkungen nicht unerwähnt bleiben. Ist doch der russische Dumme nicht bloß ein Ausdruck typisch russischer Eigenschaften. Die Figur des Dummen wird nicht nur von

Russen gekannt und geliebt. In den Märchen anderer Völker gibt es verwandte Figuren, die sich ähnlich verhalten.[33] Und sogar das ewige Liegen auf dem Ofen ist kein russisches Privileg. Es ist freilich denkbar, daß diese Figur in Rußland einen besonderen Nährboden gefunden hat und deshalb in der Literatur immer wiederkehrt.

Wir wollen also nicht den Dummen des Märchens in einen nationalen Helden verwandeln. Dieser Held ist international. Ebenso unberechtigt ist die Klage, das russische Märchen bringe das aktive, willensbetonte heroische Prinzip, die individuelle Heldentat und die individuelle Verantwortung nur andeutungsweise zum Ausdruck, im Gegensatz zu dem Heldenepos. Denn das Märchen reicht hinter das Heldenepos zurück, und seine Wurzeln sind magischer und nicht heroischer Natur.

Und schließlich kann keine einzelne Folklore-Gattung die Vielfalt einer nationalen Kultur erschöpfen, und wenn der Dumme ausschließlich von dem Vertrauen auf die wunderbare Hilfe lebt, so drückt der russische Bauer die entgegengesetzte Tendenz – Vernunft, Tüchtigkeit, Aktivität – in ungezählten Sprichwörtern und Redewendungen aus, zum Beispiel: »Laß Gott Gott sein, sorge selbst für deinen Wein« oder »Vertrau auf Gott und gib selber acht«. Es gibt auch zahlreiche Märchen eines ganz anderen Typus, in denen wir Helden begegnen und Situationen antreffen, die einem Dithyrambus auf den gesunden Menschenverstand und die Lebensklugheit gleichkommen. Die Bestimmung des Dummen ist irgendwo anders, eher im Gegenteil zu suchen: Sie ist die Apotheose der Unwissenheit, des Unvermögens, der Untätigkeit und absoluter Harmlosigkeit. In der Harmlosigkeit des Dummen liegt sein ganzer Charme. Dem Dummen ist es beschieden, durch sein Verhalten, sein Äußeres und sein Schicksal zu beweisen (genaugenommen, nicht eigentlich zu beweisen, da der Dumme niemals etwas beweist und jeden Beweis unterläuft, sondern in einem Bild darzustellen), daß menschlicher Verstand, Gelehrsamkeit, Willen, daß überhaupt alle menschlichen Bemühungen nichts ausrichten.

Darin trifft sich (wie seltsam dies auch klingen mag) die Philosophie des Dummen irgendwie mit den Aussprüchen der größten Weisen

(Sokrates: »Ich weiß, daß ich nichts weiß«, Laotse: »Die Weisen sind nicht gelehrt, die Gelehrten nicht weise«) und ebenso mit der mystischen Praxis verschiedener religiöser Strömungen. Allen diesen Ansichten liegt der Verzicht auf den korrigierenden Eingriff des Intellekts zugrunde, der dem Erkennen der höchsten Wahrheit im Wege steht. Diese höchste Wahrheit erscheint dem Menschen und offenbart sich ihm *von sich aus,* in jenen glücklichen Augenblicken, wenn das Bewußtsein gleichsam ausgeschaltet ist und die Seele in einem Ausnahmezustand verharrt – dem der empfangenden Passivität.

Selbstverständlich ist der Dumme kein Weiser, kein Mystiker und auch kein Philosoph. Er spekuliert nie, und wenn er spekuliert, dann völlig absurd. Aber man könnte sagen, daß auch er in diesem Zustand empfangender Passivität lebt, das heißt, in der Erwartung der Wahrheit, die von sich aus eintreffen und sich offenbaren wird, ohne jede Anstrengung und jede Berührung seinerseits, der unvollkommenen menschlichen Vernunft zum Trotz. Hier liegt übrigens der Ursprung für die im Volk und auch sonst verbreiteten Wendungen wie: »Der Dumme hat immer Glück«, »Gott liebt den Dummen«, »Beim Dummen klappt's immer«, von denen auch das russische Märchen häufig Gebrauch macht.

Diesen alogischen Behauptungen liegt eine ganz bestimmte Logik zugrunde. Wie kommt es, daß Gott »die Dummen liebt«? Erstens, weil sonst niemand und nichts dem Dummen helfen kann, und er selbst auch außerstande ist, sich zu helfen. Ihm bleibt als einzige Zuflucht der Beistand Gottes. Zweitens ist das Vertrauen des Dummen auf diesen Beistand unbegrenzt. Der Dumme verläßt sich weder auf seinen Kopf, noch auf seine Sinne, noch auf seine Lebenserfahrung, noch auf das Vorbild der Älteren. Dafür verläßt er sich wie kein anderer auf die Macht des Höchsten – ihm gegenüber ist er offen.

Die Offenheit des Dummen zeigt sich immer dann, wenn er sich auf den Weg macht, ohne zu wissen, wohin er geht. Er geht, »wohin die Augen schauen«, »wohin ihn seine Füße tragen«, »wohin ihn der Kopf führt«. Die letzte Formel – »wohin ihn der Kopf führt« – bedeutet keineswegs, daß der Dumme lange Überlegungen anstellt: Wohin? Der Dumme ist überhaupt kein denkendes Wesen, er braucht nicht zu denken. Er folgt dem ersten besten Einfall und bewegt sich in eine absolut unbekannte Richtung, aufs Geratewohl. Und nur dieser zweckfreie Weg erweist sich später als der Weg der Rettung.

Ein Beispiel aus der »Erzählung vom Königssohn Bowa« mag diesen Gedanken erläutern. Dieser westeuropäische Ritterroman, der in ganz Europa kursierte, gelangte im sechzehnten Jahrhundert nach Rußland und wurde dort außerordentlich populär, wobei er sich mit dem russischen Märchen und der Volkserzählung vermischte. Schließlich verwandelte sich der Königssohn Bowa in einen Märchenhelden. Und zwar nicht in den Dummen, sondern in den kühnen Recken. Aber plötzlich nimmt dieser Königssohn Bowa gewisse Züge des Dummen an. In der russischen Variante der »Erzählung vom Königssohn Bowa« heißt es: »Und da machte sich Bowa auf den Weg, wohin seine Augen schauten. Und der Herr richtete Bowa den Weg.«[34]

Das sind nur zwei, aber zwei entscheidend korrespondierende Sätze: Sobald der Held nicht mehr weiß (endgültig nicht mehr weiß), wie es weitergeht, greift die himmlische Allmacht ein und führt ihn auf den richtigen Weg.

Im weitesten Sinne des Wortes ist jeder Held des Zaubermärchens tendenziell »der Dumme«, selbst, wenn er niemals so genannt wird und vielleicht ein ganz normaler Mensch, ja, sogar ein wunderschöner und kluger Zarensohn ist. Aber der Begriff »der Dumme« schwebt unsichtbar über ihm. Denn kein Zarewitsch, kein Königssohn im Zaubermärchen ist als Persönlichkeit ernst zu nehmen und achtunggebietend. Und dank dieses Fehlens ausgeprägter eigener Fähigkeiten (das heißt, dank seines passiven oder, wie wir es mit Einschränkung nennen wollen, »dummen« Zustandes) können die magischen Kräfte wirksam werden und ihm helfen. Die höchste Weisheit oder die magischen Kräfte greifen immer von außen, von der Seite her ein. Sie greifen ein, weil der Dumme eben der Dumme ist und keine andere Chance hat. Das ist der eigentliche Grund seiner Untätigkeit. Seine Trägheit ist die Bedingung seines künftigen Triumphs.

Das berühmteste russische Märchen von dem Dummen ist »Jemelja der Dumme«. Das Märchen beginnt, wie üblich, mit dem Satz, daß ein Bauer drei Söhne hatte, die beiden älteren waren klug, der jüngste war der Dumme, er hieß Jemelja. Im Gegensatz zu seinen gescheiten Brüdern lag der Dumme die ganze Zeit auf dem Ofen und weigerte sich, etwas zu tun. Die älteren Brüder fuhren in die Stadt auf den Markt und nahmen auch Jemeljas väterliches Erbteil mit. Den Dummen ließen sie zu Hause und befahlen ihm, in ihrer Abwesenheit den Frauen, seinen Schwägerinnen, zu helfen. Wenn der Dumme seinen Schwägerinnen zur Hand ging, wollten die Brüder ihm einen roten Kaftan, eine rote Mütze und rote Stiefel kaufen. Der Dumme versprach es, denn nichts wünschte er sich so sehr wie einen roten Kaftan, eine rote Mütze und rote Stiefel. An dieser Stelle übrigens zeigt sich, was der Russe als »schön« empfindet. Schön (*prekrasnoje*) ist alles, was durch und durch und in jeder Beziehung »rot« (*krasnoje*) ist.

Die Brüder fuhren davon, und nach einiger Zeit – es war Winter und starker Frost – schickten die Schwägerinnen Jemelja zum Fluß Wasser holen. Anfangs weigerte sich Jemelja. Nur ungern verließ er seinen Platz auf dem Ofen, weil er die Wärme mehr als alles auf der Welt schätzte und liebte. Und auf alles Zureden antwortete er immer mit demselben Satz: »Ich bin zu faul!« Darauf drohten ihm die Schwägerinnen an, daß er den versprochenen roten Kaftan, die rote Mütze und die roten Stiefel nicht bekommen werde. Und schließlich, nach langem Hin und Her, nahm Jemelja zwei Eimer und machte sich auf den Weg zum Fluß. Aber nachdem er ein Eisloch gehackt und zwei Eimer Wasser geschöpft hatte, fand er in einem der Eimer einen Hecht. Mit menschlicher Stimme bat der Hecht, ihn wieder schwimmen zu lassen, und als Lohn verriet er ihm einen Zauberspruch, der die Erfüllung aller Wünsche gewährt. Jemelja der Dumme befahl: »Auf des Hechtes Geheiß bitt ich mit Fleiß: Geht, ihr Eimer, den Hang hinauf (das Dorf lag auf einem Hügel), aber gebt acht, daß ihr kein Wasser verschüttet!« Und die Eimer gingen samt Tragholz den steilen Weg hinauf, während Jemelja, nachdem er den Hecht freigelassen hatte, ihnen mit leeren Händen folgte. Die Eimer gingen ins Haus und stellten sich von selbst auf die Bank, Jemelja aber kletterte auf den Ofen, auf seinen angestammten Platz.

Nach einiger Zeit befahlen die Schwägerinnen dem Dummen, Holz auf dem Hof zu spalten. Er war, wie immer, zu faul, es kam zu dem bekannten Wortwechsel, worauf der Dumme, seelenruhig auf dem Ofen liegend, leise befahl: »Auf des Hechtes Geheiß bitt ich mit Fleiß...«, und alles Gewünschte geschah: Die Axt spaltete von selbst das Holz, und die Scheite sprangen von selbst in den Ofen.

Eines Tages war der Holzvorrat verbraucht, und die Schwägerinnen schickten Jemelja zum Holzmachen in den Wald. »Die Schwägerinnen öffneten das Tor, und der Dumme, der im Schlitten saß, befahl: ›Auf des Hechtes Geheiß bitt ich mit Fleiß: Fahr in den Wald, mein Schlitten!‹ Darauf setzte sich der Schlitten sogleich in Bewegung, und das ganze Dorf wunderte sich, daß Jemelja in seinem Schlitten ohne Pferd und noch dazu so schnell fahren konnte: Selbst wenn er zwei Pferde vorgespannt hätte, wäre es nicht schneller gegangen! Und da der Weg zum Wald durch die Stadt führte, so fuhr Jemelja durch die Stadt: Da er aber nicht wußte, daß man laut rufen muß, um die Menschen nicht zu überfahren, so fuhr er dahin ohne zu warnen und hat dadurch viel Volk zuschandengefahren, und obwohl sie die Verfolgung aufnahmen, konnte ihn niemand einholen.«[35]

Hier finden wir den Beweis, daß der Dumme gelegentlich der Gesellschaft Schaden zufügt. Aber das Märchen ist äußerst nachsichtig: Jemelja hat nicht gewußt, daß man laut rufen muß, damit die Menschen einem aus dem Weg gehen, und die Menge war ja selbst schuld, weil sie mit aufgerissenem Mund gaffte, ohne dem Schlitten auszuweichen.

Der König erfährt von dem Zwischenfall und befiehlt Jemelja den Dummen zu sich. Aber was soll man machen, wenn der Dumme zu faul ist, um vom Ofen zu klettern und wenn er sich um den Befehl des Königs nicht kümmert? Den Offizier und die Soldaten des Königs, die ihn mit Gewalt holen wollten, schlug Jemelja in die Flucht, indem er dem Prügel, der neben ihm auf dem Ofen lag, befahl: »Auf des Hechtes Geheiß bitt ich mit Fleiß: Brich ihnen, du mein Prügel, Arme und Beine!« Zur größten Freude des Märchenerzählers und seiner Zuhörer führt der Prügel diesen Befehl gehorsam aus. Kein Zweifel, das einfache Volk hat beim Erzählen solcher Geschichten die tiefste Befriedigung empfunden: Da ist der letzte, der allerletzte, der von allen verachtete Bauer Jemelja, und sogar der König mit all seinen Soldaten kommt gegen ihn nicht an.

Auf dem Ofen, ohne hinunterzuklettern, fuhr Jemelja in den Palast des Königs, und während der König ihn ausfragte, warum er so viele Menschen zu Schaden gebracht hatte, entdeckte der Dumme die Königstochter, eine Jungfrau von unbeschreiblicher Schönheit, die ihn durch ein Fensterchen beobachtete. Augenblicks sprach er seine Zauberformel, und schon verliebte sich die Königstochter rettungslos in ihn. Nach verschiedenen weiteren Abenteuern, im Finale, begreift Jemelja auf einmal, daß er unter seinen Untertanen der Albernste und der Häßlichste ist und verwandelt sich im selben Augenblick auf des Hechtes Geheiß in das klügste und schönste Mannsbild.

Dieses Märchen ist aus zwei Gründen besonders interessant. Erstens erreicht hier eine typische Eigenschaft des Dummen – die Faulheit – ihren Höhepunkt. Denn alles ereignet sich nur deshalb, weil Jemelja der Dumme über alle Maßen faul ist. Auch den Hecht läßt er frei, nur, um nicht handeln zu müssen.

Ein weiteres wichtiges Merkmal dieses Märchens ist der spezifische Charakter und die spezifische Darstellung der Wunder, die sich ereignen. Dabei habe ich weniger die zweite Hälfte im Auge, die in ziemlich stereotypen Bahnen verläuft: Wunderbare Erlösung, der Bau eines Palastes, die Verwandlung des Dummen in den Klugen und Schönen, die Hochzeit mit der Königstochter – all das finden wir in einer Vielzahl anderer Märchen auch. Viel interessanter und eigenartiger ist die erste Hälfte, in der die Handlung sich noch im Dorf abspielt und die Wunder sich im Bereich der alltäglichen Gegenstände der bäuerlichen Welt ereignen: Eimer, die von selbst den Berg hinaufwandern und ihren angestammten Platz auf der Bank einnehmen, das Beil, das Brennholz, der Schlitten, der Ofen, der sich mit dem darauf ruhenden Jemelja auf die Reise macht. Die Aufmerksamkeit des Märchens verweilt bei diesem Einblick in das ländliche Leben, hier entwickelt es ein Pathos eigener Art. Die ganz primitiven, in den Alltag eingebundenen Wunder werden besonders eingehend, saftig und anschaulich ausgemalt sowie auch das Staunen der Zeugen: Die Menge starrt, reißt den Mund auf und läuft zusammen, um den ohne Pferde fahrenden Schlitten zu bewundern. Zweifellos bereitete die Verquickung von Magie mit dem ländlichen wohlvertrauten Alltag sowohl dem Märchenerzähler als auch seinen Zuhörern besonderes Vergnügen. Diese Kombination wurde auf alle möglichen Weisen variiert und löste sicherlich große Heiterkeit aus. Aus diesem Grund ist das Märchen von Jemelja dem Dummen so populär und so beliebt. Man könnte sich ohne weiteres vorstellen, daß Jemelja, sobald er den Hecht und den Zauberspruch in der Hand hat, sofort König werden möchte oder sich wünscht, von keinem auf dem Ofen gestört zu werden. Auf des Hechtes Geheiß wäre das anstandslos geschehen. Aber dann würde es das Märchen nicht geben.

Also erfüllt Jemelja der Dumme, der Faulpelz und Tagedieb mit magischen Fähigkeiten, noch eine weitere wichtige Funktion, ohne die das Märchen sich nicht realisieren könnte. Diese besteht darin, daß er mit Hilfe des bäuerlichen Geräts dem Publikum allerlei *Kunststücke* vorführt und dadurch die Menge unterhält und amüsiert. Neben allem anderen übernimmt der Dumme im Märchen die Rolle des *Zauberkünstlers* und führt sie zur Zufriedenheit des Publikums durch. In dieser Eigenschaft entspricht er der Spiel- und Unterhaltungstendenz des Märchens, das im weitesten Sinne zur Belletristik gehört. Denn an den Märchenzauber glaubt niemand mehr, aber das Volk freut sich darüber und bestaunt ihn. Im wunderbaren oder spannenden Spiel zeigt sich die ästhetische Natur des Märchens.

# 5
# Der Dieb, der Narr und der Gaukler

Nun wenden wir uns einem anderen Typus des Märchenhelden zu, der seiner Bestimmung, seinem Namen und seinem Beruf nach der *Dieb* ist. Eine Figur, der nicht das Gewicht und auch nicht die zentrale Stellung des Dummen zukommt. Dennoch ist sie populär und außerordentlich schillernd. Und, was besonders merkwürdig ist, ihr gehört die Sympathie des Volkes, obwohl im Alltag, in der Wirklichkeit, das Volk für Diebe wenig übrig hat. Wie kommt es aber dann, daß in manchem Märchen der Dieb zum Titelhelden aufrückt? Sieht man genau hin, so entdeckt man, daß viele Märchenhelden, keineswegs nur Diebe, sondern auch vornehme Männer von edler Geburt – etwa der schöne Iwan Zarewitsch – auf Diebestour gehen, auch wenn das Märchen dies als ritterliche Tat präsentiert. So stiehlt Iwan Zarewitsch erst den Feuervogel, dann die selbstspielende Gusli und schließlich Jelena die Wunderschöne. Aber das Kriminelle daran wird gleichsam übersehen und bildet einfach einen Bestandteil des Sujets, der vollständig vom Begriff des Wunders und der magischen Fähigkeiten des Helden gedeckt ist. Mit anderen Worten: Die Dieberei versteckt sich hinter der Zauberei.

Gelegentlich tritt die Dieberei jedoch an die Oberfläche, und dann ist der kriminelle Profi der Titelheld. Dieser Dieb macht keinen Hehl aus seiner Berufung, sondern erklärt vor aller Welt, daß er sich nur auf eine einzige Kunst versteht: »Dieberei und Büberei, Sauferei und Hurerei.« Mit anderen Worten, er ist ständiger Gast in der Schenke und im Bordell und jagt sein eigenes Leben durch den Schornstein. Auf die Frage, wo das gestohlene Geld geblieben ist, hat der Dieb im Märchen die stereotype Antwort parat: »Die Hälfte versoffen, die Hälfte bei den Huren gelassen.« Das ist das eigentliche Lebensziel des Märchendiebes, irgendwelche höheren Bedürfnisse hat er nicht. Das Geld ist dazu da, ausgegeben zu werden.

In diesem Punkt besteht eine gewisse Analogie zwischen dem Dieb und dem Dummen. Beide kümmern sich nicht um die Zukunft und leben dem Augenblick, und der Dieb, wie seltsam es auch klingen mag, lebt und handelt ebenso uneigennützig wie der Dumme. Auch er vertraut auf das Schicksal und lebt vergnügt in den Tag hinein, ohne die mindeste Zukunftsangst. Ebenso ist der Dieb arbeitsscheu. Wenn der alte Vater seine drei Söhne nach ihren Wünschen fragt, so wählt der Älteste den angesehenen Beruf eines Schmiedes, der Mittlere wird immerhin Zimmermann, und der Dritte, unfähig wie Iwan der Dumme, fühlt sich zum Dieb berufen. Aber im Gegensatz zu Iwan dem Dummen wird der Dieb zum Meister seines Fachs, der alles weiß und sich auf alles versteht. Von Jugend an erwirbt er die nötige Fertigkeit in der »pfiffigen Lehre«, und diese »pfiffige Lehre« – die Kunst des Stehlens – wird im Märchen eingehend beschrieben und dargestellt, sie ist ein Sujet für sich: Wie stiehlt man, was schwer zu stehlen ist? Das geht dann etwa so:

»Es lebten einmal ein Mann und eine Frau, sie hatten einen Sohn, Klimka. Sie überlegten lange, welches Handwerk er erlernen sollte, und beschlossen endlich, ihn einem Dieb in die Lehre zu geben. Das Märchen ist rasch erzählt, aber die Sache ist nicht so bald getan. Klimka lebte bei dem Meisterdieb und erlernte das Handwerk von der Pike auf; er wußte nur nicht, wie man der Elster die Eier stiehlt. ›Komm‹, sagte der Meister zu Klimka, ›ich will dir zeigen, wie man der Elster die Eier stiehlt. Ich würde dir auch gerne zeigen, wie man einem Lebenden die Hose auszieht, aber das habe ich selbst nicht gelernt!‹ Darauf kletterte der Meister auf den Baum; es gelang ihm nicht, die Eier aus dem Elsternnest zu stehlen, aber Klimka gelang es, ihm die Hose auszuziehen. ›Es gibt nichts mehr, was ich dir noch beibringen könnte‹, sagte der Meister zu Klimka, ›jetzt könntest du mich lehren.‹«

Im folgenden stellt der Herr Klimka verschiedene schwer zu lösende Aufgaben – dies oder jenes zu stehlen, immer etwas, was besonders gut bewacht wird. Und der Dieb antwortet jedesmal, ohne Bedenken:

»Das kann ich!« Diese schwierigen Aufgaben erinnern lebhaft an die Aufgaben, die Iwan Zarewitsch vor der Hochzeit mit der Zarewna lösen muß und die er nicht ohne Mitwirkung magischer Kräfte erfüllen kann: die goldenen Äpfel vom jungmachenden Apfelbaum oder der Sprung bis zu der Spitze eines Turmes, in dem die Zarentochter sitzt und geküßt werden soll. Beiden Sujets liegt dasselbe Prinzip zugrunde: Es muß geleistet werden, was zu leisten unmöglich ist, weil es Menschenkraft übersteigt.

Ich möchte nun die dritte und letzte Episode aus dem Märchen vom Dieb zitieren: Der Herr fragt, ob Klimka seinen Lieblingshengst aus dem Stall stehlen könnte. Und Klimka der Dieb antwortet seelenruhig:

»›Du brauchst es nur zu wünschen! Ich werde ihn heute nacht stehlen!‹ Der Herr befahl den Stallknechten, den Hengst mehr als das eigene Augenlicht zu hüten. Einer mußte ihn am Schweif halten, ein anderer am Zügel, der Dritte aufsitzen und noch zwei andere hielten mit Knüppeln in der Hand Wache an der Tür. Klimka zog die Kleider des Herrn an und begab sich, sobald es dunkel wurde, zum Pferdestall: ›Seid ihr alle da?‹ rief Klimka mit verstellter Stimme – genauso wie der Herr. ›Wir sind da‹, antworteten die Stallknechte. ›Friert es euch?‹ – ›Es friert uns, Herr!‹ – ›Dann wärmt euch auf, ich habe Wodka mitgebracht. Aber nehmt euch in acht, paßt gut auf!‹ – ›Zu Diensten!‹ Klimka gab ihnen so viel zu trinken, daß alle Stallknechte betrunken wurden. Den Reiter setzte er auf einen Balken, der Knecht, der die Zügel hielt, bekam einen Strick in die Hand, der den Schweif hielt – ein Büschel Stroh, und denen, die an der Tür Posten standen, hatte er das Haar zusammengeknotet. Dann saß er auf, holte mit der Peitsche aus und war auf und davon.

Am nächsten Morgen in der Frühe kam der Herr in den Pferdestall: Der Hengst ist fort, die Stallknechte schlafen ihren Rausch aus. Der Herr schrie und stampfte mit den Füßen. Er war ganz außer sich! Der Knecht, der auf dem Balken ritt, stürzte zu Boden und holte sich blaue Flecken. Der andere murmelte im Halbschlaf: ›Ruhig, Mähre, prrr!‹ Und die beiden, die an den Haaren zusammengeknotet waren, wollten auseinander und begannen, sich gegenseitig mit den Fäusten zu traktieren. Der Herr gebot Ruhe und ließ Klimka holen: ›Hast du den Hengst gestohlen? Wo ist er?‹ – ›Verkauft.‹ – ›Und wo ist das Geld?‹ – ›Versoffen und vertan.‹ – ›Dann scher dich zum Teufel!‹«[36]

Betrachtet man die Figur des Diebes unter einem praktischen Aspekt, gewinnt man den Eindruck, der Dieb sei der Held schlechthin. Und der zivilisierte Leser ist verblüfft: Wieso denn? Eine an sich negativ besetzte Figur tritt als positive auf? Die Stelle des Märchenhelden – des Ritters, des Recken, des Iwan Zarewitsch, nimmt plötzlich ein Dieb ein!

Wenn schon Iwan der Dumme Jewgenij Trubezkoj zu ziemlich melancholischen Überlegungen veranlaßt, so löst der Dieb bei ihm noch größere Verwirrung und Verzweiflung aus. Denn nun scheint das russische Volk nicht nur die Faulheit des Tölpels, sondern auch dreiste Kriminalität zu bewundern. »Wir kennen Märchen, in denen der Raub in einen geheimnisvollen Zauberschleier gehüllt wird, aber es gibt auch andere, die auf der niedrigsten Stufe moralischen Bewußtseins verharren, in denen unverhohlene und ungeschminkte Spitzbüberei als ›Kunst‹ und Anleitung zum besseren Leben gefeiert wird.«[37]

Die Folgerung, dies alles zeuge von dem moralischen Verfall des russischen Volkes oder zumindest bestimmter sozialer Schichten, scheint unabweisbar. Handelt es sich doch im Märchen dieser Art um die Verherrlichung dreister, durch keinerlei ethische Barrieren gehemmten Spitzbüberei, die zu allem Überfluß auch stets mit Erfolg gekrönt wird. Und da in Rußland schon immer viel gestohlen wurde und immer noch viel gestohlen wird, scheinen die finstersten Vermutungen über die Immoralität des Russen und der russischen Kultur im allgemeinen nur zu berechtigt.

In Wirklichkeit liegen die Dinge ganz anders. Denn das Märchen gehört nicht, wie schon erwähnt, zur didaktischen oder erbaulichen Literatur und sieht seine Aufgabe nicht in der Spiegelung der Wirklichkeit, sondern in ihrer Verwandlung. Eine realistische Deutung ist hier verfehlt und widerspricht der geistigen und formalen Intention des Märchens. Der Dieb des Märchens hat nichts (fast nichts) mit den

Gaunern zu tun, die ihrem Gewerbe im wirklichen Leben nachgehen. Man darf nicht übersehen, daß dieser Dieb aus seiner Profession kein Hehl macht, vielmehr offen und selbstbewußt verkündet: »Ich bin ein Dieb.« Außerdem ist für ihn der Diebstahl keineswegs eine Möglichkeit zur Bereicherung und Verbesserung der Lebensqualität, wie Trubezkoj sagt, sondern reiner Selbstzweck. Mit anderen Worten: Er liefert ein Beispiel für *reine Kunst*. Und auch die Zuschauer oder Zuhörer interessieren sich weniger dafür, was er gestohlen hat, und sind weniger davon beeindruckt, wieviel er hat mitgehen lassen, als von der Art und Weise, wie er es angestellt hat. Sein Diebstahl oder sein Betrug (Diebstahl geht fast immer mit Betrug Hand in Hand) stellt einen komplizierten virtuosen Trick dar. Mit anderen Worten – ein Kunststück. Und zu Kunststücken ist, wie im Märchen von Jemelja, manchmal auch der Dumme aufgelegt. Auf diese Weise, über das komische Kunststück, läßt sich eine Verbindungslinie zwischen dem Dummen und dem Dieb ziehen. Beide sind Zauberkünstler. Der Dieb ist es immer, der Dumme von Fall zu Fall. Der Dumme führt Kunststücke vor, ohne es zu wissen, ohne überhaupt etwas zu können und ohne etwas zu beabsichtigen. Der Dieb dagegen ist ein großer Könner und außerordentlich einfallsreich – er kann alles und weiß alles.

Da der Diebstahl im Märchen eine rein spielerische, ästhetische Funktion hat, kann die Rolle des Diebes von verschiedenen Akteuren übernommen werden – von Bauern, Soldaten, sogar vom Iwan Zarewitsch und schließlich von verschiedenen Tieren, in erster Linie vom Fuchs, dessen Verschlagenheit berühmt ist. Und jedesmal handelt es sich keineswegs um eine Apotheose der Unmoral, sondern um den Triumph der Ästhetik. Übrigens ist der Dieb keineswegs eine charakteristische Figur nur des russischen Märchens, sondern gehört ebenso sehr den Märchen anderer Völker an und sagt auch dort ebensowenig über die Verhältnisse des täglichen Lebens aus. Unter anderem begegnet man dem Dieb und Lügner in deutschen Märchen recht häufig – obwohl die Deutschen als vergleichsweise ehrlicheres Volk gelten. Wo liegt also der Ursprung dieser Märchenfigur und welcher Tradition verdankt sie ihr Dasein? Wahrscheinlich handelt es sich um dieselbe Tradition, die dem Zaubermärchen überhaupt zugrunde liegt – die Magie. Der Dieb ist eine Variante des Zauberers, d. h. eine Variante des mit magischen Kräften begabten Märchenhelden. Denn jeder Märchenheld, der über magische Kräfte verfügt, ist ein Zauberer. In der Gestalt des Diebes erscheinen sie eingeschränkt und ausschließlich in einer Weise tätig: mit Täuschen und Stehlen. So dienen sie nicht länger der eigentlichen Tendenz des Märchens, sondern wollen nur noch amüsieren (durch das Kunststück). Der Zauberer wird zum Zauberkünstler, und der Dieb treibt sein Unwesen ohne jede Magie, er ist nur besonders einfallsreich, gewitzt und verschlagen. Sein Einfallsreichtum ist gleichsam ein spätes Surrogat der magischen Künste, Produkt und Zeichen ihrer Entartung und spricht nur das ästhetische Interesse an. In diesem Sinne ist der Diebstahl eine Imitation des Wunders.

Das klassische Märchen vom Dieb – so wie »Jemelja« das klassische Märchen vom Dummen ist – heißt »Die sieben Simeone« und ist in mehreren Varianten überliefert. Ich fasse sie in einer Art Synopsis zusammen: Es lebten einmal ein Mann und eine Frau. Der Mann starb, die Frau aber kam nach seinem Tod ins Wochenbett und wurde von »sieben Zwillingen-Einbäuchlingen« entbunden, d. h., von Sieben aus einem Schoß. Das klingt grotesk, deutet aber auf eine besondere Konstellation bei der Geburt und auf eine besonders starke, uranfängliche Verbundenheit der Helden untereinander – sie sind wie ein einziger Held mit sieben Gesichtern und sieben verschiedenen Talenten. Alle sieben wurden auf den Namen Simeon getauft. Sie wuchsen heran und mußten, als auch die Mutter starb, selbst ihren Acker bestellen. Eines Tages fuhr der Zar jenes Landes vorbei und wunderte sich, als er unmündige Kinder auf dem Feld arbeiten sah. Er ließ sie rufen und erfuhr, daß sie weder Vater noch Mutter hatten.

»›Ich will‹, sprach der Zar, ›Vaterstelle an euch vertreten. Sagt mir: welches Handwerk möchtet ihr lernen?‹ [...] Und für den jüngsten Bruder, den Dieb, stellte man einen Galgen auf und knüpfte die Schlinge. Der Zar fragte ihn: ›Verstehst du dich auf dein Handwerk ebenso gut wie jeder deiner Brüder auf das seine?‹ – ›Ich bin noch geschickter als sie!‹ Da wollten sie ihn sofort aufknüpfen, er aber rief: ›Nicht so eilig, Majestät, vielleicht sind auch dir meine Dienste von Nutzen. Du brauchst es nur zu sagen, und ich werde für dich Jelena die Wunderschöne stehlen.'«

Also schiffen sich die sieben Brüder ein und fahren in fremde Länder, um Jelena die Wunderschöne zu holen, und das große Wort führt natürlich der Jüngste – Simeon, der Dieb. Er nimmt eine Katze mit auf den Weg, die im folgenden im Mittelpunkt der Ereignisse steht und allerlei Kunststücke vollführt, um Jelena die Wunderschöne in die Falle zu locken.

An dieser Stelle sei dem Verfasser eine kleine Abschweifung erlaubt – über die Katze und die Rolle, die der Katze im Märchen zukommt. Es ist nämlich so, daß das Märchen eine gewisse Schwäche für die Katze hat, eine Art Prädisposition zu ihren Gunsten, und sie deshalb recht häufig unter seinem künstlerischen Inventar führt. Dazu gehören der Gestiefelte Kater und andere Artisten der Miau-Zunft, denen die Gabe des Märchenerzählens nachgesagt wird, gelegentlich mit hypnotischer, verzaubernder Wirkung. Etwa der Kater Bajun (von *bajat* – sprechen, erzählen und *bajukat* – in den Schlaf wiegen). Kater Bajun schläfert seine Opfer ein, indem er ihnen Märchen erzählt, um sie nachher mit seinen Krallen zu zerfleischen. Auch Puschkin plaziert im Prolog zu *Ruslan und Ljudmila* an der Wurzel des Märchens und der Märchenwelt einen gelehrten Kater:

> Die Eiche grünt an einer Bucht,
> An dieser Eiche hängt die goldene Kette:
> Am Tag und in der Nacht kreist
> Der gelehrte Kater beständig an der Kette;
> Geht er nach rechts – singt er ein Lied,
> Nach links – erzählt er ein Märchen...

Aber auch schon eine ganz gewöhnliche Katze zieht im Märchen verstärktes Interesse und eindeutige Sympathie auf sich. Die Katze taucht unversehens auf und löst einen Tumult aus – alle Tiere fürchten sich vor ihr. Die Menschen im Märchen, das Publikum, bringt sie zum Lachen, schon wegen ihres phantastischen Äußeren wird sie bewundert und bestaunt (»die Katze führte verschiedene Kunststücke vor, die Zarewna konnte nicht genug davon sehen«). Darum wird die

Katze in ein fremdes Land gebracht, dessen Bewohner noch nie eine Katze gesehen haben, sich über das sonderbare neue Geschöpf wundern – und damit dem Erzähler eine Chance geben, die Katze verfremdet darzustellen. Möglicherweise geht der Ruf eines irgendwie fremden, exotischen Geschöpfes, den die Katze allgemein genießt, auf den verhältnismäßig späten Zeitpunkt zurück, zu dem sie in Europa heimisch wurde. Manchmal treten Katzen im Märchen als Wundertiere auf und werden offenbar als etwas anderes erlebt als die schon domestizierten Bären und Wölfe. Das Märchen fühlt sich, bildlich gesprochen, der Katze irgendwie innerlich verwandt, und beide haben in der Tat einiges gemeinsam. Wie die Katze liebt das Märchen die Wohnstatt, die häusliche Wärme, den Ofen, an dem nach Anbruch der Dunkelheit der Faden des Märchens gesponnen wird, und dennoch schielt es nach dem Wald – es möchte in fremde Länder und träumt von fernen Wundern. Ebenso hängt die Katze am Haus, aber sie gilt unter den übrigen Haustieren als ein wildes und heimtückisches Geschöpf und führt ein eigenbrötlerisches Dasein. Eine nächtliche Existenz, halb von Schlaf, halb von den Chimären des Kellers und des Dachbodens erfüllt. Man denke auch an den rätselhaften verzauberten Blick, der eine Beziehung zum Unreinen Geist vermuten läßt, was die Katze keineswegs daran hindert, eine privilegierte Rolle im Hause zu beanspruchen, die eines Barometers, das das Wetter ankündigt, eines geheimen Wächters, eines gutmütigen Hausgeistes, ohne das kein Hauswesen gedeiht. Kurz, die Katze stellt im Märchen eine unsichtbare Verbindung zwischen dem Wald und dem Ofen her, zwischen fernen Ländern und dem Heim, zwischen dem Reich der Tiere und dem der Menschen, zwischen Teufelsspuk und Alltag. Auch in den Märchen von den Sieben Simeonen spielt die Katze eine besonders anspruchsvolle Rolle, die Rolle der Assistentin eines Zauberkünstlers besonderer Art – des Diebes. Dieser »kommt in die Stadt und führt auf dem Platz vor dem Stübchen der Zarewna mit seinem gelehrten sibirischen Kater Kunststücke vor: er läßt ihn apportieren, über die Peitsche springen und viele andere deutsche Tricks ausführen«.[38]
Dank dieser Katze kann sich der Dieb in das Haus und in das Vertrauen Jelenas der Wunderschönen einschleichen, worauf er sie zu

sich auf das Schiff einlädt, um ihr verschiedene seltene und kostbare Gewebe zu zeigen, die er, der vorgebliche Kaufmann, mitgebracht hat. Und während sie die Waren betrachtet, befiehlt der Dieb seinen Brüdern, das Ankertau zu kappen, alle Segel zu setzen und aufs offene Meer hinauszufahren. In einigen Varianten dieses Märchens verwandelt sich Jelena die Wunderschöne in einen Schwan und versucht zu entfliehen. Darauf tritt – alle Möglichkeiten sind im voraus bedacht – der Meisterschütze vor, der sie ganz leicht verwundet. Ein weiterer Zauberbruder, der jedes angeschossene Wild zu finden vermag, bringt sie aufs Schiff zurück. Der erzürnte Zar, der Vater Jelenas der Wunderschönen, schickte eine Flotte aus, um sie zu verfolgen. Und als diese Flotte sie schon fast eingeholt hat, lenkt einer der Simeone das Schiff auf den Meeresgrund (gelegentlich auch in das Unterirdische Reich). Auf diese Weise bringen sie Jelena die Wunderschöne zu ihrem Zaren.

Eine der Varianten hat ein frappierendes und vielsagendes Ende: Als Jelena die Wunderschöne vor dem Zaren steht, erklärt sie plötzlich, daß sie ihn nicht heiraten möchte. Der Zar sei ihr zu alt. Wen möchtest du denn heiraten? fragt der Zar. Darauf Jelena die Wunderschöne: »Den, der mich gestohlen hat.« Und der Zar tritt sie an Simeon, den Dieb ab und hinterläßt später ihm, dem Dieb, seinen Thron. Die Schönheit selbst also bevorzugt den Dieb.

Schon die Bezeichnungen des Diebs deuten oft auf einen kurzweiligen Zauberer hin. Zum Beispiel stellt sich ein Dieb als »Nachtschneider« vor. Eines Tages beschlossen der Mann und seine Frau, ihren Sohn in die Lehre zu schicken. Der Vater begab sich mit seinem Sohn in die Stadt, und unterwegs traf er einen Mann – der Meisterdieb sieht jedem anderen Zauberer sehr ähnlich.

»›Guten Tag, Alterchen, wohin gehst du? Wohin führt dein Weg?‹ – ›Ach, mein Guter, ich will mit meinem Sohn in die Stadt. Er soll in die Lehre gehen.‹ – ›Vertrau ihn mir an, ich werde ihn ein goldenes Handwerk lehren.‹ – ›Und auf welches Handwerk verstehst du dich?‹ – ›Ich bin der Nachtschneider: eins, zwei, drei, gebt alle acht, Pelz und Rock in einer Nacht.‹ – ›Ach, du gute Seele, so jemanden suche ich!‹ sprach der Vater und überließ ihm seinen Sohn. Als er nach Hause zurückkam, fragte ihn die Frau: ›Wie wars denn, Alter?‹ – ›Gott sei Dank und Preis! Ich habe unser Söhnchen zum Nachtschneider in die Lehre gegeben – was das für ein Meister ist: eins, zwei, drei, gebt alle acht, Pelz und Rock in einer Nacht!‹ – ›Das ist aber recht‹, sprach die Frau, ›Gott gebe, daß diese Lehre ihm Glück bringe!‹«[39]

Natürlich war diese Szene für die Zuhörer voller komischer Effekte, denn das »Eins, zwei, drei« bedeutet sowohl das flinke Hantieren mit der Nadel als auch den blitzschnellen Überfall auf nächtlichen Straßen. Und »Pelz und Rock in einer Nacht« will sagen, daß der Dieb in einer Nacht seinem Opfer Pelz und Rock auszieht. Das ist zwar Zauberei, aber keine Magie – es ist die Geschicklichkeit eines Langfingers. Die Mutter aber hofft, Gott werde seine Hand darüber halten. Gelegentlich beruht die Versicherung des Meisterdiebs – »Gebt ihn mir in die Lehre, er soll bei mir lernen, das Gute zu mehren!« – auf einem Wortspiel. Das »Gute« bedeutet im Russischen sowohl das moralisch Gute als auch »Hab und Gut«, Vermögen, Besitz, alles, was dem Menschen zuträglich ist. Und der Märchenerzähler nutzt solche Bedeutungsnuancen aus.

Schließlich bildet sich die »pfiffige Lehre« eine pfiffige Sprache aus, die voller Zaubertricks steckt. Hier entdecken wir eine spielerische Gestaltung sowohl des Sujets als auch der Sprache, weshalb die Märchen von den Dieben sprachlich besonders reizvoll sind. Das Treiben der Diebe hat etwas Närrisches. Genauso wie die Streiche des Dummen, wenn er zum Beispiel den verkohlten Baumstümpfen Kochtöpfe überstülpt, damit die Burschen nicht erfrieren.

Wo der Dumme und der Dieb sich überschneiden, entsteht ganz von selbst der dritte Typus: der Narr. Er ist dazu bestimmt, seinen Mitmenschen beständig witzige oder auch bösartige Streiche zu spielen. Der Narr ist eine komische Gestalt. Vergleicht man den Dieb und den Narren, so könnte man sagen, der Dieb sei eher ein Zauberkünstler und der Narr eher ein Clown. Die wichtigste Aufgabe des Narren besteht darin, daß er die Menschen an der Nase herumführt und das alltägliche Leben in eine Posse verwandelt.

So verdingt sich der Narr eines Tages als Magd bei einem Popen. Er trägt Frauenkleider und wird im Hause des Geistlichen für ein Mädchen gehalten. Ein durchreisender Kaufmann verliebt sich in den Narren und heiratet ihn. In der Hochzeitsnacht bittet der Narr, immer noch in der Rolle eines Mädchens, den Jungvermählten, ihn aus dem Fenster an einem Strick oder zusammengebundenen Laken herunter zu lassen, damit er seine Notdurft verrichten könne. Der verliebte Gatte gewährt ihm die Bitte. Sobald der Narr unten ist, bindet er den Strick einer Ziege um die Hörner und ruft: »Zieht mich hoch!« und läuft fort. Der Mann zieht statt seiner Angetrauten die Ziege hoch, und es bricht große Aufregung aus: Böse Menschen hätten seine Frau in eine Ziege verhext. Zum Schluß erpreßt der Narr, nun in der Rolle des beleidigten Schwagers, ein ordentliches Sümmchen Geld, sowohl von dem Popen als auch von dem reichen Kaufmann. Eine ähnliche Groteske spielt sich in einem anderen Märchen ab, wo ein durchtriebener Bauer – eigentlich ein Narr – im Hof seiner Herrin erscheint, wo sich gerade eine Muttersau mit ihren Ferkeln herumtreibt.

»Der Bauer fiel vor dem Schwein auf die Knie und verneigte sich vor ihm bis zur Erde. Die Herrin sah das aus dem Fenster und befahl einer Magd: ›Geh und frag, warum sich der Bauer immerzu vor dem Schwein verneigt.‹ Die Magd fragte: ›Bäuerlein, warum kniest du hier und verneigst dich immerzu vor dem Schwein?‹ – ›Ach, schönes Mädchen, melde doch deiner Herrin: Eure Muttersau mit den bunten Flecken ist meiner Sau Base um sieben Ecken, morgen will mein Sohn Hochzeit halten, da bitte ich sie von Herzen, als Brautwerberin ihres Amtes zu walten und ihre Ferkelchen möchten den Brautschleier halten. Könnte die Herrin nicht die Muttersau für einen Tag ins Dorf lassen?‹«[40]

Im Laufe dieses Spiels schwatzt der Bauer der Herrin die Muttersau samt den Ferkeln, einen Pelz, eine Troika und anderes mehr ab. Selbstverständlich ist dies eine Variante des Diebes: der Dieb, der die Rolle des Dummen spielt. Aber das Ganze hat eine spezifische Nuance: Die Clownerie ist das eigentliche Element des Märchens in seiner Spätform. Sie tritt an die Stelle der Magie. Wir sahen bereits, daß der Magier von dem Dieb abgelöst wurde, aber der Narr ist eine noch allgemeinere Erscheinung und macht sich nun in der ganzen Märchenwelt breit. Diese drei Gestalten – Zauberer, Dieb und Narr – gehen eine freundschaftliche Symbiose ein.

»Es lebte einmal ein reicher Kaufmann mit seiner Frau, er handelte mit teuren und prächtigen Waren und reiste damit alljährlich in fremde Länder. Eines Tages lud er seine Waren auf ein Schiff, nahm Abschied von seiner Frau und fragte: ›Sag mir, mein Sonnenstrahl, was soll ich dir aus den fremden Ländern mitbringen?‹ Die Kaufmannsfrau antwortet: ›Du läßt mich keinen Mangel leiden, ich bin mit allem zufrieden. Aber wenn du mir einen Gefallen tun und mir eine Freude machen möchtest, dann kauf mir das Wunder zum Wundern, das Wunder zum Staunen.‹ – ›Gut, wenn ich es finde, werde ich es kaufen.‹ Der Kaufmann fuhr hinter die dreimalneun Länder in das dreimalzehnte Reich. [...] Der Alte brachte ihn in sein Haus und sagte: ›Siehst du, da hinten auf meinem Hof läuft eine Gans?‹ – ›Sehe ich.‹ – ›Dann gib acht, was mit der Gans geschieht. He, Gans, komm her!‹ Die Gans kam in die Stube. Der alte Mann nahm eine Pfanne in die Hand und befahl: ›He, Gans, leg dich in die Pfanne!‹ Die Gans legte sich in die Pfanne. Der alte Mann schob die Pfanne in den Ofen, briet die Gans, holte sie heraus und stellte sie auf den Tisch. ›So, junger Kaufmann! Nehmt Platz und laßt es Euch schmecken. Aber werft die Knochen nicht unter den Tisch, sondern legt sie alle auf einen Haufen.‹ Nun setzten sie sich zu Tisch und aßen zu zweit die Gans auf. Der alte Mann schlug die Knochen in das Tischtuch ein, warf sie auf den Boden und sprach: ›Gans! Steh auf! Schüttle dich und geh auf den Hof!‹ Sogleich stand die Gans auf, schüttelte sich und watschelte auf den Hof hinaus, als wäre sie nie im Ofen gewesen. ›In der Tat, Großvater, du hast ein Wunder zum Wundern, ein Wunder zum Staunen!‹ sagte der Kaufmann. Er wollte die Gans kaufen und bekam sie schließlich für teures Geld. Er nahm die Gans mit auf sein Schiff und fuhr mit ihr nach Hause.

Als er zu Hause ankam, begrüßte er seine Frau, überreichte ihr die Gans und erzählte, daß man mit diesem Vogel im Haus alle Tage nichtgekauften Braten auf dem Tisch hat! ›Du brätst die Gans –

und sie steht auf und ist wieder lebendig!‹ Am nächsten Tag begab sich der Kaufmann in seine Gewölbe, und die Kaufmannsfrau bekam Besuch von ihrem Galan. Über diesen Gast, ihren Herzallerliebsten, freute sie sich über alle Maßen! Sie wollte ihn mit Gänsebraten verwöhnen: ›Gans, komm herein!‹ Die Gans kam in die Stube. ›Gans, leg dich in die Pfanne!‹ Aber die Gans wollte nicht, sie legte sich nicht in die Pfanne. Die Kaufmannsfrau wurde zornig und holte mit der Pfannengabel aus. Im selben Augenblick klebte die Pfannengabel mit dem einen Ende an der Gans und mit dem anderen an der Kaufmannsfrau. Sie klebte so fest, daß die Kaufmannsfrau sich nicht losreißen konnte. ›Ach, mein Liebster!‹ rief sie. ›Hilf mir, daß ich von der Pfannengabel loskomme. Die gottverdammte Gans ist sicher verhext!‹ Der Galan umfaßte die Kaufmannsfrau mit beiden Armen und wollte sie von der Pfannengabel wegreißen, aber da klebte er selbst fest.
Die Gans lief mit den beiden auf den Hof hinaus, dann auf die Straße und dann zu den Gewölben. Die Handlungsgehilfen sahen sie, liefen herbei und wollten sie auseinanderziehen, aber kaum griff einer nach ihr, als er schon festklebte. Das Volk strömte herbei, um das Wunder zu begaffen, auch der Kaufmann trat aus seinem Laden und sah – eine schlimme Geschichte. Was trieb seine Frau? ›Gestehe‹, sprach er, ›gestehe alles. Sonst wirst du bis an dein Lebensende mit der Pfannengabel herumlaufen.‹ Der Kaufmannsfrau blieb nichts anderes übrig, als alles zu gestehen. Da löste der Kaufmann sie voneinander, schlug dem Galan den Buckel voll, brachte sein Eheweib nach Hause, belehrte sie gehörig und wiederholte bei jedem Schlag: ›Da hast du das Wunder zum Wundern, da hast du das Wunder zum Staunen!‹«[41]
Vor unseren Augen wird das Wunder durch den Zaubertrick und der Zaubertrick durch die Posse abgelöst. Und alles zusammen bildet ein karnevalistisches Zauber- und Narrenspiel, das die Verwandtschaft und Ähnlichkeit dieser verschiedenen Aspekte des Märchens feiert. In dieser feststehenden Reihe – Zauberer, Dummer, Dieb und Narr – fehlt noch das letzte, das abschließende Glied. Wir wollen es den Gaukler nennen – oder auch den Artisten, Künstler, Dichter. Er ist,

wenn nicht Schöpfer oder Autor, so doch jedenfalls Interpret und Vermittler des Märchens. Seine Gestalt steht unsichtbar hinter all jenen Märchenpersonen und gibt uns zu verstehen, daß die Kunst eine Funktion der Magie ist, der Magie in ihrer minderen »Iwan der Dumme«-Gestalt. In einem der Märchen vom Dummen soll die Zarentochter einen Bräutigam nach ihrem Geschmack wählen, kann sich aber nicht entscheiden, weil der ihr von Gott Bestimmte sich nicht unter den Anwärtern befindet. Zuerst läßt der Zar alle Zaren- und Königssöhne laden. Seine Tochter mustert die Gäste und sagt: »Der Richtige ist nicht dabei.« Darauf ruft der Zar alle Fürsten-, Bojaren- und Kaufmannssöhne zu sich. Der Erfolg ist derselbe: »Der Richtige ist nicht dabei!« Darauf erklärt der erzürnte Zar: »Meine wählerische Tochter! Wo willst du eigentlich deinen Bräutigam finden? Wenn das so ist, dann rufe ich Kleinbürger und Bauern, Dumme, Habenichtse, Trunkenbolde, die Gaukler, Tänzer und Sänger zusammen. Ob es dir paßt oder nicht, unter ihnen mußt du deinen Mann wählen!«[42] Selbstverständlich findet die Zarentochter bei diesem dritten Durchgang den ihr vorbestimmten, mit magischen Kräften begabten Bräutigam, sie findet ihn in seinem Milieu, unter dem Ausschuß der Gesellschaft – unter den Trunkenbolden, Gauklern, Tänzern und Sängern. Aber vom Standpunkt der Gaukler aus ist das ein privilegiertes Milieu: Wand an Wand mit dem wundertätigen Reich des Märchens.

Es ist bekannt, daß die Gaukler im alten Rußland verfolgt, daß Gesang und Theater für Satanswerk gehalten wurden. Aber sie selbst, die dem Volk Kurzweil verschafften, betrachteten sich keineswegs als Verkörperung »satanischer Kräfte«. Und wenn sie sich ihrer magischen, ihrer Zauberkräfte bewußt waren, jener Kräfte, die jedem schöpferischen Prozeß zugrundeliegen, dann sahen sie sich in der Nachfolge christlicher heiliger Wundertäter – allerdings nicht der düsteren oder gramerfüllten, sondern der heiteren. Clownerie, Narrenposse, Zaubertrick betrachteten sie als Offenbarung eines bestimmten Standes der Heiligkeit.

In diesem Zusammenhang sei auf die einzigartige russische Byline »Wawilo und die Gaukler« hingewiesen. Bei Licht betrachtet ist dies keine Byline, sondern ein Märchen, das sich unter die Bylinen verirrt hat und wie eine solche vorgetragen wurde. Noch dazu ein Märchen, das von Gauklern und der Gauklerkunst handelt. Es erzählt, wie die Gaukler Kusma und Demjan über Land ziehen. Zwei in Rußland hochverehrte christliche Heilige. Sie sind auf dem Weg in ein anderes (*inischtschoje*) Reich, das hier das Böse verkörpert. Möglicherweise ist dies ein verschlüsseltes Bild für den Staat überhaupt, der böse ist, weil er die Gaukler als Träger unreiner, satanischer Kräfte verfolgt, während in Wirklichkeit alles Unreine und Satanische in diesem »fremden« Staat des »Zaren Hund« wohnt. Und nun ziehen die lustigen Gaukler aus, um ihn im Spiel zu überwinden. Sie suchen einen dritten Weggenossen, finden ihn in Wawilo, dem Bauernsohn, und nehmen ihn mit auf die Wanderschaft. Er wird sozusagen das dritte Mitglied dieser Wanderbühne.

> Wir ziehen des Wegs ins Königreich, ins fremde,
> Um den Zaren Hund durchs Spiel zu überwinden,
> So wie seinen Sohn Eitelschall,
> So wie seinen Eidam Eitelschein,
> So wie seine Tochter Eitelschön.
> Komm du mit, Wawilo, mit uns Gauklern.

Indem die Gaukler singen, ereignet sich ein Wunder nach dem anderen. Und eine Jungfrau, die ihnen zufällig begegnet, sowie Wawilo selbst begreifen, daß sie keine gewöhnlichen Sterblichen sind.

> Und Wawilo spielte auf der Fiedel,
> Ließ die tönende Schalmei erschallen;
> Kusma und Demjan, sie halfen beide –
> Und das Leinzeug dieser schönen Jungfrau
> War nicht mehr aus grobem Linnen,
> War aus Seide und aus Atlas.
> Und es spricht die schöne Jungfrau:
> »Die da ziehen, waren nicht irgendwelche,
> Waren nicht Leute so wie andre, waren Heil'ge.
> Und ich habe noch zu ihnen nicht gebetet.«[43]

Ja, Heilige, allerdings närrische Heilige. Zu guter Letzt besiegen sie den bösen Zaren Hund, aber sie besiegen ihn nicht in einer physischen Auseinandersetzung oder durch Predigen, sondern durch die Gewalt ihrer Zaubermusik. Das ist meiner Ansicht nach die vollkommenste Definition des Märchens – und der Kunst schlechthin. Kunst ist Heiligkeit, und das Märchen ist ein Beispiel heiterer und heiliger Kunst.

# 6
# Die Spiegelung der lebendigen Gegenwart und des Alltags im Märchen

In ihrer ganzen Fülle spiegeln sich schöpferische Freiheit und Phantasie des Volkes in der Sprache seiner Märchen. Denn die Sujets – wir sprechen von den Zaubermärchen – sind konstant. Sie werden vom Volk weder erschaffen noch erfunden. Sie gelangen aus der grauen Vorzeit zu ihm. Deshalb stimmen die Schemata der Sujets auf der ganzen Welt überein. Auch die Funktionen der Märchenhelden sind genau festgelegt. Aber die Sphäre der Sprache bleibt für die späteren schöpferischen Prozesse offen.
Das russische Märchen zeichnet sich durch seinen Reichtum der Sprache und des Stils aus. Dort, wo in den Märchen anderer Völker gelegentlich nur der kahle Stamm ragt, flicht das russische Märchen stilistische Muster und sprachliche Spitzenschleier. Von Kopf bis Fuß ist es mit dem Ornament der Sprache bedeckt und verbreitet sich zu einem Dickicht verschiedenartigster Bilder. Es vermittelt den Eindruck, daß die Vergangenheit in ihm überlebt und in seinen Wurzeln noch frische Säfte gären. So ist das Sujet mit dichtem grünen Laub bedeckt – dem Laub der Sprache. Die Sprache des russischen Märchens scheint gelegentlich erfinderischer und jünger als die seiner Schwestern in anderen Ländern. Das Archaische darin ist immer noch relevant und fühlt sich jung genug, frische Schößlinge zu treiben. Das ist wahrscheinlich auch der Grund für die Fortsetzung der Märchentradition und mündlichen Erzählweise in der russischen Literatur des neunzehnten und zwanzigsten Jahrhunderts, die, so Gott will, auch weiterhin erhalten bleiben und Früchte tragen.
Die Lebendigkeit und Farbigkeit der Märchensprache erklärt sich in erster Linie durch den Umstand, daß die Traditionen des bäuerlichen

Alltags und der bäuerlichen Kultur in Rußland sehr beständig waren und lange Zeit unverändert blieben. Noch zu Beginn des zwanzigsten Jahrhunderts konnten die russischen Volkskundler und Ethnographen in den Dörfern eine reiche Ernte an Märchen einbringen. Die Märchen lebten bis zur jüngsten Vergangenheit im angestammten Milieu, in der lebendigen mündlichen und schöpferischen Überlieferung.

Es kommt hinzu, daß das russische Volk seiner geistigen Konstitution nach für das Phantastische prädisponiert ist, es ist sozusagen »märchenanfällig«, mutwillig-spielerisch und ausgesprochen einfallsreich – was sich nicht zuletzt auch in der Sprache seiner Märchen spiegelt. Über diese Anlagen des russischen Geistes äußerte sich unter anderem Maxim Gorkij in seinem vielleicht besten, leider wenig bekannten Buch *Tagebuchreflexionen* (1923). Darin führt er dem Leser eine ganze Portrait-Galerie russischer Gaukler und Zauberkünstler vor Augen, denen er in seinem Leben begegnet ist, und schließt mit den Worten:

»Ursprünglich sollte dieser Band den Titel ›Russische Menschen, wie sie einmal waren‹ tragen. Aber dann fand ich, daß das zu aufdringlich klingt. Und ich bin mir auch nicht ganz sicher: Möchte ich eigentlich, daß diese Menschen anders werden? Obwohl mir nichts so fremd ist wie nationalistische Ambitionen, Patriotismus und alle anderen pathologischen Veränderungen der geistigen Wahrnehmung, glaube ich, daß das russische Volk ›phantastisch‹ begabt und originell ist. Selbst die russischen Dummen sind auf originelle, unvergleichliche Weise dumm und die Tagediebe ausgesprochen genial. Ich bin sicher, daß die phantasievolle, frappierende Beweglichkeit, man könnte sagen, die Vielgestaltigkeit seines Denkens und Fühlens, das russische Volk zu dem dankbarsten Material für einen Künstler macht.«[44]

Ein weiterer charakteristischer Aspekt des russischen Märchens ist der Bilderreichtum und die Saftigkeit der Volkssprache, in der das Wort seine magische Macht noch nicht verloren hat. Diese Lebendigkeit und Ungezwungenheit der sprachlichen Mittel erlauben die überraschendsten stilistischen Pirouetten. Unter anderem die Vergegenständlichung und Konkretisierung traditioneller Märchen-Requisiten und Märchen-Situationen. So gewinnt ein traditionelles und universelles Sujet in der mündlichen Darstellung des Märchenerzählers dank seiner alltagsbezogenen Sprache den Charakter einer realen Situation. Zum Beispiel begegnet man im russischen Märchen der traditionellen Zar-Jungfrau – einer Frau, die sich wie ein Recke verhält: sie jagt, kämpft, reitet. In einem Märchen wird diese Reckin mit dem Namen Wassilissa Wassiljewna, die stets wie ein Mann gekleidet ist, von allen für einen Mann gehalten. Und zur Bekräftigung heißt es von diesem wunderschönen, starken und klugen Wesen: »Die meisten dachten, sie sei ein Mann, und nannten sie Wassilij Wassiljewitsch, vor allem deshalb, weil Wassilissa Wassiljewna gern ein Gläschen Wodka trank, und das steht Mädchen nicht an.«[45] Das ist ohne jede Ironie gesagt – Wassilissa Wassiljewna ist als positiver Held über jeden Tadel erhaben. Es wird erwähnt, um ausdrücklich ihre männlichen Tugenden zu unterstreichen, und selbstverständlich gehört das Trinken nicht zum Sujet, sondern ist eine Erfindung, ein Einfall des Märchenerzählers, mit der Absicht, die Figur überzeugender und anschaulicher zu machen. Diese Zar-Jungfrau, die »gern ein Gläschen Wodka trank«, hat man fast leibhaftig vor Augen.

Anders ausgedrückt, die Sprache gewährleistet die Greifbarkeit und Anschaulichkeit des Märchenstoffs, der eigentlich allgemein und konventionell ist. Er ist ziemlich realitätsfremd, und nur durch die Sprache bemächtigt man sich seiner und erfüllt ihn mit Leben.

Ein anderes Beispiel der Belebung eines Sujets durch Details, die keineswegs vorgegeben sind, sondern im Prozeß des lebendigen Erzählens auftauchen und das Märchen gleichsam entstehen lassen, bieten der Hund Schurka und der Kater Waska. Der erzürnte König läßt den Helden Martynka in eine hohe Steinsäule einmauern, damit er dort Hungers sterbe. Aber der Held hat treue Helfer, einen Kater und einen Hund, die ihm in der Not beistehen. Die Situation ist traditionell, weit verbreitet und in den Märchen verschiedenster Völker anzutreffen. Aber aus dem Mund eines russischen Erzählers wird sie zum komischen Abenteuer.

»Als der Hund Schurka von dem Unglück Martynkas hörte, lief er nach Hause, wo der Kater Waska schnurrend auf dem Ofen lag, und schimpfte: ›Du bist ein elender Wicht, Waska! Du willst nur auf dem Ofen liegen und die Beine von dir strecken, und weißt nicht, daß unser Herr in einer Steinsäule eingekerkert ist. Man sieht, daß du alte Wohltaten vergißt, wie er hundert Rubel zahlte und dich vor dem Tode rettete. Wäre er nicht gewesen, dann hätten dich längst die Würmer aufgefressen. Steh auf! Wir müssen ihm nach Kräften helfen.‹ Der Kater Waska sprang vom Ofen herunter und machte sich mit Schurka auf den Weg zu seinem Herrn. Sie kamen zu der Säule, der Kater kletterte hinauf und schlüpfte durch das Fensterchen hinein: ›Grüß Gott, Herr, lebst du noch?‹ – ›Ich lebe kaum noch‹, antwortete Martynka, ›ich bin ohne Speise ganz vom Fleische gefallen, nun muß ich Hungers sterben.‹ – ›Warte ein Weilchen, wir werden dir zu essen und zu trinken bringen‹, sagte Waska, sprang auf die Fensterbank und kletterte hinunter. ›Weißt du, Bruder Schurka, unser Herr ist dem Hungertod nahe; wie können wir es anstellen, ihm zu helfen?‹ – ›Ein Dummkopf bist du, Waska, nicht einmal das fällt dir ein! Wir wollen durch die Stadt gehen; und sobald wir einen Bäcker mit dem Korb auf dem Kopf sehen, laufe ich ihm vor die Beine, und der Korb wird auf die Erde fallen. Und du mußt acht geben und im Nu die Hefezöpfe und Brotlaibe zusammenraffen und zu unserm Herrn bringen.‹

Nun gut, sie liefen über eine große Straße, da kam ihnen ein Mann mit einem Korb auf dem Kopf entgegen; Schurka sprang ihm vor die Füße, der Mann strauchelte, ließ den Korb fallen, verlor sein ganzes Brot und rannte erschrocken davon. Er fürchtete, der Hund hätte die Tollwut – da wäre er verloren! Der Kater Waska grabschte ein Weißbrot und brachte es eilends Martynka, zuerst eines, dann holte er ein zweites und darauf ein drittes. Auf gleiche Weise überfielen sie einen Mann mit saurem Schtschi und trieben für ihren Herrn sogar manches Fläschchen Wodka auf.«[46]

Alles lebt: die Vorwürfe des Hundes, der Zank zwischen Hund und Katze, ihre Erfindungsgabe und ihr geschicktes Vorgehen. Sie haben ihrem Herrn nicht nur zu essen gebracht, wie das Sujet es vorschreibt, nein, es kommt darauf an, *wie* sie es getan haben! Und nebenbei werfen wir einen Blick auf die Psychologie des Bäckers, der seinen Korb und die Brote einfach liegen läßt und davonläuft. Wir sehen ihn vor unseren Augen, mit dem Bäckerkorb auf dem Kopf, nach der Sitte der alten Straßenhändler. Und nicht nur das Brot, auch andere typisch russische Details: den Verkäufer von saurem Schtschi und nicht zuletzt das »Fläschchen«. Kurz, das traditionell festgelegte Sujet belebt sich unter dem Erzählen, indem es mit Wirklichkeit überzogen wird. Von hieraus sind auch einzelne Exkursionen des Zaubermärchens in die Neuzeit möglich: Obwohl die Handlung irgendwann in einer lang, lang zurückliegenden Vergangenheit und an einem unbekannten Ort spielt, ist sie von Namen und Begriffen einer anderen, dem Erzähler vertrauten Epoche durchsetzt. So verirrt sich Iwan der Dumme im Wald und gerät in die Hütte von Räubern, die gerade nicht zu Hause sind. Wieder ein altes, traditionelles Märchenmotiv: das Räuberversteck im Wald, in das sich der Held verirrt. Aber dann das Detail: »In einer Stube steht ein Fäßchen Wein, darin schwimmt eine silberne Schale. Der Dumme holt einen Stuhl, setzt sich vor das Fäßchen, schöpft den Wein und singt aus vollem Hals ›Dolinuschka‹.«[47] »Dolinuschka« ist der volkstümliche Name des russischen Liedes »Mitten im weiten Tal« (eine Komposition von A. Mersljakow), das, im neunzehnten Jahrhundert entstanden, sehr populär war und übrigens auch heute noch gesungen wird. Innerhalb des Märchens ist das Lied ein eindeutiger Anachronismus.

Aber wir begegnen einer noch kühneren Modernisierung: Im Märchen von den sieben Simeonen beobachtet einer der Brüder von einem hohen Turm aus die ganze Erde und berichtet dem Zaren, was überall geschieht. In einer der Varianten heißt es: »Später verglichen sie seine Berichte mit den Zeitungen – alles stimmte haargenau!«[48] Die Zeitung bestätigt die magischen Fähigkeiten des Helden. Alles in allem: Das Märchen bleibt Zaubermärchen, neigt aber dazu, sich mit modernen Details zu schmücken, die es den Zuhörern zur vertrauten Gegenwart machen. Besonders deutlich wird das in Märchen, die in unserem Jahrhundert gesammelt wurden, zum Beispiel im Märchen von dem Zauberring, das 1920, also bereits in Sowjetrußland, schriftlich erfaßt wurde. Das Sujet ist archaisch. Der Held erhält von einer

Schlange den magischen Ring, der ihm die Erfüllung sämtlicher Wünsche ermöglicht.

»Wanka lebte mit seiner Mutter allein. Es ging ihnen elend schlecht. Aber Wanka ging jeden Monat in die Stadt, um die Pension abzuholen. Sie belief sich auf nur eine Kopeke.«

»Pension« – ein moderner Begriff. Aber eine Pension in der Höhe von einer einzigen Kopeke ist nicht nur eine märchenhafte Situation, sondern auch eine ironische Anspielung auf die wirtschaftlich schwierige Lage in der Nachrevolutionszeit.

»Eines Tages geht er mit seinem Geld nach Hause und sieht, ein Bauer will seinen Hund erhängen.

›Guter Mann, warum quälen Sie den Welpen?‹

›Was geht dich das an? Wenn er tot ist, mach ich Kalbskotelett aus ihm.‹

›Verkauf mir das Hündchen!‹

Sie feilschten und einigten sich auf eine Kopeke. Er brachte das Hündchen nach Hause.

›Mama, ich habe ein Hündchen gekauft.‹

›Hast du den Verstand verloren! Wir gehen am Bettelstab, und du kaufst dir einen Hund!‹

Im nächsten Monat bekam Wanka zwei Kopeken Pension. Auf dem Heimweg sah er, daß derselbe Mann eine Katze aufknüpfen wollte.

›Guter Mann, warum wollen Sie schon wieder ein Tier quälen?‹

›Was geht dich das an? Wenn sie tot ist, verkaufe ich sie an ein Restaurant.‹

›Verkauf sie mir!‹

Sie feilschten und einigten sich auf zwei Kopeken. Er kommt nach Hause:

›Mama, ich habe ein Kätzchen gekauft!‹

Die Mutter schimpfte und zürnte bis zum Abend.«[49]

Eine Vielzahl von Märchen kennt diese Situation – den Kauf eines Tieres, das auf den ersten Blick nichts taugt. Aber in diesem Fall spricht der Märchenheld den unbekannten Bauern mit »Sie« an, worin sich wohl der Einfluß des sowjetischen Jargons bemerkbar macht, in dem die Bürger, die ja alle gleich sind, höflich miteinander verkehren müssen. Außerdem beabsichtigt der Mann, der das Hündchen quält, es zu Kalbskotelett zu verarbeiten. Eine solche Absicht wäre früher in einem Märchen undenkbar gewesen. Erst in der Hungersnot nach der Revolution kam es dazu, Hunde und Katzen als Kotelett zu servieren. Das »Restaurant«, dem der Mann seine tote Katze verkaufen möchte, verweist nicht nur auf die allgemeine Lebensmittelknappheit, sondern ist zugleich eine Verhöhnung der feinen Herrschaften, die für teures Geld in eleganten Lokalen tote Katzen verspeisen.

»Und wieder ist der Tag da, an dem er Geld abholen muß. Diesmal bekam er noch eine Kopeke drauf.

Er geht, und da sieht er, daß der Mann eine Schlange totschlagen will.

›Lieber Mann, was treiben Sie eigentlich immer mit den Tieren?‹

›Wieso? Jetzt muß die Schlange dran glauben. Du kannst sie ja kaufen.‹

Der Bauer verkaufte ihm die Schlange für drei Kopeken und wikkelte sie sogar in Papier ein. Da sprach die Schlange mit Menschenstimme:

›Wanja, du sollst es nicht bereuen, daß du mich gekauft hast. Ich bin keine einfache Schlange, sondern die Schlange Skarapeja.‹

Wanja begrüßte sie. Dann ging er nach Hause:

›Mama, ich habe eine Schlange gekauft.‹

Seiner Mutter verschlug es vor Schreck die Sprache. Sie sprang auf den Tisch, sie rang nur die Hände. Die Schlange aber glitt unter den Ofen und sprach:

›Wanja, hier werde ich bleiben, solange die gute Wohnung nicht fertig ist.‹

Und so lebten sie nun alle zusammen. Der weiße Hund und die graue Katze, Wanja und seine Mutter und die Schlange Skarapeja.

Die Mutter konnte diese Skarapeja nicht leiden. Sie rief sie nicht an den Tisch zum Essen, sie sprach sie nicht mit dem Vatersnamen an, sie fragte sie nicht nach ihrem Vornamen, und jedesmal, wenn die Schlange hervorkam, um draußen auf der Treppe zu liegen, trat ihr

Wanjas Mutter auf den Schwanz. Schließlich wollte Skarapeja nicht länger bei ihnen bleiben.

›Wanja, deine Mutter kränkt mich allzu sehr. Bring mich zu meinem Vater!‹«[50]

Skarapeja benimmt sich wie eine ganz gewöhnliche Frau, die in einem fremden Haushalt lebt oder, wie es in der Sowjetunion heißt, fremden Wohnraum beansprucht. Die Schlange leidet unter der allgemeinen Wohnungsnot, die im traditionellen Sujet nicht vorkommt und ein Merkmal der neuen Ära ist. Schließlich zieht die Schlange aus. Es genügt übrigens eine einzige sprachliche Formel, damit wir auf einen Schlag in die Gegenwart versetzt werden. Während die Schlange Anstalten macht, zu ihrem Vater in den Palast zu ziehen, bittet sie Wanja, er möge ihr eine Droschke holen.

Später, bereits im Besitz des Zauberrings, bekommt der Märchenheld alles, wonach ihm der Sinn steht. Und nun formen sich seine Wünsche entsprechend dem neuen Geschmack und den neuen Vorstellungen. »... Wanja kaufte sich einen Rock mit Taschen und für die Mutter ein Kleid mit Schleppe nach der letzten Mode, einen Hut mit Blumen und Federn und einen Schirm.« Sogar nachdem er auf wunderbare Weise eine Brücke aus Kristall errichtet hat, äußert Wanja einen zusätzlichen Wunsch: »Und auf der Brücke soll eine Maschine aus eigener Kraft fahren.« Es handelt sich wohl um eine Art Lokomotive. Und dann fordert Wanja den Zaren und die Zarin auf, diese selbsttätige Zauber-Lokomotive zu besteigen. Sie fährt trockenen Fußes, raucht und qualmt und die Musik spielt dazu. Und er sagt dem »Anperator« mit tiefer Verbeugung:

»›Gestatten, Euer Hochwohl, Sie und Ihre Gattin alleruntertänigst zu einer Promenade auf diesem Maschinchen einzuladen. Wir wollen sozusagen den Verkehr eröffnen.‹«

Der Zar weiß nicht, was er tun soll:

»›Haha! Ich mach ja mit – aber meine Frau?‹

Die Zarin wehrt mit Händen und Füßen ab:

›Ich will nicht! Nie und nimmer! Wir werden im Fluß landen, was ist schon Gutes dabei?‹

Aber das ganze Gefolge redete ihr zu.

›Geruhen Euer Hochwohl, eine Fahrt zu machen und uns mit gutem Beispiel voranzugehen, sonst sind wir vor allen Europen blamiert.‹«[51]

Der Erzähler gehört eindeutig zum Typus »Narr und Gaukler«. Er benutzt ein traditionelles Sujet, aber indem er eine Art Dampflok über die Brücke fahren läßt, erfindet er, improvisiert und fängt in einem neuen sprachlichen Gewand das alte Märchen ein. Er tut es, um das bewährte Sujet zu aktualisieren, und unterhält dabei sein Publikum mit Wortspielen und Clownerien, die im allgemeinen der Natur des Märchens entsprechen.

Insgesamt läßt sich das Zaubermärchen jedoch nur widerwillig modernisieren, und wenn dies geschieht, dann handelt es sich um zufällige und zeitbedingte Konzessionen. Das angeführte Beispiel – Dampflok auf Kristallbrücke – ist nicht die Regel, sondern eine Ausnahme. Hier drückt sich gleichfalls der Konflikt zwischen Sujet und Sprache aus. Das Sujet will zurück, in die Vorgeschichte, in die festgefügten und gewohnten Urelemente des Märchens. Die Sprache dagegen drängt das Märchen vorwärts und möchte, bei aller Rücksicht auf das Sujet, den hergebrachten, vorgeschichtlichen Urelementen neues Leben einhauchen. In diesem Zwiespalt zwischen Sprache und Sujet trägt glücklicherweise das Sujet den Sieg davon. Andernfalls würde die Gegenwart triumphieren, und das Märchen wäre verloren und würde früher oder später vom Antlitz der Erde verschwinden. Aber das Märchen scheint sich mit Stolz auf seinen Ursprung zu besinnen und hält eine empfindliche Balance zwischen Alt und Neu – zugunsten des Alten. Zugegeben, die Papiertüte, in welche die Schlange eingeschlagen wird – das ist ein der Gegenwart angepaßtes zeitgenössisches Requisit, aber die Schlange – das ist etwas Uraltes. Die Kultur begann, wie wir wissen, mit der Schlange.

Das Fortleben des russischen Märchens ist weniger durch Anpassung und Modernisierung gezeichnet als durch Vereinfachung und Popularisierung, das heißt, das Märchen rutscht in das Milieu zurück, in dem es viele Jahrhunderte lang reproduziert und bewahrt wurde: in die bäuerliche Welt. Das Märchen, das heute noch eine solche wunderbare Naivität atmet, gehört in die Nähe der primitiven Volkskunst.

Zaren und jenseitige Mächte leben ein Leben, das dem Alltag des russischen Bauern ähnelt. Der Alltag eines Märchen-Zaren trägt bäuerlich-volkstümlichen Charakter. Zum Beispiel das Märchen von dem Zaren-Zauberer, dem Schwarzen Magier: »Der Zar, der Schwarze Magier, schläft nachts, steht in aller Herrgottsfrühe auf, wäscht sich mit Quellwasser, trocknet sich mit einem feinen Handtuch ab, setzt sich auf den Stuhl, schlägt sein Zauberbuch auf und...«[52] Von einem einfachen Bauern unterscheidet ihn nur sein Schwarzes Zauberbuch. Ebenso anspruchslos verläuft das Leben anderer Märchen-Zaren. »Es lebte einmal ein Zar. Er hatte eine Magd, und eines Tages befahl er seiner Magd, einen Hecht zu kaufen. Sie kochten den Hecht, und der Zar und die Zarin und die Magd aßen von der Fischsuppe, das Spülicht aber bekam der Stier zu saufen.«[53] Der Unterschied zwischen dem Zaren und dem Bauern ist nicht qualitativer, sondern quantitativer Natur. In der Küche des Zaren gibt es Weißbrot, das hundert Rubel kostet. Aber in dieser Küche werden auch die Audienzen erteilt. So begibt sich Iwan eines Tages nach »San Peterburch« und bittet daselbst einen Trunkenbold, ihm den Weg zum Zaren zu weisen. Der Zar hat just um diese Zeit zu tun. Iwan muß eine halbe Stunde warten. Dann tritt der Zar zu ihm in die Küche und fragt, warum er denn gekommen sei.

Ebenso bäuerlich sind die Reisevorbereitungen des Zarensohns: »Väterchen und Mütterchen, möchtet ihr mir die nötige Wegzehrung bakken, ich will in die Ferne ziehen und die suchen, die mir bestimmt ist.«

Der Luxus des Palastalltags besteht darin, daß die Bedienten dem Zaren den Samowar servieren. Dieser Umstand wird ausdrücklich erwähnt. Als die Zarentochter die Wunderfrucht kauft, ißt sie diese nicht sogleich auf: »Erst, wenn der Samowar aufgesetzt und gebracht wird, erst, wenn ich Tee trinke, dann werde ich sie essen.«[54] So essen auch die Bauern das gekaufte Zuckerwerk niemals sofort, sondern heben es auf »bis zum Samowar«, bis zum Teetrinken, das immer eine Art Fest ist.

# 7
# Der traditionelle Märchenstil
## Ort, Zeit und Handlung

Das Märchen verfügt über so breite Möglichkeiten sprachlichen Ausdrucks wie kein anderes Genre der Folklore. Dies hängt damit zusammen, daß das Märchen, mehr als alle anderen Formen, die Idee der »reinen Kunst«, des »l'art pour l'art« verkörpert. Magie und Zauber, die unverändert Sujet und Thema bleiben, verlieren nach und nach ihre Glaubwürdigkeit und verwandeln sich in Spiel. Jedoch ist die schon oben erwähnte sprachliche Freiheit des Märchens nicht absolut und uneingeschränkt. Der Märchenerzähler berichtet keineswegs alles, was ihm gerade einfällt oder auf der Zunge liegt. Er folgt bestimmten Gesetzen und Traditionen. Außer dem Schema des Sujets und der strengen Folgerichtigkeit der Komposition ist das Märchen an traditionelle Formeln und stereotype Wendungen gebunden. Sie bildeten sich im Verlaufe von Jahrhunderten heraus und wandern beinahe unverändert aus einem Märchen in das andere. Solche immer wiederkehrenden Formeln sind sehr zahlreich. Sie unterstützen den Erzähler beim Sprechen, helfen ihm, das Märchen im Gedächtnis zu behalten und seinem Muster auf dem vertrauten, allgemeingültigen Kanevas zu folgen. Solche beständigen Wendungen wiederholen sich beispielsweise in der Beschreibung des Pferdes: »Das Roß fliegt über den Wipfeln des dunkel aufragenden Waldes unter den ziehenden Wolken«, es »sprengte herbei, die Erde zitterte, aus den Nüstern stoben Flammen, aus den Ohren stiegen Rauchsäulen, unter den Hufen sprühten Funken«. Die Formel des glücklichen Ausgangs: »Dann lebten sie glücklich und in Frieden und mehrten das Gute.« Ebenso resistent sind die *epitheta perpetua*: bestimmte Bilder und Situationen sind von immer denselben Beiwörtern begleitet, durch deren Hilfe größere

Textabschnitte aufgebaut werden: »Jelena die Wunderschöne empfängt den Gast auf ihrem weiten Hof, küßt ihn auf den honigsüßen Mund, nimmt ihn bei der weißen Hand, führt ihn in den Palast aus weißem Stein, geleitet ihn an die eichernen Tische, läßt damastene Decken darüber breiten und köstliche Speisen und Met auftragen.«
Am Ende verwandelt sich die Sprache in ein Ornament, in dem sich dieselben dekorativ-stilistischen Elemente rhythmisch wiederholen. Das Ornament kann gelegentlich ziemlich lang oder flächendeckend geraten, wie ein wunderbarer Teppich mit einem komplizierten verschlungenen Muster. Es ist auch ein Spiel mit Worten, aber ein Spiel nach einer strengen Regel, einem festgelegten Muster von Sprachschablonen.
Die Sprache des Zaubermärchens ist durch die Freiheit und Mannigfaltigkeit der Sprachmittel bei formaler Wiederholung, gelegentlich bishin zur Monotonie, charakterisiert. Sämtliche Formen der Folklore neigen zum Bewahren und zur Fortführung einer stilistischen Tradition. Ohne solche konservierende Tendenz würde Folklore nicht existieren. Bei der Überlieferung von Mund zu Mund, von Generation zu Generation kann man weniger mit Veränderung eines Genres als mit seiner Erstarrung rechnen.
Dabei muß man bedenken, daß die alte Kunst stets streng kanonisch ist, weil sie sich – idealiter – an einer großen oder göttlichen Wahrheit orientiert, die nicht neben oder in der Nähe der Kunst in Gestalt der sie umgebenden Wirklichkeit zu suchen ist, sondern in ihrem Rücken, in der Vergangenheit, an den Quellen der künstlerischen Bilder. Dem alten Künstler ging es nicht nur um die individuelle Neuentdeckung dieser Wahrheit, sondern in erster Linie um ihre Neuerschaffung in der Form, wie er sie von seinen Vorfahren übernommen hatte, als ideales Ur-Bild, dessen Gültigkeit durch die religiöse Tradition bestätigt wurde. Dagegen liegt in der fernen Vergangenheit der Folklore, an ihren Quellen, wie bereits mehrfach gesagt – die Magie. Sie setzt eine besondere Strenge und Genauigkeit bei ihrer Ausübung voraus. Die magische Formel der Beschwörung bleibt konstant und wird als größtes Geheimnis und höchstes Heiligtum tradiert. Und selbst in der Epoche, in der die Magie von der Bühne verdrängt wurde oder sich an

die Peripherie des Lebens zurückzog, wirkt diese Tradition unbewußt weiter.

Zudem ist die poetische Welt des Märchens keine reale, sondern eine konditionale, die nicht eigentlich konkretisierbar ist und dies auch nicht sein will. Deshalb bedient sich das Märchen einer allgemeinen und bedingten Ausdrucksweise. Auffällig ist die Unbestimmtheit von Ort, Zeit und Handlung des Hauptgeschehens. Das Märchen bezeichnet niemals die Stadt oder das Dorf und vermeidet sogar eine so vage Ortsbezeichnung wie Rußland. Für die Angaben zur Heimat des Helden bedient es sich der allgemeinen Formel: »In einem Land, in einem Reich« oder der Variante »in keinem Land, in keinem Reich«, die eigentlich für »nirgends« oder für »unbekannt« steht. Oder die Geschichte beginnt: »In einem Reich hinter den dreimalneun Ländern, in dem dreimalzehnten Land.« Gelegentlich wird das ausgeschmückt: »In einem Land, in einem Reich, in dem dreimalneunten Reich, dort, wo wir aus dem Fenster schauen und Brot kauen.« Aber solche und ähnliche Zusätze machen die Angabe über den Aufenthaltsort des Helden höchstens unklarer, statt sie zu präzisieren.

Ebenso unbestimmt bleiben die Angaben über den Weg, den die Helden nehmen. Selbst wenn es sich um den Weg ins Jenseits handelt, bleibt es bei dem unbestimmten »weit«, das hinter den blauen Meeren und hohen Bergen liegt. Keine Bezeichnung der Städte oder Länder, in denen der Held rastet oder die er durchquert. Gelegentlich erfährt man etwas über die Dauer seiner Reise, aber auch dann bleiben die Angaben stereotyp: drei Jahre oder drei Tage und drei Nächte oder dreißig Jahre und drei Tage. Und selbstverständlich kümmert sich das Märchen nie um eine exakte Datierung und verzichtet vollständig auf die Erwähnung historischer Namen und Ereignisse.

Diese betonte Unbestimmtheit der Angaben über Ort, Zeit und Umstände der Handlung im Märchen ist besonders auffällig vor dem Hintergrund der mittelalterlichen altrussischen schriftlichen Überlieferung. Beide Gattungen, die mündliche und die schriftliche Überlieferung, das Märchen und das Buch, existierten nebeneinander, sozusagen parallel, da sie sich nie oder fast nie berührten oder überschnitten. Eine der unüberwindlichen Barrieren, die sie trennte, war der dokumentarische Anspruch des Schrifttums. Das altrussische Buch kannte bis zum siebzehnten Jahrhundert keinen Roman und keine Erzählung, keinen Text, dem ein erfundenes oder phantastisches Sujet zugrunde lag. Es war eine Literatur, die sich ausschließlich auf faktisches, dokumentarisches Material stützte. Und selbst wenn sich dieses Material auf unzuverlässige Quellen oder unbelegbare Ereignisse bezog (zum Beispiel die Wiedergabe einer Legende), verlieh ihm die schriftliche Überlieferung das Aussehen und die Bedeutung eines exakten und wohlbegründeten Dokuments. Sie versah dieses Material mit genauen Daten, historischen Namen, Quellenverweisen und Aufzählungen von Zeugen oder glaubwürdigen Zeitgenossen. Deshalb wird das alte Schrifttum vom stilistischen Verfahren der Dokumentation beherrscht, sei es Heiligenvita, Chronik, Annalen oder historische Erzählung.

Der Sprache und den Merkmalen nach steht das altrussische Schrifttum – wenn man eine Analogie in der neueren Literatur sucht – keineswegs unserem Roman oder unserer Novelle nahe, die sich auf einen Einfall aufbauen, sondern ist der Tatsachenliteratur vergleichbar, das heißt, es steht in der Nähe der Publizistik, der Journalistik, des Protokolls, der Reportage und Studie. Im weitesten Sinne des Wortes stellt das altrussische Schrifttum einen Bericht über wirkliche oder vermeintlich wirkliche Personen und Ereignisse dar. Sehr häufig waren es Darstellungen von Wundern, die sich da oder dort durch Gottes Ratschluß oder das Wirken christlicher Heiliger ereignet hatten. Aber das ändert nichts am Verfahren, da das Wunder wie eine belegbare Tatsache angesehen und dargestellt wurde.

Hier soll nur ein einziges Beispiel angeführt werden, das auf den ersten Blick absolut phantastisch anmutet: Die Erzählung von »Merkurij aus Smolensk«, ein Bestseller des sechzehnten Jahrhunderts. Der Text handelt von der Belagerung der Stadt Smolensk durch die Tataren. Nach der Legende verließen die Truppen die Stadt, um sie vor ihren Toren zu verteidigen, angeführt von einem frommen Jüngling namens Merkurij, der als historische Figur dargestellt ist. Diesem Merkurij stand im Kampf gegen die Tataren die Gottesmutter in höchsteigener Person bei, die die Gefallenen vorübergehend auferstehen und weiterkämpfen ließ. Die Tataren wurden geschlagen, aber sämtliche Russen blieben auf dem Schlachtfeld. Merkurij verlor sein Haupt, doch nachdem der Kampf gewonnen war, erhob er sich, ergriff seinen eigenen Kopf und trug ihn in die Stadt Smolensk hinein. Unzählige Bürger strömten ihm entgegen und wurden Zeugen des Wunders: Merkurij hielt sein Haupt in den Händen, seine Zunge war belebt und berichtete den Versammelten von dem Verlauf der Schlacht und dem Beistand der Gottesmutter. Nachdem der Bericht beendet war, starb Merkurij.

Man glaubt, ein Märchen vor sich zu haben, ein ausgefallenes Phantasiegebilde. Aber es ist kein Märchen. Denn Duktus und Sprache der Erzählung von »Merkurij aus Smolensk« sind im dokumentarischen Stil gehalten. Hier finden sich genaue Ortsangabe, Datum und zahlreiche Zeugen dieser wunderbaren Begebenheit. Und sogar ein Kronzeuge, der vorübergehend aufersteht und sein abgeschlagenes Haupt in den Händen tragen muß, damit er den Gang der Ereignisse mit aller Genauigkeit wiedergeben kann. Dieser lebende Kopf ist Bote und Zeuge zugleich. Mit anderen Worten, er übernimmt die Rolle des Reporters, woraufhin die Glaubwürdigkeit des Wunders nicht mehr zu erschüttern ist.

Das russische Märchen kennt nichts Vergleichbares. Nicht hinsichtlich der Qualität der in ihm sich ereignenden Wunder – da kennt es noch ganz andere! –, sondern hinsichtlich der Verpackung der wundersamen Ereignisse. Die Erzählung von »Merkurij aus Smolensk« ist trotz aller unglaubwürdigen Elemente ein Tatsachenbericht und Dokument, während das Märchen jenseits aller Faktographie und Dokumentation liegt. Es geht ihm nicht um Glaubwürdigkeit, es betrachtet sich als eine künstlerische Konvention besonderer Art. Deshalb schließt es von vornherein sämtliche Fakten, Daten, Fristen, Entfernungsangaben und exakten Bezeichnungen aus und scheint uns in seiner Sprache zu sagen: Das, wovon ich erzähle, geschah, bevor es Geschichte gab. Und man braucht nicht zu erklären, wo, wann und mit wem es geschah, aber es ist geschehen!

In diesem Zusammenhang muß man sich dem Anfang des Märchens zuwenden. Der Auftakt weist darauf hin, daß die Handlung nicht nur in die Vergangenheit, sondern in die längst vergangene Vergangenheit gehört. Schon die Anfangsformel – *schyl-byl* oder *schyli-byli* (vergleichbar mit dem Grimm'schen »Es war einmal«), deutet etwas so weit Zurückliegendes an, daß in der russischen Sprache keine Spuren davon zu finden sind. Und wenn wir heute diese Formel zitieren, so handelt es sich um die Rückwirkung des Märchens. Das alte Schriftrussisch kennt die Kategorie Vergangenheit nicht. Sie ist das Privileg des Märchens. Die Formel *schyl-byl*, mit der fast jedes Märchen beginnt, ist ein Zeichen der weit zurückliegenden, unbestimmten Zeit, in der die Märchenhandlung stattfindet. Nach dieser Formel erübrigt sich jedes Fragen: Bitteschön, wann denn nun eigentlich genau? Gleichzeitig bedeutet diese unbestimmte Zeitangabe, daß das Geschehen so weit zurückliegt, daß man nicht mehr weiß, wann es geschah. Dies kann als Hinweis darauf betrachtet werden, daß das Märchen vorgeschichtlichen Ursprungs ist, aber ebenso dafür, daß mit dem Märchen – obschon es sich in der Vorgeschichte abspielt – etwas Neues beginnt. Von dem, was vorher geschah, weiß das Märchen nichts zu sagen. Es wiederholt nur beharrlich: »Es lebten ein Mann und eine Frau« oder »Es lebten ein alter Mann und eine alte Frau«.

Das Märchen beginnt mit dem Alter. Aber wenn man sich darauf einläßt, schwindelt es einen. Wenn das Märchen mit dem Alten und der Alten, mit dem Mann und der Frau, die einst, vor langer, langer Zeit lebten, anfängt, und wenn auf das alte Paar etwas Junges und Neues folgt, kann man sich die unglaubliche Tiefenperspektive der Vergangenheit, der das Märchen entspringt, an der es sich abstößt, kaum vorstellen. Es ist erstaunlich, daß es sich, ungeachtet seines Alters, als eine Erscheinung der neuen Zeit empfindet, neu im Vergleich mit dem Alten und der Alten. Und wer dieser Alte und seine Alte, dieser Mann und seine Frau sind, das kann man ahnen, wenn man das Geschehene noch weiter zurück projiziert.

Aber wenden wir uns dieser lang vergangenen Vergangenheit zu, mit der das Märchen einsetzt und auf die es mit der Formel »Es war einmal« hinweist. Das Märchen weiß nicht genau, was das für eine Zeit war, und es sagt zum Beispiel, es sei gewesen, als Christus auf der Erde wandelte. Das soll bedeuten, es gehört jener Zeit an, da die Erde voller

Wunder war. Aber das ist bereits auf dem russischen, dem rechtgläubigen Boden gesagt, während in einem afrikanischen Märchen, das nichts von Christus weiß, dieselbe längst vergangene Zeit der Märchen anders beschrieben wird: »Vor langer, langer Zeit, als überall gezaubert wurde, lebte in einem Dorf ein schönes Mädchen.« Es handelt sich also um eine Vorwelt, die von Wundern erfüllt ist. Auch das russische Märchen kehrt hartnäckig zu seinem Ursprung zurück und beschreibt diese seine Zeit unermüdlich: »In alten Zeiten, in uralten, hatte ein Zar drei Söhne...«

Warum greift das Märchen an seinem Anfang immer so weit zurück? »Wir meinen, wir seien klug, die Alten aber sagen, nein, wir waren klüger, und das Märchen erzählt, daß früher, als die Großeltern noch nicht in die Lehre gingen und unsere Urgroßeltern noch nicht geboren waren, einmal, in einem Land, in einem Reich, ein alter Mann lebte...«[55]

Die höchste Weisheit liegt offensichtlich im Rücken des Märchens, in seinem Gestern, oder, noch besser, in seinem Vorgestern. Ein Märchen, das von den unglaublichsten Ereignissen und magischen Fähigkeiten des Helden erzählt, schließt mit den Worten: »Es heißt, die Mütter hätten früher nur Recken geboren. Wir können nur Märchen von ihnen erzählen und kratzen uns hinter den Ohren.«[56] Mit anderen Worten, das Märchen ist ein Echo der früheren Wunder, an die der Märchenerzähler selbst nicht mehr glaubt, nach denen er sich aber sehnt – »In jener alten Zeit, da Gottes Welt voll von Waldschraten, Hexen und Nixen war, da die Flüsse aus Milch und die Ufer aus Kissel waren und gebratene Wachteln über die Felder flatterten, lebte ein Zar namens Goroch mit seiner Zarin, Anastassja der Wunderschönen.«[57]

Die poetische Welt des Märchens, seine Struktur, wirkt unabhängig von seiner Vergangenheit fort. Es ist die Welt der Hyperbeln und *epitheta perpetua*. Dabei sind die Hyperbel und das Epitheton eng miteinander verknüpft. Der Held hebt einen Eisenstab von fünfzig Pfund Gewicht. Fünfzig Mann tragen den Pfeil und den Bogen, die Jelena der Wunderschönen gehören. Iwan der Dumme schießt diesen Pfeil ab, was zur Folge hat, daß sämtliche Gebäude im Reich Jelenas der Wunderschönen zusammenstürzen und sie ihn als ihren künftigen Gatten akzeptieren muß. Aber alle diese hyperbolisierten Dinge und Taten sind in der Sprache des Märchens vorgegeben – als Beiworte. Stehende Beiworte multiplizieren die Merkmale des Helden. Ein dreiköpfiger Drache ist ein dreifacher Drache. Die Zahl seiner Köpfe kann fast beliebig wachsen: der sechsköpfige, der neunköpfige und der zwölfköpfige Drache. Alles in allem, es geht um die Steigerung eines Merkmals, eines stehenden Beiworts.

Das Märchen hyperbolisiert, um klarzustellen: *Who is who?* Das ist seine Hauptsorge. Der Zar zum Beispiel muß immer auf dem goldenen Thron oder auf dem goldenen Stuhl sitzen und immer die Zarenkrone auf dem Haupt tragen. Ohne Krone, ohne dieses Hauptmerkmal des Zaren, ist er kein Zar mehr. Einmal läßt ein Zar seine Krone zu Hause liegen: »Der Zar war schon mit seinem Heer weit fort, und als alle Zaren sich versammelten, trug jeder eine Krone auf dem Haupt, nur unser Zar nicht, der hatte seine Krone zu Hause vergessen. Und nun wurde er ohne Krone nicht hereingelassen.«[58]

Wenn man diese Episode verallgemeinert, so kann man sagen, daß der Zar ohne Krone in das Märchen ebensowenig Einlaß findet wie jeder andere Held ohne sein wesentliches Merkmal, ohne sein festgelegtes Beiwort. Deshalb muß er es immer mit sich führen. Iwan der Dumme ist immer »der Dumme«. Der magische Helfer Kotoma ist immer »Kotoma der Knappe in der eichenen Kappe«. Oder eine andere Variante für den Namen des magischen Helfers: »Iwaschka, weißes Hemd, Sorotschinskaja Kappe.« Diese Formel scheint inhaltsleer zu sein, ihr Sinn ist verlorengegangen. Aber im Verlauf des Märchens tritt die Figur so und nur so auf.

»In einem Reich, in einem Land, lebte einmal ein sehr reicher Kaufmann, der hatte eine einzige Tochter, die Schöne Anastassja, ein Kind von fünf Jahren.«[59] Hier könnte man von der Verpflichtung sprechen, die das stehende Beiwort einer Figur auferlegt. In einem anderen Märchen ist der Held, ein Zar, von einem Epitheton begleitet, das der Majestät angemessen ist: »Der Schreckliche.« Obwohl er als Mensch nichts Schreckliches an sich hat, wird er immer so genannt, weil jeder echte Zar Schrecken verbreiten muß. Das ist eben das Attribut eines

Zaren. Im Laufe des Märchens stößt diesem Zaren allerlei Unbill zu, schließlich verliert er seinen Thron und wird Hirte, aber er behält immer noch seinen Namen – der Schreckliche Zar. »Sie kommen in die Hauptstadt und sehen, der Schreckliche Zar hütet vor einem Palast Schweine.«[60] Und das ist ohne jede Ironie gesagt. Weil der Schreckliche Zar eben schrecklich ist und schrecklich bleibt. Immer und unter allen Umständen. Die Gestalten des Märchens verändern sich im Laufe des Geschehens nicht. Sie sind ein für alle Male fixiert durch ihre Namen und die *epitheta perpetua*. Uns scheint das unglaubwürdig, aber für den Märchenerzähler und innerhalb der Märchensituation ist es durchaus glaubwürdig. Es ist sogar ein Realismus besonderer Art, der innerhalb des Märchens dem Gefühl für Realität Rechnung trägt.

## 8
## Anfangs- und Schlußvignette

In der Regel ist das Märchen von kompositorischen Elementen eingerahmt: Der Einleitung, *priskaska* – Vor-Märchen –, und der Schlußvignette, *konzowka* – Ende. Die *priskaska* ist, wie schon aus dem Wort hervorgeht – die Bezeichnung ist im Volk entstanden und wird von allen Märchenerzählern angewandt –, eine Art einstimmende Vorbemerkung. Ehe das Märchen erzählt wird, werden ihm eine Reihe von Formeln vorausgeschickt, die in der Regel keine Beziehung zu seinem Inhalt haben. Es handelt sich hier um eine Art einleitende verbale Freiübung, meistens spaßiger, humoristischer Art. Typische Beispiele:
»In einem Reich, in einem Land, nicht in unserm Königreich, das soll kein Märchen sein, sondern ein Vor-Märchen, und das Märchen kommt morgen, nach dem Mittagessen, nachdem wir uns alle an weichem Brot sattgegessen und darauf noch an Piroggen mit Möhrchen und das Kälbchen gezogen am Hörnchen.«[61] Oder: »Das Märchen hebt an mit Grauchen-Braunchen, dem wohlberedten Füchschen. Mitten im Meer, in dem Ozean, auf der Insel Bujan, steht ein Ochs, knusprig gebraten, mit gestoßenem Knoblauch ist sein Arsch geladen. Links gibt's für jedermann einen fetten Bissen, und rechts wird getunkt, gegessen und gesch ...«[62]
Wozu ist eine Einleitung gut, die in keiner Weise mit dem Märchen zusammenhängt und gelegentlich sogar mit der Entwicklung des Märchensujets dissoniert? Offenbar handelt es sich dabei um ein Vorspiel, das die Aufmerksamkeit des Publikums wecken und die Zuhörer in die richtige Stimmung bringen soll. Die Einleitung schiebt den Anfang des Märchens hinaus, sie neckt und schürt die Spannung, mit der wir das Folgende erwarten. Sie regt den Appetit des Zuhörers an, unter-

streicht aber gleichzeitig die Situation eines kurzweiligen Vergnügens. Deswegen bedient sie sich in der Regel des Wortspiels, der rhythmischen oder gereimten Rede, die meistens komisch und gelegentlich unzusammenhängend ist. Im Gegensatz dazu wird das Märchen selbst zumeist ernst vorgetragen. Die *priskaska* ist eine Form verbaler Narretei, dem magischen Sujet vorangestellt. Sie gibt uns zu verstehen, daß wir Unglaubliches zu erwarten haben.

Derselbe verspielte Charakter zeichnet auch die Schlußvignetten aus. Unter *konzowka* ist nicht das Finale zu verstehen, sondern die Schlußformel des Erzählers, die keine unmittelbare Beziehung zum Sujet aufweist. Die typische und verbreitetste Schlußvignette der russischen Märchen heißt: »Auch ich war dabei, trank Met und Wein, alles lief den Bart hinunter und kein Tropfen in den Mund.« Manchmal wird diese Formel erweitert und variiert.

Im Märchen beginnt alles mit Spiel, und alles endet mit Spiel. Die Schlußvignette setzt sich aus zwei Teilen zusammen: Zuerst gibt sich der Erzähler als Zeuge dessen, wovon er gerade berichtete, zu erkennen. Da das Märchen mit der Hochzeit oder mit einem Fest endet, gehört auch er, der Erzähler, zu den Festgästen: »Sie hielten eine große Hochzeit, auch ich war dabei, trank Met und Wein.« Aber gleich darauf, im zweiten Teil, wird die erste Behauptung zurückgenommen: »Alles lief den Bart hinunter und kein Tropfen in den Mund.« Es sieht so aus, als wäre er doch nicht dabeigewesen oder zumindest ist er leer ausgegangen. Damit wird die Märchenillusion, die das Sujet enthält, am Ende zerstört. Plötzlich taucht die Vermutung auf, daß das Erzählte nicht unbedingt Wahrheit sein müsse. Die Schlußvignette unterstreicht das Bedingte, das Phantastische der Märchenwelt und weist das Genre in seine Grenzen zurück.

Es gibt auch rüde Schlußvignetten, die die Illusion der Märchenwelt ganz unverblümt zerstören: »Nun ist das Märchen vorbei, zu Ende die Aufschneiderei.« Alles Erzählte stellt sich im nachhinein als Aufschneiderei, als »Märchen« heraus.

Andererseits lenkt der Erzähler mit Hilfe der Schlußvignette die Aufmerksamkeit der Zuhörer auf die eigene Person. Gelegentlich in der Hoffnung auf Dank und Bewirtung. Denn schon die Formel »Alles lief den Bart hinunter und kein Tropfen in den Mund« kommt einer Aufforderung gleich, die Zuhörer möchten dem Erzähler etwas Erfrischendes vorsetzen. Wenn er schon beim Märchen-Mahl leer ausgegangen ist, dann soll er wenigstens jetzt auf seine Kosten kommen. Manchmal wird diese Aufforderung offen ausgesprochen: »Jetzt hat das Märchen ein Ende, und mir steht ein Becher Met zu.« Oder: »Für euch ist das Märchen, für mich eine Schnur voll Brezeln.« Oder: »Jetzt nimmt das Märchen ein Ende, sagte der brave Bursche, und uns Burschen steht ein Gläschen Bier zu, und weil es aus ist, ein Gläschen Wein.«[63]

Der Charakter solcher Andeutungen, ebenso das Komplizierte und Verspielte des Rahmens haben viele Märchenforscher darauf schließen lassen, daß alle diese Anfangs- und Schlußvignetten in dem professionellen Milieu der Märchenerzähler und Gaukler ihren Ursprung hätten, das heißt, unter Menschen, die sich mit Erzählen ihren Lebensunterhalt verdienten. In der Tat, diese Ornamente verraten die Hand eines Könners. Im weitesten Sinne steht das Verb *balagurit* für die Fähigkeit, heiter und witzig zu sprechen. Ein Mensch, der gern mit Worten spielt, wird vom Volk als Spaßvogel, Witzbold, Possenreißer, Hanswurst, als unermüdlicher Unterhalter bewundert. Aber die Märchen-*balagury* sind wahre Virtuosen. Ihr Reden erreicht die Höhe wirklicher Kunst, die einen wichtigen Aspekt der russischen Nationalkultur darstellt.

Der bedeutendste zeitgenössische Forscher auf dem Gebiet der altrussischen Kultur, Akademiemitglied D. S. Lichatschow, schreibt: »*Balagurstwo* ist eine der nationalen russischen Formen des Lachens, das im wesentlichen ›linguistischer‹ Natur ist.«[64] Die »linguistische Natur« zeigt sich darin, daß Worte verdreht oder ihres Sinnes beraubt werden. Ein anderer wesentlicher Zug dieser Sprachspielerei besteht nach den Beobachtungen Lichatschows darin, daß niemals auf Kosten anderer gelacht wird, sondern immer nur über den Erzähler selbst, der dann die Rolle des Narren übernimmt. Das Lachen hat nichts von Verspottung einer bestimmten Person oder Erscheinung, sondern ist immer selbstbezogen. Der Autor oder Erzähler präsentiert sich als törichte und komische Figur und stellt sich dumm. Zum Beispiel:

»Mein Besitz ist groß, mein Erbgut kann sich sehen lassen. Das Dorf steht auf sieben Ziegelsteinen, an Milchvieh halte ich ein Huhn und einen Gockel, an Kupfergeschirr das Taufkreuz und einen Knopf; mein Großvater war auch schon ein schwerreicher Mann, wir beide brauten gerade Bier, als meine Großmutter mit meinem Vater niederkam. Wir brauten sieben Tage lang, zum Schluß waren ganze vierzig Fässer Wasser da, sieben Gerstenkörner sind dabei draufgegangen ... Da wurde ich hungrig, und schon kam eine fette Sau über den Hof gelaufen, ihre Knochen klapperten wie in einem leeren Sack; ich wollte mir schon ein Stück Speck aus ihrem Rücken schneiden, aber das Messer war fort; dann habe ich mich aufs Ohr gelegt, und als ich in der Frühe aufwachte, hatte ich noch mehr Lust, etwas zu kauen; ich holte mir ein Ränftlein Brot, wollte es in Wasser tunken, aber es paßte nicht in den Eimer; da habe ich es trocken gegessen.«[65]

Nach der Schlußvignette steht der Erzähler mit leeren Händen da. Man könnte denken, er kehrte in die Realität zurück, in das gewöhnliche Dasein eines armen, hungrigen, erniedrigten und bedrängten Menschen. Aber es ist ganz anders. Das *balagurstwo* ist keineswegs ein Spiegelbild der realen Macht, sondern eine Welt des bewußten Spiels und der sich selbst genügenden Ästhetik, auch wenn sie auf Verlust und Zerstörung der logischen Bezüge, die inneren Bezüge des Märchens eingeschlossen, gründet. Auch das ist Phantastik, allerdings nicht im Sinne des Märchenhaften, sondern des Absurden.

Das *balagurstwo*, die »Gegenwelt« des Märchens, hängt mit diesem viel enger zusammen als mit der sogenannten Wirklichkeit. Deshalb kommt ihm das Recht zu, als sein Vor- oder Nachspiel, als sprachlicher Rahmen und Akkompagnement aufzutreten. Dabei kann die Schlußvignette gleichzeitig als Anfang des nächsten Märchens dienen. Eine Spielart der Anfangsvignette ist das *dokutschnaja*-Märchen. *Dokutschat* heißt langweilen, ärgern, anöden. Da es die Bestimmung des Märchens ist, zu unterhalten und etwas Spannendes mitzuteilen, keineswegs aber zu langweilen, stellt das *dokutschnaja*-Märchen eher das Gegenteil dar, eine Parodie, ein Scheinmärchen. Die Parodie, der Schein besteht darin, daß solche Märchen extrem kurz und inhaltslos sind, aber ihrer Idee nach unendlich fortsetzbar. Ihre Bestimmung ist es, den Zuhörer zu enttäuschen oder gar zu reizen. Ein Beispiel: »Es lebte einmal ein Zar. Der Zar hatte einen Hof, auf dem Hof war ein Pfahl, auf dem Pfahl ein Bastwisch; soll ich von vorne anfangen?«[66] Das *balagurstwo* ist der Zauberei im Märchen verwandt: Die Zauberei schafft Wunder in der gegenständlichen Welt, das *balagurstwo* zaubert mit der Sprache.

Der zweite Grund für die wechselseitige Attraktion von *balagurstwo* und Märchen ist die Aufschneiderei. Der Märchenerzähler weiß, daß die Welt, die er nach traditionellen Regeln entstehen läßt, unglaubwürdig ist. Gleichzeitig aber liegt in dem Märchen ein Anspruch auf Realität. Eine Art Bewußtseinsspaltung ist für den Märchenerzähler unausweichlich. Er darf das Zaubermärchen nicht nach eigenem Gutdünken als Phantasie aufbauen – das läßt das Märchen nicht zu. Und sobald er das Märchen beendet hat, distanziert er sich von ihm – in der Schlußvignette.

Aber das Märchen ist durchaus nicht immer in der Lage, im Fortschreiten des Sujets alle Fäden in der Hand zu behalten und zu erklären, warum etwas geschieht. Es erklärt nie, es verbindet mechanisch die von alters her feststehenden Elemente und verzichtet auf jede Logik.

So gibt es das immer wiederkehrende Bild des Feuersees, der nicht schiffbar ist. Manchmal wird dieser See von einem Feuerdrachen bewacht. Und manchmal kann nicht einmal dieser Drache den Feuersee überqueren, so daß der See ein sicherer Schutz für die Zarewna Marija ist, die auf dem gegenüberliegenden Ufer wohnt. Zarewna Marija muß jedoch, um eine bestimmte Aufgabe zu erfüllen, sich am Ufer des Feuersees aufhalten. Und um welche Aufgabe handelt es sich? Ganz einfach: Jeden Morgen wäscht die Zarewna und spült im See die Wäsche aus. Eine absolut alltägliche Begründung, da alle Frauen ihre Wäsche im Fluß oder im See gewaschen oder gespült haben, aber immerhin handelt es sich um einen Feuersee.

Vielleicht kann ein zeitgenössischer Witz uns diese Logik erklären: Die Patienten einer Irrenanstalt wurden aufgefordert, Bilder aufzuhängen. Dafür mußten vorher Nägel in die Wand geschlagen werden.

Ein Irrer nimmt einen Nagel, hält ihn mit dem Kopf an die Wand und hämmert mit aller Kraft auf die Spitze. Natürlich ist alle Mühe umsonst. Darauf sagt ein anderer Irrer: »Was machst du da eigentlich? Der Nagel ist doch nicht für diese Wand, sondern für die andere!« Bildlich gesprochen hämmert das Märchen häufig auf die Nägel, die nicht für diese Wand, sondern für die »andere« bestimmt sind. Marija Zarewna spült Wäsche im See – das ist der Nagel für diese Wand. Der Drache kann denselben See, weil er ein Feuersee ist, weder durchschwimmen noch überfliegen – das ist der Nagel für die andere Wand. Das Märchen stolpert nie über dergleichen Widersprüche, denn es will, auf welche Weise auch immer, über die festgelegten Etappen das vorgeschriebene Ziel erreichen.

Das Märchen setzt sich über die realen Fakten und über die Psychologie des Menschen hinweg. Instinktiv und spontan reagiert es wie ein Tier auf bestimmte Signale. Deshalb handeln seine Helden gelegentlich wie dressiert und lassen keinen Augenblick ungenützt verstreichen. Die Direktheit und das Tempo sind verblüffend. »Unvermutet kommt Iwan Zarewitsch zu Dimitrij Zarewitsch geritten und tritt in sein Zimmer. Der aber schlief einen festen Schlaf. Iwan Zarewitsch sah das Bildnis von Marija Zarewna, verliebte sich augenblicklich in sie, riß sein Schwert aus der Scheide und holte gegen ihren Bruder aus.«[67] Wenn wir das Märchen lesen, stellen wir uns nie die Frage, weshalb Iwan Zarewitsch so schnell und ohne zu überlegen das Schwert gegen seinen Freund und den Bruder seiner künftigen Braut zückte. Wir freuen uns nur an dem Schwung und an der Grazie der Bewegung. Das ist einfach und in sich stimmig: Er tritt ein, sieht das Bildnis, verliebt sich, glaubt seinen Rivalen vor sich zu haben und zückt das Schwert. Das ist nichts anderes als die Reaktion eines Tieres, ein Urinstinkt, den das Märchen von den Vorfahren erbt und dem es zu gehorchen hat. Die Macht des Instinkts und der Intuition war es, die dem Märchen – ohne Rücksicht auf Geschichte, Logik und Psychologie – das Überleben sicherte.

# 9
# Die ununterbrochene Rede

»Eine Eule flog umher und war sehr heiter; sie flog und flog immer weiter, setzte sich auf einen Ast, hielt eine kurze Rast, wippte mit dem Schwänzchen, sah sich um nach allen Seiten und flog wieder weiter; sie flog und flog immer weiter, setzte sich auf einen Ast, hielt eine kurze Rast, wippte mit dem Schwänzchen, sah sich um nach allen Seiten ... Dies zum Einstimmen, das Märchen kommt erst.«[68] Die Schönheit dieses *dokutschnaja*-Vormärchens besteht in seiner absoluten Geschlossenheit. Es ist wie die Schlange, die sich in den Schwanz beißt, das uralte Symbol der Ewigkeit, Vollkommenheit, des allesumfassenden Kreises oder in sich geschlossenen Zyklus. Und obwohl diese Spielart des Märchens eine Parodie genannt werden kann, drückt sie absichtslos die Hauptidee des Märchens, jedes Märchens überhaupt aus. Die Idee der Unendlichkeit und der kreisförmigen sprachlichen Verkettung.

Eine andere Variante des in einem Spiel mit Worten (*balagurstwo*) bestehenden Märchens ist die *njebyliza* (von *nje bylo* – das, was nie war). Solche Märchen erzählen etwas, das sich niemals ereignet hat und sich niemals ereignen wird. Sie bestehen aus unverhohlen alogischen Situationen und Wortkombinationen, die auf einen komischen Effekt hin angelegt sind: »So lebte er vor sich hin, trug das Beilblatt auf losen Füßen, den Beilstiel um die Hüften und spaltete das Holz mit dem Gürtel. Sein Weib war eine Schönheit wie gemalt. Wenn sie aus dem Fenster schaute, heulten die Hunde drei Tage lang.«[69]

Ähnliche Kombinationen, die auf absichtlichen Verstößen gegen den gesunden Menschenverstand beruhen, finden sich in den Anfangs- und Schlußvignetten. Aber dort begnügen sie sich mit der Rolle kürzerer stilistischer Einlagen, während sie sich hier zu einem eigenständi-

gen Genre, zu einer geschlossenen Einheit entfalten. Gelegentlich
nimmt diese Märchenart eine rhapsodische Form an.

> Auf offener See ein Schober brennt,
> Ein Walfisch über Wiesen rennt.
> Ein Hühnchen uns ein Stierlein wirft,
> Ein Ferkel Ostereier legt.
> Der braune Bär fliegt durch die Lüfte,
> Er lenkt mit Schwänzchen und mit Hüfte.
> Auf einer Eiche kläfft die Stute,
> Im Pferdestall schwingt der Köter die Knute.
> Im Pferch der Schafbock sein Nestchen baut...[70]

Manchmal entsteht der Nonsens einfach durch Wortvertauschung: Statt »die Frau melkt die Kuh« heißt es »die Kuh melkt die Frau«, statt »der See begann zu wogen und die Ente flog davon« – »die Ente begann zu wogen und der See flog davon«.

Ebenso wie die *dokutschnaja*-Märchen sind auch die *njebyliza*-Geschichten eine späte Parodie des echten Zaubermärchens. Das *dokutschnaja*-Märchen karikiert und verspottet die formale Gebundenheit und zeitliche Ausdehnung des Märchens, wobei es die Gebundenheit und Ausdehnung bis zum Absurden übertreibt. Von dem Märchen bleibt nur die leere Hülse übrig, eine dehnbare Kette von Wörtern, eine Art schlechte Unendlichkeit. Und in der *njebyliza* wird der Inhalt des Zaubermärchens mit seinem Drang nach dem Wunderbaren und Übernatürlichen karikiert. Man darf annehmen, daß es sich in beiden Fällen um Folgen des Verfalls und der Zersetzung handelt. Der einstige Gegenstand des Glaubens und Vertrauens verkehrt sich in das Ziel des allgemeinen Spottes: man lacht darüber. Die *njebyliza* ist das Märchen, das Ehre und Scham verloren hat und nach langem Zureden selber glaubt, daß alles an ihm Spinnerei und Lüge ist. Wie eine angetrunkene Frau beginnt das Märchen Unsinn zu reden und leeres Stroh zu dreschen, und zwar nach alten, seit Jahrhunderten geheiligten Mustern. Die eigentlichen Motive sind verloren, geheiligte Gebote und Verbote vergessen. Das Kultische wird profaniert, das Wunder durch Nonsens, Trick und Gaunerei ersetzt. Aus der Vergangenheit bleibt nur die Fiktion zurück – die Verknüpfung von Worten zu einer wie geölt laufenden sinnlosen Kette.

Durch ihre plumpe Deutlichkeit scheint die *njebyliza* Widerspruch, Einwand und Unterbrechung zu provozieren. Aber diese Reaktion bleibt aus irgendeinem Grunde aus. Dahinter steckt das Geheimnis einer großen Wahrheit, das diese kleinen Geschichten ausplaudern: Ein Märchen darf nicht unterbrochen werden – andernfalls muß man sich auf ein Unglück gefaßt machen. Es gibt den lustigen Spruch: »Gefällt's dir nicht, so hör nicht zu, laß mich nur fabulieren!« Außerdem existiert zu diesem Thema eine ganze Reihe von Märchen, die davon erzählen, wer am besten fabulieren und wer am längsten den Phantastereien standhalten kann. Es handelt sich um Märchen, die Nonsens als »Geschichte in der Geschichte« enthalten. Die darin auftretenden Figuren sind meistens besessene Märchenerzähler oder passionierte Aufschneider, die reihum Nonsens erzählen, wobei sie folgende Wette abschließen: »Wenn du sagst ›Alles Schwindel‹, krieg ich zweihundert Rubel.« Oder: »Setz dich mir gegenüber und unterbrich mich nicht, wenn du mich aber unterbrichst, so schneide ich dir drei Riemen aus dem Rücken [d. h. aus der Rückenhaut!].« Folgendes Muster erfreut sich besonderer Beliebtheit: Drei Brüder gehen der Reihe nach in den Wald und holen bei einem alten Mann Feuer, um sich das Abendbrot zu kochen. Manchmal wohnt dieser Alte in einem Häuschen auf Hühnerbeinen (d. h. er vertritt die Baba Jaga oder spielt die Rolle des Zauberers). Jeden Neuankömmling fordert er auf: »Erzähl mir ein Märchen.« oder auch »Erzähl mir eine Geschichte, dann werde ich dir Feuer geben, und tust du es nicht, so schneide ich dir drei Riemen aus dem Rücken.«

Die beiden älteren Brüder fallen bei diesem Examen durch, der Jüngste aber erzählt dem Alten einen Nonsens, der darauf angelegt ist, den Alten ungeduldig zu machen und ausrufen zu lassen: »Schwindel!«

»Ich hatte Durst und wollte trinken, da stieg ich in den See, bis das Wasser mir bis zum Hals stand, hatte aber nichts zur Hand, um daraus zu trinken. Da nahm ich mir die Schädeldecke vom Kopf, schöpfte das Wasser und trank. Als ich mich umsah, war mein Roß auf und davon. Ich lief ihm nach, der Schädel blieb zurück. Bis ich

das Roß eingefangen hatte, war er weit in den See hinausgetrieben. Eine Ente kam herbeigeflogen, legte Eier und brütete darin. Als die Entenküken ausgeschlüpft waren, holte ich mir das Nest: Den Schädel setzte ich wieder auf, die jungen Enten briet ich und ließ sie mir schmecken. [...]
Ich kletterte in den Himmel, um dort nach dem Rechten zu sehen. Im Himmel ist das Vieh gar nicht arg teuer, und ich machte eine Viehhandlung auf: für eine Mücke einen Ochsen, für eine Fliege eine Kuh.«
Nach einer Weile dreht der Held einen Strick, um sich wieder auf die Erde herunterzulassen, der Strick reißt, er landet im Sumpf und sinkt immer tiefer, bis in die Unterwelt. Er erzählt: »Mit letzter Mühe kam ich dort angekrochen, ins Jenseits bin ich eingebrochen, viele liebe Tote sah ich dort: Ich sah mein Väterchen, wie er dein Großväterchen vors Wasserfaß spannt und mit ihm Wasser holt.« Das erzählt er alles, um den Alten zu reizen. Der Alte kann nicht länger an sich halten und fällt ihm ins Wort: »Was faselst du da, Dummkopf? Kann denn das wahr sein?« Nun hatte der Dumme erreicht, was er wollte, er warf den Alten zu Boden und schnitt ihm drei Riemen aus dem Rücken, nahm sich von der Glut und begab sich zu seinen Brüdern. Zusammen machten sie Feuer und kochten ihre Kascha, ihre Buchweizengrütze. »Die Kascha ist gegessen, das Märchen ist vergessen.«[71]
Lauter Rätsel: Warum muß das Feuer durch ein Märchen erkauft werden? Warum hat der alte Mann die Macht, die Brüder, wenn er kein Märchen hört, auf die Erde zu werfen und ihnen drei Riemen aus dem Rücken zu schneiden? Warum wird der Alte sofort kraftlos und gefügig, sobald er das Märchen des Dummen unterbrochen hat, warum darf der Erzähler, der Sieger, *ihm* drei Riemen aus dem Rücken schneiden?
Zweifellos liegen die Antworten irgendwo in einer fernen, sehr fernen Vergangenheit, so daß der Erzähler nichts mehr von den Ursprüngen weiß und nicht begreift, wovon er spricht. Vor uns spielt sich eigentlich ein Wettstreit zweier Zauberer ab. Hier, im russischen Märchen, wird dieser Kampf auf der Ebene der Sprache ausgetragen, während es in grauer Vorzeit auf der Ebene des Wunders geschah. In den Mär-

chen Ozeaniens finden wir folgendes Beispiel: Zwei Zauberer sitzen sich gegenüber und messen ihre magischen Kräfte. Die Kunststücke, die sie einander vormachen, sind unserem Nonsens sehr ähnlich. Der eine polynesische Zauberer fordert den anderen auf: »Zeig mir doch, was du kannst!« Dieser spricht Beschwörungen, kann aber trotzdem nichts vorzeigen, da die Kräfte des ersten Zauberers die seinen übersteigen. Dann spricht der erste Zauberer seine Beschwörungen, steht auf und reicht plötzlich mit dem Kopf bis in die Wolken. Und alle bewundern seine Kunst.

»Darauf nahm er abermals die gewöhnliche menschliche Gestalt an. Dann begann er zu singen und seinen Fächer zu schwingen, der zweite Zauberer ließ ihn dabei nicht aus den Augen. Plötzlich zerfiel der Körper des ersten in kleine Stückchen – nur das Haupt blieb auf der Strohmatte liegen. Und ebenso plötzlich fügten sich diese Stücke wieder aneinander und wurden wieder ein lebendiger Leib. Nun wirbelte der erste Zauberer mit seinem Fächer direkt vor dem Gesicht des zweiten. Auch dessen Kopf rollte von den Schultern auf die Matte und blieb dort liegen.«[72]

Man kann annehmen, daß der uralte magische Wettstreit des Märchens sich in ein ausschließlich verbales Duell verwandelt. Es geht nicht mehr darum, wer den anderen in die Knie zwingt, sondern wer das letzte Wort behält.

In alten Zeiten muß ein Gesetz existiert haben, nach dem der Märchenfluß nicht unterbrochen werden durfte. Die Sprache des Märchens war eine sakrale Sprache, und eine Störung kam einem Sakrileg gleich. Im alten Rußland wurde zu Beginn des Erzählens gewarnt: »Top! Wer das Märchen unterbricht, in dessen Mund die Schlange kriecht!« Zweifellos ist das ein Relikt der alten Regel. Ebenso bezeichnend ist eine andere Empfehlung, die das Erzählen einleitet: »Beginne mit dem Anfang, schließe mit dem Ende und störe nie des Märchens Mitte!«

Der Brauch, das Märchen nicht zu unterbrechen, wurzelt in jenen fernen Zeiten, als die Märchen nicht nur den Menschen, sondern auch den Geistern erzählt wurden, und das bloße Erzählen einen magischen Charakter trug. Man weiß, daß viele Völker Sibiriens noch bis vor kurzem während der Jagd Märchen erzählten, um den Herrn des Waldes günstig zu stimmen. Unter den Chakassen, die im Altai-Gebiet siedeln, lebt eine Legende von einem alten Märchenerzähler. Als er eines Tages beim Erzählen in der Mitte abbrach und vor das Haus trat, sah er einen seltsamen Recken – wahrscheinlich einen Geist oder einen Ahnen –, der mit seinem Roß in den Berghang halb eingesunken war. Der Recke war sehr beleidigt und fragte: »Warum hast du mich hier im Stich gelassen, im Berg?« Bald darauf erkrankte der Alte auf den Tod und hinterließ allen Märchenerzählern für alle Zukunft den Rat: Unter keinen Umständen mitten im Märchen aufzuhören, immer bis zum Ende zu erzählen.[73] Man könnte also vermuten, daß in ferner Vergangenheit der Prozeß des Märchenerzählens mit den Bewegungen und Prozessen in der den Menschen umgebenden übersinnlichen Welt zusammenhing. Deshalb mußte die Erzählung ohne Unterbrechung dahinströmen. Kontinuität – das ist die entscheidende Bedingung für die Existenz des Märchens. Und obwohl im russischen Märchen sämtliche magischen Funktionen längst verloschen sind und das Märchen nur noch zum unterhaltenden Genre gehört, bleibt seine Kontinuität ein unbedingtes Gesetz, die Grundlage seiner ästhetischen Existenz. Der Mensch umgibt sich mit dem ununterbrochenen Erzählen wie mit einem Zaun und verschanzt sich dahinter vor dem Unglück.

Das Märchen ist ein Gefüge. Dementsprechend gehört zum Märchen das Ordnen. Ein Märchen erzählen heißt in erster Linie, Worte und Dinge in Beziehung zu bringen und aneinanderzufügen. Es ist kein Zufall, daß das Volk für einen Märchenerzähler den hält, der nicht nur die Handlungsabläufe im Gedächtnis hat, sondern sie »harmonisch« (*skladno*) erzählt, nach dem russischen Sprichwort: Die Melodie macht das Lied schön, die Harmonie macht das Märchen schön. Unter Harmonie (*sklad*) wird in diesem Fall das stimmige und unzerstörbare Ineinander von Wort und Bild verstanden.

Die Märchen »Das Rübchen«, »Der Kolobok« und »Der Pferdekopf« sind allgemein bekannt. Sie sind nach dem Prinzip der Kette oder einer arithmetischen Aufgabe gebaut, wobei an das erste Element ein zweites, drittes, viertes usw. angefügt wird, um immer wieder mit dem

Auftauchen des nächsten Gliedes wiederholt und summiert zu werden.

So entsteht eine rhythmisch anwachsende Namensliste, die wie ein Schneeball oder ein Kolobok – das kleine runde Brot der Alten –, durch die Erzählung rollt. Das ästhetische Vergnügen des Zuhörers entsteht in diesem Fall durch das Aneinanderfügen und Verbinden von Wörtern. Das ist die Achse der Handlung, und es ist unübersehbar, wie fest sich die Wörter aneinanderklammern, wie gleichmäßig und stetig diese Ketten sich fortsetzen: »... das Hündchen die Enkelin, die Enkelin die Großmutter, die Großmutter den Großvater, der Großvater die Rübe – sie ziehen und ziehen und können sie doch nicht herausziehen.« So lange nicht, bis das letzte Glied dieser Kette (und wenn es nur die zur Hilfe herbeigeeilte Maus ist) das sich hochtürmende Ganze in Bewegung bringt. Eigentlich ist es in einem Märchen dieses Typs ganz gleichgültig, ob die Maus einen Berg oder der Berg eine Maus gebiert. Oft ist es ebenso gleichgültig, ob in die Handlung immer kleinere (wie in dem Märchen von der Rübe) oder immer größere Faktoren einbezogen werden. Es kommt nicht auf Ursache und Wirkung an, sondern auf die Reihung der Dinge und der Wörter.

In diesem Sinne ist das Märchen wie ein Apparat, an dem man einen reinen Verknüpfungsprozeß abliest. Und dieses Verknüpfen und Verbinden ist ihm an sich teuer und interessant. Der Betrag unter dem Strich kann verschwindend klein oder gleich Null sein. Der Kolobok wird trotz allem von dem schlauen Fuchs gefangen und gefressen, der Pferdeschädel samt seinen Bewohnern vom Bär plattgedrückt. Aber das Märchen profitiert nicht vom Kapital, sondern vom Umsatz, und die Verluste reizen es nicht weniger als die Gewinne. Progreß und Regreß, Steigen und Fallen der Werte bereiten ihm dasselbe Vergnügen. Das wird besonders deutlich in Märchen, in denen es um einen Tausch geht: Wenn im Verlaufe der Handels- und Sprachaktionen der Bauer das Roß gegen eine Kuh, die Kuh gegen eine Sau, die Sau gegen ein Huhn, das Huhn gegen eine Klöppelnadel, die unterwegs zerbricht, oder gegen eine Nähnadel, die er unterwegs verliert, eintauscht – genausogut ist eine gegenläufige steigende Reihe möglich: Ein Fuchs bekommt für einen alten Bastschuh ein Hühnchen, für ein Hühnchen ein Gänschen, für ein Gänschen ein Lämmchen und für das Lämmchen ein Kälbchen.

Dem Märchen ist es gleichgültig, welche Dinge getauscht und folglich zu der sujetbildenden Wortkette verknüpft werden. Es kommt gelegentlich vor, daß das Märchen ein Glied in dieser Kette überspringt, sich verhaspelt, daß ihm ein Fehler oder eine Fehlhandlung unterläuft. Aber dies alles bringt es nicht aus dem Takt, und es setzt seine Erzählung auf dem vorgegebenen Kanevas fort. Denn in ihm lebt die Idee des Kanevas, die Idee der Verknüpfung, die Idee des fortlaufenden Fadens – sogar auf Kosten des Sinns. Daher die fabelhafte Regenerationsfähigkeit des Märchengewebes, die manchmal sogar zu phantastischen Wucherungen innerhalb des Textes führt, ohne jedoch das Grundmuster jemals zu zerstören.

Das alles heißt: »Einen Zaun um den Garten flechten«, »Brücken bauen« – und ist der Ausdruck einer erstaunlichen Vorliebe für die Entwicklung gebundener Reihen. Man hat den Eindruck, daß die Sprache sich ständig selber hervorbringt, ohne den leisesten Anstoß von außen, nur der inneren Logik der Verknüpfung folgend. Anstelle der Rübe oder zusammen mit der Rübe wird das Märchen aus der Erde gezogen. Es läßt keine Gelegenheit aus, um neben allem anderen von sich selbst, von seinem Gesetz und seiner Konstitution zu erzählen. Es dreht aus Wörtern und aus Dingen Taue – in der Hoffnung, noch eine Fähre über den Fluß zu schicken. Wir wissen, daß das Märchen herzlich wenig Rücksicht auf Tatsachen nimmt, auf die Gegebenheiten der physischen Welt und des menschlichen Lebens, aber es legt eine manische Pünktlichkeit und Akribie an den Tag, wenn es um Kupplungssysteme geht, in denen kein Rädchen übersehen und alles sorgfältig gehegt und gepflegt wird. Wenn das Märchen es will, ist es bereit, im Heuhaufen die Nadel zu suchen, um dabei diesen Heuschober nach der eigenen Fasson neu zu sticken – nach dem Muster der Rübe, nach dem Rezept des Mäuschens – und Wörter wie Perlen zu einer einzigen langen Kette aufzufädeln.

Selbst in den Märchen, die auf die einfachste und schlichteste Art erzählt werden, ist die fugenlose Geschlossenheit dadurch erreicht, daß fast jeder Satz ein Wort aus dem vorhergehenden übernimmt und es in einem neuen Zusammenhang verwendet. Der Schluß einer Periode wird von der folgenden aufgenommen und fortgeführt: Jedes *staccato* wird vermieden, die Sprache fließt stetig und *legato* dahin. Die Wörter wechseln aus einem Satz in den nächsten, aus einer formalen Konstellation in die nächste über. Und aus Mann, Frau, Fisch, Fuchs und Wagen entsteht ein einziger Strang.

»Es lebten einmal ein Mann und eine Frau. Der Mann sagte zu der Frau: ›Frau, du sollst Piroggen backen, und ich will Fisch holen!‹ Als er genug Fische gefangen hatte, machte er sich mit dem vollen Wagen auf den Heimweg. Er fuhr dahin und sah auf einmal: Zusammengerollt lag ein Füchschen auf dem Weg. Der Mann stieg vom Wagen und ging auf das Füchschen zu. Es rührte sich nicht und lag da wie tot. ›Das gibt ein Geschenk für meine Frau‹, dachte der Mann, hob das Füchschen auf und legte es auf den Wagen. Er selbst ging vor dem Wagen her. Das Füchschen aber nutzte die Zeit und warf sachte einen Fisch nach dem anderen vom Wagen herunter, einen Fisch nach dem anderen. Alle Fische warf es herunter, dann machte es sich davon.«[74]

Die Wörter rieseln aus einem Satz in den nächsten wie Perlen oder, um mit des Märchens eigenen Worten zu sprechen: wie das Mark in dem durchsichtigen Leib der Schönen aus einem Knöchelchen ins nächste. Oder schlichter ausgedrückt: das Märchen wird in einem Stück gestrickt – wie ein Strumpf.

# 10
# Der Weg und das Haus

Die Idee der Verknüpfung bestimmt auch die bevorzugten Requisiten des Märchens, das heißt die immer wiederkehrenden Dinge und Begriffe, mit denen das Märchen sich ausstattet und an denen es hängt, wie an vertrauten Möbeln. Zu solchen dem Märchen vertrauten Dingen gehört die Brücke.
Im weitesten Sinne des Wortes beschäftigt sich das Märchen mit nichts anderem als mit dem Bauen von Brücken. Die Brücke – eine konkrete Möglichkeit, ans andere Ufer zu gelangen – ist das Symbol der Verbindung überhaupt. Da ist die Brücke, die das Märchen von einem Wort zum anderen, von einem Ding zum anderen schlägt. Und da ist auch jene Brücke, von der das Märchen so gerne erzählt. Dort, wo man weder gehen noch fahren kann, dort baut oder erfindet das Märchen eine Brücke. Zum Beispiel wirft es über den Feuersee ein Handtuch, das sich als regenbogenfarbene Brücke wölbt. Oder es dreht ein Seil oder knüpft eine Strickleiter zwischen Himmel und Erde. Oder es richtet einen Pfahl auf, der bis in den Himmel reicht. Oder es legt einen Hecht wie einen Steg über den Ozean. Die Brücke ist der vorgesehene Ort für die Begegnung mit dem Unreinen oder auch mit dem Jenseitigen. Unter oder auf der Holderbrücke lauert der Zarewitsch dem Drachen und der Drache dem Zarewitsch auf. Und die ständige Forderung an Iwan, die ihm das meiste Kopfzerbrechen bereitet, ist das Errichten einer Brücke aus Kristall in einer Nacht.
Am Errichten von Brücken ist das Märchen unverhohlen und brennend interessiert. Mit anderen Worten, es ist interessiert an den verschiedensten Formen des Kontakts, sei es am Ehebündnis oder Handelsgeschäft, an Nachrichtenübertragung oder Transport, schlicht an

allem, was heute mit Radio, Telefon, Fernsehen, Flugzeug in Verbindung gebracht wird.

In dieses Kapitel »Kommunikation«, dem die unermüdlichen Bemühungen des Märchens gelten, gehört der Weg. Denn der Weg ist auch eine Verbindung, und über den Weg und auf dem Weg wird Kommunikation verwirklicht. Die Märchenhelden begegnen sich immer auf dem Weg. Und sogar in den Tiermärchen ist es immer der Weg, auf dem man sich trifft. Gelegentlich beschränkt sich das Sujet darauf, daß der Fuchs über den Weg läuft und der Wolf ihm auf demselben entgegenkommt. Und das Motiv der Begegnung, auf das kein Märchen verzichten kann, setzt den Weg voraus.

Jedoch bestimmt der Weg nicht nur die Sujets, sondern auch das eigentliche Genre und die Sprache des Märchens. Außer dem dichten sprachlichen Maschennetz muß ein weiteres wesentliches Moment berücksichtigt werden: das Gefühl der zeitlichen Ausdehnung, das das Märchen uns vermittelt. Dieses Gefühl entsteht aus der Erfahrung eines bestimmten Sprachraums und einer Sprachzeit. Gerade das Bild des Weges ist geeignet, diese Erfahrung zu vermitteln: Der Weg im Märchen ist grundsätzlich lang und weit. Wie bringt es das Märchen fertig, einen langen und weiten Weg darzustellen, obwohl es eine kurze epische Form ist? Seinem Umfang nach ist das Märchen wesentlich kürzer als eine Erzählung, von einer Novelle oder einem Roman ganz zu schweigen. Ein aufgezeichnetes und veröffentlichtes Märchen nimmt höchstens ein paar Seiten in Anspruch, aber auf diesen wenigen Seiten erzählt es von einer Reise bis ans Ende der Welt, legt mit dem Leser Tausende von Werst zurück. Und es berichtet nicht nur, sondern es vermittelt uns den Eindruck eines langandauernden Prozesses. Hier ist ein besonderer Begriff erforderlich, der Begriff der Sprachzeit. Die Sprachzeit ist jenes subjektive Gefühl der Dauer, das uns das verhältnismäßig kurze Märchen vermittelt, die Wirkung von Sprache, Form, Intonation und Stimme des Erzählers. Auch der Sprachrhythmus, die typischen Wiederholungen, die meist dreifache, beinahe wörtliche Repetition einer Erzähleinheit, sei es eines einzelnen Wortes, eines Satzes oder eines größeren Zusammenhangs, tragen dazu bei. Und nicht zuletzt die Formeln zum Thema »Weg«. »Das

Märchen ist schnell erzählt, aber die Sache ist nicht schnell getan.« Hört man sich in diese Formel ein, so entdeckt man auch die entgegengesetzte Tendenz: sie dient nicht der Beschleunigung, sondern der Dehnung und Retardierung des Erzählflusses. Denn in Wirklichkeit wird das Märchen nicht schnell erzählt, sondern langsam, sehr viel langsamer, als es verspricht und immer wieder beteuert: »Das Märchen ist schnell erzählt, aber die Sache ist nicht schnell getan.« Denn die eigentliche Sache ist im Märchen schnell getan, wesentlich schneller, als sie erzählt wird. Iwan Zarewitsch braucht nicht viel Zeit, um den Drachen zu erlegen: Er zückt das Schwert, und die Drachenköpfe rollen alle auf einen Schlag. Aber er muß eine weite Strecke zurücklegen, um zu einem Drachen zu gelangen. Und Stilistik und Poetik des Märchens tragen der Entfernung Rechnung und evozieren die Vorstellung eines langen Weges. Die Reisevorbereitungen können manchmal länger dauern als die Reise selbst, deshalb sind nicht die konkreten Angaben über Termine und Entfernungen wichtig, sondern eben dieser Dehnungseffekt. Es geht um die Erfahrbarkeit des zurückgelegten Weges, und dafür werden Sprache und Stimme eingesetzt. Und die Gelassenheit, mit der die Formel »Das Märchen ist schnell erzählt...« ausgesprochen wird, stimmt die Zuhörer nicht auf die Nähe, sondern auf die Ferne des Ziels ein – Ach, haben die aber einen weiten Weg vor sich! –, und wird immer wieder eingesetzt, um aufzuhalten, zu bremsen, abzulenken und – weiter zu erzählen.
Dem gleichen Zweck dienen verschiedene andere Einschübe: »Ob er lange ritt oder kurz...« oder »Ob es lange währte oder kurz...« Auf diesem unbestimmten Untergrund verflechten sich Sprache und Held, erzählter und zurückgelegter Weg. Das Märchen scheint genaue Markierungen absichtlich zu vernachlässigen und die Gleichzeitigkeit nicht vergleichbarer Bewegungen zu bevorzugen – der Sprache und des in dieser Sprache erzählten Weges. Strenggenommen wird eine kurze Strecke zu dem langen gefahrenträchtigen, schier unüberwindbaren Band des Weges gedehnt. »Ob er lange ritt oder kurz« – die Zeit verstreicht, wir reiten und reiten, und die Sprache folgt dem Helden wie sein eigener Schatten, sie ist sogar langsamer, denn der Weg bis zum Ziel ist noch weit. »Ob es lange währte oder kurz«,

wiederholt das Märchen. Es währt ziemlich lange, alles in allem. Auf diese Weise entstehen in einem kurzen Textabschnitt ein weiter Raum und eine lange, lange Zeit, besonders dann, wenn der Märchenerzähler nach der Tradition verfährt, keine willkürlichen Kürzungen vornimmt und sich streng an den Kanon hält, zum Beispiel:

»Da trat der Kühne aus dem Zarenpalast, da begab er sich auf das weite Feld, verwandelte sich in den grauen Wolf, er lief und lief und durchstreifte die ganze Erde, da verwandelte er sich in einen Bären und tappte durch die dunklen Wälder, da verwandelte er sich in das Hermelin Schwarzschwänzchen, huschte hin und huschte her, schlüpfte unter Baumstümpfen und Wurzelwerk hindurch und kam schließlich zum Palast des Zaren...«[75]

Dazu kommt, daß die Zaubermärchen nicht in der gewöhnlichen Sprechweise erzählt wurden, sondern gleichsam entrückt, langsam und gemessen. Zum Märchen gehörten das Seufzen und die rhythmischen Pausen, die ruhige Haltung, das behagliche Mienenspiel, der gehaltene Redefluß, die Melodie, der beschränkte Wortschatz und die periodischen Gliederungen. Im Märchen erlebt man ganz deutlich das Nacheinander von Worten und Taten, von Stufe zu Stufe, von Etappe zu Etappe, zweifach oder dreifach, Schritt für Schritt. Auch dadurch wird die Dehnung, Steigerung, Gleichmäßigkeit und Monotonie der Bewegung unterstrichen.

Zum Märchen gehört der Rhythmus des Unterwegsseins, seine allgemeinste Form ist der Weg überhaupt. Ohne Reise kommt es nicht aus. Sie ist eine unentbehrliche Komponente des Märchens, vielleicht sogar sein eigentliches Sujet. Und da es meistens eine Reise zu Pferde ist, gehört zum Märchen das treue und weise Pferd, das besser als der Reiter weiß, wohin und weshalb sie unterwegs sind. Deshalb heißt es oft am Anfang: »Das Märchen hebt an mit Grauchen-Braunchen, dem wohlberedten Füchschen.« Und im eigentlichen Sinne beginnt es immer mit einem weiten Weg, auf dem in Ermangelung des Pferdes jedes Verkehrsmittel recht ist, sei es ein Schiff, der graue Wolf oder der Teufel persönlich. Auf jeden Fall muß man sich auf den Weg machen. Tut man es nicht – wovon und sozusagen *womit* kann dann erzählt werden? Der Weg ist der Nährboden des Sujets und der Sprache. Die

Bewegung auf dem Weg zieht die Masse der Wörter wie eine hochbeladene Karawane hinter sich her. Dem Weg verdanken wir die Weite – den freien Horizont –, die man immer hinter dem dichten Wortgefüge spürt, den epischen Odem des Genres. Das Märchen überwindet den Raum und setzt ihn in Sprache um. Deshalb rücken die Begriffe »Dehnung« (Dauer) und »Ausdehnung« (Strecke) ganz nahe zusammen. Und schließlich nehmen die zu Tausenden von Werst gedehnten Minuten die in drei oder in dreißig Jahren zurückgelegte Strecke in sich auf. Wie in der altrussischen, dem Märchen verwandten Byline:

> »Ein Tag nach dem andern, wie der Regen rinnt,
> Eine Woche nach der andern, wie das Flüßchen fließt ...«

Hier rinnt nicht nur der Regen, und hier fließt nicht nur das Flüßchen, sondern hier strömt die Sprache, die epische Zeit der großen erzählenden Gattungen.

Der lange Weg führt das Märchen in die Nachbarschaft anderer epischer Formen, insbesondere der Byline, zu der auch ein weiter Weg und ein langer Ritt gehören. Sie treffen sich an dem Punkt, an dem sich der Weg gabelt – welchen soll man einschlagen? Und hier nehmen sie, bildlich gesprochen, Abschied voneinander: Die Byline reitet auf dem breiten Weg ins weite Feld hinaus, in die Geschichte, zu heroischen Taten. Und das Märchen strebt über seine vorhistorischen Pfade in den dichten Wald. Es möchte gar nicht nach Kiew, in die Fürstenstadt, wie die Byline, sondern in das andere Reich, nach Ich-weiß-nicht-wohin.

Bezeichnenderweise verblaßt das Motiv des Weges in den späteren epischen Folkloreformen, es wird undeutlich und verschwindet nach und nach. Die historischen Lieder, die die Byline abgelöst haben, machen dies deutlich. Sie rücken ein geschichtliches Ereignis ins Rampenlicht, zu dem man den Weg nicht zu suchen braucht, und der Autor erzählt davon, ohne sich um den Weg zu kümmern. Der Weg wird überflüssig und verschwindet angesichts des Faktums. Dasselbe beobachten wir auch an den Märchen, sobald das Zaubermärchen von dem Novellenmärchen verdrängt wird. Auch dort wird der Weg durch die Darstellung eines Ereignisses oder einer bestimmten Episode in den Hintergrund gerückt. Man könnte dies als eine Verfallserscheinung der Byline und des Märchens deuten. In ihrer Blütezeit schildern Byline und Märchen den Weg nicht weniger eingehend als das Ziel, auf das er zuführt. Im Gegenteil, die Ereignisse wirken gelegentlich nur wie Wegmarken und Randerscheinungen einer langen Wanderung.

An diesem Punkt sei es erlaubt, eine allgemeine Betrachtung über die Entwicklung epischer Formen in der Weltliteratur einzufügen. Die großen Epen, die eines Gottes würdigen Tableaus, sind von Wegen durchzogen. Lyrik und Drama bleiben, bildlich gesprochen, stets auf einer Stelle. Das Epos aber ist fast ständig unterwegs. Es ist ein Reisebericht von Völkern, die ausziehen, um ihren Ursprung zu suchen oder ihrem Ursprung den Rücken zu kehren. Diese Gesetzmäßigkeit, ja, dieses Verlangen nach dem Unterwegs finden wir in der *Odyssee*, in den *Toten Seelen*, in der *Göttlichen Komödie*, im *Don Quichotte*. Es ist nicht ausgeschlossen, daß die Epoche der Seefahrt und der großen geographischen Entdeckungen auf ihre Weise die Entdeckung und Entwicklung des neuzeitlichen Romans begünstigt hat. Wieder einmal ging es um den Weg. Aber zuallererst meldet sich dieser Drang nach Weg und Unterwegssein im Märchen. Alles begann mit dem Kolobok, von dem uns das Märchen erzählt. Warum setzte sich dieser Kolobok – das kleine runde Brot, das die Alte gebacken hatte – plötzlich in Bewegung? Wahrscheinlich, um die verschiedenen durch den Weg vereinten Bilder wie Perlen zu einer Kette aufzufädeln und das Erzählen in einen Weg zu verwandeln. Sämtliche Abenteuer, die dem Kolobok zustoßen, seine sämtlichen Begegnungen sind Wegmarken und Bahnhofsschilder. Das Wichtigste jedoch in Sujet und Sprache sind die Kurven und das Auf und Ab des Weges. Und im Grunde ist es das allereinfachste epische Schema.

»Der Kolobok lag und lag, und plötzlich begann er zu rollen, vom Fensterbrett auf die Bank, von der Bank auf den Boden, über den Boden zur Tür. Er sprang über die Schwelle in den Flur, vom Flur auf die Treppe, von der Treppe in den Hof, aus dem Hof vor das Tor, immer weiter und weiter...«

Und so rollt er immer weiter und singt von dem zurückgelegten Weg.

> Aus dem Speicher gefegt,
> Aus der Lade gekratzt,
> Mit Rahm angerührt,
> Mit Butter gebacken,
> Am Fenster gekühlt,
> Bin ich Großvater entwischt,
> Bin ich Großmutter entwischt,
> Bin ich dem Hasen entwischt,
> Bin ich dem Wolf entwischt...[76]

Mag er nur weiterrollen und die Wörter auffädeln, dem Märchen zum Ruhm und Preis...
Von den Wegen und Straßen erzählt uns das russische Märchen erst, wenn es ein Dach über dem Kopf hat. Wie so oft macht es sich die Muse der weiten Fahrten am liebsten am Kamin bequem und genießt die häusliche Wärme. An seine Reisen erinnert sich das Märchen gleichsam wie an einen Traum in den eigenen vier Wänden. Die Wanderlust des Märchens setzt den Nesttrieb voraus. Sie wird von den unermüdlichen Hausgeistern geschürt und durch die Sehnsucht nach Haus und Herd gewärmt. Dies schlägt sich in seiner seelischen und dinglichen Landschaft nieder, so daß trotz allen Umherschweifens das Märchen zu der häuslichsten Form der Volksdichtung wurde.
Man spürt ganz deutlich, daß das Märchen nicht unter dem offenen Himmel, sondern im Haus erzählt werden muß, im engen Kreis, am Ofen, an der wärmenden Seite der Hausfrau, die währenddessen zu seiner Unterstützung ihren eigenen endlosen Faden spinnt. Und es gehört zum Märchen, daß das am späten Abend geschieht, im Winter oder im Herbst, wenn die Gerüche des Hauses besonders wahrnehmbar sind, vor allem der Geruch des altvertrauten Schafpelzes, unter dem man sich beim Zuhören verkriechen und verstecken möchte. Am besten, wenn es draußen dunkel ist und stürmt. Denn das Märchen sucht zwar das Dunkel und das Unwetter, beschirmt uns aber gleichzeitig vor allen nächtlichen Schrecken und verschafft und verstärkt das Gefühl der Geborgenheit, häuslicher Wärme und Wohlbehagens. Die Häuslichkeit ist nicht nur die herkömmliche und günstige Atmo-

sphäre für das Märchen, sondern ebenso das seiner inneren Melodie entsprechende begleitende Interieur. Es ist das eigene Nest – Ausgangspunkt und Ziel –, um dessentwillen das Märchen seine Wanderschaft aufnimmt. Kurz, das Haus ist die Kehrseite und das Gegenstück des Weges, auf den das Märchen zustrebt nach dem Gesetz: Je weiter der Weg, desto lieber und gesegneter das Haus.

Wir beobachten eine erstaunliche Übereinstimmung zwischen der Sprache der russischen Märchen und dem häuslichen, abendlichen bäuerlichen Interieur, das sie umgab. Man erinnere sich und stelle sich vor, wieviel und wie mannigfaltig im alten Rußland geflochten wurde – es geschah gerade in solchen abendlichen Stunden im Herbst und Winter, da Märchen erzählt wurden. Man flocht Spitzen und Bastschuhe, Körbe, Siebe, man flocht Schachteln aus Span und Birkenrinde. Man knüpfte Fischnetze. Die Handarbeiten der Frauen – Spinnen, Weben, Häkeln, Stricken, Sticken und auch das schlichte Nähen – bestehen im wesentlichen ebenfalls aus Flechten und Verflechten von Fäden. Und parallel dazu spann man mit der Zunge (*pleti jasykom*) und brachte das Märchen als Wortgeflecht oder Sprachgewebe hervor.

Jedoch darf man diesen Parallelismus – das Spinnen von Wörtern und das Surren des Spinnrads – nicht als Abhängigkeit der Märchensprache von dem bäuerlichen Milieu interpretieren. Die Beziehung reicht vielmehr in ein weit zurückliegendes, mythisches Stadium zurück.

Wir wollen versuchen, diesen Gedanken mit Hilfe einiger Gegenstände des täglichen Gebrauchs, die in den Märchen häufig auftauchen, zu illustrieren. Sie sind sehr zahlreich und können ohne weiteres ausgetauscht werden. Man geht mit ihnen ziemlich rüde um – die Auswahl ist unbegrenzt, jedes Ding kann jede Aufgabe erfüllen. Ein Meißel kann die Rolle des Spähers übernehmen, und die Gusli das Meer aus seinen Ufern und ein Heer aus dem flachen Feld zaubern. Und dennoch sind nicht alle Requisiten gleichberechtigt: Weg und Brücke sind die häufigsten Symbole für das Herstellen von Beziehungen und für Dauer und Dehnung. Ferner der Ring, das Spinnrad, das Garnknäuel, das Gespinst, die Nadel – alles Dinge aus dem weiblichen, häuslichen Bereich. Das erste beste Messer, Nagel oder Beil kann

Iwan den Weg zeigen, aber der goldene Ring oder das Garnknäuel, das vor ihm in der erwünschten Richtung herrollt, eignen sich dafür noch besser.

Das verweist nicht nur auf die Frauenhände, die an dem Märchengeflecht mitwirken. Hier kann man die Neigung des Genres zu verwandten Wegen und Dingen beobachten. Es zeigt sich eine zeitlose, symbolische Urverwandtschaft. Denn das Märchen ist weit mehr als ein einfaches Gewebe: es sind Schicksalsfäden, die hier nach einem geheimen Ritual verwoben werden. Das Märchen ist das gleichzeitige Flechten des Schicksals und der Sprache – der einst heiligen Sprache. Deshalb sind Spinnen und Weben, Sticken und Nähen, die die Erzählung begleiten, ein fast notwendiger, dem Sprechen, seinem Stil und seiner Struktur, analoger Vorgang. Und gleichzeitig ist es der Ariadne-Faden in des Wortes direkter und übertragener Bedeutung. Das heißt, ein Leitfaden durch das Labyrinth des unterirdischen Reiches, des Märchensujets und des Menschenlebens. In diesem Zusammenhang sollte man an die kunstfertige Jungfrau Arachne erinnern, die in allen Handarbeiten so geschickt und schnell war, daß sie sich erkühnte, mit Athene um die Wette zu weben, der Göttin, die außer allen anderen hohen Funktionen auch die Werke der Frauen betreute, insbesondere das Weben, und die den Menschen einst Spinnrad und Webstuhl geschenkt hatte. Für diese Dreistigkeit, für die Absicht, mit ihr zu wetteifern, verwandelte Athene die Jungfrau Arachne in eine Spinne. Der Name »Arachne« bedeutet »Spinne«, die ja bekanntlich nichts anderes tut, als den Faden für ihre Netze zu spinnen.

Dringt man tiefer und weiter vor, zu den Quellen der Weltgeschichte, zu den Quellen des Lebens, des menschlichen Schicksals und des Schicksals der Götter, so trifft man auf die drei greisen Spinnerinnen. Es sind griechische Moiren, die römischen Parzen, die den Faden des Lebens und des Schicksals, des individuellen und des allgemeinen, spinnen. Heute noch kennt die moderne Sprache den bildlichen Ausdruck »Lebensfaden«, der auf die drei Spinnerinnen zurückgeht. Bis dahin reichen auch die Wurzeln des Märchens, das seine Erzählung spinnt, wie die Parzen den Lebensfaden. Ein Grund mehr, das Märchen nie zu unterbrechen. Unterbricht man es, reißt ein Lebensfaden, ein Schicksalsfaden ab.

Es hat seinen Grund, daß der Ehrenplatz im russischen Märchen der Weisen Jungfrau oder der Weisen Alten vorbehalten ist, die in ihre Handarbeit versunken sind. In einer alten russischen Märchenerzählung wohnt diese Jungfrau in einem Häuschen im Wald, und wenn sie ihr Leintuch webt, tanzt ein Häschen vor ihr. Das heißt, daß ihr Weben eine Musik ist, der alles Lebendige folgt. Sie verwebt ihr Leben mit dem des Fürsten, dessen treue und weise Gemahlin sie wird. Und vor dem Tod sticht sie die Nadel in ihre Stickerei und schlingt den Faden um die Nadelspitze, damit nach ihr eine andere die Arbeit fortsetzt.[77] Und natürlich auch das Märchen.

Das alles ist recht vielsagend: Nadel und Faden. Es sieht fast so aus, als seien für das Märchen die Verben »leben« (*shitj*) und »nähen« (*schitj*) Synonyme. Das Menschenleben ist »genäht«, das heißt, es ist aus einem einzigen Faden gewoben und durch einen Faden zusammengehalten. Aber das menschliche Schicksal wird nicht von Menschenhand gesponnen, gewoben und genäht, sondern von einem anderen, von einer Gottheit, einem »A und O«, das älter ist als die erschaffene Welt. Und in diesem Weben entsteht die fortlaufende heilige Textur des Lebens und des Wortes.

Selbstverständlich hat das Märchen im Laufe der Jahrtausende seine magische Kraft verloren. Aber lange noch wurde, begleitet vom Surren des Spinnrads, vom rhythmischen Klappern der Stricknadeln und dem leisen Knistern der Nähnadeln, der bedeutsame rituelle Reigen des Erzählens vollzogen. Man staunt: Welche Phantasie! Aber es ist keine Phantasie, es ist ein Schutz. Es ist kein dekoratives Muster – es ist ein Zaun, der den Frieden im Haus, das Feuer im Herd, die Kraft im Leib, das Korn in seinem Grab schützt... Eine Palisade von Köpfen und Schwänzen, von verschränkten Gliedern und feuerspeienden Rüsseln, von Blüten, denen Vögel mit schillernden Schwanzfedern entsteigen – Köpfe, Schwänze, Köpfe, Schwänze, Köpfe, Schwänze...

»Die Eule flog umher und war sehr heiter, sie flog und flog und flog immer weiter, setzte sich auf einen Ast, hielt eine Rast, sah sich um nach allen Seiten und flog wieder weiter, sie flog und flog immer weiter, setzte sich auf einen Ast, hielt eine Rast, sah sich um nach allen Seiten...«

Nach diesem Prolog, der eigentlich nie aufhört, sondern das Märchen umkreist und einrahmt, betreten wir den zweiten Ring der ewigen Bewegung: Junker Kranich und Jungfer Reiherin besuchen einander und möchten heiraten, aber jedem von beiden kommen abwechselnd Zweifel. »Und so gehen sie bis auf den heutigen Tag hin und her und möchten einander heiraten. Aber zur Hochzeit kommt es nicht...«

Und die Moral von der Geschicht? Ja, die Moral: die Kontinuität des Märchens, der Bewegung, der Weltordnung. Die Handlung ist in diesem Falle die Variante eines rundgeschlossenen Ornaments.

Zum Schluß sollte der Ring, das Lieblingsrequisit des Märchens, erwähnt werden. Der Zauberring, der an den Finger gesteckt wird, der als Beschwörung von einer Hand in die andere gleitet, der Ring, der vor dem Helden dahinrollt und ihm den Weg weist, ist dingliches und symbolisches Äquivalent des Märchens. Der eigentliche Zauberring ist der Ring aus Worten, ist das Märchen selbst. Er ist sein Urbild. Deshalb trägt das Märchen so viele Ringe. Gleichzeitig ist der Ring das Pfand der Liebe und der Ehe, das Pfand der Treue und des Gesetzes. Er ist der mit Gott oder dem Schicksal geschlossene Bund. Eine Verbindung, die unverbrüchlich und unzerstörbar ist. Er ist die materielle Verkörperung der Kettenglieder und Ringellocken des Märchens.

Im Rausch des beständigen Kreisens träumt das Märchen den verwegenen Traum vom *perpetuum mobile*, dem alle diese maßlosen, sich über die ganze Welt ausbreitenden lockenden Zyklen entsprungen sind, die sich bald wie Schlangen ringeln, bald wie Lianen winden, die ewige Nahrung der Phantasie – die arabischen *Tausendundeine Nacht*, der indische *Märchenozean*. Labyrinth, Weg, Ring, Kranz, Reigen. Das sakrale Geflecht des Ornaments, das einen Topf und ein Schiff umgürtet, ohne Anfang und ohne Ende, vom Flechtzaun in die Handschrift, in die Lettern der Inkunabeln übertragen, in die Zeilen der Buchseite, deren Faden einst, mitten unter Bastschuhen und Spankörben, zwischen Gespinst und Garn, zusammen mit dem Faden des

Schicksals, mit Arachne und Penelope gesponnen und geknüpft wurde...

Das Märchen ist wie ein Mondsüchtiger, der abstürzt und zerschellt, wenn er im falschen Augenblick angerufen wird. Es weiß, daß wir nicht allein gelassen sind, daß ein Mächtiger dabei ist, während die Sprache immer weiterstrebt, über Berg und Tal, Mauern überwindet, Brücken über Abgründe schlägt – und stets an dem seidenen Fädchen hängt, das der Erzähler dreht und hält, zu seiner Hilfe und zu unserem Heil. Unterbricht man hier, wird dort etwas zerstört, und in unserm Leben reißt etwas ab und geht entzwei. Aber solange das Märchen erzählt wird, läuft hier und dort alles wie am Schnürchen. Wir können ruhig schlafen, solange die Eule heiter umherfliegt, solange Junker Kranich und Jungfer Reiherin einander heiraten wollen und im Hof des Zaren Goroch der Bastwisch am Pfahl hängt.

# II
# Heidentum und Magie

# 1
# Die heidnischen Gottheiten der alten Rus

Betrachtet man den russischen vorchristlichen heidnischen Olymp, so erweist er sich als außerordentlich bescheiden und wenig eindrucksvoll. Nur Verschwommenes und Widersprüchliches ist uns von den wenigen heidnischen Göttern überliefert.
Perun – der Gewittergott, der Gott des Donners und des Blitzes. Er galt als Beschützer des Fürsten und seiner Druschina. Es ist bekannt, daß der Kiewer Fürst Wladimir im Jahre 980, kurz vor der Christianisierung Rußlands, auf einem Hügel in der Nähe seines Hofes einige Götzenbilder aufstellen ließ, darunter auch ein hölzernes Standbild von Perun mit einem Kopf aus Silber und einem Schnurrbart aus Gold. Zur selben Zeit soll ein ähnliches Standbild in Nowgorod, damals der nach Kiew größten Stadt, über dem Fluß Wolchow aufgestellt worden sein. Gleich nach der Taufe Rußlands wurden die Götzenbilder zerstört und geschändet. Perun wurde an den Schwanz eines Pferdes gebunden, über die Erde geschleift, geschlagen und schließlich in den Dnjepr geworfen. Das Götzenbild versank, stieg aber immer wieder an die Oberfläche auf. Die Bewohner Kiews liefen laut klagend am Ufer umher, gaben Perun das Abschiedsgeleit und beschworen ihn, aus dem Wasser zu steigen, um seine Macht zu beweisen. Aber Perun stieg nicht aus den Fluten, und dies wurde als entschiedenes Zeichen für den Triumph des Christentums ausgelegt.
Nach einer anderen handschriftlichen Überlieferung ging es mit Perun in Nowgorod etwas komplizierter zu: Auch hier wurde er in dem Fluß versenkt – in diesem Fall im Wolchow –, wo er zunächst unterging und sich dann wieder an der Oberfläche zeigte. Darauf warf ein Mann von der Brücke aus mit einem Knüppel nach ihm. Perun fing

den Knüppel auf und schleuderte ihn zurück auf die Brücke, mitten ins gaffende Volk, und tötete einige Menschen. Außerdem soll er die Nowgoroder mit geistiger und seelischer Blindheit geschlagen haben, denn seit jener Zeit, berichtet der Chronist kummervoll, führen sie auf dieser Brücke jedes Jahr Spiele auf, bei denen zwei Parteien so lange aufeinander eindreschen, bis ein paar Tote liegenbleiben. Offensichtlich beschreibt der fromme Chronist den alten russischen Brauch des Faustkampfs, eine beliebte Unterhaltung, die er hier als gefährliches Spiel und Teufelswerk verurteilt. Der heidnische Gott Perun wird in dieser späteren christlichen Interpretation in die Nähe des Teufels gerückt. Aber eins ist dabei bemerkenswert: Das Götzenbild ist in den Augen des Chronisten, und offenbar nicht des Chronisten allein, keineswegs totes seelenloses Holz, sondern eine reale Kraft.

Später, im christianisierten Brauchtum, wurden die positiven Funktionen Peruns als des Donner- und Blitzgottes auf den Propheten Elias übertragen. Es sind schreckliche Eigenschaften wie die Verkörperung des gerechten Zorns Gottes und wohltätige wie der Regen. Nach dem Volkskalender ziehen am 20. Juli, dem Tag des Propheten Elias, regelmäßig Gewitter auf. Der Name Peruns ist aus dem Gedächtnis des Volkes getilgt. Aber in Weißrußland und in der Ukraine gab es noch im letzten Jahrhundert die idiomatische Wendung: »Daß dich Perun treffe!« (Daß dich Blitz und Donner treffe!) Und noch in unseren Tagen habe ich in dem Gebiet um Nowgorod mit eigenen Ohren gehört, wie der Blitz »Pfeil« genannt wurde. Offensichtlich liegt hier die Vorstellung von einem tödlichen Pfeil zugrunde, den beim Gewitter der kriegerische und zornige Perun vom Himmel auf die Erde herabschießt. Die Verschmelzung Peruns mit dem biblischen Elias wurde dadurch begünstigt, daß Elias bei lebendigem Leibe in einem feurigen Wagen zum Himmel aufgefahren ist. In Rußland existieren unzählige Ikonen der »Feurigen Auffahrt des Propheten Elias«. Wenn er im Feuer aufgefahren ist, so muß er im Feuer zurückkehren, in Gestalt des unentrinnbaren Blitzes.

Am Ende der Zeit, am Vorabend des Jüngsten Gerichts, wird Elias wieder auf Erden erscheinen, mit einem anderen Propheten – möglicherweise Henoch – an seiner Seite, und im Kampf mit dem Antichrist fallen. Nach einer anderen Legende wird Elias in seinem feurigen Wagen dreimal um die Erde fahren und das Jüngste Gericht ankündigen.

In einer altrussischen Handschrift wird neben Perun Weles (auch Wolos) erwähnt, der Rindergott – die Schutzgottheit der Tiere und des Reichtums. Als der Fürst Oleg im Jahre 907 Zargrad (Byzanz) eingenommen und mit den Griechen Frieden geschlossen hatte, küßten diese das Kreuz, während die Russen nach ihrer Sitte »bei ihren Waffen schworen und bei Perun, ihrem Gott, und bei Wolos, dem Gott der Rinder, und so den Frieden besiegelten«.[78]

Die Wissenschaft sieht Wolos im Zusammenhang mit der prähistorischen Verehrung des Bären, der als Herr des Waldes und sämtlicher anderen Tiere auf der Grenze zwischen menschlicher und tierischer Natur angesiedelt ist. Den Nachklängen des Bärenkultes begegnen wir in den Volksmärchen, wo er nicht nur als ein furchterregendes und bösartiges, sondern auch in seinem positiven Aspekt als menschenähnliches Wesen dargestellt wird. Das Volk sagt: Seht nur genau hin! Der Bär hat den gleichen Fuß wie der Mensch.[79]

Der Bär des Märchens kann eine Frau heiraten und mit ihr einen Sohn, einen Menschen zeugen. Es gibt eine Version, wonach der Bär einst ein Mensch gewesen ist.

Das achtungsvolle und freundschaftliche Verhältnis zum Bären schlägt sich auch in der Sprache nieder, wenn der Bär auf verschiedene Weise liebevoll und ehrerbietig angesprochen wird – Mischa, Michail Iwanowitsch, Michailo Potapytsch, Michail Toptygin. Und die Bärin heißt Matrjona und Axinja.

Ein Nachklang des Bärenkultes hat sich in den Volksspielen und Volksfesten erhalten, und auch die Gaukler führten früher einen Bären mit sich; bei den karnevalistischen Umzügen durfte der Bär nicht fehlen. Aus der *Vita* des Protopopen Awwakum ist bekannt, daß er noch als Dorfgeistlicher sich mit herumziehenden Gauklern anlegte: Er trieb sie in die Flucht, zerschlug ihre Masken und Musikinstrumente, brach einem der tanzenden Bären, die sie mit sich führten, die Rippen und ließ den anderen frei. Im Gaukelspiel oder in der »Bärenkomödie«, wie sie genannt wurde, sah Awwakum, ein Mann von strengen dogmatischen

Grundsätzen, einen Teufelskult, ein Überbleibsel alter heidnischer Vorstellungen von dem Herrn des Waldes.

Dem Bären wurde ebenso wie dem Wolf die Fähigkeit zugeschrieben, die Gestalt eines Menschen anzunehmen. In einem alten *Handbuch des russischen Aberglaubens* heißt es in dem Kapitel über die Hexen: »Es ist bekannt, daß manchmal, wenn man eine Bärin häutete, unter dem Fell statt Bärenfleisch eine Frau in Kleidern zum Vorschein kam.«[80]

Handelt es sich vielleicht nur um die Assonanz: *medwed* (Bär) und *wedma* (Hexe)? Viele heidnische Gottheiten – auch die der Slawen – hatten zoomorphe Merkmale, die in die dunkle Vergangenheit, bis zu den Totems der Urahnen und des Stammes, zurückreichen.

Später, schon in der christlichen Welt, wurde Weles vom Heiligen Wlassij, dem Schutzpatron der Tiere, abgelöst.

Kürzlich legten Archäologen in Nowgorod eine ungewöhnliche Pflasterung frei, und zwar dort, wo einst das Wetsche (eine Volksversammlung mit Entscheidungsbefugnis) ausgerufen wurde – »Jaroslaw-Hof«. Es stellte sich heraus, daß der Wetsche-Platz mit Rinderkieferknochen ausgelegt war. Die Dicke des Belags erreichte fast einen Meter. Alle anderen Straßen waren mit Holz gepflastert.[81] Zweifellos handelte es sich um eine kultische Tradition. Aber warum der wichtigste Platz der Stadt ausgerechnet ein Rinderkieferpflaster haben mußte – das bleibt ein Rätsel. War es eine Art Reverenz vor Weles? Oder ein Zeichen des Wohlstands der stolzen reichen alten Stadt Nowgorod?

Daschbog (oder Daschdbog) war eine Ernte- und Sonnengottheit, möglicherweise die Gottheit eines slawischen Stammes, die erst von dem Fürsten Wladimir in das »altrussische Pantheon« eingeführt worden war. In seinem Namen klingen Gebetsformeln an: *daj Bog, podaj Bog* (gib uns, Gott), *chljeb nasch nasuschtschnyj daschd nam dnjesj* (unser täglich Brot gib uns heute).

Neben Daschbog wirkte Jarilo (auch Jarila), der Fruchtbarkeitsgott: Er war der Befruchter der Erde und sämtlicher Kreaturen. Daher die Verbindung seines Namens mit allem, was zum Frühling gehört, zum üppigen Reifen des Getreides und zur Geschlechtskraft. *Jar* bedeutet Glut und inneres Glühen: *jarowoje* – Feld, Frühlingsaussaat, *jarowik* –

ein junger Stier, *jarka* – eine Färse, *jaryj* – stark, stürmisch. Das Volksepos verbindet mit Jarilo den Ur oder den Wisent. Der Ur war Symbol männlicher Potenz, zu ihm gehörte das Epitheton *jaryj*.[82] Im Märchen wird der Ur manchmal durch einen Hirschen mit goldenem Geweih ersetzt.

Die Bauernfeste, die Jarilo gewidmet waren, wurden erst im neunzehnten Jahrhundert beschrieben, als die Bauern nichts mehr von Jarilo wußten. Diese Feste wurden in verschiedenen Gouvernements im Frühjahr oder zu Beginn des Sommers auf ganz unterschiedliche Weisen begangen. Manchmal war Jarilo eine Strohpuppe mit einem übergroßen Phallus, die unter Klagen und Gelächter beerdigt wurde, dazu wurde getanzt und gesungen. Insgesamt erinnern diese Jarilo-Feste, die hauptsächlich im Trinken und in sexuellen Ausschweifungen bestanden, an dionysische Bacchanalien. Die »Beerdigung« symbolisierte in diesem Fall die Befruchtung.

Das Schlußlicht des Kiewer Pantheon war eine weibliche Gottheit – Mokosch. Sie war für eine spezifisch weibliche Arbeit zuständig, für das Spinnen. Man glaubte, daß Mokosch, sobald alle Menschen im Haus schliefen, sich an das Spinnrad setzte. Aber ihr Spinnen hatte eine weitreichende Bedeutung – die klassischen und nordischen mythologischen Entsprechungen sind die Parzen, Moiren und Nornen, die den Lebensfaden spinnen. Mokosch war die Verkörperung des nächtlichen feuchten Prinzips. Später, nach dem Untergang des Heidentums, geriet Mokosch unter die »unreinen Geister«, sie wurde zur Kikimora, und in einer positiven Funktion zur Heiligen Paraskewa, der »Weiberheiligen«, wie sie in Rußland genannt wurde, einer Fürbitterin der Frauen.

Beschäftigt man sich mit den Gottheiten der Ostslawen, kann man sich eines gewissen Mißmutes, zumindest eines Staunens, nicht erwehren. Da gibt es viel weiße Flecken und unlösbare Fragen. Warum scheinen manche Gottheiten sich zu wiederholen? Jarilo zum Beispiel ähnelt Daschbog, dieser aber, ein Sohn des Feuergottes Swarog, verschmolz mit dem zweiten Sonnengott Chors. Außerdem ist man verblüfft durch das Fehlen jeglicher Präzision, was Funktionen und Beziehungen unter den Gottheiten anbelangt. Und vor allem – woran

mag es liegen, daß diese Gottheiten sich so schnell aus dem Gedächtnis des Volkes verflüchtigten? Trotz des hartnäckigen Doppelglaubens, das heißt, der Neigung, heidnische Traditionen und Christentum zu vermischen und nebeneinander gelten zu lassen, behielt das Volk seine höchsten heidnischen Gottheiten kaum in Erinnerung und hing wohl nicht besonders an ihnen.
Es gibt nur wenige Überlieferungen aus der archaischen vorchristlichen Zeit, da die Schrift erst mit dem Christentum in die alte Rus kam. So daß alles, was man über seine Gottheiten weiß, aus indirekter, sekundärer und nicht nachprüfbarer Überlieferung stammt. Selbst ihre Namen erreichten uns nur in der entstellten christianisierten Form. Die Annalen, ebenso wie die gesamte altrussische kirchliche Literatur, vermieden es nach Möglichkeit, die heidnischen Gottheiten namentlich zu erwähnen. Man kann dies nicht allein dadurch erklären, daß die Kirche sich bemühte, alle Spuren einer fremden und feindlichen Religion zu tilgen, die erst vor kurzem noch eine mächtige Konkurrenz und für das beginnende Christentum und die christliche Aufklärung eine große Gefahr gewesen war. Es lag ebensosehr daran, daß das Heidentum als »unreine Macht« empfunden wurde, die nach Möglichkeit nicht bei Namen genannt werden sollte. Sogar bei der Lesung der Heiligen Schrift waren die Russen bestrebt, die Namen des Bösen zu verschlucken oder sie undeutlich und mit gesenkter Stimme auszusprechen, da nach altrussischen Vorstellungen die Namensnennung einer Beschwörung gleichkam.
Die Verschwommenheit des russischen heidnischen Olymp wird von einigen Forschern dadurch erklärt, daß diese Gottheiten eine verhältnismäßig späte Erscheinung waren und ein Experiment der Staatsreligion darstellten, die keine tiefen Wurzeln im Volk hatte. Der Fürst Wladimir, heißt es, habe zuerst den Götzen Perun verkündet und aufgestellt, nebst anderen kleineren, die von unterworfenen oder benachbarten Stämmen übernommen wurden, um einige Jahre später, sobald er eine praktikablere, universelle Religion gefunden hatte, diese Gottheiten wieder zu stürzen. Jedenfalls behauptet ein angesehener Spezialist:
»Keines dieser Denkmäler erlaubt den Schluß, daß Wladimirs Gottheiten der Naturauffassung des Volkes entsprochen hätten,

und es läßt sich nicht die geringste Verwandtschaft zwischen ihnen und irgendeinem anderen germanischen oder griechisch-römischen Gott feststellen, außer in wenigen späten und kaum vertrauenswürdigen Spekulationen der Buchgelehrten.«[83]
Wahrscheinlich bildeten Perun und andere, wenn auch nur andeutungsweise personifizierte Götter eine Art Oberfläche des slawischen Heidentums, das nie mehr die Zeit fand, sich zu einer geschlossenen, harmonischen Mythologie, wie es die der Antike gewesen war, auszukristallisieren, das aber seinem Gehalt nach wesentlich weiter und tiefer reichte als die namentlich erwähnten Götzen. Das heißt, die Religion der Slawen muß vor dem Christentum sich nicht auf Perun oder seinesgleichen beschränkt haben, sondern in einer anderen, weit älteren und komplexeren Vergangenheit verwurzelt gewesen sein.
Auf ostslawischem Boden stellt die heidnische Religion etwas Amorphes und gleichzeitig Konstantes dar. Auf dem langen Weg der Evolution absorbiert sie manchen Götzen, ja, sie verleibt sich sogar das Christentum ein oder gibt ihm eine eigentümliche Färbung. Gleichzeitig bewahrt sie die archaisch unbestimmte Struktur. Sie eignet sich alles an, sie löst gleichsam alles in sich auf. Hätte es in der alten Rus einen präzis konturierten Perun, Jarilo und Daschbog gegeben – dann könnte man von einer »Zivilisation« sprechen. Aber es gab keine Zivilisation, jedenfalls keine auf heidnischem Boden, obwohl das ganze Leben von Heidentum durchtränkt war. Dann und wann gebar dieser heidnische, an fernen Gipfeln entsprungene Strom seine eigenen Götter oder bemächtigte sich der fremden. Aber diese Götter gewannen nie endgültige Gestalt. Sie erstarrten nie zu einem strengen System, zu Bildern einer ausgeprägten Mythologie. Deshalb weiß man auch nicht genau, wo sich Jarilo aufhielt, wer Swarog eigentlich war und welche kosmogonischen Fäden von dem einen zum anderen führten. Wir wissen nicht, wer von ihnen der Vater, wer ihre Frauen oder Töchter waren, alles das, was uns aus den antiken Mythen sattsam bekannt ist. Das ist unser Mangel, verglichen mit den geordneten religiösen Systemen und der zivilisierten Mythologie anderer Völker. Aber dieser Mangel erweist sich auch als Vorteil – der Vorteil des ewig fließenden und lebendigen Glaubens.

## 2
# Die Dämonologie
### Der Domowoj und seinesgleichen

Wir überspringen ein Jahrtausend. Das ist nicht zu vermeiden. Die wichtigsten Zeugnisse des Aberglaubens sind hauptsächlich im neunzehnten und Anfang des zwanzigsten Jahrhunderts gesammelt worden. Erst da setzten die als wissenschaftlich zu bezeichnende Ethnographie und Folkloristik ein, zu einer Zeit also, da die Folklore noch lebte und auf dem Wege unmittelbarer Befragung aufgezeichnet werden konnte.

Die Quellen des Aberglaubens liegen in einer fernen Vergangenheit, in der inzwischen versunkenen Zeit der großen heidnischen Gottheiten. Allerdings erscheinen sie innerhalb eines neuen Kontextes, des Christentums. Der Stoff, mit dem wir im folgenden zu tun haben werden, ist nicht mehr eine rein heidnische, sondern schon eine christianisierte Volkskultur. Folglich erübrigt sich die Frage nach Gott oder Glauben: Religion – das ist das Christentum. Und zwar ein nicht nur von oben, von der Kirche diktiertes Christentum, sondern eines, das dem Volk in Fleisch und Blut übergegangen ist. Als Folge davon sinken die übriggebliebenen heidnischen Vorstellungen ab. Es handelt sich nicht um heidnische Gottheiten, die die Russen etwa insgeheim angebetet hätten, sondern um Halb- und Viertelgötter und Erscheinungen von noch geringerer Bedeutung, deren Macht begrenzt ist und die nur noch mit zwiespältigen Gefühlen angesehen werden – mit Scheu und Spott, mit Ehrfurcht und Verachtung. Alles in allem sind es die Scharen der unreinen Geister, die von der christlichen Religion verurteilt, aus Tradition und Gewohnheit aber immer noch gefürchtet und respektiert wurden. Eine althergebrachte Bauernweisheit lautete: »Bete zu Gott und vermeide, den Teufel zu ärgern.« Bestimmte Spielregeln müssen also auch gegenüber dem Teufel als einem gefährlichen, aber unvermeidbaren Nachbarn beachtet werden. Der Teufel darf nicht angebetet, muß aber mit Vorsicht behandelt werden, mit Bedacht, um nicht seinen Zorn auf sich zu ziehen. Diese »dunkle« oder »unreine« Macht ist jedoch keineswegs homogen, ihre Repräsentanten sind sehr verschieden. Sie unterscheiden sich ihrer Bedeutung nach, nach dem Maß des bösen oder guten Willens, der ihnen innewohnt, aber vor allem nach ihrem Wohnort und ihrer Funktion. Sie sind Wesen, die mit dem bäuerlichen Alltag und der ländlichen Umgebung zusammenhängen. Jeder von ihnen ist Herr in einem bestimmten Bezirk.

Sie sind weniger mächtig als eine Gottheit, etwa Perun. In den alten schriftlichen Quellen werden diese »niederen« Gottheiten fast nie erwähnt. Sie gehören in die mündliche Überlieferung und in den Alltag. Aber sie besitzen einige Vorzüge im Vergleich zu den höheren Gottheiten: Sie leben schon sehr lange, ein Teil von ihnen hat sogar bis heute überdauert. Offenbar sind sie widerstandsfähiger als der heidnische Olymp der östlichen Slawen. Man könnte annehmen, daß es ursprünglichere und ältere, urwüchsigere und organischere Götter sind, die das russische Volk auf seinem Weg durch die Geschichte begleiten.

Ein anderer Vorzug dieser niederen Gottheiten besteht darin, daß sie unmittelbar in den Alltag des Menschen gehören. Sie wohnen unten – nicht im Himmel, sondern auf der Erde, neben der Behausung des Bauern oder innerhalb der Behausung selbst. Es sind Kreaturen wie Katze und Hund, die in jedem Augenblick den Rauch, den Schweiß, alle menschlichen Ausdünstungen riechen und von diesem Geruch durchdrungen sind. Schließlich sind sie Gegenstand einer Art sinnlicher Wahrnehmung und trotz ihrer verschwommenen Umrisse ausgesprochen konkret und verständlich. Sie sind besser geeignet, das russische Leben und die Folklore zu charakterisieren, als die himmlischen Lenker, die ihre Wesenszüge nach und nach eingebüßt haben.

Wir beginnen mit dem Domowoj, einem übersinnlichen Wesen, das dem Menschen und der menschlichen Behausung am nächsten steht.

Er ist ein heimlicher Mitbewohner und der heimliche Herr des Hauses. In jedem Bauernhaus wohnt ein Domowoj. Er wird auf verschiedene Weise angeredet. Häufig mit »Herr«, noch häufiger mit »Großväterchen«, eine sehr ehrerbietige Anrede. Sie stammt wahrscheinlich daher, daß der Domowoj in ferner Urzeit der gottgleiche Gründer der Sippe war. Mit anderen Worten, der Domowoj setzt den Ahnenkult fort, die Verehrung gottgleicher Vorfahren, die Familie, Haus und Herd beschützen. Deshalb ist der Platz des Domowoj in der Regel in der Nähe der Feuerstelle. Im Bauernhaus wohnt er auf, hinter oder unter dem Ofen.

In Rußland herrschte eine Sitte, die zum Hochzeitsritual gehörte und auf die Rolle des Domowoj als des Sippenahnen hindeutete. Wenn die Brautwerber das Haus betraten, um die Braut zu feiern, mußten sie als erstes die Hände an den Ofen legen. Damit stellten sie sich unter die Protektion der fremden Ahnengottheit, des Domowoj. Darauf kletterte die Braut zum Zeichen ihrer Einwilligung vom Ofen, und die Eltern setzten sich, um sie zu segnen, auf die Ofenbank. Wenn die Neuvermählte das Haus ihres Gatten betrat, mußte sie als erstes ebenfalls die Hände an den Ofen legen und anschließend von der ganzen Familie im Kreis um den Hausherd geführt werden. Auf diese Weise wurde sie in die neue Familie und in das neue Haus aufgenommen. Dann brachte sie ihre Geschenke an den Domowoj dar, sozusagen als kleine Opfergaben, in den verschiedenen Gouvernements Rußlands auf unterschiedliche Art: In der Ukraine warf die Jungvermählte einen Hahn unter den Ofen, in Weißrußland ihren Gürtel oder auf eine Schnur aufgefädelte Brezeln. Anderswo mußte sie einen Laib Brot auf den Ofen legen. Das alles bedeutete, daß sie Mitglied der neuen Familie geworden war und sich dem Schutz des Hausherrn empfahl.[84]

Der Domowoj ist ein alter Mann mit grauem Bart und struppigem Haar. Sein ganzer Körper ist mit weichem Flaum bedeckt, sogar seine Fußsohlen und Handflächen sind flaumig. Das weiß man, weil manchmal im Winter um das Haus herum im Schnee seine pelzigen Spuren zu sehen sind. Außerdem hat er die Gewohnheit, den Familienmitgliedern mit seiner Hand die Backe zu streicheln. Es ist ein Gefühl wie bei der Berührung mit Zobelpelz – und ein gutes Zeichen. Aber als eigent-

lich unsichtbares Wesen erscheint er den Menschen nur ganz selten. Manchmal kündigt er ein Unglück an und warnt die Hausbewohner. Obwohl er unsichtbar bleibt, ist seine Anwesenheit jederzeit spürbar. Die Hausgenossen hören ihn manchmal leise weinen oder stöhnen. Sie hören auch, wie er nachts im Haus umhergeht, sich hinter dem Ofen zu schaffen macht oder mit den Töpfen klappert.[85]
Er erfüllt die Rolle eines treuen Wächters und beschützt Mensch, Vieh und den Hühnerhof. Er warnt vor Gefahr und ist bemüht, überall Ordnung zu halten. Seine besondere Vorliebe gilt den Pferden, die er nachts häufig im Stall besucht. Sein Lieblingspferd pflegt er mit größter Sorgfalt, er striegelt es, gibt ihm Hafer und flicht ihm Zöpfchen in Mähne und Schweif. Er wird immer beim Kauf eines Pferdes befragt, das ihm unbedingt gefallen soll, und er gibt seinen Rat. Früher hielten die Bauern neugeborene Tiere – Kälber und Lämmer – im Haus. Wenn sie aus dem Viehstall hereingebracht wurden, steckte man sie kurz mit dem Kopf ins Ofenloch. Dafür gab es ein besonderes Wort: »einhausen« (*wodomljat*), das heißt, das Tier wurde in das Haus aufgenommen und dem wohlwollenden Schutz des Domowoj unterstellt.
Unter den niedrigen bäuerlichen Halbgottheiten ist er der gütigste. Deshalb wird er auch Dobrochot (der Willfährige) genannt, und niemals mit dem Unreinen, dem Teufel, verwechselt, sondern stets einer besonderen, guten Hierarchie zugeordnet.
Aber der Domowoj ist nicht nur gütig. Er treibt auch gerne Schabernack. Er liebt den Spaß, den Scherz und möchte spielen – teils zum Zeitvertreib, teils weil er von Natur aus heiter ist. Aber seine Streiche sind in der Regel harmlos. Nachts kitzelt er den Schlafenden oder kneift ihn auch ab und zu, dann bleiben auf der Haut blaue Flecken, die nicht wehtun. Manchmal setzt er sich dem Schlafenden auf die Brust und drückt ihn ein wenig. Einmal wurde ich belehrt: Wenn im Haus etwas verschwunden ist, von dem man weiß, daß es eben noch da war, muß man ihn ansprechen: »Domowoj, Domowoj, wenn du genug gespielt hast, gib es mir zurück!« Und dann aus Luft einen imaginären Strick drehen und den Domowoj zur Strafe an einem Stuhlbein oder Tischbein festbinden. Wenn man den Domowoj ange-

bunden hat, braucht man nicht länger zu suchen: Das Verlorene taucht plötzlich an völlig unerwarteter Stelle wieder auf (oder eben dort, wo man es vorher nicht gesehen hatte). Ich habe verschiedene vermißte Dinge wiedergefunden, sobald ich den Domowoj an ein Stuhlbein gefesselt hatte. Es ist ein absolut sicheres Mittel. Man darf nur nicht vergessen, den Domowoj, sobald sich das Gesuchte gefunden hat, loszubinden und ihm die Freiheit wiederzugeben, sonst könnte er sich gekränkt fühlen und einem die erwiesene Mißachtung heimzahlen.

Schabernack und Schalk unterscheiden die untere Region der übersinnlichen Wesen von der höheren, eigentlich göttlichen Welt. Möglicherweise ist die Verspieltheit der niederen Gottheiten dadurch zu erklären, daß der Glaube an sie nur noch ein halber Glaube ist. Sie wecken Angst und Ehrfurcht, aber ebenso den Wunsch, sie zu überlisten. Ihre Macht ist nicht mehr uneingeschränkt, und die orthodoxe Kirche, die nicht die leiseste Erinnerung an das Heidentum duldete, sah ziemlich gelassen über die Existenz solcher kleinen Sippenhalbgötter hinweg, die mit dem Alltag und der Arbeit des russischen Bauern zu tun hatten. Für das Christentum bedeuteten sie keine Gefahr mehr.

Ein anderer möglicher Grund dafür, daß diese einst gewaltigen Mächte sich in Narren und Spaßmacher verwandelten, war ihre intime Nähe zu der Welt des Menschen. Nachdem sie sich in den Alltag gefügt hatten und eine Symbiose mit den Menschen eingegangen waren, wurden sie von jenem Humor angesteckt, der dem Volk eigen ist. Und deshalb gehörten sie unmittelbar zum Volksglauben und wurden ein Bestandteil der Volksphantasie und der Volkskunst. Selbstverständlich handelte es sich dabei nicht um Religion im strengen Sinne, sondern um Aberglauben, das heißt, um Unglaubwürdiges, um Schein, Gedankenspiel und Imaginäres. Aber es ist trotz allem der Stoff, der die Phantasie des russischen Bauern jahrhundertelang besetzte.

In der Gestalt des russischen Domowoj verbinden sich die Züge des erfahrenen Greises, der allwissend ist und für alles Sorge trägt, und die des kleinen Kindes. Und diese Kombination ist sehr vielsagend: Der Domowoj verkörpert das Volk in seiner historischen Kontinuität und in seiner ewigen Kindlichkeit. Und er verkörpert das Haus, in dem der Mensch geboren wird, lebt und stirbt. Und deshalb hängt der Domowoj an dem Haus weit mehr als die Menschen, die zwar realen, aber nur vorübergehenden Besitzer und Bewohner. Der Domowoj ist der beständigste und daher wichtigste Hausbewohner. Bei jedem Umzug hat man große Probleme mit dem Domowoj. Wird er beim Umzug vergessen, so bleibt er im alten Haus wohnen, selbst dann, wenn es sich nur noch um eine Ruine handelt, obwohl er die warme Behausung und den Ofen am meisten schätzt.[86] Es kam vor, daß russische Umsiedler, die nach Sibirien gingen, ihren Domowoj vergaßen. Nach Aussagen von Augenzeugen soll er in dem leeren verlassenen Haus geweint und geklagt haben. Er war untröstlich, blieb aber in der alten Behausung. Die Volkskundler protokollierten einen Vorfall, der sich Ende des letzten Jahrhunderts im Gouvernement Orlow zutrug: Durch einen Brand wurde dort ein ganzes Dorf eingeäschert. Solche Feuersbrünste waren im alten Rußland sehr häufig: Eine Unbedachtsamkeit konnte ein ganzes Dorf und manchmal auch eine ganze Stadt in Schutt und Asche legen. Und als das Dorf niedergebrannt war, begannen die Domowoj so heftig zu klagen, daß man sie nächtelang weinen und stöhnen hörte. Da beschlossen die Bauern, zuerst die Domowoj zu versorgen, zimmerten rasch kleine Holzhütten und legten vor jede eine kräftig gesalzene Brotkante (wie der russische Bauer liebt der Domowoj Schwarzbrot mit Salz). Das waren Notunterkünfte für die Domowoj, und sie blieben so lange darin wohnen, bis die neuen Häuser aufgestellt waren.[87]

Es war wichtig, beim Umzug den Domowoj nicht zu vergessen. Er war der gute Geist des Hauses, der jahrzehnte-, manchmal jahrhundertelang den häuslichen Herd beschützte. Aber ihn mitzunehmen war durchaus nicht einfach. Er sperrt sich und will an seinem angestammten Platz bleiben. Deshalb muß er überredet und angelockt werden. Er ist empfänglich für Freundlichkeit und kleine Geschenke, etwa ein Stück Brot mit Salz, ein paar bunte Stoffetzen, mit denen er gerne spielt, eine Prise Schnupftabak, den er ganz besonders schätzt. Manchmal bekommt er einfach einen Topf Kascha vorgesetzt, damit er sich bereit erklärt, mit umzuziehen. Darauf wird der Domowoj in einen Sack gesteckt und in das neue Haus hinübergetragen. Selbstverständlich ist das ein ebenso imaginärer Akt wie das Festbinden am Tischbein. Es ist eine Art Theater mit einem Hauch Magie. Manchmal bietet man dem Domowoj vor dem Umzug einen Bastschuh als Wagen oder Kutsche an. Dabei muß man freundlich sagen: »Herr in Haus und Hof, ruh dich eine Weile aus, bleib bei deinem Hof.« Oder er wird feierlich zur Einweihung eingeladen, zusammen mit seinem Weib »Domowicha«, die sonst niemals als selbständige Figur in Erscheinung tritt und nur in bestimmten Zusammenhängen als eine Art Reverenz dem Domowoj gegenüber erwähnt wird: »Haus-Domowoj, komm mit, samt der gnädigen Domowicha, ich will es euch nach Kräften lohnen.«

Im Alltag hat der Domowoj seine Handlanger oder Doppelgänger, im Rang unter ihm, die auf die anderen Bereiche in Haus und Hof verteilt und für sie zuständig sind. Es gibt zum Beispiel einen Geist, der in der Dorfsauna wohnt und Bannik heißt (*banja* – Sauna oder Bad). Ein anderes Wesen wohnt in der Riege (*owin*) – Owinnik. Die Riege ist eine große luftige, manchmal beheizbare Scheune, in der die eingebrachten Garben zum Trocknen lagern. Auf der Tenne (*gumno*) führt der Gumennik das Regiment. Alle drei sind gleichsam Varianten des Domowoj, entsprechend dem Wirkungsort und Aufgabenbereich. Im Vergleich mit dem Domowoj sind sie weniger mächtig und in Erscheinung und Verhalten auch nicht so klar umrissen. Eigentlich ist »Domowoj« eine Art Oberbegriff: Er kann die übrigen als der eigentliche Herr des Hauses ersetzen und in seiner Person vereinen, während die einzelnen »Geister« lediglich einzelne Funktionen des Haus- und Wirtschaftswesens verkörpern. Der Domowoj ist das Zentrum, alles andere Gelichter bildet gleichsam seine Peripherie. Und während es in jedem Haus einen Domowoj gab, existierten nicht in jedem Dorf und auch nicht in jedem Gouvernement die »spezialisierten« Geister, die dann in seiner Figur einfach zusammengefaßt wurden.

Außerdem paktierten sie – im Unterschied zum Domowoj – mit dem unreinen Geist. Sie waren weit niederere, unreinere und bösartigere Wesen, die an Dämonen erinnern konnten. Von den Teufeln unterscheiden sie sich dadurch, daß sie an einen bestimmten Ort gebunden sind und gelegentlich als Domowoj-Varianten Gutes und Nützliches tun können. Von allen Bauten und Räumen, die im Vergleich zu dem Wohnhaus eine untergeordnete Rolle spielen, möchte ich hier nur die Badestube (oder die Sauna) erwähnen, ohne die der russische Alltag undenkbar ist. Eine ländliche Sauna (*banja*) ist ein kleines Blockhaus in unmittelbarer Nähe des Wohnhauses, aber ohne direkte Verbindung zu diesem. Sie wird einmal wöchentlich, meistens samstags, geheizt. Alle Hausbewohner waschen sich am Samstagabend, um das Fest des Sonntags würdig zu begehen. Das Wasser wird in Eimern herbeigeschleppt, der glühende Ofen muß eine gerade noch erträgliche Hitze verbreiten. Der Russe wäscht sich nicht nur, sondern er schwitzt auch gern, und um das Schwitzen zu begünstigen, klatscht er mit einem Birkenreiserbesen auf seinen Körper. Man hält diese Prozedur für bekömmlich, sie soll Krankheiten vertreiben, auf jeden Fall bereitet sie dem Menschen ein unbeschreibliches Vergnügen. Es kommt vor, daß er im Winter splitternackt aus dem Häuschen springt, sich im Schnee wälzt, um sich abzukühlen, und dann wieder in die Sauna läuft. Es ist von Anfang bis Ende ein lustiges Treiben. Über die Banja gibt es unzählige Sprüche und Witze. »Die Banja treibt einem den Schweiß aus, die Banja macht Krummes gerade, die Banja bringt alles ins Lot.« »Gäbe es nicht die Banja, dann wären wir alle hin.« »Die Banja wäscht alle Sünden ab.« Wenn man zum Schluß mit kaltem Wasser übergossen wird, heißt es: »Wie das Wasser von der Gans, so soll die Krankheit an dir herrunterrieseln.« Daß die Sauna nicht nur etwas Nützliches, sondern auch ein Vergnügen ist (eine Art Zirkusvorstellung), ersieht man aus Sprüchen wie: »Tabak und Schenke, Weib und Banja – alles die gleiche Lust.« oder »Der Birkenbesen ist in der Banja die höchste Obrigkeit.« oder »Das Birkenreisig hat in der Banja mehr zu sagen als der Zar.« – Auch der Zar schwitzt in der Banja und wird mit dem Birkenreisig bearbeitet.

Die ersten Nachrichten über die russischen Badestuben finden sich in der Nestorchronik aus dem Anfang des zwölften Jahrhunderts. Dort wird übrigens auch die Vorgeschichte der Rus erzählt und die frühesten Beschreibungen dieses Landstrichs überliefert. Sie stammen laut der Chronik aus den ersten Jahren unserer Zeitrechnung und sind rund tausend Jahre älter als die Rus. Diese Berichte soll angeblich einer der Apostel, der Heilige Andreas, nach Rom gebracht haben. Er missionierte am südlichen Gestade des Schwarzen Meeres und setzte mit dem Schiff nach Korsun über, der griechischen Kolonie Chersones auf der Krim. Als er erfuhr, daß in der Nähe von Korsun der Dnjepr mündet, beschloß er, flußaufwärts zu wandern.

»Und es geschah, daß er dort ankam und am Ufer unter den Bergen Rast machte. Am nächsten Morgen erhob er sich und sagte zu seinen Jüngern: ›Seht ihr diese Berge? Auf diesen Bergen wird der Glanz der göttlichen Gnade strahlen. Dort wird eine große Stadt liegen, und Gott der Herr wird dort viele Kirchen errichten.‹ Und er stieg auf diese Berge hinauf, segnete sie, richtete dort das Kreuz auf, betete und begab sich von dem Berg, wo später Kiew stehen sollte, wieder hinunter. Darauf setzte er seinen Weg stromaufwärts fort. Und er kam zu den Slawen, wo heute Nowgorod steht, und sah die dort wohnenden Menschen und ihre Sitten und wie sie sich waschen und mit dem Besen einander schlagen und wunderte sich sehr. [...] Dann kehrte er nach Rom zurück, berichtete von seinen Fahrten, von dem, wie er gepredigt und was er gesehen hatte, und erzählte: ›Unterwegs habe ich im Land der Slawen Seltsames gesehen. Ich sah Badehäuser aus Holz, die werden geheizt, bis sie glühen, und dann entkleiden sie sich und sind nackt. Sie erheben junge Birkenreiser und schlagen damit aufeinander ein, und zwar so lange, daß sie kaum lebendig von ihren Bänken klettern können und sich eiskaltes Wasser über den Kopf gießen müssen, um wieder ins Leben zurückzukehren. Und das machen sie jeden Tag. Niemand zwingt sie dazu, sie tun sich dieses aus eigenem Willen an, und es ist keine Waschung mehr, sondern eine Folter.‹ Und alle, die es hörten, staunten.«[88]

Die russische Sauna, mit den Augen eines Fremden gesehen und mit Humor geschildert, gemahnt an ein Lustspiel, durchaus im Einklang mit den Vorstellungen der Russen selbst. Die ganze alte Rus wird in der Beschreibung des Apostels Andreas durch zwei wichtige Einrichtungen repräsentiert: die Kirchen, die in der Zukunft das Land bedekken sollen, und die Badestuben, die schon immer da waren. Und damit sind die beiden Kulturen genannt: die obere und die untere, die der Kirche und die des Alltags. Oben das Heilige, unten der Humor. Man glaubt, in diesem kurzen handschriftlichen Text, in diesem Absatz, das ganze Rußland in seinen charakteristischen Zügen wiederzuerkennen, seinen Geist und sein Fleisch, seinen allem Phantastischen offenen Menschen, von dem in der Zukunft noch größere Überraschungen zu erwarten sind.

Die Banja ist also ein unumgänglicher Bestandteil des russischen Volkslebens, der keineswegs nur der simplen Körperreinigung, sondern einer Vielzahl von Beschäftigungen, Vergnügungen und Zwecken dient. Einschließlich dem des Kreißsaals, da die russischen Bäuerinnen in der Abgeschiedenheit der Badestube gebaren, weshalb der Russe das Licht der Welt in der Badestube erblickte, die Welt durch die Badestube betrat. Gleichzeitig war die Banja Zufluchtsort des Gelichters. Möglicherweise deshalb, weil es dort feucht, rußig und dunkel ist (die Unreinen lieben trübes brackiges Wasser). Vielleicht auch deshalb, weil das Volk dort seine Gebrechen und Sünden ausschwitzte, die mit dem Wasser unter die Dielen sickerten. Und schon der bloße Anblick von nackten Menschen, die in den heißen Dampfschwaden herumhüpfen, sich mit Birkenreisern halbtot peitschen und dabei auch noch eine Befriedigung empfinden, beschwört die Vorstellung einer fidelen Hölle herauf.

Und so ist der Herr der Banja, der Bannik, ein vorwiegend böses und gefährliches Geschöpf. Die Familien wuschen sich gewöhnlich in drei Schichten, aber niemals am späten Abend. Alle fürchteten sich, zur vierten Schicht anzutreten, denn in der vierten Schicht schwitzten in der Sauna die Teufel, die Waldschrate und der Bannik persönlich. Für ihn wurden immer etwas Wasser im Zuber und ein winziges Stück Seife zurückgelassen. Und auch Birkenbesen lagen immer für ihn bereit. Wenn jemand in der vierten Schicht baden wollte, lief er Gefahr, von den Teufeln erwürgt zu werden, auch wenn es so aussah, als sei er erstickt oder an einem Hitzschlag gestorben. Es ist unter keinen Umständen ratsam, in der Badestube zu übernachten, selbst, wenn es kein anderes Nachtlager gibt. Aber gerade deshalb war sie der geeignete

Ort für junge Mädchen, das Schicksal zu befragen. Der Vorgang war ganz einfach: Das junge Mädchen streckt durch die Tür den nackten Rücken, beziehungsweise dessen Verlängerung, in die Badestube. Wenn der Bannik mit einer sanften Tatze darüberfährt, ist das ein gutes Zeichen, und sie wird bald heiraten. Wenn die Tatze Krallen hat, dann bedeutet es Unglück. (An der flauschigen Tatze des Bannik erkennt man übrigens den Verwandten des Domowoj.)

Unter den Geistern, die neben dem Domowoj das Wohnhaus bevölkern, muß die Kikimora besonders hervorgehoben werden. Sie wurde im Zusammenhang mit der heidnischen weiblichen Gottheit Mokosch bereits erwähnt. Im Gegensatz zum Domowoj ist sie ein bösartiges Wesen. Kikimora spinnt nächtens, und manchmal kann man hören, wie ihr Spinnrad surrt und der Faden raschelt. Manchmal bringt Kikimora das Frischgesponnene durcheinander oder ärgert die Menschen auf andere Weise – sie behext das Federvieh und schert zur Unzeit die Schafe. Sitzt Kikimora mit ihrem Spinnrad in der rechten Ecke, ist es ein böses Zeichen: sie kündigt einen Todesfall in der Familie an. Aber mancherorts sagt man Kikimora Gutes nach, dann geht sie fleißigen Hausfrauen zur Hand: Sie wiegt nachts die Kinder in den Schlaf, wäscht ab und ist auch sonst hilfsbereit. Eine faule Hausfrau ist Kikimora verhaßt. Sie kitzelt die Säuglinge, läßt sie Nacht für Nacht schreien und jagt den älteren Kindern Schrecken ein. Gegen Ende des letzten Jahrhunderts war die Gestalt der Kikimora ziemlich blaß und schematisch geworden, weshalb sie gelegentlich für das Weib des Domowoj gehalten wurde (in Sibirien für das Weib des Waldschrats). Die negative Implikation ist schon allein daran zu sehen, daß das Wort »Kikimora« zum Schimpfwort absank. »Kikimora« bezeichnete sowohl einen düsteren wortkargen Mann, der nur selten sein Haus verläßt, wie auch eine Frau, die übereifrig spinnt oder putzt. Auch ein Lügenmaul oder ein Klatschweib konnte »Kikimora« genannt werden.

Bald unter Kikimoras Oberhand, bald selbständig, machten sich im Haus auch noch kleinere dämonische Wesen zu schaffen: Kriksa (*krik* – der Schrei), die die kleinen Kinder zum Weinen oder Schreien bringt. Sie kam in Gestalt eines winzigen Tierchens: »Du siehst sie kaum – und schon ist sie weg.«[89] Und Notschniza (*notsch* – die Nacht). Der Mensch braucht sie nur einmal leicht zu berühren, um den Schlaf zu verlieren, zu kränkeln und zu sterben. Sie, die personifizierte Schlaflosigkeit, betritt in ihrem dunklen oder weißen Gewand unhörbar das Haus und setzt sich auf den Bettrand. Kurzum, es gab – und es gibt immer noch – eine Unzahl niederer Geister, die den Menschen beschützen oder heimsuchen.

## 3
## Waldschrat und Nöck

Der russische Ljeschij ist der Herr des Waldes (*ljes* – Wald). Meistens erscheint dieser Geist in Gestalt eines kräftigen Mannes, zottig, ohne Mütze, mit bläulicher Gesichtsfarbe, die von seinem blauen Blut herrührt, und leuchtend grünen Augen. Dem Ljeschij fehlt das rechte Ohr, und sein Haar ist – wenn überhaupt – nicht nach rechts, wie bei den Rechtgläubigen, sondern nach links gekämmt. Den rechten Bastschuh trägt er am linken Fuß, den linken am rechten. Das sind sehr wichtige Merkmale, denn die unreinen Geister sind Antipoden des Menschen und seiner gottähnlichen Gestalt, weshalb sie alles verwirren und verkehren. Statt des Guten tun sie Böses, und wo rechts ist, ist bei ihnen links. Nicht nur bei den Russen, sondern bei vielen Völkern ist die rechte Seite die gerechte und die linke die ungerechte. Von rechts kommt Bedeutsames, Hohes und Gutes. Hinter jedem Menschen steht rechts sein Schutzengel und links der Böse, der ihm ins linke Ohr sündige Gedanken einflüstert. Mit der rechten Hand wird das Kreuz geschlagen, nach links wird ausgespuckt.

Dieses Verhältnis von rechts und links hat sich in der russischen Sprache bis auf den heutigen Tag erhalten. Zum Beispiel in der idiomatischen Wendung, mit der man jemanden anspricht, der mißmutig und gereizt ist: »Bist du heute mit dem linken Fuß aufgestanden?« Man soll immer mit dem rechten Fuß zuerst aus dem Bett steigen, und man soll auch zuerst den rechten Schuh anziehen, denn wenn man aus Vergeßlichkeit oder Zerstreutheit den Tag mit dem linken Fuß beginnt, wird man den Teufel nicht mehr los. Ein anderer volkstümlicher Ausdruck: »Deine Sache ist links« bedeutet »deine Sache ist ungerecht, nicht rechtschaffen«. Die »linke« Seite der Kleidung ist ihre Kehrseite; »das Hemd auf links« anziehen, heißt, es mit der Innenseite nach außen anziehen. Und sogar im modernen sowjetischen Russisch gibt es den geläufigen Ausdruck des »linken Job« oder »nach links arbeiten«, d. h. Schwarzarbeit verrichten.

In der Erscheinung des Ljeschij dominiert nicht nur die linke Seite, er vermag auch sein Aussehen zu verändern und bald den höchsten Baum zu überragen, bald kleiner als ein Grashalm zu sein. Denn er ist die Verkörperung des Waldes in seinem dem Hause feindlichen und entgegengesetzten Aspekt. Die Gegenüberstellung von »Haus« und »Wald« ist seit alters her vertraut. Der Wald ist etwas dem Hause Fremdes. Alles Schreckliche und Unheimliche geschieht im Wald, weit vom Hause entfernt. Dementsprechend besteht die Hauptbeschäftigung des Ljeschij darin, dem Menschen Angst einzujagen. Mit furchtbarer Stimme ruft er Unartikuliertes, pfeift, bricht in wildes Gelächter aus und klatscht in die Hände. Möglicherweise trug das hallende, weitvernehmliche Waldecho zu seiner schlechten Reputation bei. Wenn er durch den Wald rennt, knackt das trockene Reisig, die Bäume rauschen erregt und knicken um.

Heimtückisch hetzt der Ljeschij den Menschen durch den Wald, bringt ihn vom rechten Weg ab und führt ihn immer wieder in die Irre. Im Wald verliert man leicht die Orientierung, und das ist ein Schabernack des Ljeschij. Wenn der Mensch sich verlaufen hat, läuft er meistens im Kreis und kommt zum Ausgangspunkt zurück. Solche Späße des Ljeschij erinnern an den Domowoj, sie sind nur weniger gutmütig, obwohl sie schließlich glimpflich ausgehen und ebenfalls eine Art Spiel sind. Wenn der Ljeschij den Menschen im Wald umherirren läßt, dann versetzt er die Wegzeichen oder verwandelt sich in jenen Baum, den sich der Verirrte an anderer Stelle als Wegmarke gemerkt hat.

In solchen Situationen muß man das Mittel kennen, wie man den Ljeschij loswerden und aus dem Wald herausfinden kann. Der Verirrte muß sich auf den ersten besten Baumstumpf setzen, sich ausziehen, sämtliche Kleidungsstücke wenden und wieder anziehen. Ebenso muß der rechte Bastschuh auf den linken Fuß und der linke auf den rechten angezogen werden. In der kalten Jahreszeit macht man dasselbe mit den Fäustlingen. Darauf findet man sofort den richtigen

Weg. Das Verfahren ist bemerkenswert: um den Ljeschij zu überlisten, muß der Mensch sich selbst für eine gewisse Zeit ihm angleichen und alles vertauschen, wider seine eigentliche Natur. Er muß für einen Augenblick gleichsam aus dem Christentum heraus- und in das Heidentum hineinschlüpfen und so dem Ljeschij beweisen, daß er zu seinesgleichen gehört. Man könnte sagen, es handelt sich um eine momentane Reverenz vor einer alten Gottheit, von der man weiß, daß sie zu den Unreinen gehört. Zweifellos hängt dies ebenfalls mit den uralten Vorstellungen von der Verwandlung des Menschen in ein Tier, den Werwolf, zusammen. Und nicht zuletzt mit dem volkstümlichen Mummenschanz, einer Maskerade, die hauptsächlich darin bestand, daß man einen Pelz wendete und mit dem Fell nach außen anzog, womit man sich in ein dem Menschen wesensverschiedenes, tierischgöttliches Wesen verwandelte und eine Art Rückkehr zu den Ahnen vollzog.

Dem Ljeschij als dem Herrn des Waldes ist sämtliches Waldgetier untertan. Die Wanderungen der Tiere aus einem Waldgebiet in ein anderes, wissenschaftlich ausgedrückt, die Migration, wird dadurch erklärt, daß ein Ljeschij seinen Nachbarn scharenweise Hasen, Eichhörnchen, Wölfe, Mäuse usw. zutreibt. Meistens geschieht das nach einer verlorenen Kartenpartie. Die Waldschrate sind versessen auf das Kartenspiel, zu diesem Zweck versammeln sie sich in großen Gruppen. Nach Aussagen der ortsansässigen Bevölkerung, die von Ethnologen aufgezeichnet wurde, fand 1859 eine grandiose Partie zwischen russischen und sibirischen Ljeschij statt. Die russische Seite siegte. Nachdem die sibirischen hoffnungslos verloren hatten, mußten sie zahlen – sie trieben ganze Züge von Tieren durch die Taiga über den Ural in das Gebiet von Petschora und Mesen.[90]

Meistens aber spielen Nachbarn miteinander, und die Spielschuld wird mit Hasen beglichen. Für uns ist das ein weiterer Hinweis, daß auch die unreinen Geister einen Sinn für das Spiel haben, der aller Folklore zugrunde liegt. Der Ljeschij vermag aber auch ernsthaften Ärger zu verursachen – allerdings nur durch die Schuld des Menschen selbst. Er straft für Fluchen und Schimpfen, insbesondere die gebärenden Frauen, sobald sie, von den Wehen erschöpft, sich und das

Kind verfluchen. Dann gehört das Kind dem Ljeschij, er holt es und schiebt ein »Waldkind« unter, das kränklich und unruhig ist. Für die Wintermonate ziehen sich die meisten Ljeschij unter die Erde zurück, um im Frühjahr mit dem sich wiederbelebenden Wald wiederaufzutauchen. Aber bevor sie verschwinden – am 4. Oktober nach dem alten Kalender –, randalieren sie unvorstellbar. Dann sind sie außer Rand und Band. Sie prügeln sich, knicken Bäume und reißen sie aus, scheuchen die Tiere hin und her. Um diese Zeit ist es nicht ratsam, in den Wald zu gehen.

Trotz allem ist der Ljeschij nicht sonderlich bösartig. Er ist schlimmer als der Domowoj, aber besser als der Wodjanoj (*woda* – Wasser). »Der Domowoj ist des Ljeschij Feind«, sagt ein russisches Sprichwort. Oder als eine Rangliste des Bösen: »Der Domowoj macht seine Späße, der Ljeschij foppt im Wald, und der Wodjanoj zieht ins Wasser.« In dieser Trias ist der Wodjanoj das bösartigste und gefährlichste Wesen. Er steht dem Argen am nächsten. Der Wodjanoj hat ein abstoßendes Äußeres – er erscheint in der Regel als nackter alter Mann mit grünem, moosigem Bart, aufgedunsenem Leib und einem von unaufhörlichem Saufen verquollenen Gesicht. Gelegentlich wurden Wassergeister mit Hörnern auf dem Kopf, unheimlich langen Fußzehen und Schwimmhäuten zwischen den Fingern gesichtet. Mit diesen Entenhänden klatscht der Wodjanoj mit Vorliebe, besonders in ruhigen stillen Nächten, laut und vernehmlich auf das Wasser.

Der Wodjanoj hat die Gewohnheit, Badende unter Wasser zu ziehen. Er packt sie mit seinen kräftigen Händen und schleppt sie augenblicklich auf den Grund, meistens in jenes Wasserloch, in dem er wohnt. So verfährt er mit allen, die vergessen, das Kreuz zu schlagen, bevor sie ins Wasser steigen, oder zur falschen Zeit ins Wasser gehen, das heißt nach Sonnenuntergang oder, ebenso schlimm, am Mittag. Mit Vorliebe ertränkt er jene, die entweder kein Kreuz auf der Brust tragen oder das Kreuz vor dem Baden ablegen. Die zerschundenen, blau angelaufenen Wasserleichen gehen auf sein Konto.[91] Aber der Wodjanoj kann noch mehr. Er zerreißt die Netze der Fischer, untergräbt und zerbricht die Wehre der Müller. Da er gern bei den Wassermühlen, unmittelbar unter dem Rad haust, ziehen viele Müller es vor, insgeheim mit ihm Freundschaft zu schließen, was ihnen den Ruf von Zauberern einbringt. Dem Wodjanoj wurde ursprünglich geopfert, in der Frühzeit wahrscheinlich Menschen. Noch am Ende des neunzehnten Jahrhunderts lebte im Volk der Glaube, daß beim Bau einer neuen Mühle der Müller ein Menschenopfer bringt, indem er zur nächtlichen Stunde einem Wanderer auflauert und ihn ins Wasser stößt. Die Fischer ertränkten ein fremdes Pferd oder warfen tote Tiere ins Wasser, als Leckerbissen für den Wodjanoj. Der erste Fisch oder ein Teil ihrer Beute wurde als Gabe ins Wasser zurückgeworfen. Dafür füllte er ihre Netze, da ihm die Fische genauso untertan waren wie die Waldtiere und Vögel dem Ljeschij.

Das Unterwasserreich des Wodjanoj ist in manchen Aspekten ein Spiegelbild der Oberwelt. Der Wodjanoj wohnt in einem Palast aus Kristall, die Ertrunkenen arbeiten für ihn, und die Nixen sorgen für sein Wohl. Früher sollen die Wodjanoj eigene Rinderherden gehabt haben, die sie auf den Wiesen an Flußufern weiden ließen. Ihre Kühe waren immer schwarz. In seiner Eigenschaft als Herrscher erinnert der Wodjanoj an den Meereszaren, der bei vielen Völkern bekannt ist und in der russischen Folklore am schönsten in der Byline von dem Nowgoroder Kaufmann Sadko beschrieben wird. Aber der Meereszar ist ein weit mächtigeres und gesitteteres Wesen als der Wodjanoj. Man kann es auch umgekehrt sagen: Der Wodjanoj ist ein verkleinerter und auf sein jeweiliges Wasserloch beschränkter Meereszar.

Domowoj und Wodjanoj leben in ständigem Streit, und wenn sie sich gelegentlich über den Weg laufen, prügeln sie sich. Und das ist ganz natürlich. Der Domowoj ist dem Menschen wohlgesonnen, wohingegen der Wodjanoj allem Menschlichen fremd und spinnefeind ist. Er gehört eingestandenermaßen zu den Scharen des Bösen und ist dunkler und arglistiger als der Ljeschij. Aber auch für den Ljeschij hat der Wodjanoj nicht viel übrig. Der ständige Streit zwischen den Haus-, Wasser- und Waldgeistern läßt sich am ehesten dadurch erklären, daß jeder von ihnen auf sein eigenes Revier angewiesen ist und auf die leiseste Verletzung seiner Souveränität aggressiv reagiert.

Nichtsdestotrotz besteht zwischen diesen niederen Geistern eine bestimmte Beziehung. Sie prügeln sich, sie zanken sich, unterhalten aber gewisse Kontakte. Ein sehr interessantes Beispiel dafür findet sich bei Wladimir Dal. Seine Aufzeichnungen enthalten eine Episode, die auch von anderen Volkskundlern bestätigt wird.

»Eines Tages badeten Kinder bei einer Mühle, sie waren schon dabei, sich wieder anzukleiden, als aus dem Wasser ein Wesen auftauchte und rief: ›Erzählt zu Hause, Kuskja ist tot.‹ Darauf tauchte es wieder unter. Die Kinder liefen nach Hause und wiederholten vor dem Vater in der Stube das Gehörte: Da sprang jemand mit lautem Poltern und Klagen: ›Wehe, wehe, wehe!‹ vom Ofen herunter und rannte hinaus. Es war der Domowoj, dem der Wassergeist eine Todesnachricht übermittelt hatte.«[92]

Diese merkwürdige Geschichte erinnert entfernt an Plutarchs berühmten Bericht, wie im ersten Jahrhundert unserer Zeitrechnung der Steuermann eines von der Peloponnes nach Italien segelnden Schiffes plötzlich den Klageruf vernahm: »Der große Pan ist tot!« Auf Befehl des Imperators wurde diese Begebenheit dem Volk bekanntgemacht und fand die verschiedensten Auslegungen. Nach der Interpretation christlicher Theologen zeigte der Tod des großen Pan das Ende des Heidentums und den Beginn des Christentums an. Und so ist möglicherweise der Tod des armen Kuskja ein ferner Widerhall auf den Tod des großen Pan – vielleicht ein Hinweis darauf, daß die heidnische Welt in Rußland im neunzehnten Jahrhundert ihr Ende fand. Zugleich bestätigt diese Episode, daß ungeachtet der gegenseitigen Mißgunst Domowoj und Wodjanoj eine enge Beziehung unterhalten. Beide gehören zu derselben Gruppe niederer lokaler Gottheiten, die einen dichten Ring um den Alltag des Volkes bilden.

Die Helferin des Wodjanoj ist die Nixe (Russalka). Wie in den Mythologien aller europäischen Völker sind die Wasserjungfrauen meist mit einem Fischschwanz ausgestattet – wobei die Nixen im Westen meist wunderschön und verführerisch sind. Im östlichen und nördlichen Rußland dagegen sind sie häßlich und böse wie der Wodjanoj. Die Nixen sind darauf aus, den Menschen zu Tode zu kitzeln und ins Wasser zu locken. Einst sind sie junge Mädchen gewesen, die sich ertränkten, oder Kinder, die ungetauft starben und somit den Unreinen in die Hände gerieten. Manchmal steigen die Nixen ans Ufer und klettern auf die Bäume. Das ist ein wichtiges Detail: Die Bäume waren nach dem Glauben der alten Slawen die Wohnungen der Toten. Aber sie vermeiden es, sich zu weit vom Ufer zu entfernen: Wenn ihre Haut trocknet, schwinden sie dahin. Vorsorglich tragen sie einen Kamm bei sich. Wenn sie sich damit das Haar kämmen, strömt Wasser heraus. Sie stehlen den Frauen das Gesponnene und zupfen daran, während sie auf den Ästen wippen. Vieles spricht dafür, daß die Nixe den prähistorischen Zeiten entstammt und im slawischen Heidentum sich mit der Göttin Mokosch berührt. Zu der Nixe gehören einige Grundsymbole, die eine Motivkette bilden. Diese Reihe sieht etwa folgendermaßen aus: Wasser – Frau – Tod – Haar – Gespinst – Schicksal.

Manchmal wird sogar der Wodjanoj als weibliches Wesen dargestellt. Im Gouvernement Nowgorod wurde er als ein »nacktes Weib« beobachtet, »das auf einem Baumstumpf sitzend mit einem Kamm ihr offenes Haar kämmte, aus dem unaufhörlich Wasser rann«.[93] Der Nix verwandelte sich hier in eine Nixe. Es ist bekannt, daß Nixen niemals sterben und daß sie mit den Mondphasen sich verjüngen und altern. Darin erkennt man einen weiteren Hinweis auf den prähistorischen Kult einer weiblichen Gottheit.[94]

Als niedrige Gottheiten verschwinden die Nixen im Laufe des neunzehnten Jahrhunderts. Man glaubt nicht mehr an sie. Vielleicht nehmen sie deshalb hier und dort die Gestalt des Wodjanoj an, der sich länger behaupten kann.

Ich möchte auf ein eigenes Erlebnis zurückgreifen, um die Erscheinung und die Macht des Wodjanoj möglichst einprägsam zu beschreiben. Einmal fuhren wir die Mesen hinunter, in einer weißen nordischen Nacht. Da die Entfernungen beträchtlich sind – wir hatten bis zum nächsten Dorf etwa achtzig Werst vor uns –, wollten wir, um Zeit zu gewinnen, die sommerliche Helle ausnutzen und unser Boot einfach der Strömung überlassen. Man hatte das Gefühl, es wäre immer noch ein leuchtender Abend, während die Uhr schon weit nach Mitternacht zeigte. Der Himmel erstrahlte in einem unwirklichen matten Glanz. Der Fluß funkelte. Ich brauchte nur leicht das Ruder zu bewegen, um unser Bötchen zu lenken, damit es nicht an einem ausgewaschenen Baumstumpf oder auf einer unerwarteten, mit scharfen Steinen gespickten seichten Stelle hängenblieb. Meine Frau hatte sich in ihre Steppjacke eingewickelt und schlief. Wir waren seit vierundzwanzig Stunden unterwegs, und die anhaltende weißliche Helle, die weder dem Tag noch der Nacht glich, hatte ihre Wirkung getan. Und da, schon gegen Morgen, geschah es, daß ich den Wodjanoj, ich kann nicht sagen, sah, aber doch hörte und spürte. Ich will nicht behaupten, daß es ein angenehmes Erlebnis gewesen wäre, diese merkwürdige, intensive, unheimliche Empfindung...

Auf einmal glaubte ich, vor uns eine Art Klatschen zu hören. Es näherte sich mit einer rasenden Geschwindigkeit, so als liefe ein tollgewordener Affe in gigantischen Sprüngen über die elastische, gallertartige Wasseroberfläche auf unser Boot zu. Plötzlich blies mir der Wind Nebelfetzen ins Gesicht; von der Seite her, offensichtlich von einem Nebenfluß, traf mich ein feuchter, bis ins Mark dringender, kalter Hauch; ein grauhaariger Orang-Utan, etwa fünf Meter entfernt, fuhr wie ein örtlicher Sturm an uns vorbei und hüllte das Boot in rasendes Getrappel und aufgepeitschtes Wasser. Es ist übrigens genausogut möglich, daß er einen Handstand machte und auf den Pfoten vorbeilief. Das Wasser kochte und schäumte unter meinen Rudern; ich konnte unser Faltboot nur mit Mühe vorm Kentern bewahren. Weder ich noch meine Frau können schwimmen, wir wären verloren gewesen...

Das Klatschen seiner breiten Sohlen war so unüberhörbar, so stürmisch und so gewichtig, daß meine Frau erwachte und voller Staunen fragte: »Was ist hier los? Woher kommt dieser Lärm?« Ich war überwältigt und schwieg. Vor uns, aus dem milchigen Wasser, stieg dampfend die Sonne auf. Hinter uns, flußaufwärts, hallte wie ein ungutes Lachen der sich entfernende siegesbewußte, unaufhaltsame Wodjanoj...

# 4
# Die unreinen Geister

Die böse Macht erscheint in Gestalt verschiedenartiger Dämonen. Sie sind, anders als der Domowoj oder der Waldschrat beispielsweise, nicht an einen Ort gebunden oder auf eine Funktion festgelegt. Sie fügen dem Menschen alles erdenkliche Böse zu, haben ihren festen Wohnsitz im Tartarus, unter der Erde, und spazieren nach Gutdünken durch die Welt, immer darauf bedacht, Schaden anzurichten. Das russische Volk kennt eine Menge Präventivmaßnahmen und Methoden, sich den Teufel vom Leibe zu halten. Ich möchte nur einige anführen.

Beim Hausbau muß darauf geachtet werden, daß das Hoftor nicht an der Nordseite liegt. Denn der Norden heißt seit Urzeiten »Mitternacht« und ist die Himmelsrichtung des Dunklen. Liegt das Hoftor an der Nordseite, so wird das Haus von unreinen Geistern so oft heimgesucht, daß dem Hausherrn nichts anderes übrigbleibt, als es zu verlassen und ein neues zu bauen.

Auf dem Land werden die Eimer und alle anderen Gefäße mit Trinkwasser stets mit einem Deckel oder wenigstens mit zwei über Kreuz liegenden Kienspänen bedeckt, damit der Teufel nicht ins Wasser schlüpft. Sonst kann er mit dem Wasser ins Innere des Menschen eindringen und dort Wohnung nehmen. Auch beim Gähnen muß der Mensch unbedingt über den offenen Mund das Kreuz schlagen, um dem unreinen Geist den Eingang zu verwehren. Das Wort »Teufel« soll nach Möglichkeit nicht ausgesprochen werden, um nicht seine Aufmerksamkeit zu wecken. Daher die Euphemismen: Statt »Teufel« sagt man »Narr«, »Unrechter« oder ganz einfach »Er« oder »Der da« oder »Nicht unserer« usw. »Zum Teufel mit dir« bedeutet nicht einfach eine Beleidigung, sondern einen furchtbaren Fluch. Als Kind war ich einmal auf dem Lande mit einem Nachbarjungen befreundet. Er hatte die Gewohnheit, schrecklich zu fluchen, und warf mir die unanständigsten und schmutzigsten Worte an den Kopf. Schließlich platzte mir der Kragen, und ich sagte: »Scher dich zum Teufel!« Er war tief beleidigt. Ich konnte nicht verstehen, weshalb, denn alles, was er mir gesagt hatte, klang sehr viel schlimmer. Bis dahin hatte er immerzu gegrinst, jetzt aber sagte er düster: »Du hast ein schwarzes Wort zu mir gesagt!« In seiner Vorstellung wog das »schwarze Wort« schwerer als alle Flüche, weil als Antwort auf »Scher dich zum Teufel« oder »Hol dich der Teufel« dieser tatsächlich erscheinen und den Menschen holen könnte.

Wir wissen, wie phantasievoll und unheimlich die Dämonen in der mittelalterlichen europäischen Kunst dargestellt sind. In der altrussischen Ikonenmalerei findet sich nichts Entsprechendes. Und wenn der Ikonenmaler bei der Gestaltung des Sujets auf die Teufel nicht verzichten konnte, so erscheinen sie in der Regel im Profil und sind meistens schwarz übermalt, so daß ihre Züge undeutlich bleiben. Das war eine Vorsichtsmaßnahme. Der Teufel durfte durch sein furchterregendes Aussehen die Betenden nicht aus dem Gleichgewicht bringen. Einer der bedeutendsten Erforscher des alten Rußlands und seiner Folklore schreibt darüber:

»Die Phantasie, die durch das Dogma im Zaum gehalten wird, nähert sich nur ängstlich dieser gefährlichen Figur, erwähnt sie höchstens flüchtig und ist bestrebt, sich sogleich durch Gebet zu reinigen. Die Darstellungen von Dämonen auf russischen Miniaturen sind bis zum siebzehnten Jahrhundert monoton, fade, uninteressant und scheinen in dem Bestreben entstanden zu sein, die Neugierde des Betrachters nicht zu wecken... Die Gestalten und insbesondere die Gesichter der Dämonen in den Miniaturen der ältesten russischen Handschrift sind vorsätzlich verwischt oder überdeckt worden, wahrscheinlich, um die Leser daran zu hindern, diese gottverdammte Scheußlichkeit mit Gleichmut zu betrachten.«[95]

Das Unheil, das die Teufel anrichten, ist unermeßlich: böse Späße, Unglück in Haus und Hof, Mißernte. Und selbstverständlich alle Sünden, zu denen er die Menschen verführt. Es gibt seit alters eine ver-

breitete Redewendung, die jedwede Sünde oder böse Tat erklären soll: »Der Teufel hat ihn verleitet!« Früher wurde das nicht im übertragenen Sinn, sondern buchstäblich aufgefaßt und diente oft genug zur Erklärung einer bösen Tat, die der Teufel durch den Menschen ausführte. Nach dem Sprichwort – »Der Teufel läßt Berge tanzen«. Im vorigen Jahrhundert wurde folgende Begebenheit notiert:
»In einem Dorf lebte ein Bursche. Der war gutherzig, friedfertig, alleinstehend, gottesfürchtig und sehr wohlhabend. Er wohnte für sich. Eines Tages begann er zu trinken, und schon eine Woche später setzte er sein Dorf in Brand. Die Bauern überraschten ihn mit Streichhölzern in der Hand und fesselten ihn. Er aber kniete vor den Leuten nieder und sprach:
›Vergebt mir, rechtgläubige Menschen! Ich weiß selbst nicht, wie es zuging. Habe ich allein gezündelt, oder hat mir jemand geholfen und zugeredet – ich kann es nicht sagen. Ich weiß nur, daß jemand mir ein brennendes Streichholz in die Hand drückte. Ich glaube, er will mir Feuer für die Selbstgedrehte geben, aber er nahm meine Hand und hielt sie an das fremde Dach. Es war ein Unbekannter, ganz schwarz. Ich riß die Hand zurück, aber das Dach brannte schon lichterloh. Ich wollte sofort hinlaufen und meine Untat gestehen, er aber flüsterte: ›Wir wollen fort von hier . . .‹ Da sah ich mich um – das halbe Dorf stand in Flammen. Vergib mir, rechtgläubiges Volk!‹
Er kniete da, totenblaß, sah alle verzweifelt an und flehte mit kläglicher Stimme. Er weinte so herzzerreißend, daß kein Auge trocken blieb. Jemand sagte:
›Schaut ihn doch an! Sieht denn so ein Verbrecher aus?‹
›Klar, der Teufel hat ihn verleitet.‹
›Der Teufel hat den Burschen verleitet!‹ riefen alle einstimmig. Sie überlegten hin und her und beschlossen einmütig, ihm zu vergeben.«[96]
Nun einige Worte zum Äußeren der russischen Teufel. Ebenso wie die westeuropäischen haben sie einen Schwanz und Hörner, die allerdings meistens vor den Menschen versteckt werden, weshalb sie auf dem Kopf rote Mützen tragen. Außerdem haben die Teufel spitz-

zulaufende Schädel und hinken. Sie brachen sich die Beine, als Gott sie aus dem Himmel auf die Erde stieß.

Jedoch können die Teufel jede Gestalt annehmen. Sie können sich in ein Schwein, einen Hund, ein Pferd, eine Schlange, einen Wolf, einen Hasen, eine Maus, einen Frosch verwandeln, und unter den Vögeln bevorzugen sie die Elster. Aber ihre Lieblingsgestalt ist die schwarze Katze. Wenn dem Menschen eine schwarze Katze über den Weg läuft, ist es das schlimmste Zeichen. Und wenn sich Menschen zerstritten haben, sagt man: Eine schwarze Katze ist zwischen ihnen hindurchgelaufen. An der Hochzeitstafel verschränkten Neuvermählte die Beine oder einer der beiden stellte seinen Fuß auf den des anderen, damit ja nicht eine schwarze Katze zwischen ihnen hindurchhuschte.[97] Auch Zauberer und Hexen, Menschen, die vom Bösen inspiriert sind, können eine andere Gestalt annehmen. Diese kann auch weiß oder grau sein, während die Teufel schwarz vorziehen. Manchmal verwandeln sie sich auch in tote Gegenstände, in eine Garnrolle, in ein Büschel Werg, in einen Stein oder einen Heuhaufen. Manchmal kommen sie als Sturm angebraust, und wenn über die Straße eine Säule aus Staub oder Schnee dahinfährt, dann halten die Teufel Hochzeit mit den Hexen. Wirft man ein Messer in den Wirbel, rinnt Blut über die Klinge.

Auch einige Krankheiten sind mit den Dämonen verbunden. Das Schüttelfieber zum Beispiel wurde als Werk von neun oder zwölf beflügelten dämonischen Schwestern angesehen, die der Böse ab und zu von der Kette läßt. Wenn eine von ihnen im Vorbeifliegen einen Menschen küßt, so bekommt er Bläschen an den Lippen und Schüttelfrost. Es ist bekannt, daß nach dem ersten Anfall eine leichte Besserung eintritt – weil die Schwestern davonfliegen, um einen anderen Kranken zu plagen, und der erste solange Ruhe vor ihnen hat. In ihrer Abwesenheit können Gegenmaßnahmen getroffen werden: Das Gesicht des Kranken wird mit Ruß beschmiert, und ihm werden fremde Kleider angezogen, damit die Schwestern ihn bei ihrer Rückkehr nicht wiedererkennen. Auch eine plötzliche Abreise kann sehr nützlich sein, damit sie den Menschen aus den Augen verlieren. Einmal gelang es mir, eine sehr schwere Malaria loszuwerden, indem ich plötzlich verreiste. Vielleicht haben mich die Schwestern daraufhin aus den Augen verloren, aber womöglich lag es auch am Klimawechsel.

Das Volk glaubt, daß die großen Epidemien wie Pest, Cholera oder Typhus zur Strafe und Belehrung des Menschen von Gott geschickt werden, während individuelle Krankheiten meistens durch Zauberer und Hexen unter Mithilfe der unreinen Geister über die Menschen kommen. Psychische Erkrankungen werden in jedem Fall durch den Teufel, der sich des Menschen bemächtigt, hervorgerufen. Deshalb wurden die Geisteskranken früher *besnowatyj* genannt (von *bes* – Teufel, Satan, böser Geist, böser Dämon, der Böse).

Eine besondere Form der Besessenheit war *klikuschestwo*. Es handelte sich um eine besondere Form der Hysterie, die meistens junge, unverheiratete Frauen befiel. Nur selten gab es männliche Kranke. Sie zeichnete sich durch rätselhafte Symptome aus. Das Leiden bestand darin, daß ein Dämon oder mehrere Dämonen in die Frau fuhren (manchmal nach der Verwünschung durch einen Zauberer), worauf diese zusammenhanglos zu schreien begann. Die Kranke, eine sogenannte Klikuscha (von *klik* – Ruf, Geschrei), schrie mit einer unmenschlichen Stimme, meistens waren es Schimpfworte oder Obszönitäten, bellte, miaute, krähte, wieherte und rief wie ein Kuckuck. Nach den Beschreibungen muß es ein grauenhaftes Schauspiel gewesen sein. Es kam vor, daß eine Klikuscha mit verschiedenen Stimmen schrie, weil jeder der Dämonen sich mit seiner eigenen Stimme meldete. Auf die Frage, wer sie sei, nannte sie den Namen des Dämons oder mehrerer Dämonen, die sich ihrer bemächtigt hatten, oder auch den Namen des Zauberers, der sie verzaubert und, wie das Volk sagt, »verdorben« hatte. Sie sprach von sich immer in der dritten Person und im männlichen Geschlecht. Der Anfall war von Krämpfen und schrecklichen Grimassen begleitet, die Frau stürzte zu Boden, bäumte sich auf wie in einem epileptischen Anfall und entwickelte solche Kräfte, daß oft sechs kräftige Männer mit der Kranken nicht fertig werden konnten. Der Anlaß war immer derselbe – der Anfall trat stets in der Kirche ein, während der Gottesdienste, kurz bevor das Allerheiligste herausgetragen wurde. Er wurde dadurch erklärt, daß der unreine Geist, der von der Frau Besitz ergriffen hatte, den Anblick der

Hostie nicht ertrug, rebellierte und alles daransetzte, die heilige Handlung auf die unanständigste und brutalste Weise zu stören. Ungeachtet solcher gotteslästerlichen Szenen behandelte das Volk die Klikuscha mit Verständnis und Mitleid, denn die Schuld lag ja nicht bei der Frau, sondern bei dem Dämon, der in sie gefahren war und ausgetrieben werden mußte. Die Kranke wurde keineswegs aus der Kirche gewiesen, sondern vor die Mitteltür der Ikonostase geführt, man reichte ihr die Hostie, gab ihr Weihwasser zu trinken, las aus dem Evangelium und betete über ihr. Sobald eine Frau erkrankte, wurde sie in die Kirche gebracht, obwohl man wußte, daß dies den nächsten Anfall auslösen würde. Die Klikuscha wurde durch die heilige Handlung, aber auch durch besondere Bannsprüche geheilt, die im Wechsel mit den Gebeten gesprochen wurden. Es wurden auch andere heidnische Mittel angewandt (zum Beispiel wurde der Frau ein Pferdekummet umgelegt), und man versuchte, den Namen des Zauberers zu erfahren, der sie »verdorben« hatte. Dem Zauberer wurde gedroht, damit er den Dämon zurückrief, und manchmal rechnete das ganze Dorf mit ihm ab. Im Haus wurde die Klikuscha ebenfalls freundlich behandelt, sie brauchte nicht mehr schwer zu arbeiten, bekam den besten Bissen, jeder vermied es, sie zu reizen, damit ihr nicht ein »schwarzes Wort« entführe und einen neuen Anfall auslöste.

Eine Klikuscha beschrieb, was ihr geschehen war: Sie ging zu einer Zauberin, die bot ihr Wein an. »›Trink‹, sagte sie, ›das wird dir gut bekommen.‹ Kaum hatte ich den Wein ausgetrunken, da hörte ich es in meinem Bauch rufen. Aus dem Bauch stieg es in den Mund hinauf, und da redete es schlimme Worte und fluchte gotteslästerlich...«[98]

Die Frauen steckten sich manchmal gegenseitig an, wie bei einer Epidemie. Sobald eine Klikuscha zu schreien anfing, fielen eine zweite und eine dritte ein. Es gibt Überlieferungen, daß vierzig Frauen mit unbedecktem Kopf (eine Sünde und Schande – selbst die Muttergottes trug ihre Haare bedeckt) durch das Dorf rannten und dabei entsetzlich schrien. Es gab auch Simulantinnen, Frauen, die die Aufmerksamkeit auf sich lenken wollten. Deshalb schritt die Obrigkeit unter Peter I. gegen sie ein. Die Klikuschy sollten festgenommen und einer hochnotpeinlichen Untersuchung unterzogen werden, um die wirklichen von den Simulantinnen zu unterscheiden. Bis dahin wurden die Zauberer, die die Frauen verhexten, gefoltert, nicht aber die Klikuschy selbst. Aber für den rationalistischen Staat Peters des Großen waren diese Frauen verdächtig und unglaubwürdig. Sogar noch um die Mitte des letzten Jahrhunderts wurden die Klikuschy von den lokalen Polizeidienststellen der russischen Provinz heimlich geschlagen und eingesperrt.

Die sowjetische Soziologie erklärt diese Krankheit in der Regel durch die schwere Lage der Frau auf dem Dorf. Diese rationale Erklärung scheint mir zumindest unzureichend. Hier müßte man wahrscheinlich den ausgesprochen mystischen Zug der weiblichen Psyche in Rechnung stellen. In einer Umgebung, die von Teufeln nur so wimmelte, wo die unreinen Mächte dem Menschen in jedem Winkel auflauerten, ließ sich die Frau um so bereitwilliger in eine verführerische Beziehung mit dem Satan ein – real oder imaginär, das spielt keine so große Rolle. Im Gegensatz zu der Hexe ist die Klikuscha unschuldig und fühlt sich somit gewissermaßen im Recht, wenn sie sich wie eine Furie gebärdet. Man kennt die uralte Tradition der Sibyllen, die im Zustand der Besessenheit geheimes Wissen und Prophetien verkünden, die anderen Menschen verschlossen sind. Eine Besessene, eine Klikuscha, ist eine Nachfolgerin der heidnischen Sibyllen, die sich allerdings bewußt ist, nicht mehr von göttlichen, sondern von dämonischen Mächten inspiriert zu sein. Es handelt sich um eine Form von Bewußtseinsspaltung, um Schizophrenie, die allerdings auf den gespalteten Glauben, auf die Einwirkung von Christentum und Heidentum zurückzuführen ist.

Deshalb wurde eine Klikuscha nicht nur mitleidig, sondern insgeheim auch mit Ehrfurcht behandelt. Das galt zu bestimmten historischen Zeiten für alle Geisteskranken. Man kennt ein Schriftstück aus dem siebzehnten Jahrhundert, das die Unterschrift des Zaren Alexej Michailowitsch trägt. Es betrifft einen Bauern namens Dorofejko, der in der Öffentlichkeit über »des Zaren Rede und Sache« geschrien hatte. »Des Zaren Rede und Sache« bedeutete damals die Anzeige wegen eines Staatsverbrechens oder Landesverrats, dessen die Person sich selber oder einen anderen bezichtigte. Die Formel »des Zaren Rede

und Sache« genügte, um den Beschuldigten auf der Stelle zu verhaften und zu foltern: er sollte gestehen und keinen anderen verleumden. Es ist nicht bekannt, was dieser Dorofejko »geschrien« hatte. Der Begriff »des Zaren Rede und Sache« umfaßte jedes Wort und jede Tat, die gegen die Person des Zaren gerichtet waren. Selbstverständlich wurde er auf der Stelle festgenommen, und eine grausame Hinrichtung war ihm gewiß. Aber es stellte sich heraus, daß er in geistesgestörtem Zustand »geschrien« hatte, und dies führte zu dem besonderen Befehl des Zaren Alexej Michailowitsch, Dorofejko auf freien Fuß zu setzen.
»Er [der Wojwode des Zaren] soll den Mann nicht bestrafen, dieser ist einfachen Gemüts und nicht bei rechtem Verstand; er soll ihn in das Dorf zurückschicken, aus dem er stammt, als Ackerbauer.« Aber Dorofejko ließ sich nichts befehlen, er zog nach wie vor durch Moskau und führte aufrührerische Reden. Darauf gab der Zar die Anweisung, Dorofejko in einem Kloster unterzubringen, und wünschte ausdrücklich, den Mann in »der Obhut eines gütigen Starzen« zu wissen, der ihn gut behandeln und täglich in die Kirche führen sollte. Ferner durfte ihm »keine schwere Arbeit, sondern nur eine seinen Kräften angemessene«[99] auferlegt werden.

Solche Fürsorge des Zaren für einen übergeschnappten Bauern erscheint seltsam. Aber die Irren im alten Rußland erfreuten sich besonderer Vergünstigungen: Erstens sprachen sie nicht selbst, sondern der Teufel sprach aus ihnen, und zweitens besaßen diese Menschen ein höheres Wissen, das den alten Prophetien gleichkam. Es ist wahr, Tobsüchtige wurden an die Kette gelegt, damit sie ihrer Umgebung keinen Schaden zufügten. Aber man versuchte, sie zu heilen, ebenso wie die stillen Narren. Der wichtigste Arzt und die wichtigste Heilanstalt war natürlich die Kirche. Nur mit dem Beistand des christlichen Gottes kann man wirklich gegen den Teufel kämpfen oder ihn austreiben. Die mittelalterliche christliche Literatur strotzt von Erzählungen vom Ringen der Heiligen, Mönche und einfachen Menschen mit dem Bösen und auch von Berichten über die wunderbare Heilung Besessener.

Auf russischem Boden erzählt davon besonders eindringlich und plastisch der Protopope Awwakum, der Führer der Altgläubigen im siebzehnten Jahrhundert, in seiner berühmten *Vita*.

»Als ich noch Pope war ... lebte in meinem Haus eine junge Wittib – es ist lange her, und ich habe ihren Namen vergessen! Mich dünkt, sie hieß Ofimja. Sie war fleißig und kochte gut, und alles ging ihr glatt von der Hand. Wenn wir aber gegen Abend den Gottesdienst feierten, streckte der Teufel sie auf die Erde nieder, sie lag gefühllos da, wie ein Stein, atmete nicht, wie es schien, streckte mitten in der Stube Arme und Beine von sich und lag da wie tot. Und ich – ich schwenke das Weihrauchfaß, schlage ein Kreuz über ihrem Kopf und spreche immerfort die Gebete des Heiligen Wassilij. [Die Gebete des Heiligen Wassilij des Großen galten als besonders wirksam bei der Austreibung böser Geister. A. S.] Da wird der Kopf unter dem Kreuz wieder frei, und die Frau beginnt wieder zu sprechen; Arme und Beine und der Leib aber sind immer noch wie tot und ganz starr. Da fahre ich mit dem Kreuz einen Arm entlang, und der Arm wird sofort frei, dann tue ich dasselbe über dem Bauch, und die Frau kann sich aufrichten und hinsetzen. Die Beine aber sind immer noch wie aus Stein. [Die Beine und der Unterleib sind unrein, und deshalb zögert Awwakum, sie mit dem Kreuz zu berühren. A. S.] Ich darf mit dem Kreuz nicht darüberstreichen, denke ich und denke es abermals – und berühre die Beine mit dem Kreuz, und die Frau ist darauf ganz erlöst. Sie erhebt sich, betet zu Gott und verbeugt sich auch vor mir bis auf die Erde.«[100]
Diese Bilder verdanken ihre Lebendigkeit der Ruhe, mit der Awwakum alle seine Bewegungen einzeln nacheinander schildert. Das Verweilen bei jeder einzelnen Geste ist die Folge seiner Unsicherheit, des Zweifels an seinem Vermögen und der Schwierigkeit der geforderten Aufgabe. Er konnte doch nicht einfach sagen, daß er das Kreuz in die Hand genommen und den Teufel ausgetrieben habe. Denn er war kein Heiliger. Er war als Geistlicher in der Lage eines Menschen, der mit den höchsten Vollmachten ausgestattet war und seine heiligen Pflichten zu erfüllen hatte.
In dieser Serie von Teufelsaustreibungen wird von noch einer anderen aus Awwakums Jugendzeit berichtet. Er war damals ein einfacher Pope, aber der Ruf seiner Gesinnung und seines religiösen Eifer hatte den Kreis der Geistlichen erreicht, die dem Zarenhofe nahestanden.

Sie machten ihm ein Geschenk, einen Band mit den Schriften Ephraim des Syrers. Und nun sündigte Awwakum schwer: Er tauschte dieses heilige Buch gegen ein Pferd ein. Übrigens erfahren wir aus diesem Detail, wie hoch damals die Bücher geschätzt wurden: Der Preis eines Buches entsprach dem eines Pferdes. Der Bruder Awwakums, ein vierzehnjähriger Bursche, schloß dieses Pferd in sein Herz, er pflegte und fütterte es und vergaß darüber das Beten. Da strafte Gott Awwakum und seinen Bruder. Die Dämonen plagten das Pferd, und es stand im Stall kaum noch lebendig. Eines Tages, während des Hausgebets, fuhren die Dämonen auch in den Bruder. Er schrie und bekam solche Krämpfe, daß die Hausbewohner ihn nur mit äußerster Mühe festhalten konnten.

»Ich begann auf den Befallenen mit den Gebeten des Großen Wassilij einzuwirken, die anderen hielten den Besessenen fest. Und als ich sprach: ›Ich befehle Dir, im Namen des Herrn, Du böser und stummer Geist, weiche aus dieser Kreatur...‹, folgte der Teufel nicht und wich nicht von meinem Bruder. Wehe... Was soll ich sagen – Schmach und Schande. Ich traute mich kaum... Ich nahm das Weihrauchfaß, schwenkte es vor den Ikonen und über dem Besessenen und ließ mich auf eine Bank fallen, so weinte ich mehrere Stunden. Als ich mich wieder erhob, rief ich abermals Wassilijs Worte dem Teufel zu: ›Weiche aus dieser Kreatur!‹

Der Teufel bog meinen Bruder zu einem Ring und machte ihn zittern, dann entwich er und setzte sich aufs Fensterbrett; der Bruder aber lag da wie tot... Ich besprengte ihn mit geweihtem Wasser, und er kam zu sich und deutete auf den Teufel, der auf dem Fensterbrett saß, sagte aber kein Wort. Ich besprengte das Fenster mit Weihwasser, und der Teufel sprang in die Mühlenecke [die Ecke, in der die Schrotmühle stand, A. S.]. Der Bruder aber zeigte wieder mit dem Finger auf ihn. Ich besprengte auch diese Ecke mit Weihwasser. Der Teufel aber zog von dort auf den Ofen. Der Bruder zeigte mit dem Finger dorthin. Ich kletterte ihm nach, abermals mit Weihwasser. Darauf deutete der Bruder unter den Ofen und schlug ein Kreuz... Da ging ich nicht länger dem Teufel nach, sondern ließ den Bruder im Namen des Herrn von dem Weihwasser trin-

ken ... So plagte ich mich mit dem Teufel wie mit einem Rudel Hunde an die drei Wochen – alles um meiner Sünde willen, so lange, bis ich das Buch zurückholte und Geld dafür bezahlte.«[101]
Der Teufel wird in der Regel leibhaftig gesehen und dargestellt. In diesem Fall sieht Awwakum ihn allerdings nicht. Aber sein besessener Bruder sieht ihn offenbar sehr deutlich, beobachtet sein Wandern und zeigt mit dem Finger auf ihn. Der Unreine zieht buchstäblich durch das ganze Haus, und ebenso buchstäblich geht er in den Leib des Menschen ein und verläßt ihn wieder.
Das tut dem Mystischen solcher Vorstellungen keinen Abbruch. Im Gegenteil: Es macht diese Mystik oder Phantastik gegenständlich. Vielleicht ist diese Gegenständlichkeit ein wenig naiv, aber sie ist dafür sinnfällig und allgegenwärtig und durchdringt in allen Bereichen das Leben des russischen Volkes.

# 5
# Die Seele und die Dinge

Wir stellen uns die Seele als etwas Unleibliches, Ätherisches, Immaterielles vor. Das Volk sieht sie aber ganz anders: Die Seele hat das Aussehen, die Form und das Gebaren eines menschlichen Körpers. Sie ißt und trinkt, empfindet Hitze und Kälte und lebt in enger Verbindung mit dem Leib. So, wie der Mensch wächst und reift, wächst seine Seele auch. Aber eine vollständige Identität liegt dennoch nicht vor. Die Seele verzehrt nicht dieselben Speisen, die der Mensch zu sich nimmt, sondern sie ernährt sich von dem Geist dieser Speisen, von ihrem Dampf und Geruch. Und wenn ein Mensch einen Arm, ein Bein oder ein Auge verliert, so behält die Seele diese Gliedmaßen unversehrt. Aber wenn der Mensch einen angeborenen Schaden hat (zum Beispiel blind oder verkrüppelt ist), ist seine Seele mit dem gleichen Mangel behaftet. Man glaubt allerdings, daß im Jenseits oder nach dem Jüngsten Gericht und der Auferstehung der Toten solche körperlichen Mängel von Gott behoben werden und daß im neuen Äon jeder Mensch in seiner vollkommenen Gestalt erscheinen wird.

Die Seele des Verstorbenen ist in gewisser Weise ebenfalls leiblich. Daher rührt die alte Sitte: Solange der Tote im Haus aufgebahrt liegt, darf nicht gefegt werden, denn an der Schwelle hält sich seine Seele auf, der man ungewollt den Staub entgegenkehren und sie dadurch kränken würde.

Die Seelen der Toten stellte man sich genauso bekleidet vor, wie der Tote es bei der Beisetzung war. Und wenn jemand zu Lebzeiten Kleider an die Armen verschenkt hat, trägt er im Jenseits diese Kleider. Es ist nicht tunlich, Menschen in fremden Kleidern zu beerdigen: Im Jenseits könnten die ehemaligen Besitzer ihr Eigentum zurückverlangen, und dann müßte der Verschiedene nackt bleiben.[102]

Schneidet man sich die Nägel, so soll man das Abgeschnittene nicht zerstreuen oder wegwerfen, sondern zusammenfegen und an einer bestimmten Stelle aufbewahren. Nach dem Tode braucht man seine Nägel, um über einen steilen Berg ins Jenseits zu klettern. Aus demselben Grund darf man keine Katzen schlagen: Sie können den Menschen, wenn sie in den Himmel hinaufsteigen müssen, ihre Krallen leihen. Ich war Zeuge folgender Szene: Ort der Handlung – die Wohnung einer einfachen Arbeiterfamilie in Moskau; die alte Mutter war im öffentlichen Bad gewesen, sitzt nun im Nachthemd auf dem Bett und kämmt ihr Haar. Dem Sohn fällt auf, daß ihre Fußnägel furchtbar lang sind – offenbar fiel es ihr schwer, sich zu bücken und sie zu schneiden. Der Sohn bietet ihr seine Hilfe an. Die Mutter aber dankt. »Nein, mein Söhnchen«, sagt sie, »das ist nicht nötig. Ich muß ja bald sterben, wie soll ich denn dann mit kurzen Nägeln den Berg hinauf in den Himmel klettern?« Dabei wußte die fromme alte Frau sehr wohl, daß ihr Leib samt den Nägeln im Grabe verwesen wird und daß sie nicht in materieller Gestalt ins Jenseits hinübergeht. Aber bestimmte Fähigkeiten des physischen Leibes übertrug sie in ihrer Vorstellung auf die Seele, und die Seele wurde eben auch mit Fußnägeln versehen. Dies könnte man mystischen Materialismus oder mystischen Realismus nennen.

Ein weiteres Problem ist das Schuhwerk. Welche Schuhe sind für den Toten zweckmäßig? Da gibt es eine alte Regel: Der Tote braucht leichtes Schuhwerk, um den Weg ins Jenseits mühelos zurückzulegen. In den »Bestattungsbüros« werden zusammen mit den Särgen Totenschuhe verkauft. Sie sind aus Papier, geklebt, schwarz gefärbt und sehr billig. Andere Gegenstände für das christliche Begräbnis werden in diesen Büros nicht geführt. Die Schuhe sind die einzige Ausnahme.

Wenn die Seele ins Jenseits hinübergeht, ist sie auf irgendein leibliches Minimum angewiesen. Einige alte Volksbräuche tragen diesem Umstand Rechnung. Bei Seuchen oder in sehr strengen Wintern, wenn das Ausheben des Grabes mühsam ist, wurden zwei Tote in einem einzigen Grab beigesetzt. Neben den Schwächeren legte man einen Stock, damit er sich gegen den anderen wehren konnte. Wenn beim

Ausheben des Grabes zufällig ein alter Sarg entdeckt wurde, warf man einige Münzen in die Grube, damit der alte Wirt den neuen Gast freundlich aufnimmt. Sonst könnte es passieren, daß die beiden Toten bis zum Jüngsten Gericht um ihren Platz raufen.

Auch die Totenfeiern hängen mit den Vorstellungen von der Leiblichkeit der Seele zusammen. Bis heute gehen die gläubigen Russen am Todestag ihrer Eltern auf den Friedhof und streuen auf die Gräber Kutja – einen steifen Reisbrei mit Rosinen. Dieser Kutja wird von den Vögeln aufgepickt, aber in alten Zeiten glaubte man, das sei die Nahrung für die Seelen der Verschiedenen. Denn die Seele des Menschen kann in Gestalt eines Vogels auf die Erde zurückkehren. In der alten Rus herrschte die Überzeugung, daß die Vögel aus dem Paradies auf die Erde geflogen kommen, und heute noch glaubt das Volk: Kommt ein Vögelchen zufällig zum Fenster hereingeflogen, so ist es ein Zeichen für den baldigen Tod eines Familienmitglieds. Eine verwandte Seele in Gestalt eines Vögelchens überbringt aus dem Jenseits die traurige Kunde.

Noch am Ende des letzten Jahrhunderts pflegte man auf den russischen Dörfern beim Totenschmaus ein überzähliges Gedeck aufzulegen – für den Verstorbenen. Und wenn nach dem Essen der Löffel feucht war, so war das ein Zeichen, daß der Tote mitgegessen hatte.

Dies alles, die Speisen, die man den Toten aufs Grab legt, die Münzen, die man in die Grube wirft, die Kleidung, die man den Toten anzieht – dies alles reicht in eine ferne Vergangenheit zurück. Damals wurde der Mensch von einem bestimmten Teil seines Besitzes ins Jenseits begleitet – manchmal vom besten Teil. Man weiß aus Grabungen, daß ein angesehener Mann oftmals mit seinem Pferd, seinen Waffen, seinem Hausgerät, seinem Schmuck, mit seinem Eheweib oder seiner Sklavin und einigen Dienern beigesetzt wurde, damit er im Jenseits auf das Notwendigste nicht zu verzichten brauchte. Dieses Jenseits wurde als ziemlich materiell imaginiert. Solche Sitten und Gebräuche sind aus der ganzen Welt bekannt, unter anderem aus dem Territorium des heutigen Rußland. Es ist eine genaue und ausführliche Beschreibung einer Bestattungszeremonie erhalten, die der arabische Weltreisende und Schriftsteller Ibn Fadlan[103] verfaßt hat. Dieser reiste Anfang des zehnten Jahrhunderts – genauer im Jahre 921 – über Mittelasien in das Wolgagebiet, wo damals das Bulgarische Reich lag. Dort lebten verschiedene Völker (u. a. Bulgaren, Chasaren), darunter auch das Volk der Rus, das man nicht mit den Russen verwechseln darf, denn es war nicht slawischen, sondern mongolischen Ursprungs. Aber offenbar unterschieden sich ihre Lebensgewohnheiten und Riten kaum von denen der heidnischen Slawen. Ibn Fadlan wohnte der Beisetzung eines angesehenen Rus bei und hinterließ uns davon eine einzigartige Beschreibung. Er war ein feingeistiger und hochgebildeter Mann und beschrieb das Gesehene so, wie ein europäischer Reisender im neunzehnten Jahrhundert die Eingeborenen Zentralafrikas beschrieben hätte, die in seinen Augen Wilde oder bestenfalls Barbaren wären.

Die Zeremonie begann mit der Frage, die die Sippe des Verstorbenen an die versammelten jungen Männer und Mädchen (wahrscheinlich seine Sklaven) richtete: »Wer von euch will mit dem Herrn sterben?«

Ein Mädchen war bereit, ihrem Herrn ins Jenseits zu folgen. Die zum Sterben Gewillte verbrachte die folgende Zeit in fröhlichem Spielen und Gesang. Die Vorbereitungen für die eigentliche Zeremonie dauerten viele Tage und stellten eine Art Fest dar, das dem feierlichen Übertritt des Menschen in die andere Welt geweiht war. Und nun, erzählt Ibn Fadlan, kam er an den Fluß – vermutlich war es die Wolga –, auf dem das Schiff des Verstorbenen lag. Dieses Schiff wird aufs Ufer gezogen und geschmückt und mit einem Holzgerüst umgeben. In der Mitte des Schiffs errichtet man ein Zelt und legt es mit Teppichen aus. Darauf wird eine Ruhebank hineingetragen und mit kostbaren Stoffen bedeckt. Dann öffnen sie das Grab, in dem der Verstorbene beigesetzt war, legen ihm reich verzierte Kleider an und setzen ihn auf die Ruhebank inmitten des Schiffes. Man schmückt ihn mit Blumen und Früchten und setzt ihm Brot, Zwiebeln und Fleisch vor. Darauf wird sein Hund gebracht, in zwei Hälften geschnitten und vor den Toten geworfen. Das Gleiche geschieht mit zwei Kühen, einem Hahn und einem Huhn. Schließlich erscheint eine alte Frau, die die ganze Zeremonie leitet und »der Todesengel« genannt wird. Ihre Aufgabe ist es, das Mädchen, das ihrem Herrn folgen möchte, zu töten. Vor ihrem Tod spricht das Mädchen drei feierliche Beschwörungen. Als akribischer Forscher und Schriftsteller bittet Ibn Fadlan um eine Übersetzung. »Zuerst«, antwortet der Dolmetscher, »sagt sie: ›Da, ich sehe meinen Vater und meine Mutter.‹ Und dann sagt sie: ›Da, ich sehe alle meine verstorbenen Verwandten. Sie sitzen hier.‹ Und beim dritten Mal sagt sie: ›Da, jetzt sehe ich meinen Herrn, er sitzt in einem Garten, der Garten ist schön und grün, Männer und Jünglinge umgeben ihn, jetzt ruft er mich, so bringt mich zu ihm.‹« Darauf treten die Männer zusammen und bilden mit ihren Handflächen eine Art lebendige Brücke, über die die Jungfrau auf das Schiff schreitet. Sobald sie es betritt, wird ihr ein Becher mit Wein oder einem berauschenden Getränk gereicht. Sie leert den Becher zum Zeichen des Abschieds von ihren Gespielinnen. Darauf wird ihr der zweite Becher gereicht. Sie nimmt ihn und leert ihn langsam. Die alte Frau an ihrer Seite treibt sie zur Eile. Dann kommt der entscheidende Augenblick. Das Mädchen zögert, bis die Alte sie mit Gewalt in das Zelt zerrt, wo ihr toter Herr sie erwartet. Außer ihm befinden sich dort einige Männer. Sie packen sie an Händen und Füßen, werfen ihr eine Schlinge um den Hals und erwürgen sie. Die Alte stößt ihr währenddessen einen Dolch in die Brust. Die um das Schiff versammelten Männer schlagen mit Stäben kräftig gegen ihre Schilde, um die Schreie des Opfers zu übertönen. Abends, bei Sonnenuntergang, sah Ibn Fadlan, wie am Ufer des gewaltigen Flusses ein Feuer loderte. Es war das Schiff mit dem Toten und den Opfern. »Dazu blies ein starrer, furchtbarer Wind, wodurch die Flammen noch heller aufloderten ...« Nicht einmal eine Stunde brannte das Feuer: »Sein Herr schickt aus Liebe zu ihm den Wind, damit der Wind ihn in einer Stunde wegraffe, und so kommt er zur selben Stunde in das Paradies. An der Stelle des Schiffs errichteten sie etwas, das einem Hügel ähnelte.«[104]

Ähnlich wurden, wie man aus den Grabungen schließen kann, vornehme Slawen beigesetzt.

An dieser Beschreibung seien einige prinzipielle Punkte hervorgehoben: erstens das Menschenopfer. Natürlich sind wir durch eine solche Szene schockiert, ebenso wie Ibn Fadlan, der noch nie Ähnliches gesehen hatte. Aber für die Teilnehmer der Zeremonie handelte es sich um etwas Notwendiges und Legitimes. Das Mädchen äußert selbst den Wunsch, ihrem Herrn zu folgen. Zweifellos hat sie bei solchen Zeremonien schon einmal zugesehen und weiß, was sie erwartet. Ihre Beschwörungsformeln sind eine Art Schauungen. Vor dem Tode öffnet sich ihr das Jenseits, wo sie von den Seelen der Verstorbenen erwartet wird. Und auch die Seele ihres Herrn hält sich bereits in einem paradiesischen Garten auf. Auf diese Weise soll dem Mädchen der Übergang in das Jenseits erleichtert werden.

In der Beschreibung Ibn Fadlans betritt das junge Mädchen das Schiff über eine lebendige Brücke aus verschlungenen Männerhänden. Eine ähnliche Brücke spielte noch vor kurzem bei einigen dörflichen Feiern, die eindeutig heidnischen Ursprungs waren, eine besondere Rolle. Der Abschied vom Frühling wurde mit dem Fest des »Ähreführens« begangen. Die Ähre wurde von einem kleinen Mädchen dargestellt, das einen mit Bändern geschmückten Kranz auf dem Kopf trug. Burschen und Mädchen stellten sich in zwei Reihen einander gegenüber auf und faßten sich bei den Händen. Das kleine Mädchen mußte über die Hände laufen. Die Paare, an denen das Mädchen vorübergegangen war, stellten sich wieder vorne auf, die »Brücke« führte ohne Unterbrechung bis zu einem Feld, wo man das Ährenmädchen auf den Boden stellte und die Bänder von seinem Kranz abriß. Es ist nicht ausgeschlossen, daß dies eine symbolische Darstellung war, die in der dunklen und unserem Blick nicht mehr zugänglichen Vergangenheit ein rituelles Menschenopfer vermuten läßt.

Ein weiteres wichtiges Detail bei der Bestattung des Rus: Der Tote fährt in seinem eigenen Schiff in den Himmel. Das Schiff oder der Kahn, auf dem er aufgebahrt wurde, symbolisiert die Fahrt über den Fluß ins Jenseits. Heute noch erinnern die Särge vieler Völker an zwei aufeinandergelegte Boote: Dem Toten steht eine Fahrt über den Totenfluß bevor.

Ebenso beachtenswert in dieser Beschreibung sind die Blumen um den Toten. Sie sind zweifellos nicht als Schmuck gemeint, sondern als Bild seiner Auferstehung, seines Wiederauflebens im Jenseits oder in einer künftigen Wiederverkörperung. In prähistorischen Gräbern fanden die Archäologen Spuren von Blütenstaub oder Spuren roten

Ockers, ebenfalls ein Symbol neuen Lebens. Indem wir Blumen oder Kränze an einem Grab niederlegen, folgen wir einem Ritual, ohne uns dessen bewußt zu sein. Unsere Blumen sollen dem Toten gleichsam helfen, aufzuerstehen und ins Leben zurückzukehren.

Im Volksglauben ist das Übernatürliche im Natürlichen aufgelöst und kann plötzlich, in jedem Augenblick und in jedem Bereich des menschlichen Daseins und der Natur in Erscheinung treten. Sämtliche Dinge, selbst die von Menschenhand geschaffenen, führen ein Eigenleben, das für unsere Augen verborgen und nur ab und zu wahrnehmbar ist. Deshalb nehmen sie menschliche Züge an, sie können sprechen, prophezeien oder eine geheimnisvolle Tätigkeit entfalten. In einer alten russischen Byline, »Wassilij Ignatjewitsch und Batyga«, wird vom Tatareneinfall und der Belagerung Kiews erzählt. Sie beginnt mit einem märchenhaften Vorspiel: Drei Ure laufen an der Stadt Kiew vorüber und werden eines seltsamen Schauspiels gewahr:

> Eine Jungfrau trat hervor, weinte bitterlich.
> Ein Buch las sie, das Evangelium.

Die Ure laufen zu ihrer Mutter, der Kuh mit den goldenen Hörnern, und erzählen ihr von dem Gesehenen, und diese antwortet:

> Tumbe Kinder seid ihr, junge Ure!
> Keine Jungfrau wars, die da weinte bitterlich,
> Und kein Buch wars, kein Evangelium.
>
> Es war die Stadtmauer, die da weinte.
> Ein Unwetter sah sie über Kiew heraufziehen.[105]

Mit anderen Worten, die Stadtmauer vermag die Gestalt einer Jungfrau anzunehmen, zu weinen und die Zukunft vorauszusehen. Oder war das vielleicht die Seele der Stadtmauer, die vor den Toren klagte und weinte?
Aber auch die allergewöhnlichsten häuslichen Einrichtungsgegenstände, die nichts Geheimnisvolles an sich haben, führen ihr eigenes geheimnisvolles Leben, in das sie gelegentlich Einblick gewähren. Davon leben manche volkstümlichen Rätsel. Sie haben die Form eines

Dialogs, den die Dinge unter sich führen, zum Beispiel ein Tschugun und ein Feuerhaken. Ein Tschugun ist ein henkelloser gußeiserner Topf, der mit Hilfe einer Ofengabel tief in den Ofen hineingeschoben wird. Auch der Feuerhaken, mit dem das Holz und die Glut geschürt werden, gehört zum Feuer und zum Ofen. Und nun unterhalten sich die beiden:

»Wohin des Wegs, schwarzer Koch?«
»Halts Maul, Schür-Rühr!
Bald bist auch du dort.«

Die Dinge benehmen sich wie beseelte Wesen. Sie flüstern und zwinkern sich zu. Die ganze Welt ist voll von solcher Verständigung. In einem anderen Rätsel unterhalten sich der Zaun und die Wintersaat, es handelt sich offenbar um ein Feld, das von einem rohen Holzgatter eingefaßt ist:

»Krummes-Schlaues, wohin läufst du?«
»Grünes-Krauses, dich hüte ich.«

Es ist verständlich, daß in dieser lebendigen und geheimnisvollen Umgebung ein Domowoj oder Owinnik erscheinen muß. Denn die Dinge tragen in sich eine verborgene übersinnliche Energie, die in ihnen zu schlafen oder zu schlummern und von Zeit zu Zeit aufzuwachen scheint. Deshalb gibt es Vorzeichen, die uns die Dinge zukommen lassen, als hätten sie ein geheimes Wissen und als wollten sie vor einem drohenden Unglück warnen oder ein Gutes im voraus signalisieren. Verstreutes Salz auf der Tischdecke bedeutet Streit in der Familie, und man darf die Schlüssel nicht auf dem Tisch liegen lassen – das würde ebenfalls zu Zwietracht führen. Sie müssen am vorbestimmten Platz hingelegt oder aufgehängt werden. Man darf sich nicht über eine Schwelle die Hand geben – das führt zu unversöhnlichem Zwist zwischen den sich Begrüßenden, streckt jemand über die Schwelle die Hand dem Gast entgegen, so soll dieser wenigstens noch schnell den einen Fuß ins Haus setzen. Ein zerschlagener Spiegel – Ankündigung eines baldigen Todesfalles; eine zerschlagene Tasse dagegen – ein glückliches Vorzeichen; ein versehentlich fallengelassenes Messer kündigt einen unerwarteten männlichen Gast an; ein fallengelassener

Löffel (der Löffel ist im Russischen weiblich) einen weiblichen. Ähnliche Signale senden uns Tiere zu oder einzelne Körperteile, zufällige Gesten und zufällige Begegnungen. Ein sich putzendes Kätzchen lockt Gäste herbei; ein Jucken in der linken Hand ist ein gutes Zeichen, es verspricht Geldsegen. Die juckende Nasenspitze wittert das volle Glas. Man darf nicht im Haus pfeifen – sonst pfeift man das Geld aus der Tasche heraus. Aus dem Haus gehen und umkehren, um Vergessenes zu holen, bedeutet Mißgeschick auf dem Weg. Begegnet man unterwegs einer Frau mit leeren Eimern, so bedeutet das Unglück für die Geschäfte. Eine Frau mit vollen Eimern kündigt glückliches Gelingen an. Die Begegnung mit einem Popen bringt Unheil, hingegen die mit einem Leichenzug – Glück.

Alle diese Zeichen entspringen einem magischen Weltverständnis. Dieses setzt voraus, daß alles Natürliche von geheimem übernatürlichen Sinn erfüllt ist und daß zwischen dem Materiellen und dem Geistigen (oder Seelischen) keine absolute Grenze verläuft.

Magie ist stets praxisbezogen und daher mit dem Dasein und den konkreten Bedürfnissen des einzelnen und des Volkes eng verknüpft. Magie ist Mystik, aber nicht kontemplative, sondern angewandte. Indem sie sich der übernatürlichen Kräfte und der übernatürlichen Eigenschaften der Dinge annimmt, drängt die Magie stets auf Verwirklichung. Deshalb ist sie so tief im Bewußtsein des Volkes verwurzelt.

Hinter dem magischen Akt oder Ritus steht die Metamorphose, das heißt, die Verwandlung eines Dings in ein anderes, einer Gestalt in eine andere. Alles kann alles werden. Weil alles alles ist. An den Quellen der Magie wohnt die Vorstellung von der großen göttlichen Einheit der Welt, dank derer eine Form mühelos und augenblicklich in eine andere überzugehen vermag. In allen großen Mythen und Religionen der Welt ist die Metamorphose mit Händen zu greifen. Jedes Wunder ist im Grunde eine Metamorphose. Ein Mensch verwandelt sich in ein Tier, und ein Gott erscheint in menschlicher Gestalt. Das Wasser verwandelt sich in Wein. Der Tote steht auf und wandelt. Aus dem Stein quillt Wasser. Die Splitter der Metamorphosen sind unsere Metaphern in Alltagssprache und Dichtung. Wenn im russischen

Volkslied die Jungfrau als Schwan oder Apfelbaum erscheint, so bedeutet das, daß in einer fernen Vergangenheit die Jungfrau auf magischem Wege sich wirklich in einen Schwan, in einen Apfelbaum oder in ein beliebiges anderes Ding verwandeln konnte.

Die Magie ist eine Wissenschaft, sie ist ein exaktes Wissen von der Welt und keineswegs bloße Phantasie. Von unserem aufgeklärten Standpunkt aus erscheint sie phantastisch. Aber für Menschen, deren Vorstellungskraft und Erlebensweise von magischen Prinzipien und Anschauungen geprägt wurde, garantierte sie eine präzise Ordnung der Welt. Magie ist die Einheit des Irrationalen und des durch und durch Rationalen. Dies ist einer der Gründe für die Stabilität der magischen Bilder, Formeln und Rituale. Sie bleiben Jahrhunderte hindurch beinahe unverändert. Jede Religion ist für den Gläubigen eine axiomatische Wahrheit. Eine Wahrheit letzter Instanz und exaktester Definition. Dasselbe gilt für die Magie. Sogar in höherem Maße, da die Magie mit konkretem Erleben und alltäglicher Erfahrung verbunden ist. Irrtum oder Willkür innerhalb des Systems der Erfahrung wäre ebenso verhängnisvoll wie der Schnitt eines Chirurgen, der sich über die Lehre der Anatomie hinwegsetzt.

# 6
# Zaubersprüche und Beschwörungen

Zaubersprüche und Beschwörungen gehören zu der ältesten Schicht der Kultur. Sie setzen voraus, daß Natur, Mensch und Dinge mit Hilfe eines adäquaten Bildes beeinflußt werden können. Deshalb sind sie poetisch – es sind die reinsten Bilder. Das umfassendste, genaueste und eindrücklichste Bild eines Dinges ist das Wort. Also ist das Wort dazu geeignet, das Sein zu verwandeln und seinen Lauf in die gewünschte Richtung zu lenken. Selbst in der christlichen Auffassung ist der göttliche Logos der Anfang allen Anfangs. »Am Anfang war das Wort, und das Wort war bei Gott, und Gott war das Wort. [...] In ihm war das Leben, und das Leben war das Licht der Menschen.« (Johannes 1,1–4) Man könnte sagen, am Anfang war die Beschwörung, die alle Dinge aus dem Nicht-Sein ins Sein rief.

Der griechisch-orthodoxe Theologe, Philosoph und Kunsthistoriker Pawel Florenskij schrieb, daß die magische Beschwörung »das Geschick der Welt, das Fatum der Welt« sei. Schon das Wort Fatum, russisch *rok*, bedeutet endgültiges Urteil und zugleich »Verkündigung« (abgeleitet von *retsch* – Rede). *Rok* ist die mit Willen geladene, welterschaffende »Rede«.[106]

Das Wort ist dinglich, das Wort ist das Ding (in seiner Urgestalt). Und das Wort ist immer Name, Nennung und Anrufung eines Dings. Folglich baut sich eine magische Beschwörung immer auf sehr genauen Worten und strengen Formeln auf, die nicht verändert werden dürfen und sich auch nicht verändern können. Es handelt sich dabei immer um ein präzises Wissen von dem Namen, dank dessen ein Ding in Erscheinung tritt.

Es gab unzählige Zaubersprüche und Beschwörungen für sämtliche Gelegenheiten des Alltags: Zaubersprüche gegen bestimmte Krankheiten und gegen das Kranksein schlechthin, gegen Zahnschmerzen und um blutende Wunden zu stillen, gegen Schlangenbiß und Tollwut, gegen Kugel, Pfeil und Schwert. Zaubersprüche, die die Liebe erweckten und das Geliebte festhielten, Zaubersprüche, die vor Räubern, Teufeln, vor Gericht und Obrigkeit schützten, die dem Handwerk, dem Jäger, dem Imker, dem Fischer, dem Reisenden und dem Kartenleger Erfolg sicherten. Man findet die unglaublichsten Beschwörungen: zum Beispiel die Beschwörung eines Werwolfs, der vermeiden möchte, in Gestalt eines Wolfs vom Jäger erlegt oder gefangen zu werden.

Meistens handelt es sich bei solchen Beschwörungen um die Übertragung bestimmter Eigenschaften von einem Ding auf ein anderes. Das heißt, jeder Beschwörung liegt die Vorstellung zugrunde, daß alles auf der Welt miteinander verbunden und austauschbar ist. Ein Beispiel dafür ist der Spruch, der das Wohlwollen des Vorgesetzten und aller anderen Menschen bewirken soll.

> Wie die rote Sonne aufgeht,
> Der helle Mond leuchtet,
> Die ganze Welt unter dem Himmelsgewölbe sich erfreut und jubiliert –
> So mögen auch an mir, ..., dem Knecht Gottes, die Obrigkeit
> Und die Unterobrigkeit samt allen rechtgläubigen Christen
> Sich in alle Ewigkeit erfreuen. Amen.[107]

Hier werden die freundlichen Eigenschaften von Sonne und Mond auf die Geschicke eines Menschen zu übertragen versucht, der offensichtlich einen Dienst antreten muß und sich vor dem bösen Vorgesetzten fürchtet. Ein anderes Beispiel – der »Zauberspruch, den Zorn der leiblichen Mutter zu zähmen«, der uns außerdem einen Einblick in die Lebensgewohnheiten der alten Rus gewährt, wo auch die schon erwachsenen Nachkommen sich in völliger Abhängigkeit von ihren Eltern befanden.

»An einem großen Tag wurd ich geboren, einen eisernen Zaun hab ich um mich gezogen und mich zu meiner leiblichen Mutter begeben. Zornentbrannt machte sich meine Lebensspenderin daran, meine Knochen zu brechen, mein Fleisch auseinanderzureißen, mein Blut zu trinken. Helle Sonne, lichte Sterne, reiner Himmel, ruhiges Meer, gelbe Felder – ihr alle seid sanft und friedlich: Möge auch mein leibliches Mütterchen ebenso sanft und friedlich sein, an allen Tagen, zu jeder Stunde, nachts und um Mitternacht. Wie die Biene ihre Tracht trägt, so möchte auch mein leibliches Mütterchen ständig ein gutes Wort für mich, ihren leiblichen Sohn, tragen. Wie Wachs im Angesicht des Feuers schmilzt und brennt, so möchte auch das Herz meines leiblichen Mütterchens schmelzen und brennen. Wie der Schwan sich nach seinem Weibchen sehnt, so möge sie sich nach mir, ihrem leiblichen Sohn, sehnen. Wie die Tür sich in den Rahmen fügt, so möchten sich meine Worte meinem leiblichen Mütterchen fügen, alle Tage, alle Stunden, Tag und Nacht, am Mittag und um Mitternacht.«[108]

Wie sehr sich der Mensch den Elementen, den Naturerscheinungen und auch den unbelebten Dingen verbunden fühlte, zeigt uns der alte Spruch gegen das Schwert. Das Schwert wird als Bruder angesprochen: »Geschmiedet bist du, mein Bruder! Aus Eisen bist du, wächsern dein Herz [d. h. weich wie Wachs, A. S.], aus Stein jedes Bein, von der Erde bis zum Himmel. Beiß mich nicht meuchlings! Wir beide sind aus Erde! Wenn ich dich, meinen Bruder, anschaue, möge dein Herz vor meinem Blick verzagen.«[109]

Die russischen Bann- und Zaubersprüche schließen gelegentlich bestimmte Elemente des christlichen Gebets ein – sie rufen Gott, den Herrn, die Muttergottes und die Heiligen an oder enthalten stehende Wendungen wie »Ich erhebe mich, nachdem ich gebetet, ich trete vor die Tür, nachdem ich mich bekreuzigt habe«. Die christlichen Einschübe oder Überlagerungen sollen die suggestive magische Wirkung der Beschwörung steigern. Und außerdem stellen sie eine Art Legitimation dar. Sie entschuldigen gleichsam den Menschen, der diesen Bannspruch ausspricht, und entkräften den Vorwurf, er begehe ein Sakrileg, handle gegen die Gebote des Christentums und falle ins Heidentum zurück, ja, er habe es mit dem Bösen. Das Gebot dient also als Alibi oder hat den Charakter einer rein formalen Zugabe. Denn in Wirklichkeit ist ein Bann- und Zauberspruch von einem Gebet nicht nur weit entfernt, sondern steht im Widerspruch zu ihm. Das Gebet ist stets Bitte oder Dank, die aus demütigem Herzen dargebracht werden. Der Zauberspruch aber verheißt bei fehlerfreiem Hersagen eine unbedingte Wirkung. Es handelt sich dabei nicht um eine Bitte, sondern um eine Forderung. Indem der Mensch die Zauberformel ausspricht, diktiert er der Welt seinen Willen und übernimmt die Rolle des Demütigers. Deshalb kann eine Beschwörung einer Anrufung der Majestät entbehren und manchmal sogar den Bösen zur Hilfe rufen. Besonders, wenn die Beschwörung einem anderen schaden soll und bewußt ein böses Ziel verfolgt. In solchen Fällen schwört der Mensch Christus ab – manchmal sogar wortwörtlich.

So in der »Beschwörung des Erkaltens zwischen Ehegatten«, gemeint ist ein Zauberspruch, der das Abkühlen einer Beziehung bewirken, der Zwietracht säen soll. Er beginnt mit der Umkehrung der üblichen Beschwörungsformel:

»Ich erhebe mich, ohne das Kreuz zu schlagen, trete hinaus, ohne um Segen zu bitten, nicht durch die Tür, nicht durch das Tor, sondern durch das Rauchfenster [Bauernhäuser, die ohne Kamin beheizt und von einem Kienspan beleuchtet wurden, hatten eine Öffnung, durch die der Rauch abzog. A. S.] und durch die Ritze unter der Schwelle [wie die bösen Geister, A. S.], lege die Mütze unter die Ferse, unter die Ferse, nicht auf die feuchte Erde, nicht auf die feuchte Erde, vielmehr in den schwarzen Stiefel; in diesem Stiefel laufe ich in den dunklen Wald, zu dem großen See, auf diesem See schwimmt ein Boot, in diesem Boot sitzt ein Teufel mit seiner Teufelin; ich ziehe die Mütze unter der Ferse hervor und werfe mit ihr nach dem Teufel. Warum sitzest du, Teufel, im Boot mit deiner Teufelin? Warum wendest du, Teufel, das Gesicht von deiner Teufelin ab? Geh doch, Teufel, zu den Menschen in ihre Heimstatt, bring doch, Teufel, deine Teufelin zu ... ins Haus; in diesem Hause leben die Menschen anders als du, Teufel, mit deiner Teufelin, sie leben friedlich, umgänglich und in Liebe. Du, Teufel, befiehl deiner Teufelin, daß sie, deine Teufelin, ihre Haare löse: so, wie sie mit dir im Boot lebte, soll auch ... mit seinem Weib in seinem Haus leben. Er soll sie hassen, unaufhörlich, unabweisbar soll der Haß sein gan-

zes Herz erfüllen und die Mißfälligkeit ihren ganzen Leib, sie soll ihm von nun an nichts mehr recht machen, und vor ihrer Schönheit soll ihm ekeln. Ihr ganzer Leib soll ihm zuwider sein.«[110]
Auffällig sind die vielen Zischlaute, die den negativen Charakter verstärken: *osero – oserischtsche – tschjort – tschertischtsche*. Die Beschwörung schließt mit einer Vertragsformel: »Statt mit Blut zu unterschreiben, verschwöre ich mich dir mit Spucke.« Wahrscheinlich spuckte der Mensch am Schluß aus.
Natürlich sind Beschwörungen dieser Art recht selten. Niemand möchte eingestandenermaßen mit dem Teufel paktieren. Es gibt eine Vielzahl natürlicher und übernatürlicher Kräfte, die zu allen Gelegenheiten angerufen werden können. Bei Zahnschmerzen zum Beispiel bittet man den Hasen und den Wolf um neue Zähne. Manchmal scheint der Mensch beim Beschwören in eine kosmische Dimension hinauszuwachsen. So spricht ein Mädchen, indem sie sich nach allen vier Himmelsrichtungen verneigt: »Durch ein mächtiges Wort bin ich gefeit, mit reinen Sternen hab ich mich umstellt, mit einer dunklen Wolke habe ich mich zugedeckt.«[111]
Die Sprache der Beschwörung zeichnet sich, da es um die Identifikation des Wortes mit dem Ding und seine Materialisation geht, durch besondere Eindringlichkeit, Spannung und suggestive Kraft aus. Jedes einzelne wird nicht einfach ausgesprochen, sondern einem imaginären Partner gleichsam eingehämmert. Ganz besonderer Nachdruck kommt den Schlußformeln zu, den *sakrjepki* (*sakrjepit* – befestigen, festmachen, feststellen). Sie müssen das Gesagte endgültig machen und seine Geltung besiegeln. Sie sind das Schloß, mit dem das Gesagte bewahrt wird und das kein anderer öffnen kann. Zum Beispiel: »Meiner Worte Schlüssel und Schloß« oder »Der Schlüssel im Himmel, das Schloß im Meer« oder »Der Erzengel [hier als Name] Schlüssel einzig und allein, in Ewigkeit. Amen« oder »Mein Wort soll mächtiger sein als das Wasser, höher als der Berg, schwerer als das Gold, fester als der Stein Alatyr, der allmächtige Recke«. Als Symbol höchster Beständigkeit wird in den Beschwörungsformeln häufig der geheimnisvolle Stein Alatyr genannt. Über seinen Ursprung und seinen Namen haben die Gelehrten viel diskutiert, ohne zu einem abschließenden Urteil zu

kommen. Wahrscheinlich ist damit der Altarstein in der Kirche als Verkörperung unerschütterlicher Festigkeit und Ordnung gemeint. Das heidnische Altertum kannte gottgleiche Steine, die Gesundheit und große Kräfte vermittelten. Solche Steine wurden berührt und angebetet. Und bei Beschwörungen setzte oder stellte man sich in Gedanken auf diesen Stein, um seiner Macht teilhaftig zu werden.
Bei den Zauberformeln kommt es auf den genauen Wortlaut an, der allein die erwünschte Wirkung garantiert. Kein einziger Buchstabe darf verändert werden. Denn die magische Kraft liegt in der Form. Deshalb wurden die Beschwörungen häufig aufgeschrieben. Und auch diese Niederschrift hatte magische Kräfte, man trug sie als Talisman mit sich. Unter den Gerichtsakten und Protokollen von hochnotpeinlichen Untersuchungen aus dem siebzehnten Jahrhundert findet sich ein interessantes Dokument. Es berichtet, daß in dem Hemd eines Arrestanten eine Schrift eingenäht war, in der es hieß: Wer diese Schrift bei sich trägt und schuldig vor ein Gericht tritt, wird in jedem Fall freigesprochen werden. Der Nachsatz lautet:»Wer diese Schrift in seiner Todesstunde bei sich trägt, der wird vor den ewigen Qualen bewahrt bleiben.«[112]
Dieses rein heidnische Verhältnis zum Zauberspruch und der Glaube an seine unbedingte Wirksamkeit wurden häufig auch auf christliche Gebete oder Kultgegenstände übertragen. Ich hatte Gelegenheit, bei einer betagten Bäuerin, einer Altgläubigen, in einem Heft zu blättern, das in buntem Durcheinander Zaubersprüche, Gebete und Apokryphen enthielt. Einige dieser Apokryphen schlossen mit dem Hinweis auf ihre Zauberkraft. Eines davon trug die Überschrift »Ein Traum der Heiligen Mutter Gottes«. Gott der Herr persönlich wendet sich an die Mutter Gottes mit folgenden Worten:

»... Dein Traum ist wahrhaft gerecht ... und wenn ein Mensch deinen Traum [d. h. die vorliegende Niederschrift, A. S.] im Haus oder auf Reisen in Reinheit bei sich trägt, so werden diesem Haus und diesem Menschen kein Feuer, kein Teufel, kein Dieb und Räuber, kein Bösewicht und selbst nicht der unreine Geist Satanas etwas anhaben können; unterwegs werden Freude und Erfolg auf ihn warten, Leid und Krankheit ihn meiden, und auf dem Wasser, auf

dem Meere und auf dem Fluß findet er einen ruhigen Hafen, er ist bewahrt vor Wasserfluten, vor Gericht des Freispruchs durch den Richter sicher, und wenn seine Frau schwanger ist und ihre Stunde kommt und er ihr Deinen Traum vorliest, o heilige Mutter Gottes, und sie ihn gläubig anhört, hat sie eine leichte Geburt.«
Ein anderes Apokryph schließt mit den Worten Christi: »Wer diese Schrift bei sich trägt, selbst wenn dieser Mensch so viele Sünden auf dem Gewissen hat wie der Himmel Sterne und wie das Meer Sandkörner oder wie der Baum Blätter, er wird von allen Sünden losgesprochen und wird in das himmlische Reich eingehen.«[113]
Selbstverständlich hat diese Art von Glauben nichts mit dem Christentum zu tun, sondern ist eher ein Relikt der magischen Vorstellung von der Macht der Sprache. Aber das einfache Volk unterscheidet nicht immer.
Wie das beschwörende Wort materielle Wirkung nach sich zieht, so auch die bildliche Darstellung. Von der magischen Wirkung des Bildes berichten viele Legenden und Überlieferungen. Zum Beispiel die Erzählung, wie Stenka Rasin, der berühmte Räuber, wiederholt aus dem Gefängnis ausbrach:

»Manchmal erwischten sie ihn. Gut. Sie bringen also Stenka ins Gefängnis. ›Tag, Brüder‹, ruft er den Zuchthäuslern zu. ›Guten Tag, Väterchen Stepan Timofejewitsch!‹ Denn alle kennen ihn. ›Warum hockt ihr hier so lange? Es ist Zeit, in die Freiheit zurückzukehren!‹ – ›Aber wie sollen wir hier herauskommen?‹ fragen die Zuchthäusler. ›Aus eigener Kraft kommen wir hier nicht heraus, höchstens, wenn deine Weisheit uns hilft!‹ – ›Wenn es nur an meiner Weisheit liegt – dann wird es schon gehen!‹ Er legt sich nieder, ruht ein Weilchen, steht wieder auf. ›Gebt mir‹, sagt er, ›ein Stück Kohle!‹ Er nimmt ein Stück Kohle, zeichnet mit der Kohle ein Boot an die Wand, läßt die Zuchthäusler in das Boot steigen, schüttet eine Handvoll Wasser darüber: Und schon fließt ein Fluß vom Gefängnis zur Wolga hinunter, Stenka und die Burschen schmettern ein Lied – und sind mitten auf der Wolga! Und da kann man sie lange suchen!«[114]

Das Bild übernimmt die Funktion des Zauberspruchs. Das Bild eines

Dings ruft das Ding selbst auf den Plan. Eigentlich besteht die ganze Magie in der Kunst, die notwendigen Ebenbilder aufzufinden und sie in die Realität zu überführen. Auf diese Weise wurden auch Krankheiten geheilt, z. B. das Gerstenkorn: um ein Gerstenkorn auszukurieren, mußte man es mit einem tatsächlichen Gerstenkorn anstechen und dieses Körnchen einem Huhn zu fressen geben. Die Identität der Namen macht es möglich, die Krankheit vom Augenlid auf das Getreidekorn zu übertragen und sie dadurch zu überwinden, daß dieses Korn von einem Hühnermagen verdaut wird.[115]

Eine andere magische Manipulation: Wenn man um einen Schlafenden mit der Hand eines Toten einen Kreis zieht, »schläft er wie ein Toter«. In früheren Zeiten war das ein beliebter Trick der Diebe. Sie führten die Hand eines Toten mit sich und versetzten damit die Hausbewohner in tiefen Schlaf. Diese Praxis erhielt sich bis ins neunzehnte Jahrhundert, und Grabschändungen waren an der Tagesordnung. Auch hier handelt es sich um die Übertragung charakteristischer Merkmale eines Gegenstands auf einen anderen, und zwar dank der Analogie: die Hand eines Toten – schlafen wie ein Toter.

Ebenso wirksam war die Übertragung eines Teils auf das Ganze: Wenn man nach dem Leben eines Menschen trachtet, genügen einige seiner Haare oder auch sein Fußabdruck auf der Erde. Natürlich ist beides zusammengenommen besonders wirksam. In Rußland kannte man die magische Praxis des »Spurenaushebens«. Man beobachtete den Menschen, wartete ab, bis er irgendwo seinen Fußabdruck hinterließ und entnahm diesem eine Handvoll Erde. Die Erde tat man in ein Säckchen und hängte sie in den Ofen, und die Haare, falls man ihrer habhaft werden konnte, wurden mit Lehm in den Kamin geklebt. Die Erde im Säckchen und der Lehm im Kamin trockneten ein – so sollte auch der Mensch dahinsiechen oder, wie es früher tatsächlich hieß, »eintrocknen«.[116]

Wie häufig solche Praktiken im alten Rußland waren, sagt uns ein Ukas Boris Godunows. Er war ein kluger und weitblickender Mann, fürchtete sich aber dennoch vor bösem Zauber und ließ sein gesamtes Volk einen Eid ablegen, daß niemand gegen ihn oder die Mitglieder seiner Familie Zauber und Hexerei treiben würde, daß niemand seine

»Spur ausheben«, niemand ihm mit dem Wind eine Krankheit schikken würde – es folgte eine genaue Liste aller Möglichkeiten der schwarzen Magie. Dieser Eid übte auf die Russen eine ungünstige Wirkung aus, und zwar keineswegs deshalb, weil sie nicht an Magie geglaubt hätten, sondern weil dieser Eid die innere Unsicherheit des Zaren, seinen Zweifel an der göttlichen und irdischen Legalität seiner Macht verriet.

Zaubersprüche und magische Handlungen trugen keinesfalls immer den Charakter eines geheimen Ritus. Die Magie gehörte zum Alltag und war ein so fester Bestandteil des russischen Volksglaubens, daß sie oft überhaupt nicht als etwas Verbotenes, Sündhaftes oder irgendwie Auffälliges angesehen wurde. Gewöhnlich handelte es sich um Vorsichtsmaßnahmen, die in Haus und Hof selbstverständlich waren. Ein Bauer kaufte beispielsweise eine Kuh und wollte sie nach Hause in den Stall bringen. In diesem Fall war es wichtig, daß die Kuh sich schnell an den neuen Ort gewöhnte und beruhigte, nicht wieder zu ihrem alten Herrn zurücklief und kein Heimweh bekam. Um dies alles zu vermeiden, hob man unterwegs auf der Straße einen Span oder ein Stöckchen auf und trieb die Kuh damit an. Sobald man auf dem Hof angekommen war, warf man dieses Stöckchen möglichst weit weg und begleitete diese magische Geste mit den folgenden Worten: »Wie dieser Span nicht mehr auf seinen alten Platz zurückkehrt, wie dieses Stöckchen kein Heimweh hat und nicht mehr zurück will, so soll auch das gekaufte Rind seinen alten Herrn vergessen und nicht nach ihm verlangen.«[117] Hier haben wir das altvertraute Verfahren, Gleiches durch Gleiches hervorzurufen. Die Kuh soll genauso selbstverständlich den Stall wechseln, wie das Hölzchen sich von einem Ort zum anderen tragen läßt. Wichtig war, daß man mit dem Stöckchen die Kuh berührt hatte, so daß es unterwegs etwas von der Kuh annehmen konnte. Jedenfalls wird ein ganz gewöhnliches Stöckchen zum Zauberstab, der aus dem Märchen gut bekannt ist. Der Bauer jedoch, der seine Kuh nach Hause treibt, sieht in seinem Verhalten nichts Märchenhaftes oder Übernatürliches. Für ihn handelt es sich um eine gewöhnliche, alltägliche Notwendigkeit, um das elementare Leben.

# 7
# Die Zauberer und die weisen Männer

Fast die ganze Bevölkerung der alten Rus machte von den einfachen magischen Hilfsmitteln Gebrauch. Aber natürlich gab es auch auf diesem Gebiet Fachleute, die in der Gesellschaft und im Bewußtsein des Volkes eine privilegierte Stellung einnahmen: Zauberer und Zauberinnen, Hexenmeister und Hexen, die weisen Männer und Frauen. Sie alle verfügten über außergewöhnliche Fähigkeiten in den magischen Künsten, die weit komplexer, verfeinerter und gelegentlich schrecklicher waren als die der landläufigen bäuerlichen Praxis. Wenn man verallgemeinert, kann man sie in der Gestalt des Zauberers, *koldun*, zusammenfassen. Die Zauberei mit ihren sämtlichen Varianten setzt eine enge Beziehung zu einem uralten hohen und geheimen Wissen voraus. Das läßt sich an den verschiedenen Namen in diesem Metier erkennen: *wedma* (Hexe) stammt von *wedat* – über eine Kunde, eine Nachricht, ein Wissen verfügen; der *snachar* ist ein Mann, der »von etwas Kenntnis besitzt«. Kurz, sie sind im Grunde genommen Nachfahren jener professionellen Magier und Zauberer, die in der fernen heidnischen Vergangenheit *wolchwy* genannt wurden. Offensichtlich handelte es sich um heidnische Priester, eine Art geistlichen Stand. Es waren Menschen, die im Besitz übernatürlicher Kräfte waren, die Zukunft voraussahen und Wunder vollbringen konnten. Deshalb wurden sie auch *kudjesniki* genannt (von *kud*: böser Geist, Dämon, Teufel; Zauberei, Schwarze Magie), und später *tscharodej* und *koldun*.
Ihr Ansehen in der frühen Gesellschaft war unermeßlich. Der Zauberer stand an der Quelle der magischen Religion. Er war der Weise, der Urpriester, der Erhalter der Stammestradition, der Wächter im sittlichen, religiösen und künstlerischen Bereich. Zugleich war er auch der Bewahrer des Glaubens, des geheimen Wissens und der Rituale.

Möglicherweise übernahmen diese Zauberer manchmal die Rolle des Oberhaupts eines Stammes oder teilten sie mit ihm. Nach und nach wurde aus dem Zauberer eine schillernde Gestalt, ursprünglich jedoch verkörperte er alles Höhere im Menschen. Davon zeugen noch einige Bylinen, obwohl gerade die Bylinen, wie man weiß, jahrhundertelang dem mächtigen Einfluß der christlichen Lehre ausgesetzt waren. Zum Beispiel die Bylinen von »Woljga«:

Da begehrte Woljga so manche Weisheit:
Als Fisch Hecht wollte Woljga in den blauen Meeren schwimmen,
Als Vogel Falke wollte Woljga unter den Wolken fliegen,
Als Wolf durch die weiten Felder streifen.[118]

Ähnlich in der Byline von »Wolch Wsjeslawjewitsch«, dessen Vorname Wolch gleichlautend ist mit *wolchw* (Magier, Weiser, Sternkundiger). Der Held vereinigt in seiner Person die Funktionen des Streiters, des Recken (oder des Jägers) und des Zauberers, wie die Helden vieler Zaubermärchen.

Die Byline »Dobrynja und der Drachen« berichtet von dem Fürsten Wladimir, dessen Lieblingsnichte vom Feuerdrachen entführt wird. Er ruft die Besten seines Reiches zusammen, um die Jungfrau zu retten:

Her, ihr meine Fürsten und Bojaren,
Her, ihr starken russischen mächtigen Recken,
Her, ihr alle Magier und alle Zauberer![119]

Der Schluß liegt nahe, daß in fernen Zeiten die Sternkundigen und Zauberer zur gesellschaftlichen Elite gehörten, zusammen mit den ruhmreichen Kriegern und Vornehmen des Reiches. Die Zeiten änderten sich, und die ehemaligen Weisen und Seher wurden zu Zauberern und Medizinmännern und gerieten an die Peripherie des russischen Alltags, wo sie eine illegale oder halblegale Existenz fristeten.

Manche wirkten im verborgenen, andere mehr oder weniger öffentlich und verdienten sich so ihr Brot. Der Kirche und dem Staat gingen sie aus dem Weg. Unter dem Volk jedoch (insbesondere in den entlegenen Landstrichen) erfreuten sie sich eines hohen Ansehens. Bis ins zwanzigste Jahrhundert hinein gab es Zauberer. Obwohl das Volk sie inzwischen einer geheimen Beziehung zum Bösen bezichtigte, wollte man auf ihren Beistand nicht verzichten. Denn alle Bannsprüche und Beschwörungsformeln, alle komplizierten magischen Riten und Bräuche stammten von den Zauberern.

Schilderungen aus dem neunzehnten Jahrhundert vermitteln uns ein Bild des Zauberers: Er ist ein alter, zumindest ein älterer Mann, mit langem grauen Haar, wirrem Bart und langen, nicht geschnittenen Fingernägeln. Meist ein Zugezogener ohne Familie, der irgendwo abseits, am Dorfrand haust. In der Öffentlichkeit gibt sich der Zauberer streng, unzugänglich und wirkt einschüchternd. Er ist stets wortkarg und schließt niemals engere Freundschaften, seine Rede ist abgehackt, manchmal grob. Der Zauberer blickt immer unter der gesenkten Stirn hervor – er hat den »Wolfsblick«.

Die russischen Volkskundler, die diese Informationen gesammelt und aufgeschrieben haben, waren in der Regel aufgeklärte, rational denkende Menschen. Sie glaubten nicht an Zauberei und hielten die Zauberer für dreiste Schwindler. Das düstere Äußere eines Zauberers und sein rohes Benehmen interpretierten sie als Maske, als Verkleidung, als Mittel, die eigene geheimnisvolle Wirkung zu steigern und dadurch einen größeren Einfluß auf das unwissende Volk auszuüben. Mir erscheint das Problem zu komplex, um es ausschließlich als Schwindel und Maskerade abtun zu können. Die Zauberer hatten Grund, sich von den Menschen fernzuhalten, denn sie waren in der Tat Ausgestoßene, sie wurden der schrecklichsten Sünden verdächtigt und von der Regierung jahrhundertelang verfolgt und ausgerottet; auch das Volk selbst verfuhr nicht anders mit Zauberern, die es für besonders gefährlich hielt: Sie wurden mißhandelt und verbrannt. Verständlich, daß man unter solchen Umständen abgeschieden lebte und sich mit einer Aura des Unheimlichen umgab, um sich zu schützen.

In der Vorstellung des Volkes ist der Zauberer allmächtig. Er vermag die Ernte zu vernichten und eine Seuche über Mensch und Vieh heraufzubeschwören. Er vermag sich in einen Wolf oder einen Vogel zu verwandeln. Im Volk wird erzählt, daß ein erzürnter Zauberer einen ganzen Hochzeitszug auf dem Weg in die Kirche in ein Wolfsrudel verzaubern kann. Die Hochzeitsgäste zerstreuen sich als Wölfe in die umliegenden Wälder und werden nie wieder gesehen. Selbstverständlich bewirkt der Zauberer dies mit Hilfe des Bösen, nachdem er ihm seine Seele verschrieben hat. Deshalb ist der Tod eines Zauberers mühsam und schrecklich. Er muß um seiner Sünden willen lange Schmerzen und Krämpfe erdulden. Außerdem kann er diese Welt nicht verlassen, bevor er nicht seine Erfahrungen und seine Kenntnisse an einen Nachfolger weitergegeben hat. Deshalb versucht er, vor seinem Tod seine Macht dem ersten besten aufzudrängen. Andernfalls ist er verurteilt, sich weiter zu quälen, und wird nach seinem Hinscheiden auch von der Erde nicht aufgenommen, sondern muß immer wieder sein Grab verlassen und die Menschen heimsuchen.

Die Übergabe des magischen Erbes geht einfach vonstatten: Der Sterbende läßt einen beliebigen Gegenstand aus seiner Hand in die eines anderen gleiten und berührt ihn kurz, wobei er eine Beschwörungsformel murmelt.

Deshalb vermeiden es erfahrene Menschen, selbst die nächsten Verwandten, aus der Hand eines kranken Zauberers irgend etwas entgegenzunehmen. Und wenn er Durst hat, wird der Becher mit Wasser an sein Lager gestellt, aber niemals von Hand zu Hand gereicht. Eine Niederschrift aus dem neunzehnten Jahrhundert berichtet: Ein Zauberer liegt im Sterben, leidet furchtbare Qualen, kann aber nicht verscheiden. Da ruft er ein Mädchen aus dem Dorf zu sich, streckt ihr die Hand entgegen und sagt: »Das ist für dich!« Aber das gescheite Mädchen begreift sofort, worum es geht, und antwortet: »Gib es dem zurück, von dem du es bekommen hast!« Der Zauberer stöhnt, knirscht mit den Zähnen, läuft blau an, und seine Augen füllen sich mit Blut. In diesem Augenblick kommt seine Nichte herein, die ihn besuchen will. Und schon sagt er zu ihr: »Hier, zur Erinnerung an mich!« Das arglose Mädchen hält ihm die Hand hin, und er legt seine Rechte darauf. Im gleichen Augenblick bricht der Zauberer in ein wildes Gelächter aus und gibt seinen Geist auf. Seine Nichte aber war unverschuldet Zauberin geworden.[120]

Im alten Rußland gab es freiwillige und unfreiwillige Zauberer, abgesehen von den geborenen Zauberern. Die unfreiwilligen Zauberer schlossen keinen Pakt mit dem Teufel, sondern wurden unversehens zu Zauberern, wie etwa jene Nichte, die törichterweise dem Zauberer die Hand reichte. Für den unfreiwilligen Zauberer waren Kirchenbuße und Seelenrettung möglich. Es kam vor, daß unfreiwillige Zauberer von den Geistlichen freigebetet wurden und daß ein Kloster sich ihrer annahm. Aber für den freiwilligen Zauberer gab es keine Erlösung und kein Entrinnen.

Magische Kräfte können als eine Art übernatürliche Energie betrachtet werden, die ähnlich der Elektrizität alles durchdringen und durch den leisesten Kontakt überall Eingang finden. Daher die Bedrohlichkeit, aber auch die allgemeine Verbreitung des Zauberwesens im Mittelalter, ungeachtet aller Abwehrversuche und Gegenmaßnahmen von seiten der Kirche, des Staates und der Gesellschaft. Man hatte allen Grund anzunehmen, daß es sich bei der Zauberei um Relikte des heidnischen Glaubens handelte, die, von dem triumphierenden Christentum verdrängt, zu einem verborgenen Faktor des Volkslebens geworden waren.

Im alten Rußland vermochte schon die leiseste Berührung oder der bloße Blick eines Zauberers Krankheit oder Unglück über einen Menschen zu bringen. Man versuchte deshalb, den Zauberer günstig zu stimmen, ihn durch Geschenke zu gewinnen, und lud ihn bei besonders wichtigen Ereignissen als Ehrengast ein, z. B. bei einer Hochzeit, damit er das künftige Schicksal der Neuvermählten nicht ungünstig beeinflußte. Aber auch, damit er den bösen Zauber anderer Hexenmeister aufspürte und zunichte machte. Gleichzeitig wurden sie argwöhnisch beobachtet und verfolgt, um sie unschädlich zu machen – ein schwieriges Unterfangen, da viele Zauberer als gewöhnliche Bauern und Bäuerinnen im verborgenen wirkten. Dies galt vor allem für die Hexen.

Hexen sind die weibliche Variante der Zauberer. Sie leben im geheimen Umgang mit dem Bösen, gelegentlich ist dieser Umgang sexueller Natur. Aber die Hexen im alten Rußland hatten noch eine ganz besondere Angewohnheit: Sie molken heimlich die Kühe oder tranken die Euter leer. Wenn die Kuh abends, nachdem sie den ganzen Tag auf der Weide gewesen war, keine Milch gab, hatte die Hexe sie leergemolken. Und die Hexe hielt sich gewöhnlich in unmittelbarer Nähe auf – in Gestalt der bösen und neidischen Nachbarin.

Zum Aufspüren und Entlarven der Zauberer eigneten sich verschiedene Maßnahmen ebenfalls magischer Natur. Dazu gehörte zum Beispiel die »Palmsonntagskerze«, die in der Kirche am Palmsonntag angezündet wurde (*wjerbnaja swejtscha*, von *wjerba* – Weide, Weidenkätzchen; Palmsonntag – »Weidenkätzchensonntag«). Wenn man einen Zauberer im Lichte der »Palmsonntagskerze« betrachtete, so sah man ihn auf dem Kopf stehend, was seinem wahren Wesen entsprach. In diesem Zusammenhang sei daran erinnert, daß der Böse eine Umkehrung des göttlichen Bildes im Menschen ist und deshalb alles mit umgekehrten Vorzeichen tut oder eben »auf den Kopf stellt«.

Manchmal gingen auch die Zauberer in die Kirche. Sie taten es allerdings sehr selten und widerwillig, nur zur Tarnung, nur um sich den Anschein zu geben, rechtgläubige Christen zu sein. Dort konnte man den Zauberer auch mit Hilfe eines Ebereschenstöckchens erkennen. Dieses Stöckchen machte ihn, so wie er der heiligen Ikonostase den Rücken kehrte, sichtbar. Alles läßt darauf schließen, daß Gleiches mit Gleichem bekämpft wurde, daß man den Zauberern mit ihren eigenen Tricks beizukommen versuchte.

Im alten Rußland gab es Hinrichtungen von Zauberern, vor allem den Tod auf dem Scheiterhaufen. Allerdings nicht in solchem Ausmaß wie im westlichen Europa des ausgehenden Mittelalters. Im fünfzehnten Jahrhundert wurden in Pskow bei einer Epidemie immerhin zwölf Frauen als Hexen bei lebendigem Leibe verbrannt. Die Hexenverfolgung erstreckte sich in Rußland jedoch über einen längeren Zeitraum. Hexenverbrennungen fanden in Rußland noch am Ende des siebzehnten Jahrhunderts statt. Man kennt einen Fall, daß ein Mann grausam gefoltert und anschließend verbrannt wurde, und zwar kein »professioneller« Zauberer, sondern ein einfacher Bauer, der beschuldigt wurde, seinen Nachbarn den Schluckauf anzuhexen. In seiner Gegenwart bekamen alle ohne ersichtlichen Grund den Schluckauf. Legale Hinrichtungen von Zauberern fanden sogar noch am Ende des achtzehnten Jahrhunderts statt, bis die Regierung sich daran erinnerte, daß Rußland ein europäischer, aufgeklärter Staat war. Das einfache Volk jedoch glaubte nach wie vor an Hexen und Zauberer und rechnete mit ihnen auf seine Weise ab. In einem Bericht aus Orjol aus dem Jahre 1899 schildert ein Augenzeuge, wie in einem Dorf des Gouvernements Orjol eine Frau beinahe ermordet wurde, weil man sie für eine Hexe hielt. Folgendes hatte sich abgespielt: Eine Bäuerin namens Tatjana geriet auf der Straße mit einer anderen Frau in Streit und drohte, sie zu »verderben« – »verderben« bedeutete, dem Menschen eine Krankheit anhexen. Daraufhin erschienen in Tatjanas Haus mehrere Bauern und forderten von ihr das Geständnis, ob sie eine Hexe sei oder nicht. Als Antwort drohte die aufgebrachte Frau, sie alle in Hunde zu verwandeln. Die Bauern gingen mit Fäusten auf sie los und wollten auf der Stelle prüfen, ob sie einen Schwanz hatte, um ihn gegebenenfalls abzureißen. Zu einer Hexe gehörte in der allgemeinen Vorstellung ein kurzes Schwänzchen. Vergeblich trat Tatjanas Mann, ein unbescholtener Bauer, für sie ein und schwor, daß sie kein Schwänzchen habe. Der Ehemann wurde verprügelt, ein Schwanz wurde nicht gefunden, aber die Frau wurde trotzdem geschlagen, gefesselt und in die Stadt ins Gefängnis gebracht. Dort wurden die Bauern allerdings belehrt, daß sie sich strafbar gemacht hätten, »alldieweil es verboten sei, an Zauberer und Hexen zu glauben«. Sie waren völlig verwirrt, aber dann beschloß die Gemeinde, daß Tatjana die Obrigkeit verhext habe und daß das Dorf in Zukunft in solchen Fällen sich nicht mehr an die Polizei wenden, sondern nach eigenem Gutdünken mit den Hexen verfahren würde.[121]

Um die Jahrhundertwende zeichneten Ethnologen einen ähnlichen Vorfall aus dem Gouvernement Kaluga auf. Die siebenjährige Sascha erklärte ihren Eltern eines Tages, sie sei eine Hexe. Jede Nacht fliege sie mit ihrer Tante Marija, ebenfalls einer Hexe, zum Kahlen Berg. Der Kahle Berg bei Kiew ist nach der Überlieferung der Ort, an dem sich nächtens Hexen und Teufel versammeln. Sascha erzählte, was sich da abspielt:

»Sobald alle schlafen und die Lichter gelöscht sind, kommt Tante Marija in Gestalt einer Elster angeflogen und lockt: ›Schaschaschack!‹ Ich springe zur Tür hinaus, sie wirft mir einen Elsterbalg zu, ich ziehe ihn über, und wir fliegen davon. Auf dem Berg streifen wir die Bälge ab, zünden Feuer an und kochen einen Zaubertrank, um die Menschen zu verhexen. Viele Frauen kommen geflogen, alte und junge. Marija hat ihren Spaß, sie pfeift und tanzt, ich aber stehe immer abseits und langweile mich, denn alle sind erwachsen, und ich allein bin klein!«[122]

Eine ziemlich realistische Beschreibung. Der beunruhigte Vater brachte das Mädchen zum Geistlichen, er sollte ihr die Beichte abnehmen und das Abendmahl reichen. Aber die Siebenjährige weigerte sich entschieden – sie erklärte wortwörtlich: »Hexen beten und beichten nicht!« Beim Betreten der Kirche drehte sie demonstrativ der Ikonostase den Rücken zu. Zum Glück war der Geistliche ein aufgeklärter und gütiger Mensch, er beruhigte den Vater, das alles sei bloßes Kindergeschwätz und man brauche es nicht weiter zu beachten. Aber im Dorf gab es Gerede, die arme Tante Marija hatte viel zu leiden, man beobachtete sie, warf mit Steinen nach ihr – alles, weil sie angeblich das Kind verführt hatte. Sie wurde vor Kummer krank, bekam die Schwindsucht und starb nach kurzer Zeit. Fünfzehn Jahre vergingen. Das Mädchen war herangewachsen und schwor nun bei allen Heiligen, daß ihre Erzählungen nichts als Phantasie gewesen seien. Aber keiner glaubte ihr, und obwohl sie eine schöne junge Frau wurde, fand sie keinen Mann. Natürlich – wer wollte eine Hexe heiraten?

Die russischen Volkskundler des neunzehnten und zwanzigsten Jahrhunderts behaupten übereinstimmend, daß alle diese Hexen- und Zauberergeschichten Ausgeburten der Phantasie des ungebildeten, unwissenden Volkes seien oder psychologische Anomalien, bestimmte Formen von Hysterie, ausgelöst durch ein Rachegelüst oder den Wunsch, sich in einem geheimnisvollen Licht darzustellen. Ein definitives Urteil ist mir nicht möglich. Vielleicht verbirgt sich im menschlichen Bewußtsein oder Unterbewußtsein eine Art »Zaubererkomplex«, der unter entsprechenden Bedingungen in Erscheinung tritt. Das würde die Langlebigkeit aller damit verbundenen Traditionen erklären. Man kennt Beispiele, daß während der großen Epidemien im letzten Jahrhundert Bäuerinnen sich rittlings auf Reisigbesen oder Schaufeln setzten und im Hexenreigen um das ganze Dorf ritten. Offensichtlich vollzogen sie irgendeinen uralten magischen Brauch zum Schutze und zur Rettung der Menschen, obwohl sie wußten, daß sie es damit den Unreinen gleichtaten.

Eine *worosheja* (von *woroschit* – wahrsagen) beschäftigt sich hauptsächlich mit Prophetie. Es liegt ihr alles daran, nicht mit einer Zauberin verwechselt zu werden. Sie sagt: »Ich bin keine Zauberin, ich bin eine Raterin.« Mit anderen Worten: »Ich habe nichts mit dem Bösen zu schaffen, ich habe einfach die Gabe des Ratens.« Aber natürlich wird sowohl das Wahrsagen als auch das »Raten« durch bestimmte magische Manipulationen bewerkstelligt.

Noch deutlicher und entschiedener um eine Abgrenzung von Zauberern und bösen Mächten bemüht sich der *snachar* oder die *snacharka* (von *snat* – kennen, wissen, mit jemandem zu tun haben), deren Spezialität das Heilen von Menschen und Tieren ist. Eigentlich sind sie eine Art Heilpraktiker, obwohl das Volk gelegentlich glaubt, sie pflegten Umgang mit dem Bösen, wenn nicht direkt, so doch indirekt – obwohl die Snachary selbst dies ausdrücklich verneinen. Und ein Snachar unterscheidet sich tatsächlich von einem Zauberer. Im alten Rußland gingen die Snachary ihrem Metier in aller Öffentlichkeit nach. Sie versteckten sich nicht und umgaben sich niemals mit der Aura düsteren Geheimnisses, wie es die Gewohnheit der Zauberer war. Die Hilfesuchenden wurden stets freundlich und zuvorkommend empfangen, und die Behandlung begann niemals, bevor sie nicht ein Kreuz geschlagen und ein Gebet gesprochen hatten. Das Kreuz war für sie stets das Wichtigste. Es wurde zum Beispiel in Wasser getaucht, bevor das Wasser besprochen wurde. Diese Formel lautete: »Das ist das Kreuz, das alles tauft, das Kreuz – der Kirche Schönheit, das Kreuz des Weltalls – des Teufels Angst und Zagen, des Menschen Heil und Rettung.«[123] Das war mehr als eine Äußerlichkeit. Obwohl es sich dabei eigentlich um eine Spielart der Zauberei handelte, hatten die Snachary der Zauberei abgeschworen, weshalb sie den Menschen vom »Verderben« befreien konnten, das ein Zauberer über ihn verhängt hatte. Ein Snachar war gern bereit, einem Menschen

»den Schmerz zu nehmen«, der nicht mehr geliebt wurde oder wider Willen von einem anderen Menschen verhext und an ihn gefesselt worden war. Aber er war nicht bereit, Liebestränke zu brauen. Denn das gehörte zur *prisucha* und war somit sündhaft. An dieser Stelle muß der Begriff der *prisucha* erläutert werden. Die Liebe – und erst recht die leidenschaftliche, nicht durch die Ehe legitimierte – wurde als ein extremer Zustand und eine Krankheit verstanden, die durch bösen Zauber über den Menschen verhängt wurde. Verliebte sich ein Bursche oder ein Mädchen Hals über Kopf, so argwöhnte ihre Umgebung bösen Zauber: Jemand hatte sie »verdorben«, ihnen eine *prisucha* angehext, eine Form von Irresein, eine Krankheit, die den Menschen verdorren ließ und ihm die Ruhe raubte. In einem Volkslied wendet sich ein Bursche an seine Geliebte und wirft ihr vor, sie habe ihm »die Trauer über die Schultern gebreitet und die Dürre über den Leib«.[124] Ein Nachklang solcher magischen Vorstellungen hat sich bis in den heutigen Sprachgebrauch erhalten. Sagen wir doch »Sie hat mich verzaubert« oder »Sie hat ihn verzaubert«. Heute wird das im übertragenen Sinne verstanden, einst aber buchstäblich: Liebe als Wirkung der Zauberei.

In der Sprache des europäischen intellektuellen Okkultismus könnte man sagen, der Snachar trieb weiße, aber niemals schwarze Magie. Die weiße Magie versteht sich, anders als die schwarze, nicht als Gegensatz zur christlichen Religion, auch wenn ihre Mittel bis in die heidnische Vorzeit zurückreichen. Und sie ist stets auf das Gute und niemals auf das Böse gerichtet, wobei sie ihre Möglichkeiten nie zu ihren eigenen Gunsten einsetzt.

Bezeichnenderweise haben die Snachary in der Regel nur ein geringes Entgelt für ihre Hilfe verlangt. Am Ende des neunzehnten Jahrhunderts betrug ihr Honorar fünf bis zehn Kopeken, dabei fügten sie immer hinzu, daß diese Kopeken für eine Kerze im Gotteshaus bestimmt seien. Manchmal lehnten sie auch jegliche Bezahlung ab. Sie sagten: »Es geschieht im Namen des Herrn – wofür soll ich entlohnt werden?« Sie glaubten, daß man für eine gottgefällige Tat kein Geld verlangen dürfe, und verrichteten ihr Werk fast umsonst – es reichte nur für ein kümmerliches Dasein.

Dies alles läßt die Snachary in einem sehr günstigen Licht erscheinen. Manchmal in einem günstigeren als den Dorfgeistlichen, der von der Bevölkerung den Pflichtzins einzog. Darüber hinaus lag die medizinische Versorgung der Bevölkerung Rußlands praktisch in ihren Händen. Bis in den Anfang des achtzehnten Jahrhunderts hinein waren sie sämtlichen Gesellschaftsschichten, einschließlich der höchsten, zu Diensten. Deshalb praktizierten sie in aller Öffentlichkeit und waren, im Gegensatz zu den Zauberern, außerordentlich zahlreich. Im Brockhaus von Efron aus dem Ende des neunzehnten Jahrhunderts liest man, daß zu jener Zeit in Rußland weit mehr Snachary als ausgebildete Ärzte praktizierten. Man kann sich danach leicht vorstellen, wie groß ihre Zahl in früheren Zeiten gewesen sein muß.

Sie kannten sich in Heilkräutern und Naturheilmitteln aus, und mit ihrem Wissen waren sie der modernen Medizin möglicherweise überlegen. Allerdings bestand ihre Behandlung nicht nur im Verabreichen von Arzneien. Alle Heilmittel wie auch die Kranken selbst wurden ausnahmslos »besprochen«. Ohne diese gemurmelten Worte und Sprüche besaß die Arznei keine heilende Kraft. Die Beschwörungen wurden stets geflüstert, deshalb wurden die Snachary auch die »Flüsterer« genannt. Sie durften nicht laut gesprochen werden, damit ein Uneingeweihter durch das bloße Zuhören den Worten nicht ihre Kraft nahm.

Hier muß erwähnt werden, daß die Krankheiten früher anders verstanden wurden als heute. Manche von ihnen als personifizierte Mächte, die ähnlich wie der Teufel vom Menschen Besitz ergriffen. Wenn man eine Krankheit heilen wollte, galt es, sie einzuschüchtern oder zu überreden. Und alle Beschwörungsformeln und auch die begleitenden Handlungen dienten diesem Zweck. So beispielsweise bei der früher verbreiteten Krankheit »Utin«. Sie äußerte sich als starker Schmerz im Rücken oder Kreuz. Das Heilverfahren verlief folgendermaßen: Der Kranke mußte sich mit dem Bauch auf die Schwelle des Hauses legen. Der Snachar nahm das große schwere Messer in die Hand, mit dem Kienspäne gespalten oder die Dielen gespänt wurden, und hackte damit leicht auf den Rücken des Kranken, wobei er sich mit »Utin« unterhielt, Fragen stellte und zumeist auch Antworten bekam. Etwa: »Was hacke ich?« – »Utin hacke ich« – »Hack nur zu, damit er nimmer findt hier seine Ruh!« D. h. die magischen Handlungen und Beschwörungen sollten die Krankheit erschrecken und sie zwingen, von dem Patienten für immer zu weichen. Das Tun des Snachar ist letztlich also auch Zauberei, bloß mit positiver Absicht. Man könnte annehmen, daß in fernen heidnischen Zeiten die Zauberer keineswegs die Bösewichte waren, als die sie später hingestellt wurden, sondern redlich und nach bestem Wissen und Gewissen den Menschen dienten.

Zum Abschluß eine Geschichte aus dem Leben eines Zauberers, wie ich sie Anfang der sechziger Jahre in einem gottverlassenen kleinen Walddorf des russischen Nordens gehört habe. Der Zauberer war bereits zwei Jahre zuvor gestorben, die Geschichte selbst hatte sich vor fünf Jahren ereignet. Der Erzähler, ein fröhlicher Bursche, ein Großmeister im Fluchen, mit dem Parteibuch in der Tasche, beteuerte immer wieder im Laufe der Erzählung, daß er an keine Götter glaube, es aber dennoch aus Rücksicht auf seine alte Mutter unterlassen habe, den Forderungen der Gebietsexekutive nachzukommen und diese Götter aus dem Hause zu vertreiben. Nach dieser schillernden Einleitung war ich von seiner Glaubwürdigkeit mehr als überzeugt ... Damals arbeitete er in der Kolchose als Hirt, und eines Tages fehlte in der Herde eine Kuh. Drei Tage und drei Nächte suchte er das Tier in den Wäldern, die er wie seine fünf Finger kannte. Für den Verlust einer Kuh mußte er nach der Vorschrift mit dem vierfachen Kaufpreis einstehen, einer für ihn unvorstellbaren Summe. In seiner Verzweiflung beschloß er, den Zauberer um Hilfe zu bitten. »Nun denke ich, verdammt, wenn der Zauberer mir nicht hilft, dann schmeiß ich alle diese Götter aus dem Haus!« Der Zauberer wohnte mutterseelenallein, sein Haus stand in einiger Entfernung vom Dorf. Als er bei ihm anklopfte, war ihm nicht ganz wohl in seiner Haut, er blieb auf der Schwelle stehen und schwieg. Der Zauberer aber fragte nach einer Weile: »Wieso kommst du mit leeren Händen?« Der Bursche wollte nach dem Geldbeutel in der Tasche greifen. Der Zauberer aber, als hätte er seine Gedanken gelesen, wiederholte: »Wieso kommst du mit leeren Händen? Wie willst du die Kuh heimbringen?« Da ging ihm ein Licht auf. Er stürzte hinaus, rannte in den Dorfladen und kaufte einen Strick. Darauf sagte der Zauberer: »Geh jetzt zu dem und dem Sumpf.« (Da war er ja schon gewesen und hatte hinter jedem Busch nachgesehen!) »Aber daß du dir ja nicht einfallen läßt, unterwegs einen Zweig abzuschneiden. Sonst wirst du der Kuh ein Horn abschneiden! Und wenn du dich hinsetzt zum Ausruhen – dann denke daran, daß du auf der Kuh sitzt. Steckst du das Taschenmesser in die Erde, dann steckt es in der Kuh!« Geld wollte der Zauberer nicht haben, und tatsächlich, die Kuh war in dem Sumpf. Sie war ganz vom Fleisch gefallen und konnte aus eigener Kraft nicht mehr heraus. Sie konnte nur noch muhen. Dabei hatte er doch jeden Busch... Und wieso hatten die Wölfe sie nicht gerissen? Aber trotzdem glaubte er nicht an die Götter. Denn er war... verdammt... Parteimitglied...

Was ist an dieser Geschichte so verblüffend? Am wenigsten die Sehergabe des Zauberers. Solche Beispiele sind sattsam bekannt. Verblüffend ist folgendes: Man darf unterwegs keinen Zweig abschneiden und das Messer nicht in die Erde stecken, denn alles ist die Kuh. Die Kuh erfüllt gleichsam die ganze Natur, aus welcher der Zauberer sie herauszieht, um sie in konkreter Form im Sumpf zu verstecken. Wie macht er das? Man denke an den Spruch: »Ich wasche mich mit dem Tau, ich trockne mich mit der Sonne, ich kleide mich mit den Wolken, ich gürte mich mit den klaren Sternen...«[125] Und erst nach und nach bildet sich aus diesem kosmischen pantheistischen Zustand eine konkrete Form. Mit anderen Worten, der Zauberer atmet zuerst den Kosmos, die Luft ein, um danach die verirrte Kuh zu fixieren.

# III
# Auf der Suche nach der Heiligen Rus

# 1
# Christus und die Taufe

Was ist das Christentum für das russische Volk? Nach der Ansicht von G. Fedotow, dem Erforscher alter russischer geistlicher Gesänge, mit dem ich in manchem übereinstimme, ist es in erster Linie die Taufe.[126]

»Rus« – das ist das getaufte Volk im Gegensatz zu allen Ungetauften (zu denen auch die Christen der anderen Konfessionen zählen, z. B. Katholiken und Protestanten). Schon in dem Namen Christus (Christós) klingt das Wort Kreuz (*krjest*) mit, in dessen Zeichen die alte Rus die Taufe empfing. In diesem Zusammenhang – Christós und *krjest* – ist weniger das Opfer Christi betont als vielmehr die religiöse Reinheit. Jesus Christus wird nicht nur als Erlöser, sondern als Garant der Reinheit und das Kreuz nicht als Symbol des Opfers, sondern der auf das Opfer folgenden Heiligung verstanden. Will man verallgemeinern, könnte man sagen, der Mensch braucht weder die Nachfolge Christi anzutreten noch die Evangelien zu kennen, er muß nur das Kreuz auf der Brust tragen. Nach dem Sprichwort: »Wer ohne Kreuz ist, der ist ohne Christus.«

Eine ähnliche magische Auffassung des Kreuzes findet man bei vielen christlichen Völkern. Für das russische Volk hat dieses Symbol eine ganz besondere inhaltliche Fülle. So ist es neben vielem anderem das Signum eines religiösen Privilegs. Im Vergleich zu dem Epitheton »christlich« wohnt dem Wort »getauft« die Nuance »besser« und »gut« inne. »Unser rechter Glaube, der russische Glaube – er ist, mein kleiner Freund, der allerbeste, der fröhlichste!«[127]

Das Wort »Christen« (*christiane*) kombiniert mit »Kreuz« (*krjest*), ergibt *krestiane* – die Bezeichnung der untersten sozialen Schicht, der erdrückenden Mehrheit der ackerbauenden Bevölkerung Rußlands.

Es sind eben diejenigen Christen, die organisch mit der »getauften Erde« verbunden sind, einer Erde, die die Reinheit und Rechtgläubigkeit aller, die sie bearbeiten, garantiert.

Die Vorstellung von der Heiligen Rus, die bis heute existiert, ist früh entstanden. In gewisser Weise wird diese Rus mit Palästina identifiziert, mit dem Heiligen Land, der Heimat Christi und des Kreuzes. Natürlich wußte das russische Volk sehr wohl, daß es sündig war und in einem von der Vollkommenheit sehr weit entfernten Land lebte. So muß man sich fragen, wie sich die Vorstellung der Heiligen Rus und das historische Rußland vertrugen. Vermutlich ist die Heilige Rus vorwiegend ein metaphysischer und mystischer Begriff, sie lebt irgendwo im Schoße Rußlands und macht sich nur im verborgenen bemerkbar, wie ein Samenkorn, das vor Zeiten gesät wurde und noch nicht aufgegangen ist. Die Heilige Rus gehört entweder einer fernen Vergangenheit oder einer geheimnisvollen Zukunft Rußlands an. Sie ist in Wirklichkeit nicht aufzufinden, aber als Ideal stets gegenwärtig, ein Ideal, an das sich die russische Erde erinnert, von dem sie träumt, nach dem sie ewig strebt, ohne es je zu erreichen. Die »Heilige Rus« ist eine Art religiöser Utopie, und wir werden immer wieder auf sie als Leitmotiv des russischen Volksglaubens zurückgreifen müssen.

Da das russische Volk sich als das getaufte Volk versteht und sein Glaube der getaufte Glaube ist, kommt der Taufe Christi, die am 6. Januar gefeiert wird, eine besondere Bedeutung zu. Sie ist das zentrale Ereignis der Befreiung der Menschheit von den Sünden. Gemeinsam mit Christus erlebt die ganze Erde an diesem Tag das Sakrament der Taufe, und die Welt erneuert sich dank der reinigenden Kraft des fließenden Elements, des heiligen Wassers. Davon zeugen viele geistliche Gesänge.

> Christus, der Gott, ist geboren,
> Hat im Jordan die Taufe empfangen,
> Die Hölle ist vergangen,
> Die Welt neu erstanden.

Oder:

> In den Wassern des Jordan
> Empfängt die Taufe der Herr aller Kreatur,
> Dort ertränkt er die Sünde,
> Schlägt dem Drachen das Haupt ab.[128]

In der Nacht vom 5. auf den 6. Januar empfängt Jesus Christus in allen Flüssen und Quellen Rußlands die Taufe. In allen Flüssen, Seen und Brunnen beginnt das Wasser in dieser Nacht, genau um Mitternacht, zu »beben«. Das »Beben« zeigt an, daß Christus in das Wasser eintaucht. Man braucht sich nur um Mitternacht irgendwo ans Wasser zu begeben und – da um diese Zeit in Rußland alle Flüsse und Seen zugefroren sind – an ein Eisloch zu treten, um sich durch die plötzliche Bewegung von der stattfindenden Taufe zu überzeugen. Das Wasser, das in dieser Nacht aus einem Eisloch oder aus einem Brunnen geschöpft wird, hat starke Heilkräfte. Es ist ein wundertätiges Wasser, ein heiliges, das Jesus Christus durch seine Taufe geweiht hat. Es kann nicht verderben, auch wenn man es lange stehen läßt. Und wenn dieses Wasser in einem Gefäß gefriert, so erscheint auf dem Eis das Zeichen des Kreuzes.

Indessen war sich das russische Volk sehr wohl bewußt, daß Jesus Christus nicht in Rußland, sondern in Palästina geboren und getauft wurde und daß der Jordan nicht in Rußland fließt. Trotzdem war im alten Rußland die Sitte verbreitet – selbstverständlich nur unter den Eifrigen und Mutigen –, an Christi Tauftag, ausgerechnet in der Zeit der grimmigsten Kälte, im »Jordan« zu baden. Im Volksmund klingt »Jordan« wie *jerdan* – die Bezeichnung für das Eisloch, aber auch für ein Zelt oder eine Kapelle, die über diesem Eisloch errichtet werden. Iwan Schmeljow, ein vorzüglicher Kenner der Volksbräuche, schreibt in seinen Kindheitserinnerungen:

> »Ich werde zum ersten Mal zum Jerdan mitgenommen, zum Zuschauen. Die Kälte hat nachgelassen, es sind nur 15 Grad unter Null. [...] Der Vater erkundigt sich, ob unser Jerdan schön geworden ist. Ja, sehr schön. Auf dem blank gefegten, bläulichen Eis erhebt sich auf vier mit Tannenreisig umwundenen Säulchen eine silberne Laube mit goldener Kuppel. Darunter der ins Eis geschla-

gene Jerdan.« Jemand, der gerade eingetaucht war, sagte: ›Wohl ist es mir, mein Vögelchen, als ob ich mit Christus zusammen eingetaucht sei. Jedes Äderchen in mir freut sich. Wenn du groß bist, wirst du auch in den Jerdan eintauchen.‹«[129]
Dieser Brauch muß keineswegs im Widerspruch zur christlichen Dogmatik gesehen werden. Die wichtigsten Ereignisse des Evangeliums sind doch keineswegs gewöhnliche, bloß historische Fakten. Sie sind das, was in der Ewigkeit, im Himmel, geschieht. Folglich ereignen sich Weihnachten, Taufe und Auferstehung Christi jedes Jahr aufs neue. Das Erdenbild dieser Ewigkeit, dieser Geschichte der Welt und des Himmels sind die christlichen Feste, und im Grunde ist es gleichgültig, wo, an welchem irdischen Ort, diese Feste gefeiert werden. In der Heiligen Nacht wird Christus an allen Orten geboren, und an Ostern findet seine Auferstehung überall statt. Deshalb heißt der Ostergruß »Christus ist auferstanden!« Es ist keineswegs eine Erinnerung an seine irgendwann einmal stattgefundene Auferstehung, sondern ein Hinweis darauf, daß er soeben auferstanden ist. So ist die Taufe Christi in den russischen Flüssen keineswegs ein Verstoß gegen die christliche Tradition, sondern ein Symbol der Allgegenwärtigkeit der Taufe. Mit der Zeit – da nach Auffassung des russischen Volkes die Welt vom Christentum abfällt – wird sich seine Taufe nur noch in Rußland ereignen. Deshalb ist unsere Erde die getaufte Erde, die geheiligte Erde.

Die Identifikation Christi mit der russischen Erde ist unmittelbar und direkt zu verstehen. Wie er im Augenblick seiner Taufe in alle russischen Gewässer eintaucht, so wandelt er auch durch das ganze Land. An Ostern z. B. durften die gefärbten Eierschalen niemals aus dem Fenster geworfen – geschweige denn gespuckt – werden, denn um diese Zeit (während der ganzen Heiligen Woche) wandelt Jesus Christus mit seinen Aposteln über das russische Land. Die hinausgeworfenen oder ausgespuckten Eierschalen könnten des Heilands Auge treffen, und das wäre ein Sakrileg.

In welcher Gestalt wandelt er, und welches Ziel hat er? Er ist meistens unsichtbar. Er zieht umher zum Zeichen, daß dieses Land getauft ist. Dabei achtet er darauf, daß die Rechtgläubigen sein Vermächtnis befolgen. Und in diesen Tagen besteht die Erfüllung seines Testaments in der Freigiebigkeit den Armen gegenüber, der Bettlerbruderschaft, wie sie im alten Rußland genannt wurde. Deshalb nehmen Christus und seine Apostel, wenn sie auf die Erde herniedersteigen, die Gestalt eines Bettlers oder eines Wanderers an, sie kleiden sich zumindest in Lumpen. In unzähligen Volkslegenden und christlichen Märchen erscheint Christus als Bettler.

Die Beziehung von Christus zu den Bettlern entspricht dem Geist des Evangeliums. Der allgemeine christliche Grundsatz der Barmherzigkeit und Nächstenliebe bildet das Fundament des russischen Volksglaubens. Aber auch hier treten spezifische Züge hervor: zu den Bewahrern und Trägern der Religion gehörten die Bettler – nicht nur, weil sie sehr zahlreich waren, sondern weil sie eine Art kirchennahe Sphäre bildeten und im Namen Jesu Christi um ihre Almosen baten. Vielfach waren gerade die Bettler Urheber und Verbreiter der christlichen Folklore. Sie psalmodierten zu Ehren Christi. Wie eng diese Bettlerbruderschaft dem Namen Christi verbunden war, beweist das geistliche Lied von der Himmelfahrt. Am Vorabend der Himmelfahrt beschwören die Bettler Christus, er möge nicht in den Himmel auffahren – denn wer sonst würde künftig die Bettlerbruderschaft nähren und kleiden?

> Hei, o Christus, Himmlischer König,
> Wem möchtest Du uns anvertrauen?
> Wem möchtest Du uns hinterlassen?
> Wer wird uns speisen, wer uns zu trinken geben,
> Wer uns beschuhen, uns kleiden,
> Wer wird in der finstern Nacht uns Obdach gewähren?

Darauf verspricht Christus den Bettlern ein Erbe – einen goldenen Berg. Aber der weitblickende Johannes Chrysostomus hat seine Bedenken: Der goldene Berg wird den Bettlern keinen Nutzen bringen, denn die Mächtigen dieser Welt werden den Berg »auskundschaften«.

> Auskundschaften diesen Berg werden die Fürsten und die Bojaren,
> Auskundschaften diesen Berg werden die Geistlichkeit und die Oberen,

Auskundschaften diesen Berg werden die Kaufleute,
Und sie werden den Bettlern den goldenen Berg abnehmen.
Sie werden diesen Berg an sich reißen und unter sich teilen.
Die Fürsten werden den goldenen Berg zerstückeln,
Und die Bettlerbruderschaft wird leer ausgehen.
Viele Morde werden geschehen,
Viel Blut wird vergossen,
Viele Verbrechen werden begangen;
Und die Bettler werden ohne Speis und Trank bleiben,
Und die Bettler werden nackt und bloß bleiben,
Und in der dunklen Nacht ohne Schutz und Schirm.
Wollen wir doch den Bettlern und den Siechen
Deinen heiligen Namen hinterlassen:
So werden die Bettler durch die Welt ziehen
Und Dich – Christum – preisen
Und stündlich und immerdar rühmen;
So werden sie ihre Speise und ihren Trank haben
Und in der dunklen Nacht Schutz und Schirm finden.[130]

Für diesen trefflichen Rat belohnt Christus Johannes mit einem »goldenen Mund«, daher sein Beiname »Goldmund«, »Chrysostomus«. Es sei daran erinnert, daß Johannes Chrysostomus, der Kirchenvater aus dem vierten Jahrhundert, Verfasser vieler homiletischer Werke von literarischer Bedeutung, im alten Rußland sehr beliebt war. Vielleicht ist er sogar der in Rußland populärste Kirchenvater. Natürlich hatte das einfache Volk seine Werke nicht gelesen, sondern erfreute sich nur an seinem schönen Namen. In einigen Varianten dieses Liedes fällt die Rolle des Ratgebers dem anderen Johannes, dem Evangelisten, zu, den Christus ebenfalls mit dem »goldenen Mund« beschenkte. Solche Verwechslungen, bei denen ein Heiliger mit dem anderen durcheinandergebracht oder gleichsam in Personalunion gesehen wird, sind in der Folklore nicht selten. Das Wichtigste ist die wunderbare und originelle Auslegung des Namens Christi durch Chrysostomus: Materieller Reichtum (der goldene Berg) wird als etwas Vergängliches und Unheilbringendes angesehen. Auf die Mächtigen dieser Welt ist wegen ihrer Habgier kein Verlaß, nicht einmal auf die Geistlichen. Wertvoller als Gold ist der Name Christi, der die Bettler speist und kleidet. Schon die Formel des Almosen Heischenden läßt das erkennen: »Reich mir ein Almosen um Christi willen!« Und das Almosen wurde in Christi Namen gereicht. Und der Dank wurde in der Formel »Christus errette dich!« ausgedrückt. Oder in besonderen Preis- und Dankesliedern:

> Wir Bettlerbruderschaft,
> Wir geringes Volk,
> Wir wollen zu Gott beten,
> Christus um Gnade bitten
> Für alle, die Hunger und Durst uns stillen,
> Für alle, die uns kleiden und beschuhen,
> Die zum Ruhme Christi, des Herrn, uns Gutes tun.[131]

Mit anderen Worten: Man bettelt zum Ruhme Christi und spendet zum Ruhme Christi. Denn Christus ist die Quelle höchster Barmherzigkeit.

Das Betteln und Spenden hat in der alten Rus kultische Formen angenommen. Es ist kaum möglich, sich das damalige Leben und die Volkskultur ohne die Bettler vorzustellen. Ohne Mitleid und Almosen ist der russische Weg zur Errettung der Seele unvorstellbar. Barmherzigkeit und Mildtätigkeit bildeten vielleicht die wichtigsten moralischen Stützen und bestimmten das grundlegende moralische Gesetz. Die Bettlerbruderschaft spiegelte gleichsam die Gestalt des russischen Christus. Das Almosen zu versagen bedeutete, es Christus zu versagen. Denn jeder Bedürftige ist ein Bote Christi, sein potentieller Stellvertreter.

In dem legendenhaften Märchen »Das Brüderchen Christi« wird erzählt, wie ein Bauer am Ostersonntag in die Kirche geht, um Ostereier an die Bettler zu verteilen und die Auferstehung mit ihnen zu feiern, wie er den letzten Bettler, für den er kein Ei mehr hat, zu sich nach Hause mitnimmt und mit ihm das Ostermahl teilt. Nach dem Mahl tauschen sie die Kreuze aus. Damit wird der einfache Bauer, ohne es zu ahnen, zum Kreuzbruder Christi. Auch hier fällt der Gleichklang *krjest* und Christós auf. Die Kreuze tauschen kommt dem Tausch des Lebenslaufs gleich. Die Kreuzbruderschaft ist ein festeres Band als die Blutsbruderschaft. Für einen Kreuzbruder sind Hilfe und Beistand in Notlagen absolute Pflicht, und in unserem Märchen wird dem Bauern die Bruderschaft mit Christus ausdrücklich deshalb zuteil, weil er mildtätig war.

In der Vorliebe des einfachen Volkes für die Bettler drückt sich – bewußt oder unbewußt – sein Wille zur Verbrüderung mit Christus aus. Deshalb ist das russische Land ein gerechtes Land, deshalb nennt es sich die »Heilige Rus«.

Die Scharen der Bettler, die das Bild und das Wort Christi über dieses Land trugen, waren gleichsam Vermittler zwischen Himmel und Erde. Ein Vermittler ganz anderer Art war die Kirche. Aber die Kirche gehörte zur höheren, zur offiziellen Kultur. Die Bettler jedoch, die sich um die Kirchen und Klöster sammelten, waren das eigentlich volkstümliche, den Glauben vermittelnde Medium.

Das theologische Gebäude der Kirche war für das Volk undurchschaubar. Die Kirche wurde ganz gegenständlich aufgefaßt, als sakraler Ort, nicht nur als der heiligste, sondern auch als der schönste Bau. Er verkörperte durch seine Architektur und seinen Schmuck das Paradies auf Erden und das gottdurchwirkte All an einem einzigen Ort. Die russisch-orthodoxen Kirchen waren immer so entworfen, errichtet und mit Fresken und Ikonen geschmückt, daß sich der Gläubige beim Eintreten im Kosmos selbst, im Himmel und auf Erden zugleich, zu befinden glaubte. Es ist sicher kein Zufall, daß wir kaum ein Beispiel profaner altrussischer Architektur, etwa ein Bojarenhaus oder einen Fürstenpalast kennen, sondern ausschließlich Kirchenbauten, die durch ihre Ausmaße und ihre Pracht alles andere übertrafen. Es ist bekannt, welche unermeßliche Bedeutung dem ästhetischen Element im Kultus der russisch-orthodoxen Kirche, in ihrer Architektur und Ikonenmalerei zukommt. In der Nestorchronik wird erzählt, wie der Fürst Wladimir Boten in verschiedene Länder aussandte, damit sie sich mit eigenen Augen davon überzeugten, welcher Glaube der beste und für die russischen Menschen der angemessene sei. Und nun berichteten die Boten nach ihrer Rückkehr aus Konstantinopel:

»Und wir kamen zu den Griechen, und wir wurden dorthin geführt, wo sie zu ihrem Gott beten, und wir wußten nicht, ob wir im Himmel oder auf Erden waren: Gibt es doch auf Erden nichts dergleichen zu sehen und eine solche Schönheit auch nicht, und so wissen wir nicht, wie wir davon erzählen sollen. Wir wissen nur, daß Gott dort unter den Menschen weilt und daß ihr Gottesdienst schöner ist als der aller anderen Lande. Diese Schönheit können wir nicht vergessen...«[132]

Dieser Akzent auf dem ästhetischen Aspekt eines Glaubens ist höchst bedeutungsvoll. Das Erlebnis des Schönen im Zusammenhang mit der Religion spielte keine geringe Rolle für die Christianisierung der alten Rus. Die Schönheit war ausschlaggebend bei der Entscheidung für Byzanz. Bei den Deutschen hatten die Boten nichts Vergleichbares gesehen: »Dann kamen wir zu den Deutschen und sahen in ihren Tempeln verschiedene Gottesdienste. Aber Schönes sahen wir nicht.«

Dementsprechend wurden die russisch-orthodoxen Kirchen errichtet. Bau und Ausschmückung verschlangen immense Mittel. Hier konzentrierte sich das Beste der nationalen Kultur, und alle materiellen und geistigen Reichtümer sollten dazu dienen, die besondere, unvergleichliche Bedeutung des Gotteshauses zu unterstreichen. Freilich hat das einfache Volk die komplizierten künstlerischen Zusammenhänge nicht durchschaut oder verstand sie auf seine eigene Art. Die Kirchen dienten in seinen Augen hauptsächlich der Verschönerung der Erde, ebenso wie die Sonne eine Zierde des Himmels war. In einem geistlichen Lied heißt es:

> Womit schmückt sich die Mutter Erde?
> Die Erde schmückt sich mit den Kirchen Gottes.
> Mit den Kirchen Gottes, der gerechten Sonne.[133]

Die Pracht der Kirchen war eine Verkörperung der Heiligen Rus. Die Anbetung Christi und seines Evangeliums ging Hand in Hand mit der Anbetung der heimatlichen Erde in Gestalt der über sie verstreuten rechtgläubigen Gotteshäuser.

# 2
# Die Mutter Feuchte Erde und die Muttergottes

Die Idee der Heiligen Rus wird ergänzt durch eine alte Vorstellung magischer und heidnischer Herkunft: die Mutter Feuchte Erde. Dieses widerstandsfähige Bild erscheint bald im christlichen Gewand, bald läßt es seine ursprünglichen Züge erkennen. Die Erde bringt alles Lebendige hervor und nährt es. Das macht sie zur Mutter aller Kreaturen, und das »Feuchte« ist Symbol ihres Lebens und ihrer Reinheit. Es gab in Rußland Quellen und Brunnen, die für heilig oder heilkräftig gehalten wurden, weil sie ihren Ursprung unmittelbar in dem segenspendenden und unerschöpflichen Schoß der Mutter Feuchte Erde nahmen. Nach der Überlieferung vermag die Erde nichts Unreines und insbesondere nichts dem Menschen Widriges aufzunehmen. Man glaubte, daß die Leichen von Hexen und Zauberern von der Erde nicht aufgenommen, sondern von ihr wieder ausgestoßen würden, und daß es spezieller Riten bedürfe, um sie beizusetzen. Als Hüterin des moralischen Prinzips leidet die Erde unter den menschlichen Sünden. Sie kränken sie und lasten auf ihr als unerträgliche Bürde. In einem geistlichen Gesang klagt die Mutter Feuchte Erde vor Gottes Thron:

> Also klagt und weint bitterlich
> Die Mutter Feuchte Erde vor Gott dem Herrn:
> Schwer ist es, die Menschen auf mir zu tragen,
> Schwerer noch ist es, die Menschen in mir zu ertragen,
> Die Sünder und Ungerechten.[134]

Es war Brauch, sich beim ersten Donnerschlag im Frühling vor der Erde zu verneigen, das Kreuz zu schlagen und sie zu küssen. Bei Dostojewskij kniet sich Aljoscha Karamasow auf die Erde und küßt sie ekstatisch unter Freudentränen. Er tut es, überwältigt von der Liebe zu Gott und seiner Kreatur, und bekennt sich zum christlichen Vermächtnis des Starzen Sossima. Man weiß, daß das Küssen der Erde als Schwur noch am Ende des neunzehnten Jahrhunderts unter Bauern gang und gäbe war. In manchen Gegenden mußte ein Sohn, der seine Mutter oder seinen Vater beleidigt hatte, sich vor allen schuldig bekennen, sich dreimal mit zum Himmel erhobenen Augen bekreuzigen und schließlich die Erde küssen. In anderen Dörfern mußte ein Bauer, der einer Schuld gegen die Gemeinde bezichtigt wurde, z. B. einer Brandstiftung, die Erde küssen, um durch diesen Kuß seine Unschuld zu beweisen. Das Küssen der Erde schlichtete Grenzstreitigkeiten, manchmal wurde sogar eine Handvoll Erde in den Mund genommen und heruntergeschluckt – letzteres galt als ein besonders wirksamer Schwur.

Die Heilkraft der heimatlichen Erde veranlaßte die Menschen, eine Handvoll Ackerkrume bei einer Umsiedlung, auf eine gefahrvolle oder weite Reise mitzunehmen. Das war durchaus nicht nur eine symbolische Geste. Als am Ende des letzten Jahrhunderts vierundzwanzig Bauernfamilien aus dem Gouvernement Orlow nach Sibirien in die Gegend von Tomsk übersiedelten, nahm jede Familie ein paar Handvoll Heimaterde mit. Und einer der Umsiedler gab auch den Grund dafür an: »Vielleicht werden wir an unserm neuen Ort ein Wasser haben, das man nicht trinken kann, dann werden wir unsere Erde ins Wasser werfen, und das Wasser wird schmecken.«[135]

Manchmal wurde diese Handvoll Erde, zusammen mit einem Körnchen Weihrauch, in ein Säckchen eingenäht und mit dem Kreuz auf der Brust getragen. Das galt als sicheres Mittel gegen Heimweh und Krankheit. In der Fremde pflegte man eine Handvoll Heimaterde auf den Boden zu streuen, darauf zu treten und dabei zu sprechen: »Ich stehe auf meiner Heimaterde.« Bevor die Pilger sich auf den Weg machten, sei es nach Kiew oder nach Solowki, nahmen sie immer etwas Erde mit, so daß, falls sie unterwegs starben, einer ihrer Weggenossen ihnen die Augen zudrücken und mit der »lieben Heimaterde« bedecken könnte. Jede Mutter empfand es als besonders schmerzlich, wenn ihr Kind in der Fremde starb und im fernen Grab ohne eine Handvoll Heimaterde ruhen mußte.

Man kennt die verschiedensten magischen Praktiken, die dem Kult der Mutter Feuchte Erde entspringen. Etwa die uralte Zeremonie des »Umpflügens«, die bei Seuchen abgehalten wurde. Sie wurde ausschließlich von Frauen ausgeführt, in dunkler Nacht und völlig geheim. Die Frauen versammelten sich in bloßen Hemden, mit gelöstem Haar und zogen mit einem Pflug eine tiefe Furche um das ganze Dorf, sie beschrieben gleichsam einen magischen Kreis. Man glaubte, daß die »Erdkraft« aus der Erde steigen und das Dorf mit einem rettenden, für den Tod undurchdringlichen Schutzwall umgeben würde.

Man kannte auch den Namenstag der Mutter Feuchte Erde, der in verschiedenen Gegenden an verschiedenen Tagen gefeiert wurde. Das Volk glaubte, an diesem Tag habe Gott die Erde geschaffen. Ursprünglich war sie wunderschön und ganz eben, sämtliche überflüssigen und hinderlichen Unebenheiten waren das Werk des Teufels. Dieser stahl einen Brocken Erde und schob ihn hinter die Backe. Der Brocken begann sofort in seinem Mund aufzuquellen, und vor Schmerz rannte der Geplagte hin und her und spuckte die Erde nach allen Seiten aus. Dort, wo viel Erde hinfiel, wuchsen die Berge, wo wenig – die Hügel. Und als der Erzengel Michael mit dem Teufel im Himmel gestritten und ihn auf die Erde hinuntergestoßen hatte, da pflügte der Teufel beim Sturz die Erde mit seinen Hörnern auf, und so entstanden Schluchten und Senken. An ihrem Namenstag darf die Mutter Erde nicht gestört werden: Es wird keine Grube gegraben, kein Beet umgestochen, keine Ackerfurche gezogen. Die Bauern knien an diesem Tag mehrmals nieder und küssen sie. Und in den Kirchen wurde zu ihren Ehren ein Gottesdienst abgehalten.

Freilich standen die Bräuche, die mit der Verehrung der Mutter Feuchte Erde zusammenhingen, in krassem Widerspruch zur christlichen Glaubenslehre. Und dennoch lebten sie nebeneinander. Den gemeinsamen Nenner bildete die Überzeugung, daß die heimatliche Erde, da sie getauft war, orthodox sei. Die Rolle einer Vermittlerin zwischen der Mutter Feuchte Erde und den himmlischen Hierarchien fiel der Muttergottes zu, die sowohl von der russischen Kirche als auch im Alltag des Volkes hochverehrt wurde. Wie viele andere Christen halten auch die Russen die Muttergottes für die Trösterin und Fürbitterin des menschlichen Geschlechts. In gewisser Weise steht sie den Menschen sogar näher als Christus, der stets mit Ehrfurcht und auf Distanz angesprochen wird. Die leidgeprüfte Mutter dagegen scheint den Menschen erreichbarer. Selbst über ihrer Schönheit liegt ein Tränenschleier, und sie bleibt immer die Verkörperung des Schmerzes. Dieser Schmerz, der Kalvarienweg der Muttergottes, beginnt noch vor der Geburt des göttlichen Sohnes. Davon erzählt ein bekannter geistlicher Gesang – »Der Traum der Muttergottes«. In einem prophetischen Traum sieht die Muttergottes ihr eigenes Schicksal und das Schicksal ihres Sohnes, und das Kind unter ihrem Herzen deutet ihr diesen Traum. Sie träumt von der Heiligen Nacht, von der Taufe Christi und sieht am Jordanufer einen geheimnisvollen Baum emporwachsen – den Baum, aus dem später das Kreuz gemacht wird. Sie träumt, wie sie ihren neugeborenen Sohn vor den Schergen des Herodes rettet, sie träumt von der Flucht nach Ägypten. Und auch die Nachricht von seiner Kreuzigung erfährt sie in der Fremde. Sie wandelt über die Erde auf der Suche nach Christus: Sie wandelt in den »Bergen Zion«, also in Palästina, in anderen Varianten in der »Heiligen Rus«. Als sie von der bevorstehenden Kreuzigung erfährt, »fällt sie auf die Erde und ist kaum noch am Leben« – ganz im Stil russischer Totenklagen. Und als sie zu Füßen des Kreuzes steht, macht sie ihrem Sohn Vorwürfe wegen seines freiwilligen und vergeblichen Todes: »Warum wolltest Du nicht auf Deine Mutter hören?« Sie spricht wie eine einfache Bäuerin:

> Einsam und allein läßt Du mich, Deine Mutter, zurück.
> Wer wird nun mein Alter hegen und pflegen?[136]

In der bäuerlichen Familie ist der Sohn der Ernährer seiner alten Eltern.
Im Neuen Testament vertraut Christus am Kreuz seine Mutter dem Lieblingsjünger Johannes an, der dadurch zu ihrem Pflegesohn wird. Auch die russischen geistlichen Gesänge enthalten diese Szene. Aber sie verwechseln, wie das Volk es häufig tut, Johannes den Evangelisten mit Johannes dem Täufer. Wie auch immer – weder der eine noch der andere verspricht der Gottesmutter Trost und Linderung. Da verkün-

det ihr Christus ihre künftige Herrlichkeit, wobei er sie liebevoll mit
»Mütterchen« anredet:

> Ich selbst werde Dich, Mütterchen, aufsuchen,
> Ich selbst werde Dir, reine Jungfrau, die Beichte abnehmen,
> Ich selbst werde Dir, reine Jungfrau, die Heiligen Sakramente
> spenden.
> Ich selbst werde Deine liebe Seele herausholen,
> Ich selbst werde Deine Reliquien zur Ruhe betten,
> Dein Antlitz auf eine Ikone malen,
> Dein Antlitz über dem Altar
> In jedem Gotteshaus leuchten lassen.

Hier wirkt offenbar die Darstellung von Mariae Himmelfahrt nach, bei der Jesus Christus, am Lager Marias stehend, ihre Seele in Gestalt eines kleinen Wickelkindes in seine Hände nimmt. (»Ich selbst werde Deine liebe Seele herausholen.«) Aber schon die nächste Zeile entstammt der Phantasie des Volkes: Christus verspricht, ihren Leib eigenhändig zu begraben und sie in einer Ikone zu porträtieren. Nach der kirchlichen Überlieferung war es der Evangelist Lukas, der die Gottesmutter mit dem Kind als erster malte und deshalb als erster Ikonenmaler angesehen wird. Aber nun verspricht Christus nicht nur, eine Gottesmutter-Ikone zu malen, sondern zusammen mit den Gläubigen diese Ikone zu küssen und vor ihr zu beten:

> Ich selbst werde vor Deinem Antlitz beten,
> Ich selbst werde die Allerheiligste in Ehrfurcht küssen.

Die Kirche spricht von der leiblichen Himmelfahrt der Muttergottes – in den geistlichen Gesängen jedoch »holt« Christus ihre Seele »heraus« und bestattet ihren Leib, ihre »Reliquien«:

> Ich werde von Dir, Mütterchen, Abschied nehmen,
> Deine Reliquien werde ich in Ehrfurcht küssen,
> Mich vor ihnen bis zur Erde verneigen,
> Ich selbst werde Deiner Seele Trost spenden
> Im himmlischen Reich, an Meiner Seite.[137]

Es läßt sich schwer sagen, weshalb das Volk das Thema der leiblichen Himmelfahrt der Gottesmutter nicht aufgegriffen hat. Vielleicht sollte der Abschied ihres Sohnes dadurch noch ergreifender, noch rührender klingen. Aber vielleicht auch nur, um ihren heiligen Leib hier auf Erden zu wissen, als materielles Zeichen ihrer Anwesenheit.
Die wundertätigen Reliquien der Heiligen spielen im Leben der Kirche und des Volkes eine außerordentlich wichtige Rolle. Die Rus sehnte sich nach der leiblichen Anwesenheit Gottes auf Erden und betete deshalb besonders eifrig vor den Reliquien. Natürlich wußte das Volk, daß Christus von den Toten auferstanden war, der Auferstehungssonntag ist das wichtigste Ereignis des Kirchenjahres der orthodoxen Christen, das höchste Fest. Trotzdem wird die Auferstehung, laut den geistlichen Gesängen, durchaus undogmatisch erlebt: Einerseits war Christus im Leibe auferstanden und im Leibe zum Himmel aufgefahren, wie die Kirche lehrt. Andererseits ist es in sehr vielen geistlichen Gesängen sein göttlicher Geist, der aufersteht und auffährt, während sein unverweslicher Leib, seine Reliquie, ebenso wie die Reliquie der Muttergottes, in der Erde ruht.
Indem Christus von dem toten Leib seiner Mutter Abschied nimmt, sagt er:

Bis an das Ende der Zeit, Mütterchen, nehme ich Abschied von Dir,
Bis zur lichten Auferstehung Christi.

Die leibliche Auferstehung Christi wird auf diese Weise in die Zukunft verlegt, ans Ende der Zeiten, auf den Vorabend des Letzten Gerichts. In dem Bewußtsein des Volkes hat Christus zwei Aspekte: Als Weltenherrscher thront er im Himmel und hält unerbittlich Gericht über die Menschen. Sein Leib ruht einstweilen entweder in einem Grab in Jerusalem oder in einem Sarg, der auf wunderbare Weise in der Luft schwebt. Offenbar lebt im Volk die Erinnerung an das Grab Christi als höchstes Heiligtum der Welt, und es widerstrebt ihm – rein psychologisch – anzunehmen, daß dieses Heilige Grab nun leerstehen sollte. In einer Variante heißt es: »Hier ruhen die Bücher Christi«, in einer anderen: »Hier ruhen die Gewänder Christi«, und in einer dritten, besonders verbreiteten:

> Hier ruhen die Reliquien Christi,
> Des Königs des Himmels.[138]

Das Motiv der Grabhöhle taucht auch in den geistlichen Gesängen auf, die der Muttergottes gewidmet sind. In einigen wird von drei Grabhöhlen erzählt: In der ersten ruht Jesus Christus, in der zweiten Johannes der Täufer (oder Johannes der Evangelist) und in der dritten die Muttergottes. Sie wird mit größtem künstlerischem Aufwand beschrieben:

> Über Jesus Christus
> Flackern Kerzen,
> Über Johannes dem Täufer
> Leuchtet das Ewige Licht,
> Über der Heiligen Jungfrau
> Sprießt ein Reis.
> Und auf diesem Reis
> Sitzen drei Vögelchen,
> Sitzen drei Vögelchen.
> Sie singen gar kläglich,
> Sie singen gar kläglich.
> Vom Abschied singen sie.[139]

Die Vögelchen und das Reis, das heißt der Zweig oder Strauch, an dem die Rosen erblühen, sind Symbole des Paradieses oder des kosmischen Lebens, nach dem sich die Seele sehnt. Einige Gesänge zu Ehren der Gottesmutter sprechen davon, daß sie nicht nur die Mutter Christi, sondern unser aller Mutter, die Mutter jeglicher Kreatur ist. Der Bettelsänger wendet sich an sie: »Meine Mutter – mein Mütterchen Maria.« Als höchste göttliche Kraft ist sie mit dem Schöpfer, mit dem Heiligen Geist, mit der Dreieinigkeit verbunden. Manchmal wird sogar gesagt, daß sie »Himmel und Erde, Sonne, Mond und Sterne geschaffen« habe. Ohne ihren Beistand kann nichts auf Erden geboren werden, weder Tier noch Mensch. In dieser Qualität, als Verkörperung des allem zugrunde liegenden mütterlichen Prinzips, weist das Bild der Gottesmutter große Ähnlichkeit mit der Mutter Feuchte Erde auf, manchmal überlagern sich beide, ohne aber endgültig zu verschmelzen. Die Mutter Feuchte Erde bleibt immer Verkörperung der unteren, irdischen Welt, und die Gottesmutter die der höheren, himmlischen. Aber infolge dieser Nachbarschaft werden einige Qualitäten der Gottesmutter auf die Mutter Feuchte Erde übertragen. Daraus ergibt sich, daß das im wesentlichen heidnische Bild der Mutter Feuchte Erde christianisiert, gereinigt und geheiligt wird. Die Mutter Feuchte Erde ist ebenfalls unsere Fürbitterin und Ernährerin.

In einem alten Text, der die Schlacht zwischen den Russen und den Tataren schildert, wendet sich die Mutter Feuchte Erde, d. h. die russische Erde, klagend und in Demut an die Heilige Muttergottes, um die russischen Menschen ihrer Obhut anzuvertrauen.

Der russische Mensch hat drei Mütter, die einige Gemeinsamkeiten aufweisen:

> Die erste Mutter ist die Heilige Gottesmutter,
> Die zweite Mutter – die Feuchte Erde,
> Die dritte Mutter ist die, die den Schmerz auf sich nahm.[140]

Die dritte Mutter, die die Qual des Wochenbettes auf sich nahm, ist die leibliche Mutter. Der russische Volksglaube ist in vielem eine Religion der Mütterlichkeit. Das Christentum schließt sich unmittelbar an die uralten Sippenvorstellungen und den Ahnenkult an. Das bestätigt die Bewertung der Sünden und Verbrechen. Selbstverständlich war das Sündenregister sehr umfangreich und mannigfaltig, aber die Vergehen gegen die Sippe bildeten eine ganz besondere Gruppe. Dazu zählte der Mutterfluch, eine in Rußland sehr verbreitete Unsitte, die inzwischen längst nicht mehr zu den schlimmsten Lastern gehört. Vom Standpunkt des Volksglaubens jedoch war er eine Sünde, ein Vergehen gegen die Muttergottes, die von einem fluchenden Mann für drei und von einer fluchenden Frau für sieben Jahre ihr Antlitz abwendet. Wenn so geflucht wird, schrickt sie auf ihrem himmlischen Thron zusammen, und Himmel und Erde erbeben – nimmt man das wörtlich, so müssen der Himmel und die Erde in Rußland ununterbrochen gebebt haben.

Eine ebenso schreckliche Sünde bedeutete der Fluch einer Schwangeren über ihr eigenes Kind, wodurch dessen Seele und Leben verdar-

ben. Auch hier handelte es sich um ein Vergehen gegen das mütterliche Prinzip. Auch der Zauber wider die Familie oder die Eintracht zwischen Ehegatten zählten dazu. Als verflucht galt alles, was sich gegen die Fruchtbarkeit richtete – ob es um die Milch im Euter oder das Getreide auf dem Acker ging.
In einem Gesang von einer sündigen Seele, die, von ihrem Leib getrennt, vor Gottes Thron beichtet, werden solche Untaten aufgezählt:

> Gesündigt vor Gott hat die Seele:
> Den Kühen habe ich die Milch im Euter verdorben,
> Habe sie auf das grüne Gras fließen lassen.
> Mein eigenes Kind habe ich in der Wiege verflucht,
> Hab es an der weißen Brust in den ewigen Schlaf gewiegt,
> Habe das Ungeborene im Mutterleib besprochen.
> Mann und Frau habe ich entzweit,
> Die goldenen Brautkronen zerbrochen,
> Die Ähren geknickt, damit der Acker nicht trägt,
> Dem Korn die Kraft genommen.
> Den Hochzeitszug in wilde Tiere verwandelt [...][141]

Wie man sieht, handelt es sich immer um Sünden, die mit Zauber und rudimentärer Magie zusammenhängen. Letztere hatte ihren festen Platz im Leben des Volkes, obwohl sie von der Kirche heftig bekämpft wurde. Aber auch die offizielle Glaubenslehre wies manche magische oder heidnische Nuance auf.

Viel später wurde gerade die Verherrlichung der Gottesmutter von dem russischen Religionsphilosophen D. Samarin scharf angegriffen: »Das Wiederaufleben des Heidentums muß in engster Verbindung mit der Verherrlichung der Gottesmutter gesehen werden. [...] Sie führte zu schwerwiegenden und völlig unerwarteten Folgen und zu einer Vermischung der Orthodoxie mit dem Sektierertum eines Serafim von Sarow und all der mystischen Sekten mit ihren eigenen Gottesmüttern und Gottessöhnen. [...] Die orthodoxe Beziehung zur Ikone ist für die Chlysten so vertraut und so verständlich, daß sie einen bequemen Übergang bildet – eine Brücke von der russischen Orthodoxie zum Sektierertum.«[142]

Dagegen ließe sich einwenden, daß der Kult der Gottesmutter sich nicht nur auf Rußland beschränkt. Die katholische Welt verehrt sie ebenso inbrünstig.

Das Treffendste über die Gottesmutter sagt die Großmutter in Gorkijs Erzählung »Unter fremden Menschen«: »Die Gottesmutter war schon immer da, sie war vor allem anderen da. Sie hat Gott geboren ...«[143]

## 3
# Die Heiligen Nikolaj und Jegorij

Die Verehrung der Heiligen erklärt sich nicht zuletzt daraus, daß das Volk konkretere religiöse Vorstellungen brauchte, als die Kirche sie in der Regel vermittelte. Seine Vorstellungen von der Welt sind immer handgreiflich, was Mystik und Spiritualität der Glaubensinhalte mit allen ihren Verästelungen jedoch nicht ausschließt. Aber sogar die Mystik ist mit Fleisch und Bein bekleidet, und selbst der Geist wird als Materie erlebt. Deshalb halten sich die russischen Heiligen in unmittelbarer Nachbarschaft des einfachen Bauern auf und nehmen regen Anteil an seinem Alltag.
Der beliebteste russische Heilige ist Nikolaj der Wundertäter, den das Volk vertraulich und liebevoll Nikola, oder noch vertraulicher Mikola nennt. Obwohl der Heilige Nikolaj kein Russe war und im vierten Jahrhundert lebte, ist er zum waschechten Russen geworden. Davon berichtet der Deutsche Adam Olearius, der im siebzehnten Jahrhundert das moskowitische Reich bereiste und darüber ein höchst lesenswertes Buch verfaßte: »Sie haben einen eigenen russischen heiligen Meister – Nikolaus den Wundertäter.«[144]
Offensichtlich hatte der Protestant Adam Olearius noch nichts von der Existenz dieses Heiligen gehört. Nach seiner Überzeugung hängen die Russen zwar einem christlichen, aber dennoch höchst bedenklichen Glauben an, denn sie verehren nicht nur Christus, sondern auch viele Heilige und sogar deren Darstellungen. Die Tatsache jedoch, daß Olearius den Heiligen Nikolaj für einen typisch russischen und ursprünglich russischen Heiligen hielt, sagt manches über die Stellung und die Verehrung dieses Wundertäters im alten Rußland aus. Viele russische Volksmärchen bestätigen dies. In der Ukraine gab es ein Sprichwort in Form eines Dialogs zwischen zwei Bauern. Der

eine fragt: »Was wird es geben, wenn Gott stirbt?« Und der andere antwortet: »Aber wir haben doch den Nikolaj!« Also: Wenn Gott sterben sollte, hat der Mensch immer noch den Nikolaj in Reserve. Natürlich ist das scherzhaft gemeint, aber man erkennt daraus, daß Nikolaj der rangälteste und der dem Herrn liebste Knecht war, sogar eine Art Stellvertreter. Dabei wurde er immer als ein bescheidener, weißhaariger alter Mann geschildert, der in Bastschuhen und mit einem Stab in der Hand durch Rußland wandert. Meist sitzt er irgendwo unter einem Baum und flicht Bastschuhe. Er war der herzlichste und einfachste unter den Heiligen. Er ist der ewige Wanderer und der ewige Arbeiter, der fleißigste Heilige und vielleicht deshalb der irdischste und konkreteste.

Im Gegensatz zu den anderen Heiligen ist Nikolaj nicht nur auf einen einzigen Wirkungsbereich festgelegt. Seine Domäne sind Ackerbau, Ernte, Fischerei, er ist der Schutzheilige der Reisenden zu Lande und zu Wasser. Seine Aufgaben sind so verschiedenartig, weil er ein schneller Helfer ist. Der Geschichten über »Nikola, den schnellen Helfer« sind unzählige, sie sind bei weitem nicht alle schriftlich fixiert. Ich selbst hörte einen Bericht, wie Nikolaj während des letzten Krieges einem Soldaten geholfen hat. Mitten im Dnjepr wurde das Floß, auf dem der Soldat übersetzte, von einer Granate getroffen. Er fand sich im Wasser wieder und glaubte sich verloren, denn er war in voller Marschausrüstung, und die schweren Stiefel zogen ihn nach unten. Da betete er zu Nikolaj dem Wundertäter und fühlte sogleich, daß jemand ihm seine Stiefel wunderbarerweise im Wasser ausgezogen hatte, worauf er sich schwimmend retten konnte. Mit anderen Worten: Man braucht in einem kritischen Augenblick nur Nikolaj anzurufen – der Heilige erscheint sofort und hilft prompt und sachkundig. Sein Wirkungsradius ist denkbar weit, den Ärmsten unter den Armen, den Unglücklichen und Gefährdeten hilft er am liebsten. Im Gegensatz zu vielen anderen Heiligen (z. B. dem Propheten Elias oder sogar Christus selbst) fehlen Nikolaj alle drohenden oder einschüchternden Züge. Er ist der beständige Wohltäter des russischen Volkes. In seiner Barmherzigkeit muß er gelegentlich andere Heilige, ja sogar Christus selbst, hinters Licht führen.

In dem christlichen Märchen »Der Prophet Elias und Nikola« wandeln die beiden Heiligen über den Acker eines Bauern, der zu Nikolaj gebetet, Elias aber vernachlässigt hatte. Es sei daran erinnert, daß dem Propheten Blitz und Donner, Hagel und Regen unterstehen, und daß er, wenn er in seinem feurigen Wagen über den Himmel fährt, Blitze nach den Teufeln und Sündern schleudert, wobei er gelegentlich auch einen Unschuldigen trifft, in dessen Haus die Teufel Unterschlupf suchten. Am Eliastag schlägt der Blitz immer irgendwo ein – diesem Heiligen ist die Rachsucht nicht fremd.

»Eines Tages gehen Ilja und Nikola über den Acker dieses Bauern; sie gehen und sehen, die Wintersaat steht so, daß einem das Herz lacht. ›Das gibt eine Ernte, und was für eine!‹ sagt Nikola. ›Aber der Bauer ist ja ein guter Mensch, fromm und mildtätig, er fürchtet Gott und vergißt die Heiligen nicht! Da kommt der Segen in die rechten Hände.‹ – ›Das werden wir noch sehen‹, antwortete Ilja, ›ob der Segen groß ist! Ich schicke einen Blitz und schlage die Saat mit Hagel zu Boden. Dann wird dein Bauer schon merken, wer das Sagen hat, und künftig den Ilja-Tag ehren.‹ Sie redeten ein Weilchen hin und wider und gingen dann jeder seines Weges. Der Heilige Nikola begab sich sogleich zu dem Bauern. Er sagt: ›Verkaufe dem Popen von Ilja deine ganze Ernte auf den Halm, sonst wird dir nichts übrigbleiben. Du wirst großen Hagelschaden haben.‹«
Offensichtlich handelte es sich um den Popen aus einem Nachbardorf, wo es eine Elias-Kirche gab, die bei ihrem Patron wohlgelitten war. Darauf folgen noch einige kleine Listen, die damit enden, daß der Bauer mit Hilfe Nikolajs zu großem Reichtum kommt.

»›So ist das also, Bruder Nikola‹, sagt der Prophet, als er die Sache durchschaut hatte. ›Du bist es, der dem Bauern alles weitererzählt hat.‹ ›Wie kommst du darauf? Warum sollte ich denn dem Bauern etwas weitererzählen...?‹ ›Sag, was du willst, das ist dein Werk. Aber dem Bauern werde ich es heimzahlen.‹ ›Was willst du ihm denn antun?‹ ›Das sag ich dir nicht.‹ ›Nun wird es ganz schlimm‹, denkt der Heilige Nikola bei sich und sucht abermals eilig den Bauern auf: ›Kaufe‹, sagt er, ›zwei Kerzen, eine große und eine kleine, und tue, was ich dir sage!‹

Am nächsten Tag sind Ilja und der Heilige Nikola in Gestalt von Wanderern unterwegs, da kommt ihnen der Bauer entgegen: Der trägt zwei Wachskerzen, eine große für einen Rubel und eine kleine für eine Kopeke. ›Wohin willst du, Bäuerlein?‹ fragt ihn der Heilige Nikola. ›Ich will diese Kerze, die einen ganzen Rubel kostet, dem Propheten Ilja bringen; er war so gnädig zu mir. Es gab großen Hagelschaden, aber er hat dafür gesorgt, daß die Ernte doppelt so gut war.‹ ›Und was willst du mit dem Kerzchen für eine Kopeke?‹ ›Nun, das ist für Nikola‹, antwortete der Bauer und ging weiter. ›Siehst du, Ilja, und du hast gemeint, daß ich dem Bauern alles weitersage. Nun weißt du, daß du unrecht hast.‹

Damit nahm die Sache ihr Ende. Von nun an war der Prophet Ilja günstig gestimmt und drohte dem Bauern nicht mehr, der Bauer aber lebte in großem Wohlstand und ehrte seitdem den Tag des Propheten Ilja und den Tag des Nikola in gleicher Weise.«[145]

Nikolaj ist ein gütiger und wohltätiger Heiliger, der Prophet Elias ein eifersüchtiger und zorniger. Und natürlich hängt der Bauer viel mehr an Nikola als an dem Propheten, obwohl er weiß, daß er beide gleich ehren sollte. Nikolaj ist ja auch viel geschickter und vernünftiger als der auffahrende Ilja.

Obwohl sie beide Heilige sind und zu der sündenlosen himmlischen Hierarchie gehören, benehmen sie sich wie ganz gewöhnliche Menschen, wie einfache Bauern. Sie sind eifersüchtig und wetteifern miteinander, wer von ihnen der Stärkere und der Geschicktere ist, wobei Nikolaj, wie wir sehen, Elias mehrfach überlistet. Jedoch dienen sein Betrug und seine List dem Wohl des Menschen, und deshalb werden Nikolaj und alles, was er tut, mit gutmütigem Schmunzeln geschildert.

Wir erkennen, wie einfach, wie unmittelbar und gelegentlich primitiv die Beziehungen zwischen dem russischen Volk und seinen Heiligen sind. Sie beruhen auf dem Prinzip: Eine Hand wäscht die andere. Der Heilige kann und muß umworben werden, indem man ihm eine Kerze anzündet, und ist bereit, diese Kerze vollauf zu vergelten. Indem der Bauer die Kerze anzündet, besticht er gleichsam den Heiligen. Darin zeigen sich der gesunde Menschenverstand und die praktische Ader des einfachen Volkes, das dazu neigt, auch die Religion auf handfeste Art zu interpretieren. Deshalb benehmen sich die russischen Heiligen, wenn sie vom Himmel heruntersteigen, höchst irdisch. Andererseits zeugt die Primitivität der religiösen Vorstellung des Volkes nicht nur von seiner Ignoranz und Ungeschliffenheit, sondern ebenso von der kindlichen Reinheit seines Glaubens.

Das russische Volk neigte niemals zu abstrakten theologischen Spekulationen, es glaubte einfach, ohne viel nachzudenken oder sich über religiöse Vorstellungen Rechenschaft abzulegen. Einfachheit und Unmittelbarkeit eines solchen Glaubens bergen viele Gefahren – unter anderem die Empfänglichkeit für heidnische Einflüsse. Aber gleichzeitig waren sie die Quelle von Macht und Sicherheit, die Voraussetzung für einen direkteren, einen augenblicklichen Kontakt mit den himmlischen Mächten. Gelegentlich mag man über die Naivität der russischen Volkslegenden lächeln – ihrer Schönheit kann man sich nicht verschließen. Und wie jede naive Kunst sind sie ergreifend und komisch in einem.

Man konnte also den Heiligen Nikolaj wie jeden anderen Heiligen günstig stimmen, indem man ihm eine Kerze anzündete oder vor seiner Ikone betete. Das war ein Zeichen des Glaubens an ihn, an ihn und keinen anderen, und er vergalt es hundertfach. In einem geistlichen Gesang von einem Gerechten wird erzählt:

> Er glaubte an den Heiligen Mikola,
> An den Heiligen Mikola den Wundertäter.[146]

Damit wurde Mikola zu einem Schutzheiligen und stand ihm in der Not bei. Oder:

> Wenn jemand Nikolaj liebt,
> Wenn jemand Nikolaj dient,
> Dem hilft der Heilige Nikolaj,
> Heute und immerdar.
> Nikolaj, hilf![147]

Aber auch wenn er sich auf ein Geschäft mit Nikolaj einließ, wußte der russische Mensch sehr wohl, daß man den Heiligen nicht an der Nase

herumführen und daß das Geschäft niemals einem unmoralischen Zweck dienen durfte. In einer Legende wird von einem Mann erzählt, der sich lügend und stehlend durchs Leben schlug und nach jedem gelungenen Streich in der Kirche dem Heiligen Nikolaj eine Kerze anzündete. Und der Gauner hatte immer Glück. Aber eines Tages wurde er auf frischer Tat ertappt, er floh und wurde verfolgt. Er lief aus dem Dorf, ins Feld hinaus, rannte über die Landstraße und begegnete dort einem alten Bettler. Dieser fragte:
›»Wohin läufst du?‹
›O weh, Großväterchen, hilf! Ich bin verloren! Kannst du mich nicht verstecken? Wenn sie mich kriegen, ist es um mich geschehen.‹ ›Leg dich doch‹, sagte der Alte, ›hier in diesen Graben!‹ Der Dieb legte sich in den Graben, aber dort lag schon ein Pferdekadaver. Er kroch unter das Aas. Seine Verfolger liefen vorbei und sahen ihn nicht. Der Dieb stieg wieder aus dem Graben, der alte Bettler stand immer noch da und fragte ihn: ›Wie war's denn, Ipat? Hat es dir wohlgetan, in der Fäulnis zu liegen?‹
›O weh, Großväterchen, sehr wohl, ich bin beinahe erstickt.‹
›Aha, siehst du, du bist beinahe erstickt!‹ sagte der alte Mann und hatte auf einmal ein ganz strenges Gesicht. ›Und was glaubst du, wie mir deine Kerzen riechen? Weißt du nicht, daß deine Kerzen mir ebenso stinken wie dir dieses Aas!‹«[148]

Diese Legende, »Die Diebeskerze«, macht deutlich, daß Nikolaj – wie auch alle anderen Heiligen – nicht auf jedes Opfer angewiesen ist wie die heidnischen Götzen, sondern nur auf Gaben, die reinen Herzens und im Geiste christlicher Sittlichkeit dargebracht werden. Dennoch ist bemerkenswert, daß Nikolaj, indem er dem Dieb ins Gewissen redet und ihm anschaulich zeigt, was eine »Diebeskerze«, d. h. eine Gabe, die mit schmutzigem Geld bezahlt wird, bedeutet, ihm beisteht und das Leben rettet. Weil Nikolaj jedem, der an ihn glaubt, die Treue hält.

Aber besonders gütig ist Nikolaj zu den Armen. Hier kennt seine Hilfsbereitschaft keine Grenzen. Davon erzählt eine sehr poetische Legende, in der noch ein anderer Heiliger erscheint, Kassjan. Wenn an der Seite des zornigen und eifersüchtigen Propheten Ilja die Güte, die Beweglichkeit und der Einfallsreichtum Nikolajs besonders hervortreten, so regt die Gesellschaft Kassjans vor allem sein Mitleid und seine Hilfsbereitschaft an. Kassjan selbst nimmt unter den Heiligen eine Sonderstellung ein. Wenn Nikolaj der Lieblingsheilige Rußlands ist, so gilt Kassjan als der am wenigsten geliebte. Ihn begleitet sogar das Epitheton »der Ungnädige«. In manchen Gegenden war schon der bloße Name zu meiden. Das Volk machte einen Bogen um ihn, weil es hieß, er habe den bösen Blick: »Wirft Kassjan nur einen Blick, dann welkt alles Stück um Stück.« Die Tiere verrecken, der Wald vertrocknet und dem Menschen stößt ein großes Unglück zu. Düstere, schwerfällige Menschen wurden »Kassjan« genannt, Menschen mit dem »bösen Blick«. – »Scheeler Kassjan! Man muß alles vor ihm verstecken, sonst wird er es mit seinem Blick verderben, und zwar in alle Ewigkeit, so daß der Pope es nicht wieder gesundbeten und die Babka [eine zauberkundige Frau] es nicht wieder gesundsprechen kann.«

Kassjans schlechter Ruf hängt wahrscheinlich damit zusammen, daß sein Namenstag nur einmal in vier Jahren gefeiert werden kann – am 29. Februar. Früher wurde dieser Tag für so unheimlich gehalten, daß die Bauern nach Möglichkeit nicht aus dem Haus gingen und bis Mittag schliefen, um schlafend die gefährliche Zeit zu überstehen. Entsprechend wurden die Schaltjahre in ganz Rußland für Unglücksjahre gehalten. Das Volk suchte einen Grund, weshalb der Heilige Kassjan so selten gefeiert wurde, und kam zu dem Schluß, daß Kassjan sich vor Gott offenbar etwas hatte zuschulden kommen lassen und deshalb der letzte, der geringste Heilige war. Diesen Überlegungen sind die phantastischsten Geschichten entsprossen. Die schönste und bekannteste hängt mit Nikolaj zusammen. Eines Tages gingen die beiden Heiligen über eine Landstraße und kamen an einem Bauern vorbei, dessen schwer beladener Wagen im Schlamm steckengeblieben war. Der Bauer bat sie, mit anzupacken, um den Wagen wieder herauszuziehen. Kassjan weigerte sich: »Ich möchte nicht«, sagte er, »ich würde an deinem Wagen mein Paradiesgewand beschmutzen, und wie kann ich mit einem schmutzigen Kleid ins Paradies zurückkehren und vor Gottes Angesicht treten?« Nikolaj der Wundertäter dagegen packte schweigend mit an, und schon war der Wagen auf dem Trockenen. Als sie ins Paradies zurückkehrten, war Nikolajs Gewand von oben bis unten beschmutzt. Der Herr fragte: »Wo hast du dich so zugerichtet, Nikolaj?« Nikolaj erzählte, was sich ereignet hatte. Der Herr fragte Kassjan, warum er nicht mitangepackt habe. »Ich hatte Angst, Herr, mein Gewand schmutzig zu machen.« Die Antwort mißfiel Gott dem Herrn, und er beschloß: Kassjan soll fortan nur alle vier Jahre seinen Namenstag feiern und Nikolaj – seiner Güte wegen – zweimal jährlich.[149]

In Rußland wurde Nikolaj am 9. Mai (Frühlings- oder Sommer-Nikolaj) und am 6. Dezember (Winter-Nikolaj) gefeiert. Es war ein hohes und nach Möglichkeit üppiges Fest, das manchmal eine ganze Woche dauerte, vor allem im Dezember. Dieses Fest hieß »Nikolschtschina«. Alle feierten gemeinsam, jeder steuerte etwas bei. Daher das Sprichwort: »Zu Nikolschtschina kommen Freund und Feind: Dann sind alle Freunde.« Wer sich von dem gemeinsamen Trinkgelage aus Sparsamkeit fernhielt, wurde verspottet und so lange gehänselt, bis er tief in die Tasche griff. In diesem Zusammenhang entstanden sehr interessante Neologismen, zum Beispiel »nikolen« (*nikolit*) bedeutet »feiern«, »trinken«; oder »losnikolen« – »die Bauern sind mitten im Feiern«; und schließlich »er hat sich an den Bettelstab nikolt« – d. h. er hat sein ganzes Geld bei der Nikolaj-Feier ausgegeben.

All dies ist ein Zeugnis für die Sympathie, die das russische Volk Nikolaj, dem Heiligen der Fröhlichkeit, Brüderlichkeit und Großzügigkeit entgegenbringt.

Sogar in der sowjetischen, atheistischen Ära wirkt Nikolaj als eine Gestalt der religiösen Folklore weiter. In meiner Jugend habe ich eine merkwürdige Geschichte gehört, die als verbürgt galt. Sie soll sich in Samara, damals Kujbyschew, ereignet haben. Es wurden mir mehrere Augenzeugen genannt, später jedoch begegnete ich Menschen, die dieselbe Geschichte oder eine Variante irgendwo anders gehört oder in einer anderen Stadt miterlebt haben wollten.

Einige junge Leute trafen sich zu einem Fest in einer Privatwohnung. Sie wollten tanzen. Ein junges Mädchen wartete vergeblich auf einen Bekannten, mit dem sie sich verabredet hatte – er kam nicht. Später stellte sich heraus, daß er sich bereits vor dem Fest betrunken hatte und irgendwo auf der Straße eingeschlafen war. Kurz, das Mädchen hatte keinen Partner. Darauf holte sie aus der Ikonen-Ecke das Bildnis Nikolajs des Wundertäters und sagte, ebenso ungläubig wie alle anderen, leichthin: »Nun, Kolja, jetzt wollen wir tanzen!« Sie drückt die Ikone an die Brust und dreht sich im Walzertakt durchs Zimmer. Und plötzlich erstarrt sie zu Stein. Nach einer anderen, realistischeren Version soll sie einen Schlaganfall erlitten haben und mit der Ikone im Arm erstarrt sein. Sie wurde aufs Bett gelegt, aber keinem gelang es, ihre Arme von der Ikone zu lösen. Die Gesellschaft lief entsetzt auseinander. Aber schon hatte jemand dieses Wunder an die richtige Stelle gemeldet. Sofort erschienen Mitarbeiter des MGB. Das Haus wurde umstellt. Man versuchte die Ikone mit Gewalt aus den Armen des erstarrten Mädchen zu reißen, man holte Ärzte, aber alle Bemühungen blieben vergeblich. Nach der einfachsten Version wurde das Mädchen mitsamt der Ikone sofort abtransportiert, um jede Spur eines Wunders zu tilgen, nach einer anderen, der phantastischsten, hatte man zuerst versucht, die Reglose wie eine Statue von der Stelle zu rücken. Als das nicht gelang, wollte man das Stück Fußboden, auf dem sie stand, heraussägen, aber sogleich schossen höllische Flammen aus dem Boden, und man mußte den Plan aufgeben. In sämtlichen Varianten jedoch werden die Teilnehmer dieses Festes in das MGB bestellt, wo sie eine Erklärung unterschreiben mußten, daß sie über das Geschehene Stillschweigen bewahren würden. Sogar der junge Mann, der ausgeblieben war, wurde ausfindig gemacht und versuchte vergeblich, sich zu rechtfertigen: Obwohl er zu dieser Zeit bereits sternhagelvoll war, galt er als der eigentlich Schuldige. Die Fenster wurden zugenagelt, die Nachbarn mußten umziehen, und vor der Tür hielt ein Milizionär Wache. Die interessanteste Version erzählt noch folgendes: Es ist Nacht, der Milizionär steht auf seinem Posten, er bewacht das Haus mit dem erstarrten jungen Mädchen, und plötzlich sieht er auf der Straße einen ärmlich gekleideten alten Mann, der sich schnurstracks auf das Haus zubewegt und ihm sagt, er habe in diesem Haus zu tun. Der Milizionär will ihn aufhalten. Der Greis aber dringt dennoch ein (geheimnisvoll geflüsterte Zwischenbemerkung: dem heiligen Wundertäter fällt es doch nicht schwer, mitten durch eine

Wand hindurchzugehen). Natürlich war es der Heilige Nikolaj persönlich. Er ging in das Haus, trat an das junge Mädchen heran, nahm die Ikone aus ihren Armen und stellte sie auf ein Fensterbrett. Als am nächsten Morgen die Örtlichkeit inspiziert wurde, sahen alle die Ikone auf dem Fensterbrett. Das junge Mädchen, nach wie vor versteinert, stand mitten im Zimmer oder lag auf dem Bett (je nach Variante). Da wußten alle, wer in der Nacht dieses Haus aufgesucht hatte. Nach einer weiteren Fassung, die ich für die glaubwürdigste halte, hat der Heilige die Ikone aus dem Arm des jungen Mädchens genommen und gesprochen: »Geh und sündige fortan nicht mehr!« Das Mädchen war geheilt. Aber am nächsten Morgen wurde sie vom MGB geholt und mit unbekanntem Ziel abtransportiert.

Und wieso hat das Volk es trotzdem erfahren? Die ältere Frau, die mir die Geschichte erzählte, berief sich auf eine andere Frau, die ihr das alles unter dem Siegel strengster Verschwiegenheit anvertraut habe, es sei die Frau jenes Milizionärs gewesen, der in der besagten Nacht Posten gestanden und alles beobachtet habe.

Als ich von dieser Begebenheit hörte, war ich außer mir vor Begeisterung. Am meisten begeisterte mich daran, wie die Mystik oder – sollte es sich um ein Märchen handeln – das uralte phantastische Element mit der sowjetischen Gegenwart verschmolz. Das Fest, der Milizionär, das allmächtige MGB, das den Glauben verfolgt und die Erinnerung und Sehnsucht nach einem Wunder im Volk ausmerzen will – und Nikolaj der Wundertäter, der mächtiger ist als das MGB. Man könnte vermuten, daß die religiöse schöpferische Kraft im Volk noch nicht abgestorben ist und daß der Heilige Nikolaj immer noch durch Rußland wandelt.

Die zweite Stelle nach Nikolaj nimmt der Heilige Georg ein. Gewöhnlich wurde er in Rußland der Heilige Jegorij oder Jurij genannt. Der erste Namensträger war ein historischer christlicher Märtyrer. Als vornehmer Mann, der eine hohe Stellung im Heer bekleidete, bekannte er sich zum Christentum. Zu Beginn des vierten Jahrhunderts unter Diokletian wurde Georg bei einer Christenverfolgung lange gefoltert und schließlich enthauptet. In die russische Kultur ging er als der heilige Streiter ein, als Georg, der den Drachen besiegte – ein Bild dafür, daß Georg durch seine Standhaftigkeit das Heidentum überwand. In einer Variante seiner Vita kämpft er gegen den Drachen, dem eine Zarentochter zum Fraß vorgeworfen war, rettet sie und bekehrt dadurch das ganze Reich zum Christentum. In seiner Gestalt fließen seit alters zwei Vorstellungen ineinander: Er ist der Märtyrer, der unter Kaiser Diokletian furchtbare Qualen erdulden mußte, und der Drachenbekämpfer, der Sieger, der Ritter, der Recke. Als Sieger über den Drachen wurde er zum Schutzheiligen der russischen Streitkräfte. Der Heilige Georg hoch zu Roß, der den Drachen mit dem Speer durchbohrt, schmückte zuerst die fürstlichen und später die zaristischen Münzen und Siegel. Er war auch ein beliebtes Motiv russischer Ikonenmalerei. Seine Ikone heißt »Das Drachenwunder des Georg«. Sie stellt den Reiter in dem Augenblick dar, als er den Drachen mit seinem Speer trifft. Die Zahl der Varianten der russischen Georgsdarstellungen übersteigt die in anderen christlichen Ländern bei weitem, auch die in Byzanz. Seit der Herrschaft Dimitrij Donskojs im vierzehnten Jahrhundert gehört der Heilige Georg in das Wappen Moskaus und symbolisiert die Befreiung Rußlands vom mongolischen Joch und später den Sieg über die Andersgläubigen überhaupt.

Das Bild des Heiligen Georg als staatliches und kirchliches Symbol, insbesondere die Ikone des Drachentöters, übte einen starken Einfluß auf die Folklore aus, da sie mit dem heroischen Epos und den Volksmärchen korrespondierte. Ist doch der Kampf mit dem Drachen ein beliebtes, in vorchristliche Zeiten zurückreichendes Motiv.

Kurz, der Heilige Georg erfüllte im alten Rußland gleich mehrere Funktionen. Das Volk jedoch sah ihn unter einem besonderen Aspekt und nannte ihn den Heiligen Jegorij. Wie es einem Triumphator gebührt, wird Jegorij mit dem ständigen Attribut »der Tapfere« ausgezeichnet. Nikolaj der Gnädige und Jegorij der Tapfere, diese beiden Heiligen sind der Schmuck des alten Rußland. Der eine wandelt als greiser Bettler durch das Land, der andere sprengt als streitbarer Ritter auf seinem feurigen Roß einher und wacht über den rechten Glauben.

Zu gleicher Zeit aber trägt Jegorij auch friedliche Züge – er ist der

Schutzpatron des Ackerbaus, der Viehzucht und des Getiers überhaupt. Deshalb ist der Georgs-Kult eng mit der Landwirtschaft und dem Kreislauf der Natur verbunden. Die Beziehung Georgs zum Akkerbau ergibt sich schon aus seinem Namen (griechisch *georgos* – Bauer, Ackerbauer). Seiner wurde an zwei Festtagen im Jahr gedacht, am 23. April (»Frühlings-Jegorij«) und am 26. November (»Kalter Jegorij«). Das waren die Eckdaten des Bauernkalenders. Mit Jegorij beginnen und enden die Feldarbeiten. Sein Name ist von einer Unzahl von Sprüchen und Bauernregeln umgeben. Frühjahrsbestellung und Aussaat beginnen am Tag Jegorijs, deshalb achten die Bauern besonders aufmerksam auf das Wetter: »An Jegorij Frühreif macht Hirse- und Haferbrei steif«, »An Jegorij Regen – das Vieh wird wachsen und sich regen«, »Jegorij bringt Wasser, Nikola bringt Heu«. Charakteristisch ist folgender Spruch: »Ist der eine Jegorij kalt, hat der zweite den Riemen enger geschnallt.« Das heißt: Wenn schon im Herbst (am 26. November) die strenge Kälte einbricht, reichen bei vielen Bauern Korn und Viehfutter nur knapp bis zum Frühlings-Jegorij. Oder: »Bis Jegorij hat auch der Dummkopf Korn und Futter im Schopf«, d. h. auch der ungeschickte oder faule Bauer kann sich bis zum Jegorij-Tag durchschlagen.

Der Frühlings-Jegorij bezeichnete den Neubeginn in der Natur. Man glaubte, daß der Heilige an diesem Tag mit seinen Schlüsseln die Erde und den Himmel aufschließt. Es war uralter Brauch, Jegorij an diesem Tag zu »rufen«, ihn durch besondere, gesprochene oder gesungene Beschwörungen zu wecken:

> Jegorij, erwache in der Früh – schließe die Erde auf,
> Lasse den Tau heraus für einen warmen Sommer,
> Für reichen Roggen [...][150]

Der an diesem Tag gefallene Tau galt als heilkräftig. Er half gegen den bösen Blick und gegen die sieben Krankheiten. Man rollte und wälzte sich in dem frischgefallenen Tau. Es gab einen Gruß »Bleib gesund wie Jegorijs Tau!« Auch das Vieh wurde »in den Tau« hinausgetrieben. Von diesem Tag an kamen die Tiere auf die Weide. Beim ersten Mal schritt man mit der Ikone des Heiligen Georg um die ganze

Herde, dann wurde ein Gottesdienst zelebriert, die Erde mit Weihwasser besprengt und das Vieh auf die Weide getrieben, ganz gleich, welches Wetter an diesem Tage herrschte. Dieser Tag war auch das Fest der Hirten. Sie wurden zunächst von der ganzen Gemeinde bewirtet, zum Schluß schüttete man ihnen einen Eimer Wasser über den Kopf, damit sie den ganzen Sommer hindurch wach blieben und auf das Vieh acht gaben. An seinem Festtag ritt Jegorij auf einem weißen Roß durch die Wälder und erteilte den wilden Tieren Befehle. Er sorgte für das Gleichgewicht in der Natur, indem er den Tieren ihren angemessenen Platz anwies und sie, auch die Raubtiere, mit Speise versah. Daher der erstaunliche weise Spruch: »Was der Wolf zwischen den Zähnen hat, das hat ihm Jegorij gegeben.« Denn auch der Wolf muß sich irgendwie ernähren, und Jegorij als Herr der Weiden und Beschützer der Herden stellt den Wölfen das Notwendigste zu und achtet streng darauf, daß keiner zu kurz kommt. Er ernährt die Pferde – »An Jegorij kommt das Roß zu seinem Gras« –, aber eben auch die Wölfe. Das Volk glaubte, daß jedes Stück Vieh, das der Wolf gerissen oder der Bär zerfleischt hatte, sei es Kuh, sei es Schaf, sei es Pferd, von Jegorij dazu bestimmt war und daß das Opfer dem Raubtier selbst entgegenläuft und wie versteinert vor ihm stehen bleibt.[151]

In einer Legende, die zweifellos von der Ikonendarstellung des Reiters Jegorij inspiriert ist, springt eines Tages dem Heiligen ein Wolf entgegen und verbeißt sich in dem Bein seines weißen Rosses. Jegorij holt mit seinem Speer aus und trifft den Wolf. Der verwundete Wolf heulte mit Menschenstimme: »Warum triffst du mich mit dem Speer, da ich doch Hunger habe?« Jegorij antwortete: »Wenn du Hunger hast, so mußt du mich fragen. Da, nimm jenes Pferd. Das wird dir für zwei Tage reichen.« Nach einer anderen Legende verkaufte ein Hirte das Schaf einer armen Witwe, sagte ihr aber, der Wolf habe es gerissen. Darauf befahl Jegorij einer Schlange, diesen Hirten zu beißen, und heilte ihn erst, nachdem er bereut hatte. Denn Jegorij befiehlt nicht nur den Vierbeinern, sondern auch den Reptilien, und früher wurde zu ihm gebetet, damit er die Menschen vor Schlangen und giftigen Insekten schütze. Auch hier erkennt man den Einfluß der Ikonendar-

stellung, auf der Jegorij den Drachen mit dem Speer durchbohrt, fesselt und der erretteten Zarentochter die Kette überreicht.
Der Jegorij-Tag hatte einst große soziale und juristische Bedeutung. Der 26. November, der Herbst- oder Kalte Jegorij, war ein wichtiger Stichtag. An diesem Datum wurden sämtliche Feldarbeiten abgeschlossen – es war für alle Bauern ein sehnlichst erwarteter, heiliger Tag –, und außerdem liefen die Verträge der Knechte und Saisonarbeiter ab. Vor allem aber – das war die Hauptsache – durften die Bauern eine Woche davor und eine Woche danach den Gutsbesitzer wechseln. Auf diese Weise war der Bauer seinem Herrn nicht völlig ausgeliefert. Und die reichen Großgrundbesitzer, die auf Arbeitskräfte angewiesen waren und sich gegenseitig die Bauern am Jegorij-Tag abwarben, waren gezwungen, ihren Knechten günstigere und vorteilhaftere Bedingungen zu bieten. Der Jegorij-Tag regulierte gleichsam den Umgang der Gutsbesitzer mit den Bauern. Waren sie zu grausam oder geizig, so mußten sie damit rechnen, daß ihre Leute sich am Jegorij-Tag des folgenden Jahres einen anderen Herrn suchten. Ende des sechzehnten Jahrhunderts wurde der Jegorij-Tag aufgehoben und die Bauern an das Land festgeschrieben. Sie wurden Eigentum des Grundbesitzers und verloren das Recht, sich ihren Herrn zu wählen. Das war der entscheidende Schritt zur Stabilisierung der Leibeigenschaft. Damals entstand im Volk der verbreitete Spruch: »Da hast du, Großmütterchen, den Jegorij-Tag!« Er bedeutete eine unangenehme Überraschung: Na sowas! oder So ein Pech!
Auch Jegorij der Tapfere ging in die geistliche Dichtung ein und erreichte uns in einer Vielzahl von Niederschriften und Varianten. Besonders interessant sind die Schilderungen des Heiligen in der Rolle des Märtyrers und des Erbauers und Gestalters der russischen Erde. Wie gesagt, war der Heilige Jegorij unter der Folter seinem christlichen Glauben unerschütterlich treu geblieben. Aus dieser realen Biographie entstand bereits auf griechischem Boden die apokryphe Vita des Heiligen. Darin wird erzählt, wie er während der langen Foltern dreimal gestorben und dreimal auferstanden ist. Die geistlichen Gesänge, in denen die Vita sich mit Motiven des Heldenepos und des Zaubermärchens verflicht, tragen einen noch phantastischeren Cha-

rakter. Darin wird erzählt, wie Jegorij in Jerusalem, im Heiligen Russischen Land, geboren wird. Jerusalem liegt demnach inmitten der Heiligen Rus. Seine Mutter ist Sophia, die Allweise. Aber wir wissen, daß Sophia in der Interpretation der Kirche die Allweisheit Gottes ist und die ganze Welt in sich beschließt. Zu Ehren Sophias wurden berühmte orthodoxe Kirchen errichtet: die Hagia Sophia von Konstantinopel, die Sophia in Kiew, die Sophia in Nowgorod. Kurz gesagt, Sophia ist eine komplexe und schwer faßbare Gestalt. In den geistlichen Gesängen jedoch ist die Allweise eine reale Frau, die drei Töchter – Glaube, Liebe, Hoffnung – und den Sohn Jegorij zur Welt bringt. Hier findet offensichtlich die Verknüpfung einer hohen theologischen Idee mit dem Zaubermärchen statt, nach dem Motiv der Allweisen Jungfrau oder Allweisen Frau, die in den russischen Märchen oft den Namen Wassilissa trägt. Der Einfluß des Zaubermärchens zeigt sich auch in der Schilderung des neugeborenen Jegorij: Seine Füße sind bis zu den Knien reines Silber, die Arme bis zu den Ellbogen reines Gold, und der Kopf ist mit Perlen besetzt. In einer anderen Variante leuchten auf Jegorijs Stirn die Sonne und in seinem Nacken der Mond und die Sterne. Wir haben es mit dem Helden aus einem Zaubermärchen zu tun. Später wird er von dem »Busurman-Zar« gefangengenommen. Manchmal ist es auch der »tatarische« oder der »babylonische« Zar. Die Namen wechseln von Variante zu Variante. Am häufigsten aber heißt er »Diokletianischtsche«, entsprechend dem realen historischen Hintergrund. Bei den Folterungen jedoch erweist sich der Heilige Jegorij nicht nur als moralisch standfest, sondern im Gegensatz zur historischen Überlieferung auch als physisch unverwundbar. Die Beile, die seinen Leib zerstückeln sollen, werden stumpf und versagen; die Sägen, mit denen er zersägt werden soll, werden stumpf und versagen. Und wenn Jegorij in einen Kessel mit siedendem Pech geworfen wird, so schwimmt er auf der Oberfläche und »singt cherubische Lieder«.

> Nach der Engel Art und nach der Erzengel Art:
> Nichts konnte Jegorij einen Schaden zufügen,
> Heil war Jegorijs Leib, und heil blieb er.

Jegorij fürchtet sich vor nichts, und am Ende triumphiert er über die Kräfte des Bösen nicht nur moralisch und geistig, sondern auch physisch. Der Zar Diokletianischtsche verkörpert alles Böse der Welt und alle nicht-orthodoxen Religionen. Er foltert Jegorij, um ihn für einen »Basurman-Glauben« zu gewinnen. *Basurman* oder *busurman* heißt unrein, heidnisch. Indessen sind für den Russen alle nicht-orthodoxen Religionen *busurman*. Deshalb wird dieser fremde Glaube in dem Gesang auch der »lateinische« (katholische) genannt. Im Verständnis des Volkes besteht zwischen dem »lateinischen« und dem »muselmanischen« Glauben kein Unterschied, beides sind Götzendienste.

In dem alten Novellenmärchen vom Königssohn Bowa will die Tochter eines busurmanischen Zaren den christlichen Ritter Bowa verführen und ihn zu ihrem Irrglauben bekehren. Sie sagt zu ihrem Vater: »Ach, mein Herr und lieber Vater, überlasse ihn [Bowa] mir. Ich werde ihn zu unserem lateinischen Glauben und unserem Gott Achmed bekehren.«[152] Eine ähnliche Unschärfe beobachten wir auch in den Gesängen um Jegorij. Sämtliche Religionen – die Orthodoxie ausgenommen – verschmelzen zu einem einzigen verabscheuungswürdigen Irrglauben, der letzten Endes in der Anbetung des Bösen gipfelt.

Der eigentliche, der orthodoxe Glaube erscheint in den Gesängen von Jegorij dem Tapferen, als die einfachste Sache von der Welt. In einem Streitgespräch mit Diokletianischtsche ruft Jegorij aus:

> Groß ist unser getaufter Glaube,
> Die Göttliche Mutter Gottesgebärerin
> Und die Dreieinigkeit, die Unteilbare!

In diesem Fall wird Christus nicht einmal genannt. Es handelt sich offenbar um drei Merkmale: es ist ein »getaufter« Glaube, es ist der Glaube an die Gottesmutter und an die Allheilige Dreieinigkeit. In der Definition des wahren Glaubens darf das Bekenntnis zur Muttergottes nicht fehlen. Im vorliegenden Gesang wird diese Formel des wahren Glaubens beibehalten. Nach dem Triumph über den verruchten Zaren Diokletianischtsche bekehrt Jegorij das babylonische Reich zum heiligen Glauben:

> Eine Unzahl Volks beugte vor Jegorij das Knie,
> Eine Unzahl Volks ließ sich vom Heiligen Jegorij bekehren.
> Sie glaubten von nun an den heiligen Glauben –
> An die göttliche Mutter Gottesgebärerin,
> An die Dreieinigkeit, die Unteilbare,
> Und feierten Jegorij an zwei Festtagen im Jahr.

Eine andere Variante erzählt, daß in dem fremden von Jegorij zum Christentum bekehrten Land drei Kirchen errichtet wurden:

> Die erste Kirche Jegorij dem Tapferen,
> Die zweite Kirche Nikolaj dem Wundertäter,
> Die dritte Kirche war eine Muttergottes-Kathedrale.[153]

Sogar in einem Gesang zu Ehren Jegorijs konnte das Volk es nicht unterlassen, auch seinen Liebling Nikolaj zu erwähnen. Das läßt auf die Popularität des Heiligen im alten Rußland schließen. Ebenso wie die hierarchische Stufung in folgendem Gesang:

> Errichtet drei Kirchen, ihr guten Menschen, drei Kathedralen,
> Die erste Kirche – Christi Höchsten Person,
> Die zweite Kirche – Nikola dem Wohltatigen,
> Die dritte Kirche – Jegorij dem Tapferen.[154]

Betrachten wir nun den zweiten Aspekt des Heiligen Jegorij – den des Gestalters der russischen Erde. Nach dem vergeblichen Versuch, den wunderbaren Leib Jegorijs zu Tode zu martern, wirft ihn Diokletianischtsche in ein tiefes unterirdisches Verlies. Auf sein eigenes Gebet, auf die Bitten seiner Mutter, der Heiligen Sophia der Allweisen, oder auf Geheiß der Gottesmutter kommen die Winde herbeigestürmt und befreien ihn aus dem Kerker. Jegorij kehrt in die Heilige Rus zurück, in die Stadt Jerusalem, die Diokletianischtsche zerstört hatte. (Hier liegt eine offenkundige Analogie zu den Überfällen der Tataren auf russische Ortschaften und Städte vor.) Nachdem seine Mutter ihn gesegnet hat, steigt Jegorij auf sein Heldenroß und reitet davon, um den Zaren Diokletianischtsche zu bestrafen. Unterwegs ordnet er die Welt und verkündet das Christentum. Dieser Ritt ist wohl das Interessanteste in den Jegorij-Gesängen. Denn sein Sieg über den Irrglauben und die Verbreitung des wahren Glaubens sind ein zentrales Ereignis nicht nur für den einzelnen und die menschliche Gemeinschaft, sondern ebenso für die ganze Natur. Aus dem Chaos läßt er den Kosmos entstehen. Er schafft auf der ganzen Erde Ordnung, oder stellt die Ordnung wieder her. Wenn sich Berge auf seinem Weg erheben und er nicht weiterreiten kann, sagte er:

> He, ihr Berge, ihr hohen Berge!
> He, ihr Hügel, ihr breiten Hügel!
> Verstreut euch, ihr hohen Berge,
> Über die ganze lichte russische Erde,
> Stellt euch, ihr breiten Hügel
> Auf die grünen Felder und Steppen,
> Auf Gottes Gebot,
> Auf Jegorijs inständige Bitte.

Und die Berge gehorchen ihm. Sie teilen sich und nehmen ihre Plätze ein. Dasselbe geschieht mit den Wäldern. Sie breiten sich über das ganze russische Land aus, und zwar so, wie der Herr es geboten hat. Und ebenso die Flüsse:

> Und so ritt Jegorij dahin,
> Für den Heiligen Glauben streitend,
> Den Busurman-Glauben besiegend,
> Bis er an ein Wunder kam.
> Er kam zu den schnellen Flüssen,
> Zu den schnellen, den fließenden:
> Kein Weg führte Jegorij weiter,
> An keinen Beistand konnte der Heilige denken.
> »He, ihr Flüsse, ihr schnellen,
> He, ihr schnell fließenden Flüsse!
> Fließt doch, ihr Flüsse, über das ganze Land,
> Über das ganze Heilige Russische Land,
> Über steile Berge, über die hohen,
> Durch dunkle Wälder, durch die dichten,

> Fließt, ihr Flüsse, wo Gott es euch geboten!«
> Und auf Gottes Gebot,
> Auf Jegorijs Bitte
> Flossen die Flüsse, wo Gott es ihnen gebot.[155]

Und schließlich befiehlt Jegorij allem Getier, sich über die russische Erde zu verteilen und nur das zu fressen, »was geboten, was vom Heiligen Jegorij dem Tapferen gesegnet wurde«. Es ist bemerkenswert, daß die Nahrung der Tiere nicht durch Gott, sondern durch Jegorij ihnen zugeteilt und gesegnet wird. Jegorij ist der unumschränkte Herr und Beschützer des Tierreichs. Manchmal wird genau angegeben, um welche Art Tiere es sich handelt: Bald ist es das »Hornvieh«, d. h. in erster Linie die Rinder, bald sind es die Wölfe. In einem Gesang wendet sich Jegorij an die Wölfe:

> Kommt alle herbei, ihr Wölfe!
> Seid ihr meine Hunde!
> Bereitet euch auf einen schrecklichen Kampf.[156]

Hier wird der Kampf mit dem Drachen angekündigt, und Jegorij trägt die Züge eines Jägers, wie er im Zaubermärchen dargestellt wird.

Das Christentum bedeutet für das Volk nicht nur den Glauben, zu dem der Mensch durch das Sakrament der Taufe gelangt. Auch die russische Erde, die ganze Natur der Rus empfing das Sakrament der Taufe und nahm deshalb eine menschenfreundliche und wohlgeordnete Gestalt an. Das Christentum bedeutet nicht nur menschliche, sondern kosmische Harmonie. Wenn diese Harmonie gelegentlich gestört wird, so geschieht es entweder durch den Bösen oder zur Strafe für unsere Sünden: Wenn der Mensch Gottes und seiner Heiligen zu wenig gedenkt.

# 4
# Die Heiligen und ihre Aufgaben

Meistens erfüllten die Heiligen in der alten Rus bestimmte, eng umgrenzte Funktionen. Der Schutzpatron der Haustiere war der Heilige Wlassij oder Wlas. Die Rinder unterstanden, wie gesagt, dem Heiligen Jegorij, aber Jegorij hatte ein umfassenderes Wirkungsfeld: das Tierreich überhaupt, den Ackerbau und die Gestaltung der Natur. Wlassij hatte eine einzige Aufgabe. In den Kuhställen hingen kleine Ikonen des Heiligen Wlassij, und er wurde angerufen, wenn eine Seuche den Viehbestand bedrohte. Man kennt das beschwörende Gebet: »Heiliger Wlassij, laß unsere Färsen schön glatt und unsere Jungstiere fett werden, damit sie spielen, wenn sie auf die Weide gehen, und springen, wenn sie heimkommen!«[157] Auch die Pferde hatten ihre Heiligen: Flor und Lawr. Diese beiden Namen verschmelzen manchmal zu einem einzigen: Froly. An ihrem Festtag, dem 18. August, wurden die Pferde nicht angespannt. Es war das »Pferdefest«, und im Pferdestall wurde ebenfalls eine Ikone aufgehängt. Man glaubte, daß das Pferd »selbst zu Gott beten kann«.[158]

Die Heiligen hatten meist konkrete Aufgaben, die in eine bestimmte Sphäre des Alltags eingebunden waren. Sogar die Bienen und die Imker erhielten Patrone – Sossima und Sawwatij, zwei Wundertäter, die auf den Solowki-Inseln gewirkt hatten. Auch die Schafe durften sich ihrer Schutzheiligen erfreuen, Anissim und Jewdokija, und Nikita der Märtyrer war ausschließlich für die Gänse zuständig. Wenn sich die Bettler bei einem freigiebigen Hausherrn für das Nachtlager und die Freundlichkeit bedanken wollten, sangen sie:

> Muttergottes, Gottesgebärerin,
> Du schneller Beistand,
> Du warme Fürbitterin,
> Bitte für ihn,
> Sei gnädig und bewahre
> Dieses Herrn Haus
> Vor Feuerbrunst,
> Vor Wasserflut!
> Hüten und weiden mit Gottes Hilfe
> Sollen Chlor und Lawer seine Pferdchen,
> Wlassij seine Kühchen,
> Nastassej seine Schäfchen,
> Wassilij die Schweinchen,
> Mamentij die Zicklein,
> Terentij das Federvieh,
> Sossim von Solowki der Immlein
> Völker und Schwärme
> Und den dickflüssigen Honig [...][159]

Es scheint, daß der Hof des Bauern von einer ganzen Armee Heiliger beschützt wurde.

Eine solche Aufgabenverteilung ebenso wie die äußerste Verweltlichung religiöser Begriffe kommt uns lächerlich, beinahe unzivilisiert vor: Über jede Arbeit wacht ein besonderer Götze, den man im Zusammenhang mit *dieser* Tätigkeit, mit *diesem* Lebensbereich anbeten muß. Zugegeben, das Heidnische daran läßt sich nicht verleugnen, aber andererseits ist es ein lebendiges Zeugnis dafür, wie tief der russische Alltag vom Glauben durchdrungen war und wie real er empfunden wurde – er war nicht nur entscheidend für die Errettung der Seelen, sondern für das praktische Leben überhaupt.

Wie kamen die Heiligen zu ihren Aufgaben? Welche Kriterien waren ausschlaggebend? Es gab offenbar die verschiedensten Motive. Manchmal ging man von der Vita des Heiligen aus oder von einer Legende, die sich um seinen Namen rankte. Sossima und Sawwatij sind Bienenheilige, weil man glaubte, sie hätten als erste die Bienen und die Imkerei nach Rußland gebracht, nachdem sie in Ägypten dieses gute und heilige Werk erlernt hatten. Die Biene galt im alten Rußland als »reines« Insekt, unter anderem deshalb, weil die Biene nicht nur Honig, sondern auch Wachs liefert, und aus dem Wachs wurden die Kirchenkerzen angefertigt. Es heißt: »An der Biene hat der Herr Sein Wohlgefallen.« Die Biene arbeitet sowohl für den Menschen als auch für Gott.

Auch über den Weg der Analogie kann ein Heiliger in das tägliche Leben des Volkes gelangen. Petrus gilt überall in Rußland als der Schutzpatron der Fischer. Bis zu der Begegnung mit Christus verdiente er sein Brot mit Fischerei, was man später symbolisch auf sein apostolisches Wirken bezog. In Gegenden, wo Fischerei betrieben wird , nennt man den Apostel »Pjotr den Fischer«.

Das Denken in Analogien gehört zu den ältesten magischen Praktiken. Einen Nachklang davon finden wir noch in den Heiligen-Kulten. Insbesondere in den Bräuchen, die mit Johannes dem Täufer verbunden sind, der auf Befehl des Herodes enthauptet wurde. Die Kirche feiert am 29. August die Enthauptung Johannes des Täufers. Das Volk gab diesem Fest einen anderen Namen: »Fasten-Iwan«, denn für den einfachen Russen war der Täufer in erster Linie ein Asket, der viele Jahre in der Wüste verbracht hatte. An diesem Tag fastete man und beachtete besondere Regeln: An diesem Tag durfte kein scharfer Gegenstand in die Hand genommen werden, weil dadurch das Schwert berufen werden konnte, mit dem Johannes enthauptet wurde. Der Täufer könnte in Zorn geraten und den Mahner bestrafen, indem er ihm Mißernte oder Krankheit schickt. Wenn die Hausfrau am Vorabend vergessen hatte, das Brot zu schneiden, so durfte an Johanni Enthauptung kein Brot geschnitten werden – man brach das Brot, und wenn man es trotzdem schnitt, so konnte die Schnittstelle bluten. Nichts Rundes durfte an diesem Tag gegessen werden – keine Kartoffel, kein Kohl, keine Zwiebel, kein Apfel und ebensowenig Rotes (etwa Wassermelonen): Das alles erinnerte an das Haupt und das Blut des Täufers. Es durfte nichts auf Platten aufgetragen werden, weil das Haupt des Johannes auf einer Platte Herodias überreicht worden war. Es durfte auch nicht getrunken, getanzt und gesungen werden – weil die Tochter der Herodias für ihr Tanzen und Singen das Haupt des Johannes gefordert hatte. Und schließlich gingen Menschen, die starke Kopfschmerzen hatten, an diesem Tag mehrmals in die Kirche, um von Johannes, dessen Haupt so Schweres erlitten hatte, Linderung zu erflehen.

Alle magischen Bräuche und Tabus kreisen in diesem Fall um den abgeschlagenen Kopf des Johannes. Offenkundig beeinflußt von der Ikonenmalerei und dem kirchlichen Feiertag mit dem lapidaren, jedoch unheimlichen Namen: Enthauptung des Täufers Johannes. Das Bild oder das bildhafte Wort prägen sich tief ein und spiegeln sich in dem bildhaften Bewußtsein des Volkes.

Von hier ist es nur ein Schritt zur Wortmagie, für die ein einziges Wort oder ein Name zur Quelle eines Glaubens werden kann. Aus einem solchen Wort entwickelt sich die Funktion des Heiligen, seine Aufgabe. Als Beispiel kann der Tag »Konstantin und Jelena« dienen. Historisch sind diese Namen mit der Einführung des Christentums als Staatsreligion im vierten Jahrhundert verbunden. Das Volk behielt jedoch nur den Namen von Konstantins Mutter Jelena bei, verwandelte ihn in »Oljona« und verband ihn mit dem Wort *ljon* – »Lein«. Früher war Flachs der Rohstoff für fast alle Textilien. Den Flachsbau – Aussaat, Ernte, Verarbeitung – besorgten die Frauen. So wurde die Heilige Jelena ausschließlich auf Grund einer zufälligen Assonanz zur Schutzpatronin des Flachsbaus. Ihre eigentliche historische Bedeutung hatte sich verflüchtigt. Die Bäuerinnen beteten zu Oljona um eine gute Flachsernte. Noch im letzten Jahrhundert beobachtete man einen heidnischen Brauch: Bei der Aussaat zog sich die Frau nackt aus, damit der Flachs Mitleid mit ihr bekäme und ihre Blöße bedeckte.[160]

Diese Frauen waren sich nicht im klaren darüber, zu wem sie eigentlich beteten, zu der Heiligen Jelena – Oljona – oder zu den Pflanzen, die sie gerade säten. Heidentum und Christentum verbinden sich in dem einen ambivalenten Motiv.

Nebenbei wurden auch rein magische Praktiken betrieben, um das Wachstum des Flachses zu fördern. Die Frauen legten vor der Aussaat Eier in das Saatgut, und die Männer mußten sie auf dem Acker so hoch wie möglich in die Luft werfen, damit der Flachs hoch und dicht aufgehe. In manchen Gebieten fuhr man im Winter, in der Butterwoche, auf dem Spinnbrett Schlitten – »damit der Lein lang wird«, und die alten russischen Spinnräder – die oft wahre Kunstwerke sind – stellen häufig eine phantasievolle Variation von Pferd und Schlitten dar. Möglicherweise dienten die verschwenderisch geschmückten Spinnräder nicht nur als Schmuck im Haus, sondern auch als magisches Mittel, die Flachsernte günstig zu beeinflussen. Das russische Spinnrad war eine Art heidnischer, nur den Frauen vorbehaltener Andachtsort im Haus, und die kleinen Zwiebelkuppeln, die es schmückten, wurden in der Tat »Kirchen« genannt. Die Heilige Oljona und *ljon* – das war eigentlich dasselbe.

Die willkürlichsten und phantastischsten Vorstellungen von einem Heiligen entspringen manchmal lediglich dem Klang seines Namens oder dem Attribut seines Festes. Das Wort gibt den Anstoß zu einer christlichen und gleichzeitig heidnischen Mythenbildung. Dabei wird das christliche Grundmuster oft bis zur Unkenntlichkeit entstellt, denn das Volk weiß und behält nur ein einziges Wort, das es zum Phantasieren, zum Erfinden und Auslegen anregt. Und schließlich klafft oft zwischen der Auffassung der Kirche und der Deutung durch das Volk ein tiefer Riß. Das war der Fall mit einem hohen Kirchenfest, das offiziell »Kreuzerhöhung des Herrn« heißt. Dieses Fest geht auf ein historisches Ereignis zurück. Im vierten Jahrhundert wallfahrtete die obengenannte Kaiserin Jelena nach Jerusalem, um das Grab Christi und das Kreuz, an dem er gehangen hatte, aufzufinden. Das war nicht leicht, denn Golgatha und die Gegend um das Felsengrab Christi waren inzwischen von den Feinden des Christentums überbaut und zugeschüttet worden, um diese Plätze unkenntlich zu machen. An der Stätte der Kreuzigung und Grablegung Christi standen nun heidnische Tempel. Die Kaiserin Jelena befahl, nachzugraben und schließlich stieß man in der Tiefe der Erde auf die drei Kreuze, an denen seinerzeit Jesus Christus und die beiden Schächer gehangen hatten. Eine kirchliche Legende besagt, daß mit diesen Kreuzen nacheinander der Leib eines Toten berührt wurde und daß bei der Berührung mit dem Kreuz Christi der Tote sich regte und ins Leben zurückkehrte. Daher wurde das Kreuz das »Lebenspendende Kreuz« genannt. Und damit alle Betenden dieses Kreuz sehen konnten, wurde es in die Höhe gehoben oder hoch über der Menge aufgestellt. Von dieser Begebenheit stammt der Name für das Fest der »Erhöhung«, das die Kirche am 14. September zur Erinnerung an dieses bedeutende Ereignis feiert.

Das einfache Volk jedoch wußte nichts von der Geschichte und der ursprünglichen Bedeutung dieses Festes und verstand das Wort »Kreuzerhöhung« (*wosdwischenije*) auf seine Weise. Wenn ein Fest »Wosdwischenije« heißt, so glaubte das Volk, müßte sich an diesem Tag einiges von seinem Platz bewegen (*sdwinutsja*), und es fand solche *sdwigi* (Brüche, Sprünge...) in Hülle und Fülle: An diesem Tag »bewegte« sich das »Korn vom Feld«, denn Mitte September war die Ernte vorüber, das Korn wurde auf die Tenne gefahren und gedroschen. Und da um diese Zeit mit den ersten Nachtfrösten zu rechnen war, hieß es: »Wosdwischenije schiebt den Kaftan fort [*sdwinjet*] und den Pelz näher [*nadwinjet*]« oder »An Wosdwischenije rücken Kaftan und Pelz zusammen [*sdwinulis*] und die Mütze vor [*nadwinulas*]«.

An diesem Tag bereiten sich die Zugvögel auf den Abflug vor (*sdwinulis*), und alle Reptilien verschwinden (*sdwigajutsja*). Sie ziehen sich von der Erdoberfläche zurück und versammeln sich in der Tiefe bei ihrer Mutter, wo sie den ganzen Winter verbringen, bis zum ersten Donner im Frühling, der ihnen das Zeichen gibt, wieder ans Licht hervorzukriechen. Deshalb schlossen die Bauern an Wosdwischenije sorgfältig Tore, Gartenpforten und Türen zu, damit etwa eine Schlange, die gerade unterwegs zu ihrer Mutter war und sich verirrte, sich nicht zufällig auf ihrem Hof versteckte. Und im Wald trieben die Waldschrate alle Tiere zusammen und inspizierten sie vor dem nahenden Winter. An diesem Tag hat der Mensch im Wald nichts zu suchen: er läuft Gefahr, von einem Waldschrat überfallen zu werden...

All das besagt, daß die *sdwigi*, die Abläufe im bäuerlichen Alltag und in der Natur, die Erhöhung von Christi Kreuz zurückgedrängt haben.

# 5
# Der Kalender

Einen weiteren wichtigen Aspekt des Volksglaubens stellt der Kalender dar, der allen Heiligen ihren eigenen Tag zuweist. Und diese Tage ihrerseits sind mit dem landwirtschaftlichen Rhythmus, mit Jahreszeiten und Wetter verbunden, mit einem Kreislauf, der für den Bauern sehr wichtig ist. Daher kommt es, daß an dem Festtag eines Heiligen oftmals ein Ereignis begangen wird, das in eine völlig andere Sphäre gehört – in den Kreislauf der Natur oder des bäuerlichen Alltags, wodurch die ursprüngliche Gestalt des Heiligen und die theologische Bedeutung seines Festes in den Hintergrund treten und mit ergänzenden Attributen ausgestattet werden. Der Kirchenkalender regte die Beobachtungsgabe und die Kombinationsfähigkeit der Folklore an. Und wenn wir uns dem alten Kalender zuwenden, begegnen wir einer Fülle poetischer Allegorien, mit deren Hilfe die physische Welt, Natur und Wetter, mit dem Namen des Heiligen eine Verbindung eingeht. Die Namen der Heiligen bilden ein einzigartiges Spitzenmuster, das vom Volk wortschöpferisch und imaginativ auf den Kalender-Kanevas gestickt wird.

Der Heilige Wlassij wurde »Wlassij-Wärm-die-Seite« oder noch einfallsreicher »Wlassij-Winterhorn-ab« genannt. Diese merkwürdigen Bezeichnungen verdankt der Heilige dem Umstand, daß sein Fest auf den 11. Februar fällt, in die Zeit, da die strengen Fröste nachlassen und die Sonne kräftiger wird. Im Volk heißt es, daß vom Wlassij-Tag an die »Kuh eine Seite wärmt«: Das Vieh, das aus dem Stall herausgelassen wurde, stellte sich so auf die Weide, daß es möglichst viel Sonne bekam. Im zweiten Fall, »Winterhorn-ab«, wird der Winter als eine stößige Kuh gesehen, der Wlassij, Schutzpatron der Haustiere, ein Horn nimmt – die Kälte ist weniger streng, wenn es auch Winter bleibt. Das Entstehen neuer Wörter geht Hand in Hand mit der Mythenbildung, und der christliche Kalender füllt sich mit Wesen, die sowohl der Wirklichkeit als auch der Phantasie entspringen, und erinnert uns an das Zaubermärchen, wenn es sich auch bloß um Dinge des bäuerlichen Alltags handelt.

Die Heilige Jewdokija, deren Fest am 1. März gefeiert wird, hat den Beinamen »Plätterin« (*pljuschtschicha*), weil der Schnee um diese Zeit zu schmelzen anfängt, sich setzt und gleichsam plattgedrückt wird. Dieses Bild ist so selbstverständlich geworden, daß das Volk den Namen der Heiligen Jewdokija und ihren Kalendertag durch die Bezeichnung »Plätterin« ersetzt. Ihr zweiter Titel, »Jewdokija-macht-die-Schwelle-naß«, bezieht sich ebenfalls auf den Anbruch des Tauwetters, da der Hof bis unmittelbar vor die Hausschwelle überschwemmt wird. In manchen Gegenden heißt sie auch noch »Pfeiferin«, weil zu dieser Zeit die pfeifenden, ungestümen Frühlingswinde aufkommen. Das Volk glaubte, daß der Frühling (*pljuschtschicha*) von dorther kommt, woher der Wind weht. Sie war die Vorbotin des Frühlings, daher auch die vielen Vorzeichen, die mit ihrem Namen verbunden sind: »An Pljuschtschicha Sonnenschein, wird der Sommer trocken sein.« Früher stiegen Frauen und Kinder an diesem Tag auf die Dächer oder auf einen Hügel und »riefen den Frühling herbei«, sie sangen Lieder, die den Frühling beschworen:

> Segne mich, Mutter,
> Den Frühling zu rufen.
> In aller Frühe
> Den Frühling zu rufen.
> Den Frühling zu rufen.
> Vom Winter zu scheiden
> In aller Frühe,
> In aller Frühe
> Vom Winter zu scheiden.[161]

So flossen in einen christlichen Feiertag heidnische und magische Bräuche ein. An Pljuschtschicha holten die Menschen Reisig aus dem Wald und heizen damit die Häuser, auf daß das künftige Frühjahr

warm würde. Oder sie schaufelten den Schnee von den Dächern herunter und schauten abends nach: Sind die Eiszapfen lang, dann steht der Flachs hoch!
Besonders poetisch klang der Name der Heiligen Marija Aegyptica (1. April). Sie hieß »Marija-Zünd-den-Schnee-an« und »Marija-Füll-die-Schluchten«. Um diese Zeit ist der Frühling bereits angebrochen, und der Schnee taut überall – die vordergründige Naturwahrnehmung verdrängt das kirchliche Urbild. Wie für die Volkskunst überhaupt charakteristisch, dominiert das Dekorative, und der christliche Kalender wird mit folkloristischem Ornament überzogen. Der Heilige erhält einen Beinamen, und dieser neue Beiname wird wichtiger als die ursprüngliche Benennung. So gibt es den »Semjon-Sommerhinausgeleiter« (1. September), eigentlich Simeon der Stylit, der im Bewußtsein des Volkes mit dem Ausgang des Sommers und dem Beginn des Herbstes verbunden ist. Auf diese Weise nehmen die Heiligen ausdrücklich irdische Merkmale an. Das gilt sogar für den Heiland (*spasitel*), der in Rußland *spas* genannt wurde. Die Verklärung (6. August) wurde im Volk als Spas gefeiert. Der hohe neutestamentarische Sinn der Verklärung hat das Bewußtsein des Volkes kaum erreicht, und dieser Tag wurde, bedingt durch den Zeitpunkt des Festes innerhalb des Kalenderjahres, zum Fest der Ernte und der Früchte der Erde. Es war der »Apfel-Spas«, an dem die Apfelernte begann. Am selben Tag brachten die Bauern auch anderes Obst und Gemüse zum Segnen in die Kirche – Erbsen, Kartoffeln, Gurken, Rüben, Roggen, Gerste und Äpfel. Erst da durfte man Äpfel essen, denn bis zum 6. August galt das als schwere Sünde. Insbesondere für Eltern, die ihre Kinder früh verloren hatten; denn ein kleines Kind kam sofort ins Paradies, wo auf silbernen Bäumen goldene Äpfel wachsen. Aber diese goldenen Äpfel bekamen nur die Kinder, deren Eltern bis zum Apfel-Spas keinen Apfel angerührt hatten.
Außer dem wichtigsten Spas, auch »Zweiter Spas« genannt, beging man im August noch zwei weitere Heilandfeste, die weniger feierlich waren – den »Ersten Spas« am 1. August und den dritten am 16. August. Der erste hieß Honig-Spas, weil an diesem Tag die Imker die

gefüllten Waben aus den Stöcken holten, und der dritte Nuß-Spas. Am Nuß-Spas waren die Haselnüsse reif.

Parallel zur Verwandlung des Kirchenkalenders in einen Natur- und Bauernkalender findet eine zunehmende Personifizierung der Wochentage statt. Oft ist nicht der Heilige die Hauptperson, sondern sein Feiertag, der ihn selbst in den Hintergrund drängt. Es bleibt derselbe Heilige, aber er tritt in einer anderen Gestalt auf. Der »Apfel-Spas« ist ja nicht eigentlich Jesus Christus, sondern eine Allegorie der Ernte. So wurde der Freitag, der fünfte (*pjatyj*) Tag der Woche, als eine Frau mit Namen Pjatniza vorgestellt. Die Sonderstellung des Freitags ist christliche Tradition, da jeder Freitag uns an den Kartag und die Leiden des Gekreuzigten erinnern soll. Bei allen Christen war der Freitag von jeher ein Fastentag. An diesem Tag durften auch bestimmte Arbeiten nicht ausgeführt werden. Die Bauern durften nicht pflügen, die Bäuerinnen durften nicht spinnen, nicht Wäsche waschen und nicht die Böden scheuern. Solche Verbote galten vorwiegend für Frauen, da Pjatniza mißtrauisch über ihr Benehmen wachte.

Diese Verbote wurden durch viele Legenden erläutert: Eine Frau, die am Freitag spinnt, bläst Staub in die Augen ihrer verstorbenen Eltern und macht sie im Jenseits blind. Oder: Wer an einem Freitag viel lacht, der wird im Alter oft weinen. Wer am Freitag den Boden scheuert, muß nach seinem Tod im Spülicht liegen. Alles in allem war der Freitag ein Unglückstag für jedes ernsthafte Beginnen, daher der Spruch: »Die Sache, die man freitags anfängt, geht nur wie ein Krebs voran.«

Der Freitag wurde verehrt und wie ein höheres Wesen gefürchtet. Dieses höhere Wesen konnte strafend oder auch helfend eingreifen, und, wie alle Heiligen, die Gebete der Menschen vor Gottes Thron tragen. Von der Personifizierung eines Wochentages erzählt die beliebte Geschichte »Von den zwölf Freitagen«. Sie ist in einer Unzahl von Varianten verbreitet: in geistlichen Gesängen, in Prosafassungen, in Form von Regeln oder Geboten. Die Zahl Zwölf ergab sich wahrscheinlich als Entsprechung zu den zwölf Aposteln und den zwölf hohen Feiertagen des Kirchenjahres, die früher »Die Zwölf« genannt wurden. Und zu jedem Festtage gehörte ein Freitag. Ob Willkür oder Phantasie – das Volk schrieb manchen Daten eine größere Bedeutung zu als die Kirche: Alle Großen Freitage leiten das Kirchenfest ein, dem sie »gegenüberstehen«. Das Wort »gegenüber« bedeutet in diesem Fall »vorausgehend«. Zugleich wurden die Großen Freitage als Heilige Jungfrauen angesehen, die verehrt werden mußten, indem man an ihrem Tag besonders streng fastete, zu ihnen betete, sich vor ihnen bis zur Erde verneigte und sich sämtlicher oben genannter Tätigkeiten enthielt.

Der erste Große Freitag
Ist in der ersten Woche der Großen Fastenzeit:
An diesem Großen Freitag
Erschlug ein Bruder den anderen, Kain den Abel,
Er erschlug ihn mit einem Stein;
Wer an diesem Freitag fastet,
Fastet und betet,
Den wird Gott
Vor einem ungerechten Tod
Bewahren und behüten.
Der zweite Große Freitag
Ist gegenüber der Verkündigung unseres Herrn:
An diesem Großen Freitag
Zog Jesus Christus
In die Heilige Muttergottes
Durch den Heiligen Geist ein.
Wer an diesem Freitag fastet,
Fastet und betet,
Den wird der Herr
Vor Krankheit und Not
Bewahren und behüten.
[...]
Am elften Großen Freitag
Wurde Jesus Christus
Der Allerheiligsten Muttergottes geboren:
Wer an diesem Freitag fastet,

> Fastet und betet,
> Für den wird vom Himmel
> Die Allheiligste Muttergottes
> Herabsteigen,
> Seine Seele in die Arme nehmen,
> Sie hinauftragen in das himmlische Reich.
> Und er wird behütet,
> Behütet und beschützt sein von dem Herrn.
> Der zwölfte Große Freitag:
> An diesem Großen Freitag
> Empfing Jesus Christus
> Im heiligen Fluß, im Jordan, die Taufe,
> Mit Elias, dem Himmlischen,
> Mit dem lichten Johannes, dem Täufer;
> Wer an diesem Freitag fastet,
> Fastet und betet,
> Dessen Name steht bei Christus dem Herrn geschrieben,
> Wenn dieser Mensch stirbt,
> So erbt er das Reich Gottes,
> Ist gerettet vor der ewigen höllischen Qual,
> Ist geschützt und behütet in Gott.[162]

Ein Mensch, der alle diese Freitage achtet, ist alle Not und Sorgen los, mehr noch: Nach seinem Tod ist ihm das Himmlische Reich sicher, und die Gottesmutter persönlich wird seine Seele ins Paradies hinauftragen. Darüber hinaus erkennt man an diesem Gesang, welche Rolle der Ritus in der Orthodoxie spielt. Für das Volk wirkt der Ritus magisch: Die Belohnung folgt gleichsam automatisch auf die peinlich genau eingehaltenen religiösen Bräuche. Dabei wird der kultische Gehalt außerordentlich stark reduziert. Selbstverständlich lauerten hier große Gefahren – in erster Linie für den ethisch-religiösen Gehalt des Volksglaubens. Denn es sieht fast so aus, als könne man an allen anderen Wochentagen nach Belieben sündigen, ohne sich um das Evangelium zu kümmern: Man braucht nur die aufgezählten Freitage zu beachten – und alles ist in bester Ordnung. Der religiöse Kultus droht zu verkümmern, was schließlich zum Absterben des Glaubens führen muß.

Man erkennt unschwer, daß jedem Großen Freitag ebenso eine Funktion zufällt wie den Heiligen der alten Rus, und man kann von direkten, naiven Bezügen sprechen, die der Logik der Analogie folgen. Der Freitag vor Elias schützt vor Feuersnot, wahrscheinlich, weil Elias, der in einem feurigen Wagen gen Himmel fuhr, der Herr des Feuers ist. Weniger einleuchtend ist die Überzeugung, daß der Freitag vor der Verkündigung vor Krankheiten schützen soll. Erst nach einigem Nachdenken findet man eine Erklärung: Jesus Christus hat sich bei der Verkündigung durch den Heiligen Geist im Schoß der Gottesmutter verkörpert. Daher ist sie von innen heraus geheiligt und gereinigt worden. Und ihr geheiligtes Inneres hüllt auch den Menschen ein, der zu der Verkündigungs-Pjatniza betet. Allerdings sucht man hier vergeblich nach Konsequenz, und die Funktionen der Freitage wechseln innerhalb eines einzigen Textes. Bald hilft die Pjatniza vor Christi Verkündigung gegen das Wechselfieber (außerhalb jedes kausalen Zusammenhangs), bald heilt die Pjatniza vor Pfingsten die zwölf Fieberkrankheiten, was einem einleuchten will, denn an Pfingsten findet die Ausgießung des Heiligen Geistes auf die zwölf Apostel statt, womit die Zahl Zwölf eine Analogie stiftet. Dann wieder verheißt die Pjatniza vor Christi Geburt, daß die Seele des Menschen auf den Armen der Gottesmutter in den Himmel hinaufgetragen wird – dies aufgrund der Überlegung, daß die Freude der Allheiligsten Muttergottes bei Christi Geburt besonders groß war und in jener Nacht die Engel zu ihr und ihrem Kind herabgeschwebt sind. Oder aber der Freitag vor Weihnachten erfüllt eine unvergleichlich bescheidenere Funktion: Er schützt den Menschen vor schrecklicher Kälte und rettet ihn vor dem »kalten Tod« – vor dem Erfrieren.

Ein Mensch, der die Großen Freitage nicht ehrt und sie wie einen gewöhnlichen Tag verstreichen läßt, hat mit schwerer Bestrafung nach dem Tode zu rechnen – mit der ewigen Höllenqual. Aber auch schon hier, auf Erden, ereilt ihn die Strafe: Das an einem Großen Freitag empfangene Kind bringt denjenigen Eltern, die gegen die Fastenregeln verstoßen haben, großes Unglück.

>Wenn Mann und Frau die Sünde begehen,
>Wird sie mit einem Dieb oder Räuber niederkommen,
>Einem Verleumder, Ketzer oder Kirchenschänder,
>Der sich an Gottes Haus freventlich vergreift,
>Der den Namen Christi verhöhnt,
>Der die Heilige Schrift schmäht,
>Der bei allem Bösen Anführer der Missetäter ist.

Oder:

>Ein ungutes Kind kommt bei ihnen zur Welt,
>Es wird Vater und Mutter nicht ernähren,
>Wird nicht Ehre bringen dem Haus und der Sippe,
>Mit Stelzfuß oder blind,
>Verleumder oder Ketzer,
>Frevler und Dieb,
>Aller Übeltäter Meister.

Einer der Großen Freitage, in der Regel der zehnte, hat einen Eigennamen: Paraskewa (*praskowja*, von griech. *praraskeue*). Sie ist eine historische Heilige, eine Märtyrerin, die ebenso wie der Heilige Georgij unter Diokletian hingerichtet wurde. Von ihr sagte man: »Paraskewa–Freitag heilig, an Christi Leiden anteilig.« Mit der Zeit nahm ihre Bedeutung außergewöhnlich zu, und Paraskewa wurde zum Symbol des Heiligen Freitags überhaupt und zur Schutzheiligen dieses Tages. Und alle Volkslegenden um den Freitag beziehen sich auf sie als eine wirkliche Person. Im alten Rußland galt sie als eine »Weiberheilige«, denn die Bäuerinnen hielten sie für ihre Beschützerin schlechthin. Besonders war sie dem Spinnen geneigt. Dennoch wachte sie darüber, daß die Frauen sie am Freitag ehrten und das Spinnrad stillstand.

Paraskewa-Freitag ist die Hüterin der Erde – ebenso wie eine andere, sehr wichtige Personifikation mit dem Namen Pokrow. Mariae Empfängnis (1. Oktober) heißt auf Russisch »Pokrow der Heiligen Muttergottes« oder ganz einfach Pokrow (*pokryt* – bedecken; *pokrow* bedeutet auch Stoff, Leinwand, Decke, Schleier, Altarsdecke, Dach, Zimmerdecke, Schutz, Beistand, Eintreten für jemanden, Leichentuch, Wohltat usw.). Anfang Oktober waren die Feldarbeiten beendet, die Bauern hatten Zeit – es konnte geheiratet werden. Die Ernte war eingebracht und die Vorräte reichten für ein großes Fest. Also war Pokrow der Schutzpatron der Hochzeiten. Es gab unzählige Bräuche und Vorzeichen, die mit diesem Tag verbunden waren. Ein starker Wind an Pokrow verhieß vielen Mädchen die Ehe und frischgefallener Schnee den Neuvermählten ein glückliches Leben. Jedes heiratsfähige Mädchen mußte an diesem Tag in die Kirche gehen und die Kerze vor der Ikone »Mariae Schutz und Fürbitte« aufstellen. Das Mädchen, dem es gelang, als erste die Kerze anzuzünden, sollte als erste heiraten. Dabei wurde ein Gebet gesprochen, das wie eine Beschwörung klingt: »Väterchen Pokrow, bedecke bald meinen Kopf. Mütterchen Paraskewa-Freitag, bedecke mich bald.« Es ist bemerkenswert, daß Pokrow und Paraskewa-Freitag in einem Atemzug genannt werden, als ob sie die Eltern der Braut wären. Die Beschwörung »Bedecke meinen Kopf« bedeutet folgendes: Im Gegensatz zu der Jungfrau durfte die Verheiratete in der Öffentlichkeit, sogar im eigenen Haus, nur im Kopftuch oder einem besonderen Kopfputz auftreten. Das unbedeckte Haar wurde als anstößig empfunden. Dafür gab es sogar einen besonderen Ausdruck: *prostowolossaja* (»barhaarig«, »barhäuptig«, »mit offenem Haar«). Wenn eine verheiratete Frau mit unbedecktem Haupt über die Straße ging, war sie entweder betrunken oder liederlich oder irrsinnig. Bis zur Heirat durfte ein junges Mädchen seine Zöpfe zeigen und die Männer damit verführen. Für eine verheiratete Frau war das unziemlich. Als der Falsche Demetrius die Hochzeit mit Marina Mnischek vorbereitete, schickte er einen Vertrag aus Moskau nach Polen, in dem die Heiratsbedingungen festgelegt wurden. Ein Punkt dieses Ehekontrakts – ein zweifellos sehr wichtiger Punkt – war die Forderung an seine künftige Frau: »Sie muß die Haare bedeckt tragen!« Der Falsche Demetrius hatte offenbar befürchtet, daß die Polin, mit russischen Bräuchen nicht vertraut, unbedeckten Hauptes erscheinen und seinem Ansehen schaden könnte.

Aber die Bitte des mannbaren Mädchens an Väterchen Pokrow (*moju golowu pokroj*) hatte noch eine weitere Bedeutung, die mit der russi-

schen Natur und mit dem Verhältnis der Russen zum Wort zusammenhängt. Das Wort ist die Voraussetzung des Tuns, und wenn ein Fest »Pokrow« heißt und man sich an das Wort hält, dann kann es nichts anderes bedeuten, als daß es alles bedeckt.
Daher das Sprichwort: »Pokrow bedeckt die Erde« (mit Herbstlaub und Schnee). Und dazu: »Pokrow bedeckt der Jungfrau den Kopf.« Hier liegt eine für das Denken des Volkes typische Analogie vor: Das Geschehen in der Natur entspricht den Ereignissen im menschlichen Leben. Der Schnee, wenn er an »Mariae Schutz und Fürbitte«, am 1. Oktober, fällt, ist häufig der erste Schnee im Jahr. Es ist natürlich, daß diese erste jungfräuliche Schneedecke zum Bild der Braut wird, die unter einem weißen Schleier vor den Altar tritt. Dies ermöglicht dem Mädchen, das beschwörende Gebet zu wiederholen: »Väterchen Pokrow, breite dich über die Mutter Feuchte Erde und über mich junges Blut!« Oder: »Der weiße Schnee hüllt die Erde ein – bin ich's, die er zur Hochzeit putzt?« Pokrow scheint das Mädchen zu verheiraten – allein deshalb, weil er die Erde in Schnee einhüllt. Die Braut wird hier mit der Mutter Feuchte Erde in Beziehung gesetzt, denn sie selbst soll Mutter werden. Hier zeigt sich ein Aspekt der uralten magischen Beziehung zwischen der Frau und der Feuchten Erde. Beide sollen fruchtbar sein, beide werden »bedeckt« – die eine mit Schnee, die andere mit der Ehe. Wie es für die primitive Magie symptomatisch ist, klingen in solchen Analogien sexuelle Motive an. Ein junges Mädchen, das heiraten möchte, betet: »Väterchen Pokrow, deck die Erde mit Schnee und mich mit dem Bräutigam zu!« In einer dezenteren Variante heißt es: »Deck die Erde mit Schnee und mein Haupt mit der Hochzeitskrone zu.«
Bei diesen Beschwörungen geht es nicht bloß um die Fruchtbarkeit, die auf den Pokrow folgt, sondern ebensosehr um einen höheren Beschützer. Schirm und Schutz der Welt sind Gott und die Gottesmutter, mit der dieses Fest unmittelbar zusammenhängt. Aber auch in der Ehe sucht das Mädchen einen Schutz, einen irdischen und einen himmlischen. Der irdische ist der Ehemann, daher die Bitte »deck mich mit dem Bräutigam zu!« Sie ist keineswegs nur im Sinne des Beischlafs zu verstehen, sondern auch als eine Hoffnung, der Mann

möge ihr Geborgenheit, ein Dach über dem Kopf geben und ihr Beschützer, ein Pokrow werden.

Pokrow kündigte zugleich den Winter an. An diesem Tag wurden zum ersten Mal die Öfen geheizt. Dabei sprachen die Frauen: »Väterchen Pokrow, dein Segen macht unser Haus warm ohne Holzauflegen!« Das Holz nämlich mußte für die strengste Kälte aufgespart werden. Außerdem war mit Pokrow auch der Schnee gemeint, der die Erde wie mit einer schützenden Decke umhüllte. Ein schneearmer Winter ist in Rußland ein großes Unglück. Die Erde gefriert bis in große Tiefe, und die Ernte des nächsten Jahres ist gefährdet. Ganz abgesehen davon, daß der Schnee ein Wasservorrat ist, der nach der Frühjahrsschmelze die Erde mit Feuchtigkeit tränkt. An Pokrow begannen die Bauern, ihre Häuser erneut mit Werg abzudichten und für den Winter zu rüsten. Dabei wurde statt eines Gebets gesagt: »Väterchen Pokrow, deck das Dach mit Schindeln und den Hausherrn mit Wohlstand!« Hier wird Pokrow als eine Art Dach angesehen, unter dem die Familie mit ihrem Hab und Gut im Winter Zuflucht findet. Hier dominiert abermals die Macht des Wortes – »Pokrow« enthält das Wort *krow* (Dach, Haus, Heim). Es ist also an Pokrow, dem Menschen eine Heimstätte zu bieten. Und zuallererst muß diese Heimstätte ihn vor Kälte schützen.

Bei all diesen verschiedenartigen, weit auseinanderliegenden Bedeutungen fällt die erstaunliche Tatsache auf, daß Pokrow eine männliche Benennung ist, wie eine Art männliche Gottheit, der Vater oder der Gatte, der für alle Sorge trägt. Dabei handelt es sich um ein Fest der Allheiligen Muttergottes, und sie, ein weibliches Wesen, trägt den Schutzmantel. Wahrscheinlich wurde das Fest personifiziert und schließlich als selbständige Gestalt, wie die Paraskewa-Freitag, erlebt. Der Kalendertag spaltete sich gleichsam von dem heiligen Namen, dessen Träger, bzw. Trägerin er gewidmet war, ab – ein für den Volksglauben charakteristisches Verdrängen eines kirchlichen Feiertags durch seine kalendarische Allegorie.

Aber auch dem »Pokrow der Allerheiligsten Muttergottes« in seinem eigentlichen Sinn kam in Rußland allerhöchste Bedeutung zu. Um die Mitte des zehnten Jahrhunderts hatte sich in Konstantinopel ein Wunder ereignet. Während eines Gottesdienstes erschien in einer Kirche die Muttergottes. Umgeben von den Heiligen schwebte sie in der Luft und breitete über den Betenden als Zeichen ihrer Bereitschaft, zu helfen, ihren Mantel aus. Diese wunderbare Erscheinung geschah zu der Zeit, da Byzanz gegen die Sarazenen Krieg führte und die Stadt unmittelbar bedroht war. Aber nun wurde sie errettet und das Sarazenenheer geschlagen. Aus diesem Anlaß wurde ein orthodoxes Kirchenfest gestiftet.

Eine ähnliche Erscheinung hatte im zwölften Jahrhundert Fürst Andrej Bogoljubskij. Er schaute die Gottesmutter, wie sie für Rußland betete, und setzte sich daraufhin für die Stiftung und Verbreitung des Festes »Mariae Schutz und Fürbitte« im ganzen Rußland ein, auch wenn ihm die wahren Hintergründe seiner Vision unbekannt oder unbegreiflich waren. Dieses Fest erfreute sich in Rußland ungewöhnlicher Beliebtheit, weit mehr als in Byzanz oder in den anderen christlichen Ländern. Es gehört zu den zwölf wichtigsten Feiertagen des Kirchenjahres. Die weitverbreitete Ikone des Pokrow ist nach Komposition und ikonographischem Typus eine originär russische Schöpfung ohne byzantinische Anlehnung. Mit einem Wort: Pokrow verwandelte sich in Rußland in ein nationales Gut. Das führt so weit, daß die Idee des Pokrow in der Entwicklung der russischen Kirchenarchitektur ihre Spuren hinterließ.

Eine allgemeine Betrachtung der Kirchenarchitektur würde hier zu weit führen. Wir wollen nur die spezifisch russischen Vorstellungen von einem Gotteshaus erwähnen. Im Gegensatz zum gotischen Dom strebt die russische Kirche nicht in die Höhe. Sie ist rund und untersetzt. Dafür haben die Russen ihre eigene, freilich etwas naive Begründung: Wir, heißt es, brauchen nicht in die Höhe, in den Himmel zu streben, weil Gott unter uns weilt und in Rußland wohnt. Deshalb setzen wir der gotischen Sehnsucht der Seele nach dem Himmel das Runde und die Fülle entgegen. Der Idee der Kugel, die die Fülle der göttlichen Gnade umschließt, entspricht der Pokrow. Das Gotteshaus selbst ist nach russischem Verständnis ein Pokrow. Das erklärt die Neigung zur runden Form, die beim Betreten der russischen Kirchen das Gefühl von Wärme, Geborgenheit und Aufgehobensein vermittelt.

Das erklärt auch die dekorative Üppigkeit der russischen Architektur, die gelegentlich über die Stränge schlägt. Sie entspringt der Vorstellung: Das Kleid Gottes soll reich geschmückt sein.

Von der Erfahrung der göttlichen Gnade und seines Pokrow erzählt Leskow eindringlich und schlicht in seiner Novelle *Am Rande der Welt*. Leskow war ein großer und feinsinniger Kenner des russischen Volksglaubens und dörflichen Alltags. Hier stellt er die Frage: Was ist der russische Gott? Das heißt, wie wird Gott von den Russen erfahren? Eine endgültige Antwort kann er selbstverständlich nicht geben, aber einem bestimmten Aspekt des Volksglaubens wird er doch gerecht. In dieser Novelle erzählt ein Erzbischof, wie ihm ein einfacher, aus ärmlichen Verhältnissen stammender Mönch von der wunderbaren Hilfe Gottes erzählt, die ihm in seiner Kindheit zuteil wurde. Er schwänzte eines Tages nicht nur selbst die Schule, um baden zu gehen, sondern stiftete auch die anderen Kinder dazu an, indem er ihnen vorschwindelte, der Lehrer hätte ihnen frei gegeben.

»Aber gegen Abend packte mich die Angst: Was wird mit mir geschehen, wenn wir heimkehren? – Der Lehrer wird mich totprügeln. [...] Ich komme nach Hause und sehe, die Ruten stehen schon im Zuber bereit. Ich mache mich aus dem Staub, renne ins Badehaus, krieche unter die Schwitzbank und bete: ›Herr! Wenn es auch unmöglich ist, mich nicht zu bestrafen, mach es doch so, daß man mich nicht prügelt!‹ Und ich betete so inbrünstig, so voll glühenden Glaubenseifers, daß ich ins Schwitzen kam und müde wurde, da wehte mich plötzlich eine wundersame ruhige Kühle an, und neben meinem Herzen regte es sich wie ein warmes Täubchen. Und schon glaubte ich an die unwahrscheinliche Rettung wie an etwas Mögliches, ich fühlte mich ruhig und mutig, ich fürchtete mich einfach vor nichts mehr – basta! Ich streckte mich einfach zum Schlafen aus. Als ich erwachte, hörte ich, daß meine Kameraden fröhlich riefen: ›Kirjuschka! Kirjuschka! Wo steckst du? Komm raus, es gibt keine Strafe, der Revisor ist da, er hat uns allen freigegeben!‹

›Dein Wunder‹, sagte ich, ›ist sehr einfach.‹

›Es ist in der Tat einfach, Eminenz! So einfach, wie die Dreieinigkeit in ihrer Dreiheit ein einfaches Wesen ist. Aber wie deutlich habe ich Ihn gespürt, Eminenz, wie Er zu mir gekommen ist und mich getröstet hat, Väterchen! Stell dir doch vor: Das ganze All kann Ihn nicht umfassen, Er aber ist unter die Bank im Schwitzbad zu einem Lausejungen gekommen in Gestalt eines feinen kühlen Lufthauchs und ist ihm unters Hemd an die Brust geschlüpft. [...] Ich muß gestehen, daß ich kaum eine andere Vorstellung vom Göttlichen so liebe wie unsern *russischen* Gott, der „unterm Hemd auf der nackten Brust" wohnt. Wie die Herren Griechen uns auch einreden mögen, wie sie uns auch beweisen wollen, daß wir unsere Kenntnis von Gott ihnen zu verdanken hätten, so haben doch nicht sie Ihn uns offenbart, nicht in ihrem byzantinischen Prunk, nicht in den Weihrauchschwaden haben wir Ihn gefunden, sondern Er ist ganz unser Eigen, Er gehört in unser Haus und wandelt auf unsere Art, weht ganz ohne Weihrauch als kühler Lufthauch auch unter der Schwitzbank und schmiegt sich als Täubchen unter dem Hemd den Menschen ans Herz.‹«[163]

Leskow hatte nicht ganz recht, als er die russische Demut dem prunkvollen byzantinischen Gottesdienst und Kirchenschmuck entgegensetzte. Die prächtig geschmückte Kirche war auch für die alte Rus charakteristisch, aber der Geborgenheit und dem beinahe häuslich behaglich warmen Pokrow begegnet man nur im russischen Kirchenbau. Gott wohnt gleichsam am Herzen, zwischen der nackten Haut und dem Hemd als heiliger Hauch. Seine Nähe zu dem Leib und dem Herzen des Menschen läßt im Volk das Gefühl entstehen, er sei unser ureigenster, angestammter russischer Gott. Der Mensch wohnt unter seinem Pokrow, und die Natur ist auch der göttliche Pokrow, sei es der Schnee, der die Erde vor Kälte schützt, sei es das Firmament mit den Sternen, sei es die Vegetation, deren reich geschmückter Teppich sich über die Erdkugel ausbreitet – und zuletzt das Gotteshaus, in das der Heilige Geist sich herabsenkt, um dort in unserer unmittelbaren Nähe zu verweilen.

# 6
# Die Ikonen

Die Ikonen halfen dem Volk, die Heiligen im Gedächtnis zu behalten. Sie verliehen den religiösen Ideen Anschaulichkeit und somit auch Glaubwürdigkeit. Auf den Ikonen schienen die Heiligen zum Leben zu erwachen. Unabhängig von aller theologischen Auslegung war das Volk in der Lage, sich den Heiland, die Gottesgebärerin und die zahlreichen Heiligen vorzustellen.

Die Ikone gehört jedoch nicht in den Bereich der Volkskunst. Die Ikonenmalerei war eine hohe sakrale Kunst, die von Byzanz übernommen worden war. Auf russischem Boden trug sie originelle Früchte, behielt aber ihre strikte Gesetzmäßigkeit bei und wurde streng kanonisch tradiert. Nur erfahrene Meister waren in der alten Rus als Ikonenmaler zugelassen und mußten unter kirchlicher Aufsicht arbeiten. Es war also nicht das Volk, das die Ikonen schuf. Das Volk betete zu den Ikonen und konnte sich ohne Ikonen weder sich selbst noch seinen Glauben vorstellen.

Seit den ältesten Zeiten kursierten in Rußland – sowohl in Kirchenkreisen als auch unter dem Volk – unzählige Berichte über wundertätige Ikonen ebenso wie Wunder und Zeichen, mit denen sich Ikonen im Alltag der getauften Menschen bewährt hatten. Schon die bloße Farbe, mit der die Ikone gemalt ist, vermag sich wunderbar zu beleben und die sichtbare Anwesenheit des Göttlichen zu signalisieren. Man kennt zahllose Beispiele, daß eine Ikone ihr Antlitz von dem Unwürdigen abwandte oder mit dem Betenden sprach. Manchmal löste sich die dargestellte Gestalt von dem Brett, wobei sie Aussehen und Haltung als Bestätigung der göttlichen Wirklichkeit hinter der Ikone bis ins Detail beibehielt. Nach orthodoxer Lehre ist die Ikone niemals Gott selbst, aber Gott und die Heiligen können sich durch die Ikone offenbaren. Die Ikone ist die Stellvertreterin der göttlichen Allmacht. Sie ist ein Fenster in die jenseitige Realität. Deshalb kann *jene* Welt ihre Verbindung mit dem Diesseits am leichtesten durch die Ikone verwirklichen. Mehr noch: manchmal (wenn auch, sehr selten) gelang es laut Überlieferung, eine Verbindung von hier aus ins Jenseits herzustellen und auf diese Weise den göttlichen Ratschluß hinsichtlich eines bestimmten menschlichen Vorhabens zu erfahren.

Das ist das Thema der Legende *Die Erzählung von Schtschilow, dem Kloster in Großnowgorod*. Es lebte in Nowgorod ein reicher *posadnik* – eine Art Stadtrat – mit Namen Schtschil. Zu seinem großen Reichtum war er durch Geldwucher gekommen. Mit einem Teil seines Gewinns wollte er in Nowgorod eine Kirche bauen und dadurch seine Schuld vor Gott begleichen. Der Erzbischof von Nowgorod gab seinen Segen dazu, und man begann alsbald mit dem Bau. Da kamen dem Erzbischof Zweifel, und einmal, während er betete, stieg in ihm der Zorn darüber auf, daß er einen Kirchenbau gesegnet hatte, der mit unehrlich verdientem Geld bezahlt wurde. Eines Tages erschien bei ihm Schtschil und meldete, die Kirche sei fertig, sie müsse geweiht werden. Der Erzbischof hieß ihn beichten und wußte nun mit Gewißheit, daß der Kirchenbau mit schmutzigem Geld errichtet worden war. Darauf befahl er Schtschil, er solle sich in sein Haus begeben, einen Sarg in die Mauernische stellen, das Totengewand anziehen, sich in den Sarg legen und den Psalter lesen lassen. Alles weitere wollte der Erzbischof Gott anheimstellen.

Weinend und klagend kehrte Schtschil nach Hause zurück und tat, wie ihm geheißen worden war. Und als er im Sarg lag und über ihm die Gebete gelesen wurden, gab er plötzlich seinen Geist auf, worauf der Sarg mitsamt der Leiche vor den Augen des Chors verschwand und sich an dessen Stelle ein Abgrund auftat – woraus sich schließen läßt, daß Schtschil in seinem Sarg zur Hölle fuhr. Als der Erzbischof von diesem Ereignis hörte, entsetzte er sich über die Maßen und ließ an eine Innenwand der neuerbauten Kirche die Hölle malen und auf ihrem Grund Schtschil in seinem Sarg. Die Kirchentür befahl er zu versiegeln, damit niemand die Kirche betreten könne. Und dann wartete er, daß Gott ihm seinen Willen kundtue.

Der reiche Schtschil hinterließ einen einzigen Sohn, der gar gottesfürchtig war. Er grämte sich sehr ob des seltsamen und plötzlichen Endes seines Vaters und suchte den Erzbischof auf, um nach Rat zu fragen. Der empfahl ihm, vierzig Tage zu beten und in vierzig Kirchen Seelenmessen für den Verstorbenen lesen zu lassen und außerdem freigiebig Almosen zu verteilen. Der Sohn führte dies alles aus. Nach vierzig Tagen schickte der Erzbischof heimlich einen Erzdiakon in die versiegelte Kirche mit dem Auftrag, das Bild genauestens zu prüfen und dann die Kirche wieder zu versiegeln. Der Erzdiakon berichtete, daß auf dem Bild Schtschil im Sarg liege, sein Kopf aber bereits über den Rand des Höllenabgrunds hinausrage. Da befahl der Erzbischof Schtschils Sohn, weitere vierzig Tage zu beten und Seelenmessen lesen zu lassen. Als diese Frist abermals verstrichen war, schickte er den Erzdiakon zum zweiten Mal in die versiegelte Kirche. Diesmal ragte Schtschil mitsamt seinem Sarg bereits bis zum Gürtel über den Rand der Hölle. Zum dritten Mal mußte der Sohn auf den Rat des Erzbischofs vierzig Tage für die Seele seines Vaters beten. Beim dritten Mal stellte der Diakon fest, daß der Sarg mit Schtschil sich endgültig außerhalb der Hölle befand. Da wußte der Erzbischof, daß Schtschils Seele nun gerettet war. Er ließ die Siegel an der Kirchentür entfernen und weihte sie. Später entstand an dieser Stelle das Schtschilow-Kloster.[164]

Diese Legende ist besonders bemerkenswert, weil sie eine Art Identität oder zumindest Korrespondenz zwischen einer Darstellung in der Kirche und dem Geschehen jenseits des Todes und der Grabesstätte wiedergibt. Das Bild benachrichtigt in diesem Fall genauestens über die Lage im Jenseits, wohin der Lebende keinen Zutritt hat, und verändert sich parallel zu den Veränderungen in der unsichtbaren Seinssphäre. Die Ikone ist hier in des Wortes wahrster Bedeutung ein Fenster in eine andere Welt. Oder sie enthält, wie Dionysios Areopagita sagt, keine Bilder der uns umgebenden irdischen Welt, sondern die der höheren, himmlischen. Sie sind ihm zufolge »sinnlich wahrnehmbare Bilder [...] überhimmlischer Geister«, die den Betrachter »vermittels des Sinnlichen zum Geistigen« emporführen.[165]

Obwohl die orthodoxe Kirche die Ikonen verehrt, identifiziert sie das

Bild niemals mit Gott oder dem dargestellten Heiligen. Gott ist in der Ikone anwesend und manifestiert sich durch sie, jedoch niemals vollständig. Wäre letzteres der Fall, so würde sich die Ikone in ein Götzenbild verwandeln. Sie steht jedoch an der Grenze dessen, was man abbilden kann, und dessen, was unabbildbar bleibt, an der Grenze des Sichtbaren und Unsichtbaren. Und wenn der Gläubige vor der Ikone betet, so betet er zu dem hinter ihr stehenden Urbild.

Das einfache Volk jedoch identifizierte die Ikone zumeist mit der Gestalt, die sie darstellte. Das Volk nannte die Ikonen gelegentlich »Götter«. Adam Olearius schreibt, daß die Russen mit ihren Ikonen wie mit lebendigen Wesen umgingen, die alles sahen und hörten. Deshalb verhüllten die Ehegatten, bevor sie sich ins Bett legten, die Ikonen, damit sie nichts Anstößiges bezeugen müßten.

Olearius zitiert den Bericht eines dänischen Adeligen, der mit eigenen Augen gesehen haben will, wie in einem russischen Hause Bier gebraut und dabei eine Ikone an einem langen Stock mehrfach in den Kessel getaucht wurde, damit das Bier besser gerate.

Natürlich neigte das Volk, dessen magische Vorstellungen kaum an Kraft verloren hatten, dazu, die Ikone als Fetisch zu gebrauchen und mit ihr Götzendienst zu treiben. Aber diese abergläubischen Abweichungen waren gerade deshalb möglich, weil die Ikone in der alten Rus als unabdingbarer Bestandteil des alltäglichen Lebens galt, der insbesondere in schweren Zeiten wichtige Funktionen zufielen.

In diesem Zusammenhang sei auf ein literarisches Zeugnis aus dem siebzehnten Jahrhundert hingewiesen, auf die *Erzählung von der Belagerung der Stadt Asow und ihren Verteidigern, den Don-Kosaken*. Der Text ist außerordentlich lebendig geschrieben und gewährt uns einen Einblick in das Leben des Volkes, wenn auch unter dem spezifischen Aspekt der militärischen Belagerung. Sein eigentliches Thema: Die Ikone und der Krieg, gesehen mit den Augen des Volkes.

Der Erzählung liegt eine historische Begebenheit zugrunde: die drei Monate währende Belagerung der Stadt Asow durch die Türken im Jahre 1641. Sie hat die Form eines Berichts der Kosaken an den Zaren Michail Fjodorowitsch. Historisches Vorspiel: Die Kosaken besetzen in einem kühnen Handstreich ohne Absprache mit Moskau die an der

Don-Mündung gelegene Stadt Asow, einen wichtigen türkischen Vorposten im Schwarzmeerraum. Der türkische Sultan entsendet eine riesige Armee nach Asow, insgesamt 250 000 Mann. Die Kosaken sind den Türken zahlenmäßig weit unterlegen, sie zählen weniger als 10 000 Mann. Aber sie behaupten sich gegen die Belagerer in der Absicht, Asow zu halten, und bieten die strategisch wichtige Festung dem Zaren in Moskau an. Der jedoch lehnt aus Furcht vor einem militärischen Konflikt mit der Türkei das Angebot ab.

Der Bericht über die Belagerung gibt Aufschluß über das Leben des freien Kosaken-Heeres, das zum größten Teil aus Leibeigenen zusammengesetzt war, die aus dem Moskauer Reich geflohen waren und sich im Grenzgebiet angesiedelt hatten. So entstand der neue schillernde sozial-psychologische Typus des Kriegers und Patrioten – wie man ihn heute nennen würde –, der zugleich in seinem Verhältnis zum Staat Räuber und Dieb ist. Als »Dieb« (*wor*) bezeichnete man damals nicht nur denjenigen, der sich widerrechtlich fremdes Eigentum aneignete, sondern auch den Verräter und Rebellen, überhaupt jeden, der auf eigene Faust das russische Reich verließ. Nach dieser Auffassung waren damals alle flüchtigen Leibeigenen und Widerständler »Diebe«, auch wenn es nur ihre eigene Person war, die sie dem Staat entwendet hatten. Das Kosakentum war geprägt von einer Mischung aus Edelmut, Ritterlichkeit, Zügellosigkeit, Verwegenheit und mönchischer Askese.

In ihrer Antwort auf den Vorschlag des türkischen Sultans, sich zu ergeben, und seinem Hinweis, daß sie in den Augen des Moskauer Reiches bloße Verbrecher seien, schreiben die Kosaken:

»Wir wissen auch ohne euch, ihr Hunde, was wir dem Moskauer Reich wert sind und wozu die Rus uns braucht. Groß und weit ausgedehnt ist sie und reich an Menschen. Sie leuchtet inmitten aller anderen Reiche und inmitten der busurmanischen, griechischen und persischen Horden wie die Sonne am Himmel. Dort, in der Rus, werden wir für geringer als ein räudiger Köter geachtet. Wir sind aus dem Moskauer Reich vor der ewigen Arbeit, vor der Leibeigenschaft, vor den Bojaren und dem Adel geflohen und haben uns hier in der unerreichbaren Wildnis niedergelassen und

wohnen hier im Vertrauen auf Gott. Wer wird sich dort um uns Sorgen machen? Dort wäre unser Ende allen recht. Getreide und Vorrat haben wir niemals aus der Rus bekommen. Der Himmlische Zar sorgt für uns tapfere Männer im freien Felde: Er ernährt uns mit wilden Tieren und Meeresfischen. Wir leben wie die Vögel unter dem Himmel, wir säen nicht, wir ernten nicht, wir sammeln nicht in den Scheuern. Am Ufer des blauen Meeres finden wir unsere Speise. Gold und Silber holen wir jenseits des Meeres, bei euch. Und auch die Frauen, schön und lieblich, finden wir bei euch und führen sie heim.«
Mit anderen Worten, die Kosaken überfallen die türkische Küste, plündern, rauben und verschleppen die Frauen. Aber nach ihrem Verständnis leben sie gemäß dem Neuen Testament, »wie die Vögel unter dem Himmel«. – Und ausgerechnet in diesem Milieu, ritterlich, diebisch und ein wenig mönchisch, kommt den Ikonen eine außerordentliche Bedeutung zu. Vor allem jenen, die die Kosaken nach Asow mitgebracht haben und die den wirksamsten Schutz vor den ungläubigen Belagerern darstellen. Die zwei wichtigsten Ikonen werden in der Erzählung namentlich genannt: Nikolaj der Wundertäter, wahrscheinlich in der Funktion des »schnellen Helfers«, und Johannes der Täufer, der Schutzpatron der Donkosaken – womöglich deshalb, weil er lange Jahre in der Wüste lebte und weil die Kosaken auch in die »Wüste« ziehen, das heißt, sich in menschenleeren Gegenden ansiedeln und in Gefahr begeben. Eine weitere Beziehung der Kosaken zu Johannes dem Täufer könnte darin gesehen werden, daß dieser enthauptet wurde, ein Schicksal, das jeden Kosaken erwartet, wenn er gefaßt wird und als Räuber und Vaterlandsverräter aufs Schafott kommt. Wie dem auch sei – alles in diesem Belagerungsbericht kreist um die zwei Ikonen, und sämtliche Schicksalswendungen hängen mit Nikolaj dem Wundertäter und Johannes dem Vorläufer, wie er auch genannt wurde, zusammen. Sie werden um Rat gefragt, um Hilfe angerufen und wie reale Personen behandelt. Sie werden »Kosaken-Wojwoden« genannt.
Besonders schwierig wurde die Lage der Kosaken, als die Türken ihre Taktik änderten und dank ihrer zahlenmäßigen Überlegenheit unun-

terbrochen, Tag und Nacht, die Stadt angriffen. Die Kosaken dagegen konnten einander bei der Verteidigung nicht ablösen und waren am Ende ihrer Kräfte:

»Die Bosheit und Hinterlist, die Schlaflosigkeit, die schweren Wunden und schrecklichen Belagerungsnöte, der Leichengestank drückten uns nieder, und wir alle wurden von den furchtbaren Krankheiten von Eingeschlossenen geplagt. Nicht eine einzige Stunde hatten wir Ruhe. Da verzweifelten wir und glaubten, nicht zu überleben und die Stadt Asow nicht zu halten. Und glaubten auch nicht an Hilfe von Menschenhand, sondern hofften nur noch auf die Hilfe von Gott in der Höhe. Wir suchten Zuflucht, wir Armen, nur noch bei unserem Beistand, der Ikone des Vorläufers, und brachen vor ihm, dem Lichten, in bittere Tränen aus: ›O, Herr, du unser Licht und Beistand, Iwan Vorläufer, nach deinem Willen haben wir das Drachennest ausgehoben und die Stadt Asow erobert. Alle ihre Götzendiener und Christenverfolger haben wir niedergestreckt. Wir haben Dein und Nikolajs Haus gereinigt und Eure wundertätigen Ikonen mit unseren sündigen und unwürdigen Händen geschmückt. Bis jetzt ist immer vor Euren Ikonen gesungen worden – womit haben wir Euch erzürnt, daß es Euch gefällt, wieder in die Hände der Ungläubigen zu geraten? Auf Euch, Ihr Lichten, vertrauend, haben wir uns in der Stadt eingegraben und haben alle unsere Brüder verlassen. Jetzt aber sehen wir unseren Tod durch die Hand der Türken vor Augen. Sie haben uns durch Schlaflosigkeit ausgemergelt, Tag und Nacht müssen wir uns mit ihnen abquälen. Schon sind unsere Knie weich, und unsere Arme versagen uns den Dienst. Wir fühlen sie kaum noch. Die Augen fallen uns zu und brennen, da wir unaufhörlich mit Pulver schießen, die Zunge will sich im Mund nicht mehr rühren, um den Kampfschrei auszustoßen, unsere Schwäche ist so groß, daß wir keine Waffen mehr führen können. Wir sehen bereits dem Tod entgegen... Nie werden wir die Heilige Rus wiedersehen.«

Nach diesen Worten hoben die Kosaken ihre Ikonen auf die Schultern und unternahmen mit ihnen einen Gegenangriff. Sie siegten, weil die Ikonen ihnen beistanden. Noch mehr, ihre Heiligen – Johannes der

Täufer und Nikolaj der Wundertäter – nahmen persönlich an der Schlacht teil und kämpften Seite an Seite mit den Kosaken. Die Kosaken selbst konnten sie im Kampfgetümmel nicht entdecken. Die Türken dagegen sahen sie wohl und fragten hinterher entsetzt: »Wer war das?« Worauf ihnen die Kosaken mit Stolz antworteten: »Unsere Wojwoden!« Auch die Leichen der gefallenen Feinde dienten als Beweis für die himmlische Hilfe: Sie waren in der Mitte gespalten, mit einem Hieb, den keine Menschenhand ausführen kann.

Nachdem sie die Türken geschlagen hatten, baten die Kosaken den Zaren Michail Fjodorowitsch, aus ihren Händen die Stadt Asow als kaiserliches Erbe zu empfangen. »Um der Heiligen Ikonen des Vorläufers und des Wundertäters willen, weil es Ihnen, den lichten Heiligen, wohl ist in dieser Stadt.« Das bedeutet, daß die Ikonen den Wunsch hatten, in Asow zu bleiben, und die Stadt deshalb nicht aufgegeben werden durfte. Die Kosaken selbst, in deren Reihen nicht ein einziger Gesunder oder Unversehrter geblieben war, hatten die Absicht, das Gelübde abzulegen und in das Kloster Johannes des Täufers einzutreten.

»Wenn unser Herr uns, Seine in der Ferne lebenden Knechte, nicht erhört und die Stadt Asow nicht aus unseren Händen entgegenzunehmen geruht, dann werden wir die Stadt unter bitteren Tränen verlassen müssen. Dann werden wir Sünder die Ikone des Täufers aufnehmen und Ihm, unserem Licht, dorthin folgen, wohin Er uns führt. Vor Seiner Ikone werden wir unserem Ataman das Mönchsgewand anlegen, und Er wird unser Abt sein. Und auch den Essaul werden wir einkleiden, und Er wird unser Superior sein. Und wir Armen werden alle, gebrechlich wie wir sind, bei Seiner Ikone ausharren und bei Ihr bleiben, bis der letzte Mann seinen Geist aufgibt. Ewig soll der Ruhm des Klosters Johannes des Täufers währen.«

Die Ikonen sind die ständigen Begleiter der Kosaken, weshalb die Wandlung – von Kriegern zu Mönchen und Eremiten – fast selbstverständlich und sogar psychologisch einleuchtend ist. Schon zuvor hatten sich die Kosaken im Angesicht ihrer Ikonen als demütige Sünder gefühlt.

Aber der Zar lehnte das Geschenk ab und befahl, Asow den Türken

zurückzugeben. Der Bericht schließt mit einem knappen und äußerst zurückhaltenden Resümee, das nach all der Qual und dem Leid geradezu lakonisch klingt: »In diesem Jahr [...] gefiel es unserem Herrn, dem Zaren und Großfürsten Michail Fjodorowitsch, den türkischen Zaren, Sultan Ibrahim, zu erhören und den Donkosaken und Atamanen zu befehlen, die Stadt Asow zu verlassen.«[166]
Die *Erzählung von der Belagerung der Stadt Asow* wird in der wissenschaftlichen Literatur dem Genre »Kriegserzählungen« zugerechnet. Aber selbst in diese, der Kirche so fernen Welt, dringen Ikonen ein und erobern sogar einen zentralen Platz. So klingt die Geschichte von der Belagerung einer Stadt und den Heldentaten auf dem Schlachtfeld nicht anders als irgendeine der vielen Erzählungen von den wundertätigen Ikonen im alten Rußland.

# 7
# Das Taubenbuch

Das Volk ist ein vielgestaltiges, heterogenes Ganzes und schließt auch solche Gruppierungen mit ein, die der Kirche und ihrem geistigen Erbe sowie religiösen Fragestellungen gegenüber aufgeschlossener sind als die Masse. Aus diesen Kreisen stammen auch die geistlichen Gesänge, eine spezielle Gattung der Folklore an der Grenze zwischen mündlicher und schriftlicher Kultur, zwischen sakralen und pseudosakralen Apokryphen. Gerade die geistlichen Gesänge stehen unter allen Gattungen der Volksdichtung dem Schrifttum, auf das viele ihrer Sujets zurückgehen, am nächsten. Die Verfasser geistlicher Gedichte waren zwar keine Theologen, aber doch gelehrte Menschen, die – und sei es nur durch mündliche Überlieferungen – von theologischer Literatur Kenntnis besaßen. Sie stellten eine Art »Volks-Intelligenzija« dar, die von tiefem geistigen Interesse an intellektuellen Problemen und von religiöser Unruhe erfüllt war. Es drängte sie zu erfahren, wie die Welt beschaffen sei, woher sie ihren Ursprung nehme und wie ihr Ende aussehen würde, was den Menschen nach dem Tode erwarte und wie er seine Seele in dieser Welt vor der Sünde bewahren könne.

Der Bedeutung nach an erster Stelle und gleichzeitig abgerückt von anderen geistlichen Gesängen, steht der umfangreiche Gesang vom Taubenbuch. Er erfreute sich im alten Rußland außerordentlicher Beliebtheit und ist deshalb in vielen Varianten überliefert.

Der Gesang vom Taubenbuch stammt wohl aus einer sehr frühen Zeit. Seine Grundlage bilden die Apokryphen, die hier als Frage und Antwort, Rätsel und Lösung zur Kosmogonie aufgebaut sind. Es ist nicht auszuschließen, daß bestimmte Motive des Taubenbuches in noch früherer, vorchristlicher Vergangenheit wurzeln. Das Epitheton *golu-*

*binaja* von *glubina* (Tiefe) deutet die tiefe Weisheit an, die dieses Buch erfüllt. Mit anderen Worten: *golubinaja kniga* ist das tiefe Buch, das alle Geheimnisse des Himmels und der Erde enthält. Der Titel hat zugleich einen zweiten Aspekt: die Analogie zur Taube (*golub*), dem Symbol des Heiligen Geistes. Denn es handelt sich um ein wunderwirkendes, von Gott inspiriertes Buch, das aus dem Himmel auf die Erde fiel und dessen Verfasser entweder Gottvater Selbst oder der Prophet Jesaja ist. Das Buch wird folgendermaßen beschrieben:

> Das gewaltige Buch, das Taubenbuch!
> Der Einband ist vierzig Ellen lang,
> Um den Leib ist das Buch dreißig Ellen breit,
> Und dreißig Ellen ist das Buch stark.
> Wir werden es nie erfahren, was in dem Buch geschrieben steht,
> Wir werden das Buch nicht in die Hände nehmen,
> Das Buch nicht halten können,
> Und unser Sinn wird dieses Buch nicht erfassen,
> Und unsere Augen werden dieses Buch nicht überschauen.
>
> Das gewaltige Buch, das Taubenbuch!
> Geschrieben hat dieses Buch der heilige Prophet Jesaja,
> Gelesen hat dieses Buch der Evangelist Johannes,
> Er las dieses Buch auf den Tag drei Jahre lang,
> Und konnte in den drei Jahren nur drei Seiten lesen.

Die unglaublichen, hyperbolischen Ausmaße des Taubenbuchs bezeugen indirekt, wie sich das Volk ein richtiges Buch vorstellt. Es ist das Buch schlechthin, das universelle Buch, das alles enthält, jedenfalls alles, worauf es ankommt. Diese Vorstellung ist unter dem Einfluß der Heiligen Schrift, des Buches aller Bücher, das absolut und sakral ist, entstanden. Aber auch andere Bücher wirkten auf die Einbildungskraft des Volkes durch ihre Maße, durch ihr Volumen und Gewicht sowie ihre Ausstattung. Früher wurde für die Einbände dikkes, um der Haltbarkeit willen auf Holzbretter gespanntes Leder verwendet und jedes Buch mit Metallschließen versehen.
Manchmal wurde ein Buch in einen schweren getriebenen *oklad* ein-

geschlossen und mit Edelsteinen geschmückt. Dann wirkte es wie eine Truhe oder eine kostbare Schatulle. Das Buch war ein monumentales Gehäuse, das Jahrhunderte überdauern sollte. Nicht bloß, weil seine Herstellung und Verbreitung ein komplizierter und langwieriger Prozeß war. Durch seine äußere Erscheinung, Volumen und Gewicht beanspruchte das Buch besondere Autorität. Das Äußere korrespondierte mit dem Inneren und entsprach dem Begriff »Buch«. Und so entstand in der Phantasie des Volkes, das – mit ganz wenigen Ausnahmen – diese Bücher nie gelesen und sie nur in der Kirche gesehen hatte, das glorifizierte Bild des noch größeren und geheimnisvollen Taubenbuches, das die erschöpfende Antwort auf sämtliche Fragen und Rätsel der Welt enthielt.[167]

Um dieses Buch, das vom Himmel oder manchmal auch aus einer dunklen Gewitterwolke gefallen sein sollte, versammeln sich vierzig Zaren und Zarensöhne, vierzig Fürsten und Fürstensöhne und richten ihre Fragen an den Weisesten unter ihnen: David Jewsejewitsch. Dieser David (manchmal Davyd) Jewsejewitsch ist offenbar eine Analogie zu dem biblischen König David, dem Autor des Psalters. Die Zaren bitten David, das Taubenbuch zu lesen und ihre Fragen zu beantworten. Aber sogar David Jewsejewitsch vermag es nicht, dieses Buch zu lesen. Und er antwortet:

> Ihr Herren, ihr Brüder, ihr vierzig Zaren,
> Ich will euch, Brüder, aus dem Gedächtnis,
> Aus dem Gedächtnis wie nach Geschriebenem,
> Über dieses Taubenbuch erzählen.

David Jewsejewitsch bedient sich einer Methode der Folklore – der mündlichen Wiedergabe aus dem Gedächtnis, die wesentlich einfacher und in seinen Augen wesentlich zuverlässiger ist als das Lesen, dessen er ebensowenig kundig ist wie andere Sänger christlicher Gesänge. Man fragt sich, woher er denn weiß, was in dem Taubenbuch steht, wenn er es nie gelesen hat und wenn überhaupt niemand es zu lesen vermag? Eine der Varianten geht auf diese Frage ein:

> Und niemand vermag dieses Buch zu lesen,
> Und dieses Buch schlug sich von selbst auf,
> Und die Seiten boten sich von selbst dar,
> Und die Worte lasen sich von selbst.[168]

Das bedeutet, daß das Buch sich selbst vorgelesen oder seinen Inhalt wunderbarerweise David Jewsejewitsch offenbart hat, und dieser gibt das Mitgeteilte aus dem Gedächtnis wieder und beantwortet sämtliche von den Zaren gestellten Fragen.

Die erste Gruppe von Fragen und Antworten bezieht sich auf die Entstehung der Welt. Es sind die Fragen nach dem Urbeginn, nach dem Anfang aller Anfänge:

> Wie begann unsere lichte Welt,
> Wie begann unsere rote Sonne,
> Wie begann unser junger heller Mond,
> Wie begannen unsere Sterne ohne Zahl,
> Wie begann unser leuchtend Himmelsrot?

Wir sehen, daß die tiefsten Fragen der Kosmogonie und Metaphysik der Wißbegier des Volkes nicht fremd waren und daß das Volk wie ein Kind nach der endgültigen, erschöpfenden Antwort suchte.

> Und der allweise Zar gab zur Antwort,
> Unser allweiser Zar David Jewsejewitsch:
> »Von dem Heiligen Geist begann die lichte Welt,
> Von dem Heiligen Geist, von Christus selbst,
> Von Christus selbst, dem Himmlischen König,
> Die rote Sonne von Gottes Antlitz,
> Der junge helle Mond von Gottes Brust,
> Die Sterne ohne Zahl von Gottes Gewand,
> Das leuchtend Himmelsrot von Gottes Auge,
> Von Christus selbst, dem Himmlischen König.«

Und in einer anderen Version:

> Die stürmischen Winde begannen von Gottes Odem,
> Der feine Regen von seinen Tränen,
> Die dunklen Nächte von des Herrn Sinnen.[169]

Oder:
> Die dunklen Nächte kommen von Seinen Haaren.

Oder ganz überraschend:
> Die dunklen Nächte kommen von Gottes Stiefeln.[170]

Antworten dieser Art erscheinen uns simpel und naiv. Indes entspringen sie der tiefen Überzeugung, daß die ganze Welt, ebenso wie der Mensch, nicht nur ein Geschöpf Gottes, sondern sein Bild, seine Ikone ist. Hier zeigt sich die wechselseitige Spiegelung von Mikrokosmos/Mensch und Makrokosmos/Welt, Natur – eine Korrespondenz, die von den christlichen Theologen und vielen Philosophen der Antike und Neuzeit immer wieder dargestellt wird. Auf gleiche Weise werden in dem Taubenbuch Fragen zur Anthropologie gestellt: Woher kommen unsere Vernunft, unsere Gedanken, unsere Knochen, das Fleisch und das Blut? Und es wird geantwortet: Die Vernunft kommt von Christus selbst, die Gedanken von den Wolken des Himmels, die harten Knochen vom Stein, der Leib von der feuchten Erde und das Blut vom Meer.[171]

Eine ferne Analogie zum Taubenbuch finden wir in den Mythen verschiedener heidnischer Völker. In der nordischen Mythologie, in den Texten der Jüngeren Edda, wird erzählt, daß vor der Geburt der Götter im Weltenabgrund die Riesen, als erster der böse Ymir, von selbst entstanden seien. Als die Götter Ymir erschlugen, machten sie aus seinem Fleisch die Erde, aus dem Knochengerüst die Berge, aus den Zähnen und Knochensplittern die Steine und Findlinge, aus seinem Blut das Meer und alle anderen Gewässer, aus seinem Haar die Wälder, aus dem Gehirn die Wolken und aus dem Schädel das Firmament.

Freilich fand diese Anknüpfung an die heidnischen Mythen über die Erschaffung der Welt und des Menschen nicht auf direktem Wege, sondern mittelbar, über die christlichen Apokryphen statt, die zwar von religiösen, aber märchenhaft-legendär gefärbten Geschehnissen berichteten und von der Kirche abgelehnt wurden. So erzählt ein apokrypher Bericht, dessen Einfluß auf das Taubenbuch offenkundig ist, daß Adams Leib aus der Erde geschaffen wurde, seine Knochen aus Stein, sein Blut komme vom Meer, seine Augen kämen von der Sonne, seine Gedanken von den Wolken, sein Atem vom Wind, die Leibeswärme vom Feuer, die Seele aber wurde ihm von Gott eingehaucht.

Viele Kosmogonien haben die Form von Rätseln oder metaphorischen Fragen, auf die anschließend Antwort gegeben wird. Auch das Taubenbuch steht in dieser Tradition. Die Vorliebe für das Frage- und-Antwort-Schema, wie für das Rätsel überhaupt als eine besonderen Gattung der Folklore, geht nicht nur auf das ewige Verlangen des Menschen zurück, Entstehung und Sein der Dinge zu erklären, sondern ebenso auf das Bewußtsein, daß die uns umgebende Welt voller Wunder ist und daß jedem Ding ein kompliziertes höheres Prinzip zugrunde liegt. Demnach ist das Rätsel eigentlich gar kein Rätsel, sondern die Entschlüsselung eines Wunders, da es auf eine Antwort angelegt ist, die über Ursprung und Bedeutung Kenntnis gibt. Für solches Bewußtsein ist die Welt noch voller Wunder und Metamorphosen: Die Erde verwandelt sich in menschliches Fleisch, das Meer in Blut und Gottes Antlitz in die rote Sonne.[171]

Die erste Gruppe von Fragen im Taubenbuch bezieht sich auf den Ursprung von Welt und Mensch, die zweite Gruppe auf die Weltordnung. Es geht nicht mehr um die Entstehung, sondern um die Bedeutung der Geschöpfe:

> Sei gegrüßt, Du allweiser Zar,
> Du allweiser Zar David Jewsejewitsch!
> Sag uns doch und laß es uns wissen:
> Welcher Zar ist aller Zaren Zar,
> Welche Stadt ist aller Städte Mutter,
> Welche Kirche ist aller Kirchen Mutter,
> Welcher Fluß ist aller Flüsse Mutter,
> Welcher Berg ist aller Berge Mutter,

> Welcher Baum ist aller Bäume Mutter,
> Welches Gras ist aller Gräser Mutter,
> Welcher Fisch ist aller Fische Mutter,
> Welcher Vogel ist aller Vögel Mutter,
> Welches Tier ist aller Tiere Mutter?[172]

Das Wort »Mutter« (in einigen Varianten »Vater«) bezieht sich nicht auf die Abstammung, sondern auf Alter und Vorrang. Welche Stadt ist die bedeutendste, schönste, größte? Welches Tier ist aller Tiere Tier? Welcher Vogel aller Vögel Vogel? Die Antwort muß einen einzigen Namen nennen. Aus einer Reihe gleicher Erscheinungen muß diejenige gewählt werden, die nach Eigenschaften und hierarchischer Stellung alle anderen überragt. Aber im Taubenbuch kommt noch ein weiterer Faktor hinzu: In fast allen Textvarianten – und derer gibt es sehr viele – sind die gewählten Gegenstände und Personen dieselben, allenfalls wird die Wahl unterschiedlich begründet. Es fehlt offenbar ein gültiger Maßstab zur Auswahl. Von Mal zu Mal werden unterschiedliche Charakteristika genannt, die gelegentlich auch völlig irreal sein können:

> Unser Weißer Zar ist aller Zaren Zar,
> Er glaubt den getauften Glauben,
> Den getauften, gottesfürchtigen,
> An die Muttergottes, die Gottesgebärerin,
> Und an die unteilbare Dreifaltigkeit.
> Er ist der Streiter für das Haus der Gottesgebärerin,
> Alle Horden beugten das Knie vor ihm,
> Alle fremden Zungen sind ihm untertan:
> Deshalb ist der Weiße Zar aller Zaren Zar.[173]

Der Weiße Zar ist selbstverständlich der russische, der rechtgläubige Zar. Das Epitheton »Weiß« bedeutet »rein«, »licht« und ebenso »bester« und »umfassendster«. Die Kombination »weißes Licht« kann bedeuten: ein schöner Tag oder auch die ganze schöne Welt, die frei ist von dem Unreinen – vom Teufel, vom Schwarz –, aber ebenso Erdball, Erde und das Leben überhaupt. Wenn der Märchenheld den

Orkus, das Reich des Todes, verläßt, tritt er in die »weiße Welt« (*belyj swjet*) hinaus.

Wie kommt es, daß der russische Zar der »Weiße« ist? Vor allen Dingen deshalb, weil er den »getauften Glauben« hat. Wie bereits gesagt, ist dieser »getaufte Glaube« recht unkompliziert. Er bedeutet Taufe, Glauben an die Heilige Muttergottes und die Einige Dreifaltigkeit. An erster Stelle, wie auch in anderen geistlichen Gesängen, steht im Taubenbuch die Muttergottes, erst an zweiter die Dreifaltigkeit. Der Weiße Zar ist der Streiter für das Haus der Gottesgebärerin, d. h. für die russische Kirche. Sowohl die russische Kirche als auch die russische Erde, die heilige Rus, werden in der Folklore häufig mit »weiß« kombiniert. Der Weiße Zar ist »aller Zaren Zar« – denn »alle Horden« und »Zungen«, d. h. alle Völker und Volksstämme, sind ihm untertan. Das Wort »Horden« läßt darauf schließen, daß der russische Zar sogar über die Mongolen herrschte, die Rußland einige Jahrhunderte lang in ihrer Gewalt hatten. Die dominierende Stellung des russischen Zaren im Vergleich zu allen anderen erklärt sich durch seine Macht. Aber diese Macht ist eine Folge seiner Heiligkeit, seiner Existenz als »Weißer Zar«.

Die nächste Frage lautet: Welche Stadt ist die bedeutendste Stadt? Spielte Logik hier eine Rolle, so müßte, entsprechend dem Weißen Zaren, Moskau genannt werden, aber das Taubenbuch nennt einen anderen Orientierungspunkt – Jerusalem. Schon lange wurde Jerusalem für den Mittelpunkt der Welt gehalten. Dort befand sich das Grab des Herrn, und dort hatten sich die wichtigsten Ereignisse der Menschheitsgeschichte abgespielt – Kreuzigung und Auferstehung.

Die nächsten Antworten sind vom Christentum inspiriert. Die Mutter aller Flüsse ist der Fluß Jerdan (Jordan), denn im Jordan wurde Jesus getauft. Der wichtigste Berg ist der Fawor (Tabor), denn auf dem Tabor fand Christi Verklärung statt. Der wichtigste Baum ist die Zypresse, denn das Kreuz, an dem Christus litt und starb, war aus Zypressenholz. Für den modernen Leser wird es immer dann schwierig, wenn Mythisches oder Phantastisches zur Sprache kommt. So heißt zum Beispiel die Antwort auf die Frage nach dem wichtigsten Gras – Tränengras (*plakun-trawa*). Als Christus am Kreuz hing, stand die

Muttergottes weinend bei ihm, ihre Tränen flossen auf die Erde – und an der Stelle, die ihre Tränen genetzt hatten, sproß Tränengras. Indessen können wir dieses Tränengras botanisch nicht identifizieren. Aus seinen Wurzeln, heißt es im Taubenbuch, schnitzen die Starzen Kreuze, die sie vor der Sünde schützen. Nach anderen Überlieferungen soll das Tränengras unreine Geister und Hexen zum Weinen bringen. Mit einem Wort, es ist ein Zauberkraut.

Welcher ist der Fisch aller Fische? Antwort: der Wal, weil die Erde von einem Wal oder von drei Walen getragen wird. Wenn der Wal sich regt, gibt es irgendwo ein Erdbeben, und wenn er sich auf die andere Seite wälzt, bricht der Jüngste Tag an. Es sei daran erinnert, daß selbst die gebildetsten Russen sich die Erde als eine flache ovale Scheibe dachten. Sie wurde vom Ozean umspült, der niemals überquert werden konnte. Auf dem jenseitigen Gestade ragte auf einem festen Sockel eine Mauer, die sich oben zur Himmelskuppel wölbte.

Besonders schwer zugänglich sind die beiden nächsten Bilder – der wichtigste Vogel und das wichtigste Tier. Der wichtigste Vogel heißt »Strefil« (auch »Strafil« oder »Stratim«). Von ihm wird erzählt, daß er mitten im Ozean lebt, dort seine Nahrung findet und die Küken ausbrütet. Wenn dieser Vogel mit den Flügeln schlägt, erhebt sich ein furchtbarer Sturm, der vielen Schiffen zum Verhängnis wird. In anderen Versionen wird von diesem Vogel berichtet, daß, wenn er nachts gegen zwei Uhr mit den Flügeln schlägt, die Hähne krähen und der Bann der Nacht gebrochen ist. Offenkundig ist der Vogel »Strefil« der Verkünder der aufgehenden Sonne.

Was ist das für ein Vogel, und wie kommt er zu solchen unglaublichen Fähigkeiten? Einige Fachleute gehen von der Etymologie des Wortes aus. Sie leiten Strefil von dem lateinischen *struthio* ab und wollen in ihm den Strauß wiedererkennen, zumal der Strauß der größte unter den Vögeln ist. Aber damals kannten die Russen den Strauß noch nicht, der im übrigen, wie man weiß, niemals am Meer auftaucht. In Rußland begegnete man indes in der Steppe einem anderen Vogel, dem Strepet, der gejagt wurde und seinen Namen dem lauten Rauschen seiner Flügel verdankte. Aber auch diese Ableitung ist zweifel-

haft. In diesem Fall gerade deshalb, weil den Russen der Steppenvogel Strepet so wohl vertraut war, daß sie ihm wohl kaum irgendwelche übernatürlichen Eigenschaften zugeschrieben hätten. So müssen wir auf ornithologische Schlüsse verzichten und uns mit der Erklärung zufriedengeben, daß es sich wahrscheinlich um einen Märchenvogel handelt. In einer Variante wird als Vogel aller Vögel der Phönix genannt, von dem man weiß, daß er sterbend ins Leben wiederkehrt. Im Taubenbuch wird erzählt, er habe das Gesicht einer Jungfrau, und sein Gesang sei so süß, daß ein Mensch, der seinen Liedern lauscht, Vater und Mutter vergesse. Offensichtlich hat der Vogel Phönix die Eigenschaften des Paradiesvogels Sirin übernommen, der seinerseits auf die Sirenen zurückzuführen ist, jene wunderbaren Sängerinnen, die die Gefährten des Odysseus verzauberten.[174]
Hier, scheint es, bekommen wir das Fädchen zu fassen, das uns aus diesem Labyrinth führen könnte. Der Vogel Strefil lebt mitten im Meer – wie die Sirenen. Der Vogel läßt Schiffe untergehen – die Sirenen locken durch ihren Gesang die Seefahrer ins Verderben. Andererseits aber kündet der Vogel Strefil den Anbruch des Tages durch den Hahnenschrei und tut ein gutes Werk, indem er es auf der Erde hell werden läßt. In dieser Funktion erinnert er an Sirin, den heiligen Paradiesvogel, dessen süße Lieder Licht und Glanz verströmen und der ein Symbol der alles verklärenden paradiesischen Schönheit ist. Der Name selbst – Strefil – könnte etymologisch mit dem Wort *strepet* zusammenhängen (zittern, beben, schwingen, flackern) – das Zittern der Flügel, das Zittern des Lichts, das Tremolo. Das ist natürlich eine Spekulation und keineswegs eine endgültige Lösung.
Auch das Tier aller Tiere hat niemand je zu Gesicht bekommen. Dieses Tier heißt Indrik, manchmal auch Einhorn. Schon antike Autoren haben von dem sagenhaften, mythischen Einhorn berichtet. Das mittelalterliche Europa kannte es sehr gut und stellte es als ein Mischwesen aus Stier, Hirsch und Pferd mit einem einzigen Horn mitten auf der Stirn dar. In Europa galt das Einhorn als heilig, wenn auch als wildes Tier: Nur eine reine Jungfrau vermochte es zu zähmen. In der alten Rus, im Taubenbuch, hat es besondere Funktionen: Es wohnt unter der Erde, bewegt sich ungehindert durch die unterirdischen

Gänge, reinigt mit seinem Horn die Zuflüsse der Quellen und Wasserläufe und versorgt die ganze Erde mit Quellwasser. Manchmal hält es sich in einem bestimmten heiligen Berg auf und betet dort zu Gott. Wenn es sich im Berginnern regt oder spielt, so zittert die Erde und alle Tiere huldigen ihm als ihrem Zaren.

Für die Gestalt des unterirdischen Indriks waren vielleicht die Mammutknochen verantwortlich, die später in Rußland gefunden wurden. In der ehrwürdigen *Enzyklopädie des russischen Aberglaubens* von M. Tschulkow aus dem Jahre 1782 heißt es: »Mammutknochen und Elfenbein: Die Bevölkerung am Don glaubt und will andere glauben machen, daß die in Ufernähe ausgegrabenen Elefantenknochen einem riesigen unterirdischen Vierbeiner gehören, den man nur nach seinem Tode in Form seiner sterblichen Überreste zu Gesicht bekommt, also daß diese Knochen nicht die eines Elefanten, sondern die jenes Tieres seien.«

Angesichts solcher seltsamen phantastischen Beschreibungen darf man keineswegs den Schluß ziehen, es handele sich um pure Erfindungen. Alle möglichen Kenntnisse sickerten – wenn auch oft fragmentarisch und verschwommen – aus dem Schrifttum ins Volk. Und die Literatur, einschließlich der antiken und vorderasiatischen Autoren, enthielt unzählige Beschreibungen phantastischer Wesen, hinter denen oftmals reale Spezies standen. So besitzt der Löwe nach der anerkannten zoologischen Lehre des Mittelalters (nach dem sogenannten *Physiologus*) drei Haupteigenschaften. Die Löwin bringt ein totes und blindes Junges zur Welt und sitzt drei volle Tage schützend über ihm. Am dritten Tage kommt der Löwe und faucht ihm in die Nüstern, dadurch erwacht das Junge zum Leben. Darauf folgt eine theologische Interpretation dieser Eigentümlichkeit: Wie das Löwenjunge sind alle Christen tot bis zum Augenblick der Taufe, erst der Heilige Geist belebt und erleuchtet sie beim Taufakt. Die zweite Eigenschaft des Löwen besteht darin, daß seine Augen sehen, während er schläft. Ebenso hat Gott der Herr gesagt, daß seine Augen wachen und alles sehen, auch wenn er schläft. Und schließlich das dritte Merkmal: Auf der Flucht verwischt der Löwe mit dem Schwanz seine Spur, damit der Jäger ihn nicht verfolgen kann. So auch der Mensch, dessen

Linke nicht wissen soll, daß die Rechte Almosen verteilt, damit der Teufel ihn nicht in seine Netze lockt.

Solche phantastischen Vorstellungen vom Löwen hielten sich ziemlich hartnäckig in der mittelalterlichen Literatur. Denn der damalige Mensch interessierte sich weniger für die objektiven Eigenschaften eines Löwen, als daß er ihn als Symbolträger der christlichen Lehre betrachtete. Die Natur faszinierte ihn gerade dadurch, daß er in ihr etwas Größeres und Heiligeres fand als das, was sich ihm auf den ersten Blick offenbarte.

Natürlich ist die Folklore im Vergleich zum offiziellen Schrifttum wesentlich freier. Aber auch die Folklore war, wenn es sich um Probleme der Kosmogonie handelte, darum bemüht, möglichst wenig zu phantasieren und die verschiedenen Elemente eines Textes möglichst stimmig zu verknüpfen, allerdings ohne den obligaten Hinweis auf die Heilige Schrift. Auch für sie war, selbst im Falle mythischer Wesen, eine Art Zweckmäßigkeit oberstes Gebot.

Zuhörer und Vortragende des Taubenbuches erlebten dieses weniger als unterhaltsames Märchen denn als unbezweifelbare Quelle des grundlegenden Wissens von der Welt und ließen sich durch die Widersprüchlichkeit verschiedener Fakten nicht beirren. Denn mit Ausnahme des Weißen Zaren und der Heiligen Rus – die beide grundlegende Begriffe darstellen – handelt das Taubenbuch von Abstrakta, von Dingen, die jenseits der Grenzen der Erfahrung liegen, wie es sich für ein Wissen von den Ursprüngen gehört. Aus diesem Grunde wohl ist das Taubenbuch, wie es am Anfang heißt, für den Menschen nicht zu lesen und nicht zu erfassen.

Der dritte und letzte Teil des Taubenbuchs enthält prophetische Träume und Visionen sowie deren Auslegung. Einem der Zaren träumte, wie auf einem Feld zwei Hasen – in einigen der Varianten sind es auch zwei andere Tiere –, ein weißer und ein grauer, miteinander kämpften. Und er fragte den Zaren David, was das zu bedeuten habe. Der Zar David beschied ihm, daß nicht zwei Hasen miteinander kämpften, sondern die Wahrheit und der Trug. Die Wahrheit (*prawda*) sei das weiße, der Trug (*kriwda*) das graue Häschen, Verkörperungen von Gut und Böse, des gerechten und des sündigen Lebens.

> Da begegneten einander Kriwda und Prawda,
> Kämpften und stritten miteinander;
> Kriwda will Prawda bezwingen,
> Prawda besiegte Kriwda.

(Manchmal bezwingt auch Kriwda Prawda.)

> Prawda fuhr zum Himmel auf,
> Zu Christus, dem Himmlischen König,
> Kriwda breitete sich aus bei uns über die Erde,
> Über die ganze russische Erde,
> Unter dem ganzen christlichen Volk.
> Kriwda macht die Erde schwanken,
> Kriwda rührt das Volk auf,
> Durch Kriwda ist das Volk ungerecht,
> Ungerecht ist es, nachtragend,
> Jeder will seinen Nächsten betrügen.
> Jeder will seinen Nächsten fressen.

(Eine Variante: Kriwda macht die Richter ungerecht.)

> Durch Kriwda ist bei uns keine Gerechtigkeit auf der Erde.
> Ringsum wird nicht nach dem Gesetz gehandelt,
> Von nun an und bis an das Ende der Zeiten.[175]

Moral: Wer nach der Wahrheit lebt, der folgt der Prawda ins Himmelreich, und wer nach der Kriwda, den erwartet die ewige Pein. Dies ist das Ende des Taubenbuchs.

Es erhebt sich die berechtigte Frage: Wie hängt das Gleichnis von den beiden Häschen mit dem vorhergehenden Text zusammen? Ist es nicht nur ein zufälliger Schnörkel? Denn es ging ja im ersten Teil um die Entstehung der Welt und im zweiten um ihre Deutung. Wieso taucht im dritten Teil plötzlich so etwas wie ein moralischer Aspekt auf, der zudem in einen historischen und sozialen Kontext eingebettet wird? Es geht um die Gegenwart, um die Wirklichkeit, wie sie der Sänger erlebt. Es ergibt sich ein gewisser logischer Bruch: Der Heilige Geist ist der Ursprung unserer lichten Welt, der russische Zar – der

Weiße Zar, höher und reiner als alle anderen. Und die Heilige Rus ist die Mutter aller Länder, denn sie glaubt den »getauften Glauben« und ist »geschmückt mit Gottes Kirchen«. Und nun legt sich auf dieses heilige Rußland, auf das gesamte christliche Volk der schwarze Schatten der Kriwda.

Mir scheint hier kein Widerspruch vorzuliegen: In den ersten beiden Teilen ist von Metaphysik die Rede, vom Urbeginn der Welt, und im dritten von dem folgerichtigen Ende. Gewiß, die von Gott geschaffene Welt ist heilig und prachtvoll, aber die menschliche Geschichte strebt nicht zum Besseren, sondern zum Schlimmeren hin. In der Geschichte triumphiert Kriwda, während Prawda zum Himmel hinaufschwebt, zurück zu Gott, bei dem alles seinen Anfang genommen hat. Wir leben in der Vorstellung des Volkes nicht am Anfang, sondern am Ende der Zeiten – und so prallen zwei Äonen aufeinander: der erste, uranfängliche, metaphysische – die Heilige Rus als die beste aller Welten – und der zweite, reale, historische, der in der Apokalypse sein Ende nimmt. Dieses Rußland ist ganz und gar, in allen vier Himmelsrichtungen, der Sünde verfallen, und überall triumphiert Kriwda, wodurch sich das baldige Ende der Welt und das Jüngste Gericht ankündigen.

In seiner Komposition erinnert das Taubenbuch in gewisser Weise an die Bibel. Am Anfang die Schöpfung – das Schöne –, und am Ende die Apokalypse – der Schrecken. Deshalb fällt es mir schwer, anzunehmen, die Geschichte von Prawda und Kriwda sei eine Art Zugabe, zumal sämtliche Varianten des Taubenbuchs mit dieser Episode enden. Die Weltgeschichte entwickelt sich auf das Jüngste Gericht hin, das unvermeidlich ist, weil die Menschen, von dem Moment an, als sie in die Geschichte eintraten, sündigten und nun das Maß der Sünden voll ist. Und die einen umgebende Wirklichkeit, wo jeder jeden belügt, wo das Unrecht triumphiert, wo selbst der Urteilsspruch des Zaren ungerecht ist, legt Zeugnis davon ab. Das russische Sprichwort sagt: »Wo Gericht ist, ist auch Unrecht.«

Diese Weitsicht steht in krassem Widerspruch zu unserem modernen Bewußtsein, das sich, wenn überhaupt, nur ganz langsam wandelt. Wir hegen den Glauben, die Welt würde sich zum Besseren hin entwickeln. Theorie und Praxis des Fortschritts, derer sich sämtliche westlichen Länder befleißigen, bestätigen dies. Dieselbe Tendenz – Vorwärts! Zum Besseren! – bestimmt auch die marxistische Ideologie. Im Mittelalter beherrschte die entgegengesetzte Vorstellung das Bewußtsein von Kirche und Volk: Die Welt geht ihrem Ende entgegen. Deshalb triumphiert Kriwda über Prawda – jedenfalls hier, auf Erden.

# 8
# Geistliche Gesänge
# von der Flucht aus dieser Welt
## Das Jüngste Gericht

Angesichts des Triumphs des Truges über die Wahrheit am Ende des Taubenbuchs stellte sich selbstverständlich die Frage: Wie kann der Mensch in einer von der Kriwda regierten Welt seine Seele retten? Ein Ausweg bot sich an: die Flucht von der Erde in den Himmel. In Rußland entstand eine Unzahl geistlicher Gesänge aus einer streng asketischen, mönchischen Haltung, die alle die Rettung der Seelen, die Flucht des Menschen aus dem Leben – fort von der Erde, hin zu Gott – zum Thema hatten. So zum Beispiel die Gesänge von Joassaf-Zarensohn. Als dieser sich überzeugt hatte, daß die Welt voller Lug und Trug war, floh er in die Wüste. Rußland hatte keine Sand- oder Steinwüsten zu bieten. Die Wüste war der Wald. Denn der Wald war menschenleer, und die Waldflächen waren riesig. Einzelne Mönche oder auch ganze Gemeinschaften, die vor dem eitlen Treiben der Welt und vor dem sündigen Leben flohen, zogen sich in die Wälder zurück und errichteten sich dort, in der Abgeschiedenheit, eine bescheidene Wohnstatt. Solch eine abseits gelegene, manchmal auch versteckte Siedlung mitten im Wald wurde üblicherweise *skit* (Einsiedelei) genannt. Die »Wüste« bedeutete Rückzug von den Menschen und absolute, Gott allein gewidmete Einsamkeit. Aber da sie sich als Wald darstellte, war sie erfüllt von Grün, von der Natur, wie wir aus dem Lied von Joassaf Zarewitsch erfahren. Solche Einöde fand ihre Verkörperung in der weiblichen Gestalt der Mutter Einöde. Alle Menschen haben die Mutter Feuchte Erde, der Einsiedler aber hat die Mutter Einöde. Der geistliche Gesang vom Zarensohn Joassaf ist ein Dialog zwischen der Mutter Einöde und dem in die Wälder geflohenen Zarewitsch. Mutter Einöde versucht, Joassaf von seinem Gelübde abzubringen, indem sie ihm ausmalt, wie auszehrend das Leben im Walde ist, wo es nichts zu essen und nur Wasser aus dem Sumpf zu trinken gibt. Aber das Schlimmste ist die Einsamkeit. Wenn der Frühling kommt und die Natur erwacht, wenn die Bäume voll im jungen Laub stehen, sagt Mutter Einöde, dann wirst du mich verlassen. Es wird dich zurück zu den Menschen treiben, in das weltliche Leben. Aber der Zarensohn Joassaf widerspricht der Mutter Einöde und schwört ihr Treue. Seine Überlegungen sind für uns besonders interessant, da das Lob der Einöde als Stufe zum himmlischen Reich zu einer Hymne auf die Welt des Lebendigen gerät.

> Mach mich nicht bange, Mutter,
> Mal mir nicht große Schrecken aus,
> Sondern laß mich, Mutter,
> Laß mich im Wald umherstreifen,
> Ich werde, Mutter, im dunklen Walde umherstreifen,
> Die Zeit vertreiben werden mir
> Reißende wilde Tiere,
> Trösten wird mich das Vöglein,
> Das hoch in den Himmel steigt.

Eine Variante:

> Sprechen werden mit mir
> Die jungen Blättchen an den Bäumen:
> Ebenso wie Christus auf Seinem Thron
> Mit Cherub und Seraph spricht.

Eine weitere Variante:

> Sprechen werden mit mir
> Die Vögel, die hoch in den Lüften fliegen,
> Trösten werden mich alle himmlischen Heerscharen,[176]
> Cherubim und Seraphim.

Wir sehen, wie das asketische Lied zum Lob der Einöde von feinem ästhetischen Empfinden geprägt ist und wie die anbetende Betrachtung des himmlischen Reichs zur Betrachtung der Schönheit der den

Sänger umgebenden Natur wird. Die ganze Natur wird gleichsam vergeistigt. Das zitternde Laub und die Vogelstimmen im Wald nehmen engelhafte Züge an. In der Einöde, nach vollzogener Flucht vor der Welt und den irdischen Leidenschaften, triumphiert die Natur. Sie verwelkt nicht, sondern lebt ein ewiges Leben im himmlischen Licht, im Heiligen Geist.

In unseren Betrachtungen über den Volksglauben sind wir häufig auf die Materialität der religiösen Vorstellungen zu sprechen gekommen, hier aber kommt ein anderer Aspekt dieses Glaubens zum Vorschein: der tiefe Mystizismus und die Religion des Heiligen Geistes, die der Orthodoxie vielleicht mehr als allen anderen christlichen Kirchen eigen sind. In den russischen geistlichen Gesängen wird Gott-Vater kaum erwähnt, das dritte Element der Dreieinigkeit – der Heilige Geist – um so häufiger. Es sei daran erinnert, daß in dem Taubenbuch die Welt ihren Anfang vom Heiligen Geist nimmt: »Von dem Heiligen Geist, von Christi Heiligem Geist ...« Der Heilige Geist wird manchmal als Christi Odem verstanden. So heißt es in den Gesängen von den zwölf Großen Freitagen, daß Christus am Freitag vor Pfingsten vom Himmel auf die Erde heruntersteigt und den Heiligen Geist »in die feuchte Erde« und über das ganze Weltall ausgießt. Dadurch wird die Natur von der Gnade Gottes und seiner geheimnisvollen Macht durchdrungen und beseelt. Deshalb ist die Natur auch in der Einöde des Zarensohns Joassaf schön und reich an Trost. Obwohl das russische Volk sich über den theologischen Begriff der Heiligen Dreifaltigkeit keineswegs im klaren war, war sie der Gegenstand besonderer Verehrung. An Pfingsten – dem fünfzigsten Tag nach Ostern – wird die Ausgießung des Heiligen Geistes gefeiert. Und in der Vorstellung des Volkes ergießt sich der Heilige Geist eben nicht nur über die Apostel, sondern über die ganze lebendige Natur. Damit ist wohl der in ganz Rußland verbreitete Brauch zu erklären, Kirchen und Häuser mit frischgemähtem Gras und grünen Zweigen zu schmücken. Früher wurden in Rußland solche Zweige in Fuhren angekarrt und als Girlanden um Türen und Fenster gehängt. Die Dorfstraßen schmückte man mit jungen Birken. Die Gemeinde brachte Feldblumensträuße in den Gottesdienst mit. In manchen Gegenden wurden diese Sträuße *duchi* genannt, abermals ein Hinweis auf den Heiligen Geist (*duch*). Diese Blumen wurden nach dem Kirchenbesuch getrocknet und vor den Ikonen aufbewahrt, weil man glaubte, ihnen wohne eine heilige Kraft inne. Man konnte sie in die Scheunen legen, wo Korn, Mehl und andere Vorräte lagerten, dort bewährten sie sich als Schutz gegen Mäuse. Oder man hängte sie auf dem Speicher auf, um das ganze Haus vor Feuer zu bewahren. Die Kirchen wurden an Pfingsten mit frischgefällten Bäumen geschmückt und mit frischgemähtem Heu ausgelegt. Nach dem Gottesdienst sammelte man das Gras, streute es unter das Heu oder brühte es auf. Der Sud galt als besonders heilkräftig.

Möglicherweise ist auch ein anderer, weitverbreiteter russischer Brauch von der besonderen Beziehung zum Heiligen Geist geprägt, auch wenn er an Mariä Verkündigung, am 25. März, begangen wird. An diesem Tag verkündete der Erzengel Gabriel der Jungfrau Maria, daß der Heilige Geist über sie kommen und sie einen Sohn gebären werde. Das Symbol des Heiligen Geistes war die Taube. Man glaubte daher, daß die Verkündigung nicht nur von den Menschen, sondern auch von den Vögeln gefeiert werde und daß die Vögel in ihrer großen Freude an diesem Tag nicht arbeiten und nicht an ihren Nestern bauen würden. Nur der Kuckuck hat sich nicht an das Verbot gehalten. Zur Strafe besitzt er seitdem kein eigenes Nest – er weiß nicht mehr, wie er es bauen soll, und muß seine Eier in fremde Nester legen. Im alten Rußland wurden an Mariae Verkündigung die Vögel aus den Käfigen in die Freiheit entlassen. Vor diesem Festtag verkaufte man in den Städten Vögel, damit jeder einem Vogel die Freiheit schenken konnte.

Aber zurück zu den geistlichen Gesängen und ihrem Hauptthema, der Errettung der menschlichen Seele aus der Gefangenschaft des irdischen, sündigen Lebens. Der eine Weg, der Weg des Zarensohns Joassaf, ist der Weg des Anachoreten. Der andere ist in den geistlichen Gesängen durch Alexej, den Mann Gottes, dargestellt. Diesem geht es darum, Reinheit und Heiligkeit der Seele zu bewahren, obwohl man unter den Menschen lebt. Dies ist der Weg der freiwilligen Armut und Selbstverleugnung. Dem Gesang von Alexej, dem Mann Gottes, liegt das Leben eines historischen Heiligen zugrunde. Alexej sagte sich von seinem vornehmen Geschlecht, seinem Reichtum und seiner Familie los. Auf Verlangen seiner Eltern – nach dem Gebot »Du sollst deine Eltern ehren!« – ließ er sich mit der ihm zugesprochenen Braut trauen, floh aber in der Hochzeitsnacht – um das Gebot der Keuschheit zu befolgen –, tauschte seine Kleider mit dem ersten besten Bettler, zog in eine andere Stadt und lebte von Almosen. Alles, was er bekam, teilte er mit anderen Bettlern. Nach siebzehn Jahren solchen Lebens erschien ihm die Gottesmutter und hieß ihn, in das elterliche Haus zurückzukehren und dort als bettelnder Wanderer um Obdach zu bitten. Alexej gehorchte. Weder seine Eltern, noch seine Frau, noch seine alten Diener und Sklaven erkannten ihn. Der Vater wies ihm wie dem erbärmlichsten Bettler ein Kämmerchen an. Die Diener verhöhnten und verspotteten, bespuckten und beschimpften ihn. Er aber erduldete alles, dankte und betete zu Gott für seine Knechte. Als er gestorben war, erkannten die Eltern ihren Sohn, und bald verbreitete sich die Kunde, daß Kranke und Blinde an seinem Sarg gesund und sehend würden. Eine schrecklichere und bitterere Lage als die Alexejs, der von den eigenen Dienern im eigenen Hause verhöhnt wurde, kann man sich kaum vorstellen. Deshalb waren die Gesänge von Alexej unter der Bettlerbruderschaft besonders beliebt. Der Bettler, der letzte und verächtlichste Mensch, wird vor Gottes Angesicht der erste und schönste.

Von Ungleichheit und Kompensation erzählen auch die geistlichen Gesänge von Lazarus. Ihnen liegt die Geschichte des Lazarus aus dem Lukas-Evangelium zugrunde. Es wird erzählt von einem Armen mit Namen Lazarus, der vor dem Tor eines reichen Mannes lag und von den Brosamen träumte, die von dessen Tisch fielen. Als beide an ein und demselben Tag starben, kam der Reiche in die Hölle, ins lodernde Feuer, rief nach Lazarus und flehte ihn an, er möge den Finger ins Wasser tauchen und seine brennende Zunge kühlen. Aber seine Bitte wurde nicht erhört, da der Reiche die Fülle des Guten in seinem Leben empfangen hatte und deshalb nun nach dem Tode leiden mußte, Lazarus hingegen Böses erduldet hatte und nun getröstet wurde. Diese Geschichte erscheint in den geistlichen Liedern in vielen Varianten. Sie war in Rußland so verbreitet, daß die idiomatische Wendung »Lazarussingen« ein Synonym für Betteln geworden war. Wenn die Bettler von Haus zu Haus zogen und um Almosen baten, sangen sie meistens ein Lazarus-Lied, und so heißt auch jeder mitleiderregende traurige Singsang »Lazarus«. Der Inhalt aller dieser Gesänge ist ebenso einfach wie schrecklich. Es lebten einmal zwei Brüder, in einigen Liedern heißen beide Lazarus, der eine war reich, der andere arm. Der Reiche gab einst ein prächtiges Fest und lud vornehme Gäste ein, Fürsten und Bojaren. Aber als sein armer Bruder kam und um Almosen bat, ließ ihn der Reiche aus dem Hause jagen, hetzte die Hunde auf ihn und warf ihn schließlich auf den Misthaufen. Da flehte der arme Lazarus aus der Tiefe seiner Verzweiflung zu Gott um seinen Tod.

> Da betete er, Lazarus, zu Gott dem Herrn:
> Sende mir, Herr, einen baldigen Tod,
> Einen schnellen, geflügelten, ungnädigen,
> Er soll meine Seele unrühmlich, unehrlich,
> Durch die rechte Rippe holen.
> Genug hat sie in der lichten Welt sich erfreut,
> Genug wurde mein weißer Leib gehegt.
> Der Herr erhörte sein Gebet,
> Schickte schnelle Engel,
> Schnelle, geflügelte, gnädige:
> Holt seine Seele heraus, ehrlich und rühmlich,
> Ehrlich und rühmlich, durch den zuckersüßen Mund.
> Bettet seine Seele in Tücher,
> Trägt seine Seele empor in den Himmel,
> Bettet die Seele im lichtstrahlenden Paradies.

Darauf wendet sich der reiche Bruder, der den Armen um sein glückliches Los beneidet, mit einer ähnlichen Bitte an Gott:

> Sende mir, Herr, einen baldigen Tod,
> Einen schnellen, geflügelten, gnädigen,
> Meine Seele soll er durch den zuckersüßen Mund holen,
> Meine Seele soll er in Tücher betten,
> Meine Seele soll er in den Himmel emportragen,
> Meine Seele soll er im lichtstrahlenden Paradies betten:

Genug hat sie sich in der lichten Welt gequält,
Genug ist mein weißer Leib umhergewandelt.
Der Herr erhörte sein Gebet,
Schickte ihm zwei Engel,
Zwei geflügelte und ungnädige:
Holt seine Seele durch die linke Rippe,
Bettet seine Seele auf den spitzen Speer,
Hebt seine Seele in die Höhe empor
Und stürzt seine Seele in den Höllenpfuhl:
Genug hat sie in der lichten Welt des süßen Weins genossen,
Genug wurde ihr weißer Leib gehegt und gepflegt.[177]

Die volkstümliche Überlieferung kennt zwei Todesarten: Der Tod ist leicht und ehrlich – dann holen die von Gott gesandten guten Engel die Seele behutsam durch den Mund heraus und tragen sie ins Paradies. Der andere Tod ist qualvoll und schmählich – dann durchbohren die ungnädigen Engel oder Dämonen den Menschen mit einem Speer, zerren die Seele durch die Rippen heraus und bringen sie in die Hölle.

Das Interessanteste in diesem Lazarus-Gesang liegt im Stilistischen, in dem Kontrast zwischen dem Flehen um den Tod und der realen Erfüllung dieser Bitte durch Gott. Es findet eine Umkehrung statt. Die Not des Bettlers ist so groß, daß er Gott um den schwersten und schrecklichsten, um einen gnadenlosen Tod bittet, weil seine Seele im Laufe des Lebens alle Freuden genossen habe. Das ist natürlich bittere Ironie. »Der Herr erhörte sein Gebet«, handelt aber dem Gebet zuwider. Sieht er doch unvergleichlich tiefer und weiter, als der Mensch denkt. Dasselbe wiederholt sich mit dem reichen Bruder, der sich den Eingang ins Paradies erschwindeln möchte, indem er behauptet, er habe im Leben genug gelitten. Ihm wird böse mitgespielt, sein Tod ist schrecklich, die Bilder sind von großer Anschaulichkeit und materieller Dichte: die bösen Engel, der spitze Speer, die aufgespießte Seele, die erst hoch in den Himmel erhoben und dann in die Hölle geschleudert wird. Natürlich verschaffte dieser Text der Bettlerbruderschaft, wie allen anderen Hungerleidern auch, eine große moralische Genugtuung und bewährte sich als ein wirksames Mittel, die Reichen und Geizigen der Stadt durch die Schilderung göttlicher Vergeltung einzuschüchtern und ihre Taschen zu öffnen. Die göttliche Vergeltung ist das Hauptthema, nicht nur der Lazarus-Lieder, sondern auch der Schilderungen des Jüngsten Gerichts. Auffällig ist die Vielzahl von Texten mit diesem Sujet. Es sind tief pessimistische Gesänge, die den Eindruck vermitteln, das russische Volk habe seiner Zukunft und dem Schicksal des Menschen überhaupt mit Bangen entgegengesehen.

In einer Variante heißt es:

> Wüßtest du, o Mensch, vom Jüngsten Gericht,
> Dann würdest du, o Mensch, Tag und Nacht weinen.[178]

Man ist verblüfft und entsetzt über die Grausamkeiten des Jüngsten Gerichts. Hier werden uns die mannigfaltigen Foltern und Strafen präsentiert, die auf den Sünder warten. Die einen hängen an ihren Zungen, die anderen am Rückgrat über glühenden Kohlen. Schlangen saugen den Verdammten die Brust und das Herz leer. Andere sieden in kupfernen Kesseln, die mit kochendem Pech angefüllt sind. Dabei bereuen die Sünder aufrichtig ihre Verfehlungen, die sie zum Teil aus Unwissenheit begangen haben, und flehen Christus um Vergebung an. In ihnen lebt noch die Liebe zu Gott und die Sehnsucht nach seinem himmlischen Reich. Aber alles Flehen und Weinen ist vergeblich. Christus ist ohne Erbarmen. In einigen Varianten bittet die Gottesmutter Christus um Gnade für die Sünder. Christus ist bereit, ihrer Fürsprache zu willfahren. Aber dann müßte er sich zum zweiten Mal ans Kreuz schlagen lassen, um auch diese Sünden auf sich zu nehmen. Es geht über die Kräfte der Gottesmutter, ihren Sohn abermals am Kreuze zu sehen. Sie bittet nicht länger und bedauert die Sünder nicht mehr:

> Herr Jesus Christus, allsüßester Sohn,
> [...]
> Ich vermag dich nicht
> Abermals ans Kreuz geschlagen zu sehen,
> Ich vermag deine einstige Qual nicht zu vergessen,

> Ich vermag nicht diesen Kelch zu leeren,
> Bittere Tränen weinend.
> Kein Mitleid hab ich mit diesem sündigen Volk,
> Mitleid habe ich mit meinem eigenen Sohn,
> Christus, dem göttlichen Zaren des Himmels!

Darauf werden die Sünder so tief in der Erde eingeschlossen, unter Steinen und eisernen Platten, daß ihr Weinen und ihre Klagen die Gottesmutter nicht mehr erreichen und die Freuden der Gerechten nicht trüben können.

> Damit ihr Schreien und Rufen nicht mehr gehört werde,
> Ihr Winseln und Jammern und Schluchzen.
> Von der Gottesmutter, der Himmlischen Königin.[179]

Das vergebliche Jammern der Sünder und die Erbarmungslosigkeit des Jüngsten Gerichts in den geistlichen Gesängen bringen manchen Forscher in Verlegenheit, die darin einen geistigen Zwiespalt entdecken wollen. Fedotow glaubte sogar, darin einen Widerspruch zum Christentum als Religion der göttlichen Liebe und Barmherzigkeit zu finden. In seinen Augen spiegelten die geistlichen Gesänge vom Jüngsten Tag das sechzehnte Jahrhundert wider – eine Epoche, in der innerhalb der Orthodoxen Kirche die streng dogmatische, auf das Formale ausgerichtete Linie gesiegt hatte und die Allmacht Gottes mit der Allmacht des in seinem Zorn schrecklichen, alleinherrschenden Zaren als Einheit gesehen wurde. Der Einfluß des Evangeliums und der mystischen Quellen versiegte nach und nach, und die Religion der Barmherzigkeit wurde durch eine Religion des unerbittlichen Gesetzes abgelöst. Dies mag für das sechzehnte Jahrhundert, das durch die Regierung Iwan des Schrecklichen bestimmt wurde, zutreffen. Aber wir haben keinen Grund, die geistlichen Gesänge vom Jüngsten Gericht ausschließlich auf diese Epoche festzulegen. Mehrere Jahrhunderte lang hat das Volk diese Lieder gesungen und muß sie offensichtlich geschätzt haben, sonst wäre die Vielzahl der überlieferten Varianten nicht zu erklären. Wir wissen andererseits aus westlichen und östlichen Quellen, daß die mittelalterliche Auffassung vom Jüngsten Gericht, ebenso wie die Vorstellungen von den ewigen Qualen, die den Sünder im Jenseits erwarten, an Grausamkeit nichts zu wünschen übrigließen. Man kann kaum behaupten, dies stehe im Widerspruch zum Evangelium, denn auch dort finden sich, beispielsweise in der Offenbarung des Johannes und in den Schriften der Kirchenväter, in diesem Zusammenhang furchterregende Darstellungen.

Denken und Fühlen des russischen Volkes sind apokalyptisch ausgerichtet. Es geht ihm um letzte Lösungen in der Weltgeschichte, und es ist bereit, geduldig auf die entsprechenden Ereignisse zu warten und sogar an ihnen teilzunehmen. Dieser Zug, der in der russischen Philosophie und Literatur vielfach beschrieben und beschworen wurde, manifestierte sich auf die unterschiedlichste Weise in der russischen Kultur. Natürlich spiegelte er sich auch im Volksglauben und vor allem in den Gesängen vom Jüngsten Gericht. Handelte es sich doch um eine Vorstellung, die das Bewußtsein des Volks grundlegend bestimmte. Diese Vision entsetzte und faszinierte zugleich. Sie faszinierte als die Verheißung der endgültigen Abrechnung mit dem Bösen, wenn auch um einen schrecklichen Preis. Die ganze Welt sollte neu und geläutert wieder erstehen. Das Volk glaubte, daß die Erde zuerst durch Feuer – eine Art Weltbrand –, dann durch Wasser – eine neue Sintflut – gereinigt werden würde. Aber zuvor erwartete es den Antichrist, der die heiligen, von Gott auf die Erde gesandten Propheten töten wird. Der Auftakt zum Jüngsten Gericht wurde als kosmische Katastrophe vorausgesehen:

> Und dieses, dieses heilige Blut
> Zündet Mütterchen Feuchte Erde an:
> Es zündet sie an vom Osten bis zum Westen.[180]

Ein weiterer Grund für die Omnipräsenz des Jüngsten Gerichts im Bewußtsein des Volkes ist im mittelalterlichen Geschichtsverständnis zu suchen, nach dem die Apokalypse unmittelbar bevorstand. Die Weltgeschichte wurde damals als ein abgeschlossener Zyklus vorgestellt. Sie begann mit der Erschaffung der Welt, fünfeinhalbtausend Jahre vor Christi Geburt – genau gesagt, 5508 Jahre –, und nun stand das Ende der Welt unmittelbar bevor. Im vierzehnten und fünfzehnten Jahrhundert erwartete man dieses Ereignis exakt im Jahre 1492, denn mit diesem Jahr endete das siebente Jahrtausend seit Erschaffung der Welt. Man glaubte, die Welt müsse siebentausend Jahre existieren, entsprechend den sieben Schöpfungstagen. Dieses Datum ist in den alten Kalendern angezeigt. Die alten Tabellen, in denen mit Hilfe des Mondkalenders das Osterdatum für jedes Jahr festgesetzt wurde, endeten alle 1492, im Jahr 7000 nach Erschaffung der Erde. Und an dieser Stelle folgte als Letztes immer die Warnung: »Hier herrscht Angst, hier herrscht Schmerz, mit der Kreuzigung begann dieser Kreis, und hier, in diesem Jahr, bricht das Ende der Welt an. Wir aber hoffen auf Deine [Christi] kosmische Wiederkunft.«

Im Verlauf der russischen Geschichte tauchen noch andere Prognosen über das Ende der Welt und das Jüngste Gericht auf. Wie dem auch sei – der Mensch der alten Rus lebte in einem klar definierten, geschlossenen Kreis von historischen Vorstellungen, und das baldige Ende der Welt war für ihn eine unverrückbare Tatsache.

Ein letzter Grund für das ständige Antizipieren des Jüngsten Gerichts und das ewige Heraufbeschwören des Weltenendes lag in dem Lebensalltag selbst, der für das einfache Volk hart genug war. Viele Heimsuchungen, die in Rußland keine Seltenheit waren, wurden als Vorboten des nahenden Weltgerichts aufgefaßt. Auch die chronischen sozialen Mißstände mußten erklärt werden. Das Leben, glaubte man, »würde immer schwerer und schwerer« und die Menschen gewissenloser – ein sicheres Zeichen, daß das Ende nicht mehr weit war. In diesem Licht erschien der Jüngste Tag als Triumph der Gerechtigkeit, nach der gerade die unteren, leidgeprüften Bevölkerungsschichten lechzten. In einer Variante finden wir eine interessante Gegenüberstellung des Jüngsten Gerichts und der weltlichen Gerichtsbarkeit samt ihren Richtern. Das Gericht sollte als Institution des Zaren und des Staates natürlich unbestechlich sein. Da die Richter jedoch leicht käuflich waren, entschied es oft zugunsten der Reichen und Mächtigen. In einem geistlichen Gesang wird erzählt, wie der Erzengel Michael die Gerechten von den Sündern scheidet, indem er sie an einen Feuerfluß geleitet. Die Gerechten überqueren ruhig den Feuerfluß »gleichsam trockenen Fußes und wie auf fester Erde«, die Flammen rühren sie nicht an, und sie begeben sich geradewegs ins Paradies. Weiter heißt es:

> Die sündigen Knechte, die ungerechten,
> Blieben diesseits des feurigen Flusses,
> Riefen und flehten tausendstimmig:
> Unser aller Licht, Michael, Erzengel,
> Mächtiger Streiter und Führer!
> Führe du uns durch den Feuerfluß.
> Nimm an von uns Gold und Silber,
> Feinste Perlen ohne Zahl,
> Laß uns ins himmlische Reich,
> Ins himmlische Paradies ein!
> Antwortet ihnen der Erzengel Michael,
> Der himmlischen Heerscharen mächtiger Führer:
> Hört mich, ihr vielsündigen ungerechten Knechte!
> Hier steht ihr vor dem nicht richtbaren Richter,
> Hier steht ihr vor dem
> Von Gott eingesetzten gerechten Richter:
> Wir halten Gericht nach Recht und Gesetz,
> Wir tun nur das Befohlene,
> Wir nehmen kein Silber und kein Gold,
> Wir nehmen keine feinsten Perlen ohne Zahl,
> Wir nehmen nur Seelen von Gerechten.[181]

Und schließlich nahmen das Thema des Jüngsten Gerichts und die Erwartung des Endes aller Zeiten bei jenen eine zentrale Bedeutung, ein, die sich im siebzehnten Jahrhundert als die Altgläubigen von der offiziellen Kirche losgesagt hatten und schwersten Verfolgungen ausgesetzt waren.

# 9
# Die pilgernde und wandernde Rus

Auch die Pilger und Wallfahrer sind in gewisser Weise Repräsentanten des Volksglaubens. Diese große Bewegung schloß sich manchmal der »Bettlerbruderschaft« an, unterschied sich aber von ihr durch die genaue Kenntnis der religiösen Literatur. Man nannte sie *kaliki*. Das Wort *kalika* kommt aus dem Lateinischen und ist von der speziellen Fußbekleidung der Pilger, *caligae*, abgeleitet. Schon in der alten Rus wurden Kaliki mit *kaleki* (Krüppeln) verwechselt, zumal bettelnde blinde Kaleki geistliche Gesänge vortrugen, wenn sie um Almosen baten, und sich darin kaum von den Kaliki unterschieden. Grundsätzlich jedoch sind die wandernden Kaliki keineswegs Krüppel und auch nicht immer Bettler. Gelegentlich waren es vermögende Menschen, die sich nach Konstantinopel oder Jerusalem aufmachten – und zwar niemals allein, sondern als große Gemeinschaft (*druschina*) mit Führer, die unterwegs Gottesdienste zelebrierte. So erzählt die berühmte Byline »Vierzig und eine Kalika«, die auch als geistlicher Gesang gelten kann, von Pilgern, die eher mächtige Recken sind und prunkvolle Kleidung tragen:

> Die Schuhe an ihren Füßen waren aus Seide,
> Die Beutel über der Schulter aus schwarzem Samt,
> Und ihre Köpfe zierten Mützen aus griechischen Landen.

Sie sind schöne und kräftige Burschen. Vom Klang ihrer Stimme erzittert die Erde, die Zwiebelkuppeln wackeln und stürzen von den Türmen, und der Landesfürst empfängt sie mit höchsten Ehren. In einer Variante sagt der litauische König zu ihnen:

> »Ihr seid keine Kaliki auf Pilgerfahrt,
> Ihr seid mächtige russische Recken.«[182]

Aber es sind doch Kaliki, Pilger, die nicht auf Kampf und Sieg aus sind, obwohl sie über ungeheure Kräfte verfügen und sogar über geheimnisvolle, wundertätige Fähigkeiten: Ihr Ataman haucht eine junge Prinzessin, die ihn verleumdet hatte und darauf erkrankt war, »mit seinem wundertätigen Odem« an und heilt sie. Dennoch bitten sie während ihres ganzen Weges um Almosen. Sie empfinden das Bitten nicht als Demütigung, und sie bekommen nicht Hunderte, sondern Tausende von Rubeln geschenkt. Solche geheimnisvollen Kaliki tauchen gelegentlich auch in anderen Heldenbylinen auf und schenken dem Recken übernatürliche Kräfte.

Was sind das für Menschen, die gleichzeitig Recken und doch keine, reich und doch bettelarm sind? Einige Forscher vermuten, daß die Kaliki in eine weit zurückliegende Vergangenheit gehören, in der eine Pilgerfahrt in ferne Länder nur für sehr widerstandsfähige, reiche oder besonders fromme Naturen möglich war. Und gerade solche Pilger sind die Vorbilder für die geistlichen Gesänge. Es sind Recken – bloß wandern sie hier von einer heiligen Stätte zur anderen. Die Theorie hat viel für sich, denn die Kaliki der ältesten Darstellungen besteigen im Gegensatz zu den Recken niemals ein Roß, sondern gehen zu Fuß, sie verstoßen im Unterschied zu den klassischen Recken auch niemals gegen die christlichen Gebote. Sie sind bereit, die geringfügigste Verfehlung auf ihrem Weg mit dem Leben zu bezahlen, selbst bei bloßem Verdacht, bei einer Verleumdung oder Anklage. Werden sie beispielsweise eines Diebstahls bezichtigt, lassen sie sich – auch wenn sie des Vergehens nicht schuldig sind – nach vorheriger Absprache mit den anderen Pilgern hinrichten. Kurz, sie sind Ritter, die das Kreuz des religiösen Märtyrers und das freiwillige Armutsgelübde auf sich genommen haben. Sie bewahren die äußeren Attribute des Ritters und Recken, während sie die inneren Überzeugungen eines Bettelpilgers annehmen.

Hier stellt sich eine weitere Frage: Handelt es sich hier nicht um eine Selbstverherrlichung der Bettlergilde? Ist dies nicht die *mania gloriosa* des Bettlers, der sich im tiefsten Herzen für einen Heiligen und Helden hält? Ich halte alle Nuancen für denkbar, sie fließen in der Byline »Vierzig und eine Kalika« zusammen, sobald der Recke mit dem Bett-

ler identisch wird. Man muß berücksichtigen, daß solche Bylinen nicht von Recken und Helden, sondern von Bettlern gesungen wurden, als eine Art Erinnerung an die eigene ferne Vergangenheit, in der sich Ideal und Wirklichkeit gleichsam überlagerten.
In der Geschichte der Rus ist kein Hinweis auf heldenhafte Kaliki zu finden. Und falls es sie tatsächlich in einer fernen Vergangenheit gegeben haben sollte, so wurden sie doch von den Scharen von Bettlern und den unermüdlichen Pilgern abgelöst, die von einer heiligen Stätte zur nächsten zogen: von Moskau nach Kiew, von Kiew nach Solowki.
Diese Pilgerzüge erreichten manchmal solche Ausmaße, der Aufbruch der Menschen nahm einen derart irrationalen Charakter an, daß Staat und Kirche sich trotz aller Sympathie für die Pilger gezwungen sahen, einzugreifen und regelrechte Pilgerverbote zu verhängen.
Man könnte meinen, der russische Staat wäre einfach zerbröckelt, wenn die russischen Gläubigen ungehindert und nach Belieben hätten pilgern können.
Was suchten diese Menschen, die Haus und Hof verließen und über die Straßen und Wege Rußlands dahinzogen? Darauf zu antworten, ist nicht einfach: In dieser Bewegung trafen die verschiedensten sozialen Schichten und menschlichen Schicksale aufeinander. Der gemeinsame Impuls war selbstverständlich die Suche nach religiösem Heil.
In ganz Rußland suchte das russische Volk die ideale Gestalt der Heiligen Rus. Und dann und wann wurde eben ein bißchen nachgeholfen, zurechtgedacht und phantasiert.
Schon immer kannte man verschiedene Darstellungen des idealen Reichs, das in Rußland selbst oder außerhalb seiner Grenzen verborgen sein sollte. Eine Version besang das gesegnete Gut Mikitino, das Iwan der Schreckliche seinem Schwager Nikita Romanowitsch versprochen hatte. In einem Gesang von der Eroberung der Stadt Kasan bittet Nikita Romanowitsch den Zaren:

Es möge dir gefallen, mich mit dem Gut Mikitino zu beschenken:
Ob man für den Galgen reif ist,
Ob man Pferde stiehlt,
Ob man des anderen Weib nimmt –
Man braucht nur auf das Gut Mikitino zu kommen,
Und schon hat Gott der Herr dem Furchtlosen vergeben.[183]

Besonders verbreitet war die Legende von der heiligen Stadt Kitesch, die beim Einfall der Mongolen den menschlichen Augen entschwand und bis zum Ende der Welt unsichtbar bleiben würde. Um den See Swetlojar, auf dessen Grund nach der Überlieferung die wunderbare Stadt liegt, versammelten sich Scharen von Betenden. Viele von ihnen hofften, mit Gottes Hilfe Kitesch in der klaren Tiefe zu erblicken oder das Läuten ihrer Glocken zu hören. Immer wieder fanden sich Personen, die in dem unsichtbaren Kitesch gewesen sein wollten. Es wurden Briefe von Menschen verbreitet, die in die verzauberte Stadt gelangt wären und von dort geschrieben hätten. In diesen Briefen erzählten sie, wie herrlich die dort zelebrierten Gottesdienste seien, wie die Gebete der Heiligen Väter dort die Gestalt feuriger, bis an den Himmel reichender Säulen annähmen. Die Reise in die unsichtbare Stadt Kitesch, die Gott selbst mit seiner Hand versteckt habe, war an strenge Bedingungen und Pflichten gebunden. Voraussetzung war das »Schwurgebet«, mit dem der Mensch gelobte, sein Leben hinzugeben, Hunger und Schrecken durchzustehen, um in die heilige Stadt zu gelangen. Die Anstalten zur Reise mußten geheimgehalten werden: Nicht einmal Eltern und Geschwister durften davon erfahren. Verriet man seine Absicht, so bekam man die Stadt nicht zu Gesicht und wurde von Gott bestraft.

Bei einer Wanderung durch den russischen Norden hatten wir gehört, daß irgendwo in der Gegend, etwa zwölf Kilometer entfernt, in einem dichten Wald eine uralte Kapelle stehe. Die Einheimischen gaben die allgemeine Richtung an, weigerten sich aber, den Weg genau zu beschreiben: Diese Kapelle, sagten sie, kann nur der Mensch finden, der sie mit lauteren Absichten aufsucht. Andernfalls wird er vom Weg abkommen und, soviel er auch suchen mag, die Kapelle nicht finden.

Man kann sich unsere Freude vorstellen, als wir über verschlungene Pfade endlich diese Kapelle erreichten. Es war gleichsam die Bestätigung unserer lauteren Absichten ...
Auf seinen Pilgerfahrten fühlte sich der Mensch als Fremder auf Erden, er löste sich von allen Sorgen des alltäglichen Lebens und glaubte sich im himmlischen Reich. Zuweilen verwandelte sich ihm auf geheimnisvolle Weise die ganze Welt – »Das Reich Gottes ist inwendig in Euch.« Ein frommer Pilger aus dem Bauernstand hat darüber im neunzehnten Jahrhundert berichtet. Er wanderte durch Rußland und betete unablässig, vom Heiligen Geist inspiriert, das Jesus-Gebet.

»Ich war wie von Sinnen, nichts bekümmerte mich, nichts beschäftigte mich, nichts Eitles schien mir wert, betrachtet zu werden, und am liebsten weilte ich allein und in Zurückgezogenheit, es war mir liebe Gewohnheit geworden, und ich hatte kein anderes Begehren mehr, als unablässig zu beten, und wenn ich dies tat, so war mir sogleich heiter zumute. [...] Das Herzensgebet war mir so süß, daß ich nicht glaubte, es könne jemand auf der Welt glücklicher sein als ich, und ich wunderte mich, daß es noch größere und herrlichere Wonnen im Himmlischen Reich geben sollte. Diese empfand ich nicht nur in meiner Seele, sondern auch alles außer mir zeigte sich mir in der reizendsten Gestalt, und alles veranlaßte mich zu Liebe und Dank gegen Gott; Menschen, Bäume, Pflanzen, Tiere, alles war mir wie verwandt, und in allem sah ich das Abbild des Namens Jesu Christi. Mitunter fühlte ich eine Leichtigkeit, als hätte ich überhaupt keinen Leib mehr und als schritte ich nicht einher, sondern flöge höchst angenehm durch die Luft. [...] Mitunter empfand ich eine solche Freude, als wäre ich Zar geworden, und bei allen Tröstungen dieser Art wünschte ich, Gott möge mich möglichst bald sterben lassen und mir gewähren, Ihm meine Dankbarkeit in der Welt der Geister zu Seinen Füßen darzubringen.«[184]

Unter den Frommen und Kirchentreuen nahmen die *jurodiwyje* eine besondere Stellung ein. Vergleichbare Erscheinungen gab es auch in anderen Ländern, aber in der alten Rus erfreute sich *jurodstwo*, das eine spezifische Komponente der russischen Orthodoxie darstellte, hohen Ansehens und großer Autorität. Menschen, die am Jurodstwo

teilhatten, weckten überall gottesfürchtigen Schrecken und Gelächter. Nach den Worten eines zeitgenössischen Forschers war der Jurodiwyj »ein Mittler zwischen der Kultur des Volkes und der offiziellen Kultur. Er vereinte die Welt des Lachens und des andächtigen Ernstes [...] und balancierte auf der Grenze zwischen dem Komischen und Tragischen. Der Jurodiwyj war eine groteske Figur.«[185]
In weiterer Bedeutung sind die Jurodiwyje Narren und Clowns, eine Spielart des Iwan Durak, aus dem Volksmärchen in die christliche Tradition verpflanzt. Das wahre Jurodstwo ist eine Gottesgabe, eine heilige Tat. Ein Jurodiwyj durchbricht die gesellschaftlichen Verhaltensnormen. Er wälzt sich im Dreck, trägt zerfetzte, gelegentlich anstößige Kleidung, schneidet Fratzen, schimpft, redet unverständliches Zeug oder überhaupt nur in Andeutungen – beides jedoch mit verborgenem prophetischem Sinn. Er handelt scheinbar gegen den gesunden Menschenverstand und gebärdet sich wie ein Geistesgestörter.

Dem Jurodstwo liegt jedoch eine tiefe religiöse Idee zugrunde: die Verachtung der eigenen menschlichen Gestalt und Würde zu Ehren Gottes. Eine der schrecklichsten Versuchungen, besonders verhängnisvoll im kirchlichen und mönchischen Leben, ist die Selbstgefälligkeit, der Stolz auf die eigene Frömmigkeit und Gerechtigkeit, die Hybris. Diesem Eigendünkel stellten sich die Jurodiwyje entgegen. Sie erniedrigten und verhöhnten sich, sie benahmen sich wie Menschen ohne Scham und Vernunft. In Wirklichkeit waren es Naturen, die sich aus den Fängen ihres sündigen »Ich« befreit und gänzlich dem Glauben anheimgegeben hatten. Jurodstwo war ein frommes und gerechtes Leben in einer bewußt untertreibenden, närrischen Form.

Im vierzehnten Jahrhundert machten in Nowgorod die Jurodiwyje Nikolaj und Fjodor von sich reden. Sie wohnten in verschiedenen, durch den Fluß Wolchow getrennten Stadtteilen, beschimpften sich lauthals von Ufer zu Ufer und prügelten sich gelegentlich, wobei sie die Faustkämpfe der Nowgoroder parodierten. Wenn der eine über die Brücke gehen wollte, lief ihm der andere entgegen, hinderte ihn daran und schrie: »Du darfst nicht auf meine Seite! Bleib auf deiner eigenen!« Wenn es soweit kam, daß einer den anderen in den Fluß warf, kehrte dieser seelenruhig an sein Ufer zurück, indem er über das Wasser wie über festen Boden ging und damit das große Wunder Christi imitierte.[186]

Das absurde Verhalten eines Jurodiwyj kann von höchstem Sinn erfüllt sein, denn er sieht Dinge, die für andere unsichtbar bleiben. Der Moskauer Jurodiwyj Wassilij Blaschennyj, nach dem später die berühmte Kathedrale Maria Schutz und Fürbitte auf dem Roten Platz benannt wurde, bewarf die Häuser unbescholtener Bürger mit Steinen und küßte die Mauern, hinter denen der Abschaum lebte. Im ersten Fall sah er Gelichter, das sich von außen an die Mauern drückte, weil es das Haus des Gerechten nicht betreten durfte, und im zweiten – Engel, die die verlorenen Seelen beweinten. Ein weiteres Beispiel seiner prophetischen Gaben: Der Zar hatte einst dem Heiligen Wassilij Gold geschenkt, und der schenkte das Gold weiter – aber nicht den Armen und Siechen, wie man annehmen sollte, sondern einem wohlhabenden Kaufmann. Da erst stellte sich heraus, daß dieser sein ganzes Vermögen verloren und grimmigen Hunger gelitten hatte, weil er sich schämte, um Almosen zu bitten.

Die Jurodiwyje scheuen sich nicht, den Mächtigen dieser Welt die Wahrheit ins Gesicht zu sagen. Die Legende erzählt folgende Begebenheit (allerdings war Wassilij um diese Zeit bereits gestorben, es muß sich um einen anderen Jurodiwyj handeln): Während des furchtbaren Terrors, den Iwan der Schreckliche in Nowgorod ausübte, setzte der Jurodiwyj dem Zaren einmal Blut und rohes Fleisch vor. Und als dieser sich angewidert abwandte, zeigte er ihm die in den Himmel aufsteigenden Seelen der unschuldig Ermordeten. Entsetzt befahl der Zar, die Hinrichtungen einzustellen, und im gleichen Augenblick verwandelten sich das Fleisch und das Blut in eine reife süße Wassermelone und in Wein.

Eine ähnliche Szene spielte sich zwischen Iwan dem Schrecklichen und dem Jurodiwyj Nikolaj in der Stadt Pskow ab, der das Schicksal Nowgorods bevorstand. Der Heilige Nikolaj setzte dem Zaren rohes Fleisch vor. Der Zar wollte nicht davon kosten, indem er auf seinen christlichen Glauben und auf das Große Fasten hinwies. Darauf fragte Nikolaj: »Aber das Christenblut, das trankst du gern?«[187]

Hier erinnert man sich an den Narren aus Puschkins *Boris Godunow*.

Nikolka überführt den Zaren, indem er sich weigert, für ihn zu beten: »Nein, nein! Man darf für den Zaren Herodes nicht beten: Die Gottesmutter erlaubt es nicht.«

In diesem Drama sehen wir zwei Pole der altrussischen Kultur vor uns: den Annalenschreiber Pimen, der die Gelehrsamkeit der Kirche in ihrer höchsten und reinsten Form verkörpert, und den Narren – den Repräsentanten des nicht minder reinen Volksglaubens und Volksgewissens. Sie ergänzen sich und bilden im Widerstreit ein harmonisches Ganzes.

# 10
# Das Bild der russischen rechtgläubigen Heiligkeit
## Serafim von Sarow

Das Bild des russischen Volksglaubens wäre unvollständig, wenn die rechtgläubige Heiligkeit, nach der sich die alte Rus wie nach ihrem Ideal, der Heiligen Rus, sehnte, unerwähnt bliebe. Sie verkörperte sich in jenen gerechten Frommen, die Starzen genannt wurden. Sie empfingen, um ihnen Trost und Rat zu spenden, Menschen aus allen Schichten der Gesellschaft. Ebenso wie das Mönchstum und Priestertum war das Starzentum kein Phänomen der Volkskultur, sondern der Kirchenkultur. Aber das Volk suchte bei ihnen Hilfe, Zuspruch der Seele und manchmal auch des Leibes.

Wir wollen nur bei einem einzigen Repräsentanten des Starzentums verweilen, dem Heiligen Serafim von Sarow. Die Zeit seines Wirkens – er starb 1833 – liegt noch nicht weit zurück, und er ist die Verkörperung sublimster russischer Heiligkeit, nicht mehr der alten, sondern bereits der neueren Geschichte. Andererseits fasziniert seine Gestalt durch ihre Urtümlichkeit. Nicht umsonst bringt einer seiner Verehrer ihn mit der Figur des Bauern Akim aus Tolstojs Drama *Die Macht der Finsternis* in Zusammenhang, der trotz seiner Einfalt die höchste Stufe religiöser Moral verwirklicht.[188]

Zwei Episoden aus der Vita des Heiligen Serafim können eine Vorstellung von seinem mystischen Einfluß auf seine Umgebung vermitteln. Die erste hängt mit einem jungen Mädchen zusammen, das sehr früh den Schleier genommen hatte – Jelena Wassiljewna Manturowa. Ihr Bruder, Michail Wassiljewitsch, war von Serafim geheilt worden und hatte sein ganzes Vermögen für den Bau eines Nonnenklosters in der Nachbarschaft gespendet. Jelena Manturowa trat in dieses Kloster ein.

Sieben Jahre später – sie starb mit siebenundzwanzig – ließ Starez Serafim Jelena zu sich kommen und legte ihr einen neuen »Gehorsamsdienst« auf. (An dieser Stelle sei daran erinnert, daß der »Gehorsamsdienst« im Klosterleben ein Gebot bedeutete, das bedingungslos erfüllt werden mußte.) Starez Serafim sagte zu dem jungen Mädchen: »›Du warst mir immer gehorsam, meine Freude, und nun will ich dir noch einen Gehorsamsdienst auferlegen. Willst du ihn auch erfüllen?‹

›Ich bin Euch immer gefolgt‹, antwortete sie, ›und ich bin bereit, Euch auch weiter zu folgen.‹

›Sieh, Mütterchen, dein Bruder ist schwer krank, und seine Stunde hat geschlagen. Er wird sterben, aber ich brauche ihn für unser Kloster, für die Waisen. Also lege ich dir diesen Gehorsamsdienst auf: Stirb du, Mütterchen, anstelle von Michail Wassiljewitsch.‹

›Gebt mir Euren Segen, Väterchen‹, antwortete Jelena demütig und scheinbar ruhig. Plötzlich sprach sie verlegen: ›Väterchen, ich fürchte mich vor dem Tod.‹

›Aber warum sollen wir uns vor dem Tod fürchten, meine Freude?‹ antwortete Serafim. ›Für uns wird es dort nur Seligkeit geben.‹«

Sie nahm Abschied von ihm, aber kaum setzte sie den Fuß über die Schwelle, als sie in tiefer Ohnmacht zu Boden sank. Serafim ließ sie auf den Sarg legen, der im Flur stand, besprengte sie mit geweihtem Wasser und gab ihr davon zu trinken. Als Jelena wieder zu Hause war, legte sie sich ins Bett und sagte: »Nun werde ich nicht mehr aufstehen!« Am dritten Tag war sie tot. Auf ihrem Sterbelager hatte sie Gesichte, von denen sie ihrem Beichtvater erzählte, der alles sorgfältig aufgezeichnet hat.

»›Ich durfte das bisher nicht erzählen‹, sagte Jelena, ›aber jetzt darf ich es. In der Kirche sah ich im weit offenen Zarentor die hochmächtige Zarin in Ihrer unaussprechlichen Schönheit, die mir mit der Hand ein Zeichen gab und sagte: ›Folge mir und sieh an, was ich dir zeigen will!‹ [Es folgt die Beschreibung eines wunderbaren Palastes aus klarem Kristall und Gold, A. S.] Der nächste Saal war noch schöner, er war erfüllt von wogendem Licht. Dort befanden sich Jungfrauen, eine schöner als die andere, gekleidet in leuchtende helle Gewänder und mit glänzenden Reifen im Haar. Diese Reifen waren alle verschieden, manche Jungfrauen trugen zwei oder drei übereinander. Die Jungfrauen saßen, aber bei unserem Erscheinen erhoben sie sich und verneigten sich schweigend vor der Zarin. ›Sieh sie dir gut an, ob sie schön sind und ob sie dir gefallen‹, forderte Sie mich genädig auf. Ich betrachtete die Jungfrauen auf der Seite des Saales, auf die Sie wies, und sah plötzlich, daß eine von ihnen mir recht ähnlich war!‹ Bei diesen Worten wurde Jelena verlegen, unterbrach ihre Erzählung, fuhr aber dann fort: ›Diese Jungfrau drohte mir lächelnd mit dem Finger! Dann wandte ich mich auf Geheiß der Zarin der anderen Seite zu und erblickte an einer Jungfrau einen Reifen von solcher Schönheit, daß ich sogar neidisch wurde! Und sie alle waren unsere Schwestern, die vor mir im Kloster lebten und die jetzt hier leben und die hier leben werden! Aber ich darf sie nicht mit Namen nennen, denn das ist mir nicht erlaubt!‹«

Offensichtlich durfte Jelena vor ihrem Tod einen Blick in die andere Welt tun. Sie war bei der Gottesmutter persönlich und konnte sich überzeugen, daß sie mit Liebe erwartet wurde. Darauf starb sie ruhigen Mutes und bat nur, daß man sie noch lebend für die Grablegung vorbereite. Den Sarg, aus einem einzigen Eichenstamm geschnitzt, hatte ihr Serafim geschickt, als eine Art Geschenk. Als sämtliche Nonnen ihren Tod beweinten, sagte Serafim:

»»Wie töricht ihr seid, ihr meine Freuden! Was gibt es da zu weinen. Das ist doch Sünde. Wir sollten uns freuen: Ihre Seele ist hinaufgeschwebt wie eine Taube. Nun dient sie, unsere Gute, der Muttergottes! Sie ist ein Hoffräulein der Himmlischen Königin.«« [189]

Man kann sich kaum einen modernen Leser vorstellen, der diese Geschichte nicht ohne eine gewisse Verlegenheit läse. Sie muß ihm monströs erscheinen. Wie soll ein Mensch auf Befehl, an Stelle eines anderen, sterben? Wie kann man im Jenseits sich selbst begegnen, umgeben von künftigen, noch nicht verkörperten Seelen? Bestenfalls zuckt man resigniert die Achseln ...

Dann meldet sich ein weiterer Zweifel: Ist es nicht Berechnung, die den Starez motiviert? Er gibt doch selbst zu verstehen, daß Jelenas

Bruder für ihn noch unentbehrlich sei, weil das Kloster mit seinem Geld gebaut werde. Aber Serafim ging es nicht einfach um Geld – ihm war wichtig, wessen Geld es war und woher es stammte. Michail Wassiljewitsch Manturow hatte das Gelübde der freiwilligen Armut abgelegt, weshalb sein Geld Gott dem Herrn und der Himmlischen Zarin genehm war. Serafim weigerte sich entschieden, von dubiosen Spendern Geld für das Kloster anzunehmen: »Nicht jedes Geld nimmt die Himmlische Zarin an. Es hängt davon ab, woher es stammt; es gibt das Geld der Kränkungen, der Tränen und des vergossenen Blutes! Solches Geld brauchen wir nicht.«

Wenn Serafim einen harten »Gehorsamsdienst« auferlegte, so folgte er selbstverständlich nicht seinem, sondern Gottes Willen. Einen eigenen, gottfremden Willen hatte er schon längst nicht mehr. Das Zentrum des Seins, des menschlichen Schicksals und der Seele befindet sich nicht auf Erden, sondern im Himmel. Deshalb hat der Tod für Serafim nichts Schreckliches. Sterbend kehrt er gleichsam nach Hause zurück. Ein Jahr nach dem Tod von Jelena starb auch Serafim, im Gebet, vor der Ikone der Gottesmutter kniend.

Die zweite bemerkenswerte Episode fällt in das Jahr 1831 und bezieht sich auf Serafims Lehre vom Heiligen Geist, die den Kern seiner religiösen Anschauungen bildete. Ein großer Verehrer des Starez, N. A. Motowilow, zeichnete sie auf. Er befragte den Starez, was der Heilige Geist bedeute, ob es möglich sei, ihn zu fassen, ihn zu erfahren und in sich aufzunehmen, worin, nach Serafims eigenen Worten, das eigentliche Ziel des rechtgläubigen Christen bestehe.

In das Gespräch über den Heiligen Geist vertieft, begaben sie sich in den Wald. Es schneite ...

»Da faßte er mich sehr fest bei der Schulter und sagte: ›Wir sind, mein Lieber, jetzt beide im Heiligen Geiste. Warum schlagt Ihr die Augen nieder, und seht mich nicht an?‹ Ich antwortete: ›Ich kann Sie nicht ansehen, denn aus Ihren Augen funkeln mir Blitze entgegen. Ihr Gesicht ist auf einmal heller als die Sonne, und meine Augen schmerzen.‹ Er antwortete: ›Habt keine Furcht, mein Gottesfreund, Ihr seid selbst jetzt ebenso leuchtend wie ich.‹ Er neigte den Kopf zu mir und sagte mir leise ins Ohr: ›Dankt

Gott! Ihr habt gesehen, daß ich mich nicht einmal bekreuzigte, vielmehr nur in meinem Herzen zu Gott betete und sprach: Herr, sei gnädig, und laß ihn mit den Augen seines Fleisches die Herabkunft des Heiligen Geistes schauen, deren Du Deine Knechte würdigst. Und im selben Augenblick erfüllte der Herr die Bitte des unwürdigen Serafim. Schaut her und fürchtet Euch nicht!‹ Als ich auf diese Worte hin in sein Gesicht blickte, überkam mich ein noch ehrfürchtigerer Schauer. Denken Sie sich mitten in der Sonne, im hellsten Glanz ihrer mittäglichen Strahlen, das Antlitz des zu Ihnen sprechenden Menschen. Sie gewahren die Bewegung seiner Lippen und Augen, Sie sehen die Veränderung in seinen Zügen. Sie spüren, daß jemand seine Hand um Ihre Schulter gelegt hat, aber Sie sehen weder dessen Hände noch sich selbst und auch nicht ihn, sondern einzig das blendende, sich rings um ihn verbreitende Licht ...«

Und dann fragte Starez Serafim seinen Freund, ob er nicht noch etwas fühle.

»›Eine ungewöhnliche Wärme‹, antwortete Motowilow. ›Wie warm ist es?‹ ›Wie in einer Badestube.‹ ›Aber was für eine Wärme? Jetzt ist es Ende November. Wir sind mitten im Winter, unter unseren Füßen liegt Schnee, wir haben eine Handbreit Schnee auf unsern Köpfen, und es schneit und schneit, und es geht ein starker Wind: Wie kann es so warm sein wie in einer Badestube?‹ Und er erklärte, daß diese Wärme nicht draußen in der Luft liege, sondern in einem selbst, und vom Heiligen Geist komme. So wärmen sich auch die Einsiedler in der grimmigsten Winterkälte. Und die Gnade des Heiligen Geistes vermag sich auch in Kühle zu verwandeln, schützt sie vor der Sonnenglut und rettet sie bisweilen vor den Flammen des Scheiterhaufens oder des Feuerofens, die die Henker entfachen.«[190]

Diese Episode zeigt einmal mehr, welche Bedeutung dem Symbol des Heiligen Geistes für die Orthodoxie zukommt. Die mystischen Erleuchtungen der Gerechten und Wundertäter vollzogen sich immer in einem immateriellen Licht. Dasselbe Licht erscheint auf den Ikonen als Nimbus über den Häuptern von Christus, der Gottesmutter, der

Engel und der Heiligen und auch in dem Goldgrund als Verkündigung einer jenseitigen Wirklichkeit. Die lichtintensive Farbigkeit der alten Ikonen enthielt der Idee nach das vom Heiligen Geist ausströmende Licht. Nach diesem Licht sehnte sich das russische Volk, dieses Licht suchte es auf seinen Pilgerzügen zu den heiligen Stätten und auf seinen inneren seelisch-geistigen Wegen.

# IV
# Die Kirchenspaltung und die religiösen Sekten

# 1
## Die Reform des Patriarchen Nikon und der Beginn der religiösen Wirren

Bisher ging es, wenn von dem Volksglauben die Rede war, um die trotz ihres Nuancenreichtums einige Orthodoxie. In der Mitte des siebzehnten Jahrhunderts veränderte sich das Bild grundlegend. Die russische Orthodoxie spaltete sich in zwei Kirchen: die altgläubige und die offizielle, die von den Altgläubigen nach dem Patriarchen Nikon die Nikonianische genannt wurde. Diese Spaltung war wie ein Bergsturz und setzte sich in zahlreichen religiösen Streitigkeiten fort. Neben der nationalen Staatskirche entstand eine Vielzahl anderer Kirchen oder, wie sie offiziell genannt wurden, häretischer Sekten. An ihrer Entstehung und ihrem Fortleben nahm das Volk regen Anteil.

Die Kirchenspaltung ist das folgenschwerste Ereignis des siebzehnten Jahrhunderts und die größte Tragödie Rußlands. In ihrem Verlauf wurde das Land, bis dahin eine geeinte religiöse Gemeinschaft, zerrissen. Hier lag die Ursache vieler späterer Krisen und negativer Entwicklungen: der Niedergang der altrussischen Frömmigkeit, die vollständige Unterwerfung der Kirche unter den Staat und schließlich die zunehmende Gleichgültigkeit und das Mißtrauen des Volkes gegenüber seiner Kirche, die sich durch die Spaltung gleichsam kompromittiert hatte. Eine Folge der Kirchenspaltung war, daß jene Menschen aus dem Schoß der Kirche und später aus dem russischen Staat und der russischen Gesellschaft gewaltsam ausgestoßen wurden, die den geistigen Kern der Orthodoxie bildeten. Denn damals waren die Altgläubigen der frömmste und in seinem Glauben konsequenteste Teil der Nation. Deshalb fanden sie sich – als wahrhaft Gläubige – zu keinerlei Konzessionen gegenüber der offiziellen Linie bereit und wurden aus Kirche und Gesellschaft verbannt. Sie kapselten sich ab, und die Merkmale dieser Bewegung waren, insbesondere in der ersten Zeit, religiöse Opferbereitschaft, moralische Standhaftigkeit und sogar eine Erneuerung der altrussischen Kultur, allerdings in engen lokalen Grenzen.

Der russische Religionsphilosph W. W. Rosanow schreibt hierzu: »Die Raskolniki [unter Raskolniki, von *raskolot* – spalten, versteht er hier die Altgläubigen, A. S] sind die letzten Gläubigen auf Erden, sie sind die unerschütterlichen, die erfülltesten Gläubigen. [...] Ein furchterregendes Phänomen, ein bedrohliches, erstaunliches Phänomen unserer Geschichte. Wenn beim Jüngsten Gericht die Russen dereinst gefragt werden: ›Woran habt ihr geglaubt? Was habt ihr nie verraten? Wofür habt ihr euch geopfert?‹, dann werden sie vielleicht ziemlich verlegen zunächst auf die petrinische Reform hinweisen, auf die ›Aufklärung‹, auf dieses und jenes, um schließlich gezwungenermaßen auf die Kirchenspaltung zu kommen: ›Hier, dieser Teil von uns glaubte, war treu und opferbereit.‹«[191]

Man könnte sagen, die Orthodoxie habe sich wegen geringfügiger ritueller Details gespalten. Aber gerade dies ist außerordentlich charakteristisch für die russische Orthodoxie – im kirchlichen und volkstümlichen Selbstverständnis. Dem Ritus kam in der alten Rus stets zentrale Bedeutung zu. Darin liegt die Stärke, aber auch die Anfälligkeit der Rechtgläubigkeit. Durch die strenge Bewahrung des Ritus bleibt sie sich selbst und den Urquellen der christlichen Religion treu. Sie ist gefeit gegen die Einflüsse der Zeit, wie es der metaphysischen und göttlichen Natur der Kirche entspricht. Würde die Kirche ihren Ritus dem Zeitgeschmack oder den historischen Forderungen anpassen, so würde sie ihren mystischen Gehalt und ihre jahrhundertalte Autorität verlieren. Die Macht der Kirche ist unter anderem in ihrer konservativen Haltung begründet. Unter allen christlichen Kirchen ist die russische die konservativste, und ihr Ritus betont und garantiert dies, indem er an die religiöse Empfindung des Gläubigen appelliert und am Intellekt vorbei die Seele direkt anspricht. Die Anfälligkeit des Ritus hingegen macht sich dann bemerkbar, wenn wahre Spiritualität fehlt und er zur Hülse wird, die das Leben und die Religion hemmt, ebenso,

wenn die extreme Fixierung auf das Formale die Kirche und den Menschen für andere Aspekte der Religion unempfänglich macht. Man kann sich allein schon deswegen für einen wahren Christen halten, weil man ein gewissenhafter Kirchgänger ist oder weil man regelmäßig seine Gebete spricht. Die äußere Form wird so zum Hindernis auf dem Weg der Bewußtwerdung und Moral.
In der Vergangenheit lebten in Rußland große Heilige. Die kirchliche Kultur hatte das Stadium der Hochblüte erreicht, und das Volk war wahrhaft gläubig. Trotzdem wies das kirchliche und religiöse Leben ernstzunehmende Lücken auf: So war beispielsweise die russische Theologie ausgesprochen unterentwickelt; die Predigt spielte keine wesentliche Rolle, gelegentlich fiel sie überhaupt aus, weil sie sich gegen den Ritus nicht behaupten konnte. Der bereits erwähnte Adam Olearius stellte erstaunt fest, daß in den Moskauer Kirchen keine Predigt und keine Auslegung der biblischen Texte zu hören seien. Diesen Umstand würden die Russen durch die Behauptung entschuldigen, daß »in der Frühzeit der Kirche der Heilige Geist auch ohne besondere Auslegung gewirkt habe und daß er es auch heute zu tun vermöge. Überdies würde die Auslegung nur unterschiedliche Meinungen zur Folge haben, die in Verwirrung und Häresie enden.«[192]
Diese Feststellung stammt aus den dreißiger Jahren des siebzehnten Jahrhunderts, und in den fünfziger Jahren begann die Kirchenspaltung. Wenn sie auch in der Folge zu ernsthaften theologischen Kontroversen und verschiedenen Auslegungen von Bibelstellen führte, wenn auch mit ihr die Kirchenpredigt ihren Anfang nahm, war doch der erste Anstoß der Ritus, wobei der Ritus noch nicht abgestorben und erstarrt, sondern ein Konzentrat des lebendigen Glaubens war. Gerade deshalb lösten die Unstimmigkeiten einen wahren Aufstand aus, deshalb waren sie so tiefgreifend und so schmerzlich, daß sie Folterungen, Hinrichtungen, Verbannungen, Massenfluchten in die Wälder nach sich zogen.
Der Bruch oder der Riß ging durch alle Stände und sogar durch die Familie des Zaren. Aber am schlimmsten litten an ihm die Geistlichkeit und die Bauern. Die Bauern, in ihrer Masse eher konservativ, neigten zu dem alten Glauben und akzeptierten Nikons Reform nur

unter Druck. Der Sinn dieser Reform bestand darin, daß Nikon, seit 1652 Patriarch, Ritus und Bibel vereinheitlichen und sie dem griechisch-orthodoxen Vorbild anpassen wollte. Der Patriarch und der Zar Alexej Michailowitsch sowie ihre Getreuen glaubten, daß die Russen, rückständig wie sie seien, in den sechseinhalb Jahrhunderten nach der Christianisierung den wahren Glauben entstellt hätten und daß es an der Zeit sei, diese Fehler zu korrigieren.

In Wirklichkeit – die Forschung bestätigte es später – hatten sich in der langen Zeit seit der Taufe Rußlands die griechischen rituellen Gepflogenheiten verändert, so daß genaugenommen das Recht auf der Seite der Altgläubigen und nicht auf der des Patriarchen Nikon war. Mehrere ökumenische Patriarchen, die anläßlich dieses Streits nach Moskau eingeladen wurden, versuchten dies Nikon auch nahezubringen. Sie gaben ihm zu verstehen, daß hier viel Lärm um nichts entstehe, daß es um völlig Unwesentliches gehe und daß man in Rußland alles beim alten belassen solle. Aber Nikon konnte oder wollte ihre Argumente nicht gelten lassen. Sein Standpunkt beruhte schlicht auf der logischen Ableitung: Die Griechen sind schon lange vor uns Christen gewesen, die Griechen sind in jeder Beziehung aufgeklärtere Christen, das Christentum kam aus Griechenland in die Rus – folglich habe man sich an den Griechen, unseren Lehrern, zu orientieren.

Selbstverständlich wünschte sich weder der Patriarch Nikon noch sonst irgend jemand die Einführung eines neuen Glaubens. Die Erneuerung des Glaubens galt in Rußland schon immer als Häresie. Jede Reform des kirchlichen Lebens betrachtete man als eine gefährliche Seuche, die aus dem lateinischen oder protestantischen Westen zu uns eingeschleppt wurde. Das Ziel jeder religiösen Reformbewegung ist, selbst wenn es sich um eine häretische handelt, in der Regel kein grundsätzlich erneuerndes, sondern die Restitution der Ursprünge in ihrer reinen Form. In diesem Sinne sind alle Reformatoren ebenso konservativ wie die Altgläubigen. Denn die unverbrüchliche Wahrheit liegt immer in dem Vergangenen, in der Zeit, da diese Religion gestiftet wurde. Die Wahrheit, das ist Jesus Christus, das ist das Evangelium, das sind die ersten Kirchenväter und die ersten Konzile, die Dogmen und Kanons verkündet und bestätigt haben. Man kann sich also höchstens darüber streiten, welcher Kanon der richtige sei – und der richtige ist unzweifelhaft der älteste, der ursprüngliche.

Dies alles gilt erst recht für die Russen, für die russische Kirche und für Nikon selbst, die sich alle durch eine ausgesprochen konservative Haltung und strenge Observanz gegenüber dem Kultus auszeichneten. Nikon beabsichtigte keineswegs, besondere Neuerungen einzuführen. Im Gegenteil, er glaubte, gegen »Neuerungen«, die sich aufgrund typisch russischer Ignoranz eingeschlichen hätten, zu kämpfen und wollte zum alten Kanon der griechischen Kirche zurückkehren, nach dem, wie er annahm, die alte Rus getauft worden war. Aber er schlug bei seinen Bestrebungen einen im Grunde intellektuellen Weg ein und verfuhr mit erbarmungsloser Zielstrebigkeit und Grausamkeit. Nach Moskau wurden griechische Gelehrte und angesehene Würdenträger eingeladen, für die ihr Ritus, ihre Bräuche, ihre Bibeln selbstverständlich die gültigen waren, die die russische Grobschlächtigkeit verachteten und dem Patriarchen nach dem Munde redeten. Es war für sie außerordentlich wichtig, ihre Autorität und ihr Ansehen in Rußland zu stärken, zumal ihre Heimat schon längst in der Hand der Türken war und der russische Zar ihre wichtigste materielle Stütze darstellte.

Aber für die einfachen Russen waren die angereisten Griechen trotz ihrer Bildung und Beschlagenheit keine Autorität. Denn Konstantinopel war schon nicht mehr das Zentrum der Orthodoxie, und den Fall von Byzanz betrachteten die Russen als Strafe Gottes für den Verrat am Glauben ihrer Vorväter. In der Sicht der Russen hatten sich die Griechen von der lateinischen Häresie anstecken lassen und waren dafür in die Hände der Unreinen gefallen. Und die neuen griechischen Bibeln, die als Muster dienen sollten, waren auch noch in Venedig gedruckt worden. Wie sollte man den Griechen trauen? Die Russen zogen es vor, so zu beten, wie ihre Groß- und Urgroßväter es getan hatten, nach den alten Regeln, die vor verhältnismäßig kurzer Zeit unter Iwan dem Schrecklichen von dem Stoglaw-Konzil bestätigt worden waren. Damals hatte die russische Kirche mit der Stimme des Konzils verkündet: »Wer nicht mit zwei Fingern, gleich Christus, das Kreuz schlägt, der sei verflucht.« Und nun, nach diesem strengen Ge-

bot, verlangte Nikon, daß man sich mit drei Fingern bekreuzige? Das stellte alles auf den Kopf und mußte zur Rebellion führen.
Es fällt uns schwer, diese Auseinandersetzung in ihrer ganzen Bedeutung zu verstehen. Der moderne Intellektuelle wundert sich über den geringfügigen Anlaß: Ist es denn nicht gleichgültig, ob man sich mit zwei oder drei Fingern bekreuzigt? Ist es denn nicht gleichgültig, ob irgendeine Gebetsformel so oder ein wenig anders gesprochen wird? Ändert es etwas am Kern der christlichen Glaubenslehre? Für uns spielt es vielleicht keine Rolle, aber für die Menschen im alten Rußland änderte sich dadurch Wesentliches. Wir dürfen nicht vergessen, daß das gesamte Denken in jener Zeit, nicht nur das religiöse, sich in strengen kanonischen Bahnen bewegte und daß der kirchliche Ritus eine mystische, ja sogar magische Ausstrahlung besaß. Auch die allgemeine Orientierung an der Vergangenheit der Kirche darf nicht unterschätzt werden. Ein Bekenntnis zu dem Drei-Finger-Kreuz kam einem Verrat am Glauben der Vorväter gleich und einem Bann, den man über sich selbst verhängte. Wer war eigentlich glaubwürdiger, die angereisten Griechen oder die heiligen Väter, die die Orthodoxie in Rußland verkündet hatten? Der Protopope Awwakum, einer der führenden Köpfe der Altgläubigenbewegung, schrieb in einem Gesuch an den Zaren Alexej Michailowitsch: »Wenn wir Raskolniki und Häretiker sind, so heißt das, daß alle heiligen Väter und alle früheren frommen Zaren und die heiligen Patriarchen ebenfalls solche sind.«[193]
Zwei Welten prallen hier aufeinander. Die eine, die nikonianische, orientiert sich an der griechischen Bildung und an den anderen christlichen Kirchen. Die zweite, die der Altgläubigen mit Awwakum an der Spitze, beharrt auf der Tradition und Autorität der Väter. Dabei geht es beiden Seiten um dasselbe – um die Restitution und Festigung des Kanons in seiner Wahrheit und Reinheit. Der Verweis auf die zahlenmäßige Überlegenheit und hohe Bildung der Griechen sind für Awwakum kein Argument. Er denkt und handelt nach dem Prinzip: Besser bleibe ich mutterseelenallein mit Gott und den Kirchenvätern, als daß ich mich mit dem Heer der Häretiker einlasse. Er verweist auf die konkreten Träger der russischen Heiligkeit. Ihm geht es um die Treue zur Person und nicht um intellektuelle Beweise, wobei die Per-

son, im Sinne des lebendigen Portraits eines Heiligen, und der Kanon für ihn dasselbe sind. Das Verhältnis Awwakums und seiner Anhänger zum Kanon war spontan, gleichsam künstlerisch: Sie richteten ihren Blick auf die konkrete Gestalt und strebten ihr nach. Bei Nikon dagegen spürt man Methode und intellektuelles Konzept. Deshalb ist es falsch, die Altgläubigen-Bewegung in ihrem frühen Stadium als formalistischen, stumpfsinnigen Buchstabengehorsam zu interpretieren. Grundsätzlich konservativ waren beide Lager, und sowohl Nikon als auch Awwakum waren buchstabentreue Ausleger des heiligen Wortes. Aber bei Nikon dominierte die mechanistische, unpersönliche Tendenz, während bei Awwakum hinter der buchstabentreuen Genauigkeit Geist und Persönlichkeit durchschimmerten. Und wenn es darauf ankommt, ist er bereit, auf Kosten des Buchstabens Geist und Antlitz zu retten.

Eine interessante Gegenüberstellung der beiden Standpunkte befindet sich in dem bereits erwähnten Artikel »Die Psychologie der russischen Kirchenspaltung« von W. W. Rosanow. Rosanow schreibt, daß die Kirche und die Altgläubigen dasselbe Hauptanliegen hatten: Sie wollten die Seele retten und nach dem Willen Gottes handeln. Nur ihre Wege sind verschieden. Die Kirche sucht eine *Regel* der Rettung, die Altgläubigen suchen den *Typus* der Rettung. Die Kirche analysiert, überlegt, zieht logische Schlüsse, abstrahiert von Einzelfällen und Details und bietet in ihrer Lehre etwas Allgemeingültiges. Die Altgläubigen dagegen verfahren nach dem Gesetz des künstlerischen Urteils. Sie weigern sich, das Wunder der Heiligkeit oder das heilige Erlebnis der Errettung zu analysieren, den Weg dorthin in einzelne Teile zu zerlegen und den einen für wesentlich und notwendig, den anderen für zweitrangig und nebensächlich zu halten. Für sie sind die Heiligkeit und der Heilige in seiner lebendigen Gestalt untrennbar. Daher ihre Begeisterung und ihr Entzücken für die konkreten Beispiele von Heiligkeit, daher ihr fürsorglicher Umgang mit jedem Detail, daher ihr Bestreben, eine Vita zu reproduzieren, ihr nachzufolgen, sie unangetastet zu bewahren – als ideales, von einem Menschen bereits durchlebtes und von Gott gesegnetes Vorbild.

Rosanow übertreibt vielleicht das künstlerische Moment in der Beziehung zur Heiligkeit. Aber für die Altgläubigen zur Zeit der Kirchenspaltung trifft es zu. Insbesondere gilt dies für den Protopopen Awwakum. Um sein Wirken weht ein Hauch von Poesie und Menschlichkeit, obwohl er fanatisch und ein strenger Dogmatiker war. Das Wirken Nikons und seiner Anhänger zeugt von Trockenheit, Starrheit, übertriebener Ordnungsliebe und dem Zwang, alles auf einen gemeinsamen Nenner, unter eine strenge Regel zu bringen.

Davon zeugen nicht nur die furchtbaren Strafexpeditionen gegen die Altgläubigen. In den Jahren 1654/5 sagte Nikon im Zuge des großen Reinemachens auf allen Gebieten des kirchlichen Lebens auch den sogenannten häretischen Ikonen den Kampf an. Das waren Ikonen der »neuen« Malweise, die unter westeuropäischem Einfluß entstanden waren. Der Patriarch befahl, sämtliche Häuser Moskaus zu durchsuchen und solche Ikonen zu konfiszieren, auch in vornehmen Familien. Nachdem man den Abgebildeten die Augen ausgestochen hatte, trug man sie durch die Straßen, verkündete abermals den Bann und drohte mit schrecklichen Strafen. Dann hielt Nikon in der Uspenskij-Kathedrale eine donnernde Predigt und belegte mit dem Kirchenbann jeden, der solche Ikonen malen oder auch nur in seinem Hause dulden sollte. Im Laufe der Predigt wurden ihm die konfiszierten Ikonen gereicht, er zeigte sie der Gemeinde und schmetterte sie dann mit solcher Macht auf die eisernen Bodenplatten, daß sie zerbarsten. Diesem Vorgehen hatte er später den Ruf eines Häretikers und Bilderstürmers zu verdanken. Schließlich wurden die Ikonen öffentlich verbrannt. Sogar der Zar, der damals Nikon hörig war, entsetzte sich über dieses Schauspiel und bat den Patriarchen, die Ikonen zumindest nicht zu verbrennen, sondern einzugraben, wie man in Rußland schon immer mit Ikonen verfuhr, die verblaßt oder abgenutzt waren und ihre Bestimmung nicht mehr erfüllten – sie wurden beigesetzt wie Verstorbene. Man könnte meinen, daß Awwakum als Verfechter alter Bräuche mit den nach westlichen Vorbildern gemalten Ikonen ebenso hart hätte umgehen müssen. Aber obwohl Awwakum die Anbetung neumodischer Ikonen verbat, warnte er seine Glaubensbrüder wiederholt davor, sie zu verhöhnen. Denn es waren immerhin Ikonen.

Diese Episode wirft ein zusätzliches Licht auf die Ursachen der russischen Kirchenspaltung. Es ist kein Zufall, daß sie in der Mitte und in der zweiten Hälfte des siebzehnten Jahrhunderts stattfand, des letzten Jahrhunderts der alten Rus. Das siebzehnte Jahrhundert sah bereits die Dekadenz der altrussischen Kultur. Eine Brise aus dem Westen zog über das Land – gegen den Willen der Kirche, teilweise auch des Staates. Die historische Entwicklung nahm ihren Lauf. In Moskau tauchten zahlreiche Ausländer auf, die auf Einladung des Zaren einreisten, um das russische Heer zu reformieren, Handel, Handwerk und Gewerbe in Schwung zu bringen. Die Ausländer wurden selbstverständlich von jeder Berührung mit dem russischen kirchlichen Leben ferngehalten, aus Angst vor Häresie und Infiltration. Zugleich wuchs unvorstellbar rasch die Angst vor der Notwendigkeit, das Leben nach westlichem Beispiel zu verändern. Die alte Rus sah sich gezwungen, sich auf Neuerungen einzulassen, schreckte aber gleichzeitig vor jeder Neuerung zurück.

Nikons Bestreben, den Kultus zu ordnen, entsprang neben allem anderen dem Drang nach Konsolidierung der Orthodoxie, die den westlichen Einflüssen Widerstand leisten sollte. Er befürchtete, daß die typisch russischen Abweichungen vom griechischen Muster den Keim der Häresie in sich trügen. Das historische Paradoxon bestand darin, daß in den Augen der Altgläubigen und in den Augen des Volkes Nikon selbst ein Häretiker war, der mit Hilfe griechischer Handlanger den lateinischen Glauben einschmuggeln wollte, während er tatsächlich ein verbissener Anti-Westler und Traditionalist war. Kurz, der Westen war ab dem siebzehnten Jahrhundert jenes unsichtbare historische Faktum, das in Rußland die Atmosphäre von Angst und gegenseitigem Mißtrauen nährte. Noch war keine Häresie in Sicht, aber alle bezichtigten einander häretischer Abweichungen. Die gegenseitigen Verdächtigungen begünstigten die Kirchenspaltung, und die Spaltung begünstigte wenig später den Triumph westlicher Einflüsse in der petrinischen Epoche. Wenn Peter der Große mit seinen unverhohlenen westlichen Vorlieben vom Volk für den Antichrist gehalten wurde, so könnte man sagen, der Antichrist sei erschienen, weil die Angst vor ihm so groß gewesen war und die religiösen Wirren ihm den Weg geebnet hatten.

Wenn nicht auch die politischen Motive, die den Patriarchen und den Zaren bewegten, zur Sprache kämen, bliebe das Phänomen der Glaubensspaltung ungeklärt. Die Egalisierung der Riten und die Abstimmung mit den Griechen waren für sie nicht bloß ein religiöses Bedürfnis. Zu jener Zeit war Rußland bereits Weltzentrum der Orthodoxie. Die Idee von Moskau als Drittem Rom lag in der Luft. Das Erste Rom war an einer Häresie zugrunde gegangen. Man meinte das christliche Rom, das mit dem orthodoxen Byzanz gebrochen hatte und der lateinischen oder papistischen Häresie anheimgefallen war, was nach den damaligen Vorstellungen einem regelrechten Abfall vom Christentum gleichkam. Das Zweite Rom – Byzanz – war von den unreinen Muselmanen besiegt worden. Indessen wuchs Moskau zu dem einzigen und vollkommenen christlichen Staat, dem Dritten Rom, empor. Bereits Anfang des sechzehnten Jahrhunderts schrieb der russische Mönch Filofej (Philotheos) an den Zaren Wassilij, den Vater Iwans des Schrecklichen:

»Vernimm, ehrwürdiger Zar! Das Erste und das Zweite Rom sind gefallen. Moskau steht, und ein Viertes wird es nicht geben. Unsere ökumenische Kirche leuchtet allein in Deinem Reich heller als die Sonne über die ganze Erde; alle rechtgläubigen Reiche sammeln sich um Deinen einzigen Thron; Du allein bist auf der ganzen Erde der christliche Zar.«

Ende des sechzehnten Jahrhunderts richtet der Patriarch von Konstantinopel anläßlich seines Besuchs in Moskau beinahe buchstäblich die gleichen Worte an den Sohn Iwans des Schrecklichen, den Zaren Fjodor:

»Wahrhaft west der Heilige Geist in Dir, und von Gott ist Dir dieser Gedanke eingegeben; das alte Rom stürzte durch Häresie; das Zweite Rom, Konstantinopel, ist Beute der gottlosen Türken, aber Dein großes russisches Reich, das Dritte Rom, übertrifft alles an Glauben, Du allein auf der ganzen Welt wirst der christliche Zar genannt.«[194]

Um die Mitte des siebzehnten Jahrhunderts, während der Regierung von Alexej Michailowitsch, verfestigte sich die Vorstellung von Moskau als Drittem Rom und beherrschte schließlich alle Köpfe. In der byzantinischen Zeit war die alte Rus eine rechtgläubige Provinz gewesen, jetzt aber verwandelte sie sich in den zentralen christlichen Staat mit dem einzigen absoluten christlichen Monarchen. Noblesse oblige: Um seiner ökumenischen Mission gerecht zu werden und die ungeteilte kirchliche Macht zu sichern, brauchte dieser Staat einen vereinheitlichten Ritus – entsprechend dem griechischen Ideal. Die provinzielle Ignoranz der Väter sollte überwunden und in der russischen Kirche »Ordnung« geschaffen werden, um ihrer Weltherrschaft willen. So kam es zur Kirchenspaltung.

Auch psychologische Aspekte in der Persönlichkeit des Zaren Alexej Michailowitsch und des Patriarchen Nikon müssen berücksichtigt werden. Der Zar war ein gütiger Mensch und trug zu Recht den Beinamen »der Sanfte«. Er war fromm und gottesfürchtig. Das Missale kannte er auswendig, er verbrachte in der Kirche manchmal fünf bis sechs Stunden und verneigte sich täglich tausend- bis anderthalbtausendmal bis zum Boden. Es war selbstverständlich, daß er sich als wahrhaft christlicher Zar um die Angelegenheiten der Kirche kümmerte, die ihm letztlich mehr bedeuteten als seine Staatsgeschäfte.

Aber seine Frömmigkeit war verhängnisvoll: Er favorisierte den Patriarchen Nikon und unterstützte dessen Reform mit uneingeschränkter kaiserlicher Autorität. Wäre er nicht so sanft und an den Regierungsgeschäften nicht so uninteressiert gewesen, hätte er sich weniger eifrig mit der Kirche befaßt – vielleicht hätte die Kirchenspaltung nie stattgefunden. Ohne es eigentlich zu wollen, legte der Zar den unwesentlichen Streitigkeiten und Differenzen innerhalb der Kirche die Bedeutung einer historischen Weltaufgabe Rußlands bei und leistete damit dem Patriarchen Vorschub.

Nikon, ein herrschsüchtiger und von der Idee der Weltherrschaft der Orthodoxie besessener Mann, war in seinen Strategien nicht wählerisch, wobei er seine Reform als eine Station auf dem Weg zum Weltpatriarchat verstand. Seine Idee der zentralisierten Macht setzte die Vereinheitlichung des Ritus voraus. Bei der Ausrottung der Altgläubigen ging es ihm auch um die Behauptung seiner eigenen unumschränkten Macht. Unter den Vertretern der alten Frömmigkeit, die im Laufe der Zeit zu den Führern der Altgläubigen-Bewegung wurden, waren mehrere begabte, religiös unerschütterliche, prinzipientreue Männer, die Nikon für seine Konkurrenten hielt und als Hindernis auf dem Weg zur ungeteilten Macht betrachtete. Er beseitigte sie beizeiten und hatte somit die russische Kirche in seiner Gewalt. Aber Nikon träumte von einem höheren Ziel und hatte größere Pläne. Er wollte die Macht des Patriarchen über die Macht des Zaren erheben und die Kirche unter seiner Leitung an die Spitze des Staates stellen. Er strebte eigentlich eine Theokratie an und sah sich als eine Art Papst der orthodoxen Welt. Diese Bestrebungen waren sein Verhängnis, er wurde abgesetzt und entmachtet. Dennoch blieb seine Reform in Kraft und nahm den Charakter eines vom Zaren erlassenen Gesetzes an. Als Antwort auf Nikons Hybris siegten am Hofe mit der Billigung des Zaren die Weltlichen – heute auch als die Partei der Adelsbürokratie bezeichnet. Gegen sie anzutreten, wurde für Nikon schicksalhaft – ihm fehlte jeglicher Rückhalt, da er selbst die besten Männer der Kirche als Altgläubige liquidiert hatte. Unter seiner Leitung hatte sich die Kirche von einer geistlichen Macht in einen hierarchischen Apparat verwandelt, der sofort Nikon die Unterstützung versagte, als sich ein anderer als mächtiger erwies. Indem er die Altgläubigen ausmerzte, schuf Nikon die Voraussetzungen für seinen eigenen Untergang. Seine Reform führte die Kirche nicht zum Triumph, sondern in die Abhängigkeit vom Staat, und degradierte sie zu einem gefügigen Werkzeug des Zaren. Die Geschichte zeigt uns heute, daß die russische Kirche darunter schwer zu tragen hatte.

Schon immer, wenn Rußland der Versuchung der Macht erlag, bewegte und entwickelte es sich auf dem Weg einer Glaubensspaltung. Wobei ganze Stände und unermeßliche, dem russischen Boden organisch entwachsene Kulturwerte dieser Idee der Macht, der Zentralisation und der Weltherrschaft zum Opfer gebracht wurden. Dasselbe wiederholte sich unter der Regierung Peters des Großen, allerdings auf einer anderen Ebene. Etwas Ähnliches spielte sich und spielt sich immer noch im zwanzigsten Jahrhundert ab: die Vernichtung innerer geistiger Werte im Namen äußerer Machtfülle. Jedenfalls hatte die Glaubensspaltung im siebzehnten Jahrhundert die schwerwiegendsten Folgen für die russische Geschichte. Am besten drückt das allgemeine Gefühl ein geistlicher Gesang der Altgläubigen aus:

> Ach, wehe, wehe Dir, Gottesfurcht,
> Wehe dir, altehrwürdige Rechtgläubigkeit!

Das war das Ende der alten Rus. Aber es war ein strahlendes Finale – dank der Altgläubigen. Anfangs führte die Spaltung zu einem ungewöhnlichen, mächtigen, religiösen und künstlerischen Aufschwung, und zwar insbesondere in jenem Milieu, das den furchtbarsten Verfolgungen seitens der Kirche und des Staates ausgesetzt war. Für die Kirche bedeutete die Spaltung eine geistige Verarmung, aber für die Verfolgten setzte damit eine geistige und intellektuelle Blütezeit ein, denn sie hatten entscheidende Glaubensfragen neu zu lösen und für diese Lösungen mit ihrem Leben einzustehen – wie das Urchristentum. Gegen Ende des siebzehnten Jahrhunderts schwangen sich für kurze Zeit Kunst und Kultur zu ihrem Höhepunkt auf: Das alte Rußland zeigte sich, bevor es den Scheiterhaufen bestieg, zum letzten Mal in seinem vollen Glanz.

# 2
# Das Leben des Protopopen Awwakum, von ihm selbst aufgezeichnet

Eine Schlüsselgestalt des ausgehenden siebzehnten Jahrhunderts ist der Protopope Awwakum, Autor seiner *Vita* und einiger anderer Schriften. Gewöhnlich wurde eine Vita nicht von dem Betreffenden selbst verfaßt. Hier aber schrieb ein Mensch über sich selbst und hinterließ der Nachwelt ein einzigartiges Zeugnis sowohl seiner Person als auch der Zeit, in der er lebte. Und obwohl die *Vita* zur hohen Literatur gehört, liegt hier der ganz seltene Fall vor, daß Folklore und kirchliche Tradition ineinanderfließen und sich gegenseitig bereichern.

An diesem Werk ist alles erstaunlich: die Epoche, aus der es erwachsen ist – eine der dramatischsten der ganzen russischen Geschichte; der Ort der Niederschrift – ein unterirdisches Verlies am Rande der Welt nahe der Tundra; die Umstände der Niederschrift – der Protopope hatte schon viele Jahre Kerker, Verbannung und Verfolgung hinter sich, und vor ihm lag, wie er sehr wohl wußte, der Scheiterhaufen.

Das Erstaunlichste jedoch ist der Charakter dieses Mannes: stark, schillernd, unbeugsam und von umwerfender Leidenschaftlichkeit. Stellenweise wirkt seine *Vita* wie ein feuriger Aufruf, denn Awwakum hatte es fertiggebracht, seine Manuskripte aus dem Verlies den Glaubensbrüdern zukommen zu lassen und sie auf diese Weise aus riesiger Entfernung geistlich zu führen. Gleichzeitig ist diese *Vita* das Letzte, was ein Mensch vor dem Tode im Angesicht Gottes sagt, eine Rückschau auf sein, Awwakums, Leben.

Wir greifen nur eine Episode heraus: Zu Beginn der Verfolgung der Altgläubigen, in den fünfziger Jahren, wurde der Protopope Awwakum mit seiner Familie zuerst nach Sibirien und dann weiter nach Daurien (heute das Altai-Gebiet) östlich des Baikal-Sees, an die Amur-Quellen nahe der mongolischen Grenze verbannt. Dort wurde er dem Wojwoden Afanassij Paschkow unterstellt, der mit seinem Kosakenregiment in ausgedehnten Expeditionen neue Gebiete erschloß. Der verbannte Protopope geriet mit diesem eigenwilligen Natschalnik, der über beinahe unbegrenzte Macht verfügte, sofort aneinander. Awwakum stellte ihn mehrfach zur Rede und versuchte in besonders krassen Fällen sein Gewissen anzusprechen. So trat er für einige arme Witwen ein, die Paschkow gewaltsam mit seinen Kosaken verheiraten wollte. Awwakum, als zuständiger Geistlicher, weigerte sich, sie zu trauen. Der aufgebrachte Paschkow jagte ihn von der Barke ans Ufer. Awwakum mußte nun mit seiner Familie, anstatt in einem der Kähne und flachen Barken auf dem Fluß zu reisen, zu Fuß auf dem unwegsamen Ufer entlanggehen. Darauf schickte er Paschkow ein Mahnschreiben:

»Da schrieb ich ihm ein kurzes Brieflein, das begann so: ›O Mensch, fürchte Gott, dessen Thron von Cherubim getragen wird und der mit einem Blick bis tief in den Abgrund schaut, vor dem die himmlischen Heerscharen zittern und alle Kreatur samt dem Menschen. Du allein achtest ihn nicht und gebärdest dich unbotmäßig‹, und so weiter: dort steht viel geschrieben; und dann schickte ich das Briefchen ab. Da kamen an die fünfzig Mann: schnappten meinen Nachen und schleppten ihn zu ihm [zu Paschkow, A. S.], etwa drei Werst. Ich habe den Kosaken Kascha gekocht und vorgesetzt; und sie, die Armen, essen und zittern, und manche sehen mich an, weinen und haben Mitleid mit mir. Dann waren wir angekommen. Die Folterknechte packten mich und brachten mich vor ihn. Er steht mit seinem Degen da und zittert. Und dann sagt er: ›Bist du ein Pope oder bist du nicht mehr im Amt?‹ Und ich antwortete: ›Ich bin Awwakum, der Protopope. Sprich, welches ist dein Anliegen?‹ Er aber brüllte auf wie ein wildes Tier und schlug mich auf eine Backe, dann auf die andere, dann auf den Kopf, schlug mich zu Boden, packte ein Beil und schlug mich Liegenden damit dreimal auf den Rücken, riß mir die Kleider herunter und versetzte mir zweiundsiebzig Peitschenhiebe. Ich aber sage: ›Herr Jesus Christ, Sohn Gottes, steh mir bei!‹, und immer wieder, immer wieder sagte ich dasselbe, und das schmeckte ihm bitter, daß ich nicht sagte: ›Erbarmen!‹ Bei jedem Peitschenhieb sprach ich das Gebet, und einmal habe ich dazwischengerufen: ›Halt ein mit den Schlägen!‹ Da befahl er einzuhalten. Und ich fragte ihn: ›Wofür schlägst du mich? Weißt du es auch?‹ Darauf befahl er, mich auf die Seiten zu schlagen und loszulassen. Ich zitterte und stürzte hin. Da befahl er, mich in die Regimentsbarke zu werfen. Sie legten mir Fesseln an Händen und Füßen an und warfen mich hinein. Es war Herbst, es regnete, und die ganze Nacht lag ich im Wasser. Als sie mich schlugen, da schmerzte es mich nicht, dank meines Gebets. Aber nun, wie ich dalag, kam es mir in den Sinn: ›Wofür hast du, o Sohn Gottes, es zugelassen, daß er mich so schmerzhaft geschlagen hat? Ich trat doch für deine Witfrauen ein. Wer soll nun zwischen dir und mir richten? Als ich Unrechtes tat, da tatest du mir nichts zuleide, und heute weiß ich nicht, was ich mir zuschulden kommen ließ!‹ Als wollte ein guter Mensch, ein zweiter Pharisäer, mit seiner verfluchten Fratze mit dem Herrn der Welt rechten. Wehe mir! Wie ist nur damals die Barke samt meiner nicht untergegangen? Da begannen meine Knochen zu schmerzen und meine Sehnen zu ziehen, und das Herz setzte aus, und ich glaubte zu sterben. Da schütteten sie mir Wasser in den Mund, und ich holte wieder Atem und bereute vor dem Herrn der Welt, und der Herr ist ja gnädig: Er trägt uns unseren Fehl nicht nach, wenn wir nur bereuen. Und alle Schmerzen legten sich wieder.«[195]

Dieser Bericht interessiert uns nicht nur als Episode seines Lebens, sondern als literarisches Phänomen. In dem knappen Text erscheint vor uns der ganze Mensch: Der Mensch in seinen mannigfaltigen psychologischen Dimensionen und beträchtlichen Schwankungen. Wir vernehmen den hochmütigen, belehrenden, autoritären Ton in dem Brief an Paschkow, typisch für einen Seelsorger, der einem Mächtigen dieser Welt ins Gewissen redet. Und das ironische Schmunzeln über sich selbst: In seinem »kurzen Brieflein« hatte der Protopope manches gewagte Wort riskiert, das er nun hart bezahlen muß. Und die

Standhaftigkeit und die beharrliche Weigerung, um Gnade zu bitten, und den unwillkürlich ihm entschlüpften Ausruf und den Versuch einer Revanche, sobald die Folterknechte mit dem Peitschen innehielten, und neue Schläge nach diesem Versuch. Und dann, in dem inneren Dialog mit Gott, eine noch größere psychologische Spannung: Die selbstbewußten Vorwürfe, ganz im Geiste des biblischen Hiob, und die Bereitschaft, mit Gott ins Gericht zu gehen, da das Bewußtsein seines Rechts unerschütterlich ist, und die augenblickliche Einsicht, daß ein solcher Streit töricht, daß die eigene Person erbärmlich und sündenbeladen ist, und schließlich das Staunen, wieso der Herr ihn nicht samt der Barke untergehen ließ ... Und äußerste Selbsterniedrigung und von neuem lichterfüllte Lobpreisung Gottes.

Ein ähnlich komplexes psychologisches Muster ist in keiner einzigen der sonst überlieferten Viten zu finden. Vielleicht widerspricht Awwakums Selbstbildnis dem mittelalterlichen Kanon? Meiner Meinung nach tut es das nicht, wenn wir die komplizierte Lebenssituation bedenken, in die ihn Geschichte und Schicksal gebracht hatten. Seinem Selbstgefühl nach ist er einer der wenigen Geistlichen, die Gott und der Tradition die Treue hielten. Und diese Linie orthodoxer Resistenz verfolgt er bis an sein Lebensende. Und hätte er jemand anderen beschrieben, so hätte er diesen um dessen Gerechtigkeit willen gerühmt und gepriesen, ganz im tradierten Stil der Viten. Dann wäre eine bei weitem weniger greifbare und komplexe Gestalt entstanden, sondern vielmehr eine schematische, idealisierte und konventionelle. Aber Awwakum erzählt von sich selbst und ist deshalb zur ständigen Wachsamkeit und Selbstkontrolle verpflichtet. Er muß sich zügeln und seine Rechtschaffenheit untertreiben. Deshalb bereut er und stellt sich bloß, was wiederum eine tiefgreifende Selbstanalyse erfordert und sogar eine gewisse Ironie gegenüber der eigenen Person, dem armen Sünder. Allen diesen extremen Perspektiven für die Beurteilung eines Menschen begegnen wir in der Regel vereinzelt. Für diese Art von Literatur sind die Selbsterniedrigung des Autors und die Erhöhung der Verdienste anderer charakteristisch. In unserem Fall jedoch überschneiden sich die Beurteilungen in einer einzigen Person, indem der Verfasser der Vita ein Muster an Rechtschaffenheit, aber gleichzeitig als echter Christ von der eigenen abgrundtiefen Sündhaftigkeit überzeugt ist. Daraus ergibt sich ein komplexes Ganzes – in Awwakums Person laufen mehrere Kanons zusammen. Auch die Szene der Züchtigung durch Paschkow, die mit unglaublichem Realismus geschildert wird, ist durch und durch kanonisch. Sie ist kanonisch, weil Awwakum sich wie ein typischer mittelalterlicher Schriftsteller verhält, der die Zahl der Schläge und Verstümmelungen genau fixiert. Es liegt ihm fern, sich selbst zu verherrlichen oder zu idealisieren, aber sämtliche Wunden, die er um seiner Gerechtigkeit willen empfängt, werden aufgelistet und in Rechnung gestellt.

Überhaupt, alles in allem besteht Awwakums *Vita* in der ausführlichen Aufzählung der ausgestandenen Qualen und Strafen. Denn er mißt sein Leben an der Summe der Schläge, Wunden und Entbehrungen, die ihm die Feinde des allmächtigen Gottes und des rechten Glaubens zugefügt haben. Die von ihm entworfenen Bilder sind konkret kraft der Notwendigkeit, seinen Kalvarienweg exakt zu beschreiben. Der Realismus ergibt sich durch die Größe der dem Autor zugefügten Pein.

Awwakums *Vita* zeichnet sich durch eine erstaunlich weiträumige Darstellung und ein breites Panorama aus, wie wir sie kaum in anderen Werken dieser Gattung finden. Moskau und Daurien, Sibirien, der nördliche Fluß Mesen und zuletzt Pustosersk – das ganze alte Rußland liegt vor uns. Seltsam: Dieser Mann saß viele Jahre in einem Loch unter der Erde, er sah kein Licht, keinen Himmel, aber dieses Loch schloß die riesige Welt mit ihren unterschiedlichsten Landschaften ein.

Betrachtet man das Panorama genauer, so erkennt man, daß es von den ausgestandenen Leiden und Strafmaßnahmen bestimmt und eigentlich durch sie erschöpft ist. Es handelt sich keineswegs um Landschaftsbeschreibung in unserem Sinne. Natur oder Landschaft werden in seine Erzählung deshalb aufgenommen, weil er sie mit blutenden Füßen durchwandert hat, weil er hier beinahe Hungers gestorben und dort von wilden Tieren beinahe gefressen worden wäre. Niemals stellt Awwakum eine Gegend nur deshalb dar, weil er sie zum ersten Mal erblickt und sie zum Gegenstand seiner Beobachtung und seiner Studien gemacht hätte. Jeder Landstrich, die gesamte Topographie und Geographie in seinen Werken sind mit seinem Blut gezeichnet. Ist denn das noch Landschaft? – Nein, das ist ein Kalvarienweg, und nur deshalb interessiert sie den Autor.

Wenn wir diese *Vita* lesen, müssen wir uns stets die Umstände vor Augen führen, unter denen sie verfaßt wurde – in einem unterirdischen Kerker, in furchtbarer Enge, wo mehrere Menschen auf ihre letzte Stunde warteten. Das erklärt die Ausführlichkeit, mit der die eigenen Sünden und Erfolge aufgeführt werden. Das ganze Leben zieht vor seinem inneren Auge vorbei, nicht als eine Serie von Episoden und zusammenhanglosen Erinnerungen, sondern als ein zielgerichteter und sinnvoller Weg, der ihn hierher geführt hat, nach Pustosersk, in diese Gruft, in der er bei lebendigem Leib begraben ist, und der ihn im weiteren vor das Jüngste Gericht und vor Gottes Angesicht führen wird – dorthin, wo zu guter Letzt alle überstandenen Leiden gekrönt werden. Es handelt sich weniger um eine gelassene Betrachtung eines historischen Abschnittes, dessen Zeuge er war, als vielmehr um einen eilig gezogenen Schlußstrich unter das eigene Leben und um die letzte Abrechnung mit Freund und Feind. Die Intensität, mit der die Beziehungen zu den eigenen Zeitgenossen nach dem Maßstab des göttlichen Urteils analysiert werden, stellt die *Vita* des Protopopen Awwakum an die Seite von Dantes *Göttlicher Komödie*.

Das enge Loch am Rande der Welt, in dem Awwakum eingekerkert war, erwies sich psychologisch und schöpferisch als außerordentlich weitläufig. Es hat Platz für alles Wesentliche, was sich während seines Lebens ereignet hatte und was sich, seiner Meinung nach, in diesen letzten Zeiten der Herrschaft des Antichrist noch ereignen würde. Mehr noch: Awwakum erlangt in seinem Kerker eine hohe mystische, religiöse Einsicht oder Schau, die ihm plötzlich das ganze Weltall offenbart. Das »Ich« Awwakums breitet sich im Augenblick der Erleuchtung so weit aus, daß es sich mit dem Kosmos deckt oder, nach der Ausdrucksweise der Theosophen, in den Besitz des »kosmischen Bewußtseins« gelangt. Alles ist »Ich«, und »Ich« ist Alles. In seiner Weltabgeschiedenheit war der Kerker Awwakums vom Leben gleichsam hermetisch abgeschlossen, der Mensch aber, der sich darin befand, seiner Lebenserfahrung und seinem geistigen Horizont nach, ein Riese. Und da wuchs er immer mehr, seiner Empfindung nach auch körperlich, er weitete sich und nahm in sich die ganze Welt auf. Die Offenbarung, die ihm zuteil wurde, beschrieb Awwakum so eindrucksvoll und überzeugend, wie es nur wenigen Mystikern des Frühchristentums und des Mittelalters gelungen ist. Awwakum erzählt, wie er bald nach der Verlegung in den Kerker von Pustosersk zu fasten begann:

»Zur Großen Fastenzeit, in der ersten Woche, aß ich nach meiner Gewohnheit auch am Montag kein Brot, ebenfalls nicht am Dienstag, nicht am Mittwoch und nicht am Donnerstag; als ich am Freitag die Psalmen Davids sang, überkam mich ein arger Schüttelfrost. Ich lag auf dem Ofen, mußte aber so stark mit den Zähnen klappern, daß mir ein Zahn abbrach. Ich blieb auf dem Ofen liegen und sprach nun im Geiste die Psalmen, weil uns Gott befohlen hat, den Psalter auswendig zu beten; inzwischen war ich so sehr vom Fleisch gefallen, daß ich nicht mehr zu überleben hoffte und mehr als zehn Tage nichts mehr zu mir nahm.

Aber Gott gefiel es, daß in einer Nacht der zweiten Woche, und zwar von Donnerstag auf Freitag, meine Zunge anschwoll und sehr groß wurde, und auch die Zähne wurden sehr groß, und darauf Arme und Beine, und ich wurde überall groß und breit, ich breitete mich über die ganze Erde und bis zum Himmel aus, und dann gefiel es Gott, den Himmel und die Erde und sämtliche Kreatur in mein Inneres zu legen. Dies dauerte eine halbe Stunde und länger, dann erhob ich mich von meinem Lager ohne Mühe und verneigte mich tief bis an die Erde vor Gott, und nach dieser Heimsuchung durch den Herrn aß ich wieder Brot zum Ruhme Gottes.«[196]

Über diese Erfahrung schreibt Awwakum in einer Bittschrift an den Zaren Alexej Michailowitsch:

»Siehst Du, Alleiniger Herrscher? Du herrschst in Freiheit nur über die russische Erde, mir aber hat Gott der Herr, während ich im Kerker saß, Himmel und Erde untertan gemacht. Wenn Du nach Deinem Herrschen auf dem Weg ins Ewige Haus bist, so wirst Du nur den Sarg und das Totenhemd mitnehmen. Ich aber werde

durch Dein Urteil eines Totenhemdes und eines Sarges nicht bedürfen, denn Hunde und himmlische Vögel werden an meinen blanken Knochen nagen und sie über die ganze Erde verteilen; und es wird mir wohl sein und mir gefallen, auf der Erde zu liegen, mit Licht bekleidet und vom Himmel zugedeckt, der Himmel ist mein, die Erde ist mein, das Licht ist mein und die ganze Kreatur – Gott hat sie mir zu eigen gegeben.«[197]
Im folgenden beruft sich Awwakum darauf, daß einige Gerechte in alten Zeiten ähnliche Visionen hatten – ihre Seele weitete sich aus, wurde so groß wie die Welt und nahm die Welt in sich auf. »Glaubst du etwa, Gott sei heute müde geworden? Nein, o nein, Gott ist derselbe, damals und heute ...« Die Beschreibung von Awwakums Leiden, Taten und erlebten Wundern soll beweisen: Die Allmacht Gottes ist unerschöpflich, und heute noch geschieht sein Wille durch die Menschen, an denen er sein Wohlgefallen hat – auch durch Awwakum.

Das außerordentlich Dramatische und Realistische einzelner Szenen veranlaßte die Gelehrten, die *Vita* des Protopopen Awwakum als einen Übergang zur neueren Literatur, als eine Art Brücke von der altrussischen Vita zum modernen Roman zu betrachten. Ich kann mich dem nicht anschließen und sehe Awwakums *Vita* als noch ganz der altrussischen Tradition zugehörig. Sie strebt nicht vorwärts zum modernen Roman, sondern zurück zum Ursprung, an die Quellen der Heiligenleben und des mittelalterlichen Kanons. Aber woher dann diese Farbigkeit und Lebendigkeit, woher auch diese ausschließliche Ichbezogenheit? Eine Erklärung kann in der einmaligen historischen Situation der Altgläubigen zur Zeit der Kirchenspaltung gefunden werden. In ihren Kreisen feierte die literarische Tradition der Alten Rus ihre Auferstehung, auch die früheste, die an die ersten Viten und Geschichten der Apostel anschließt. Während die alte russische Kultur Ende des siebzehnten Jahrhunderts sich deutlich ihrem Untergang näherte, stellt die Literatur der Altgläubigen eine glückliche Ausnahme dar und erblüht von neuem in alten literarischen Formen. So betrachtet, ist die *Vita* des Awwakum keineswegs eine Übergangserscheinung, sondern die imposante Krönung einer alten Tradition.

Vielleicht ist sie sogar der Kulminationspunkt des literarischen Lebens der Alten Rus.

Es war nicht mehr als folgerichtig, daß damals unter den Altgläubigen das wichtigste Genre der mittelalterlichen Literatur zu neuem Leben erblühte – die Vita. Die Zeit der Kirchenspaltung weist Parallelen zum Frühchristentum auf, dessen Anhänger ihren Glauben mit dem Leben bezahlten. Im siebzehnten Jahrhundert war es nicht viel anders, und die traditionelle Vita, die mit unmittelbaren Erfahrungen und lebendigen Details bereichert wurde, handelte nun nicht mehr von fernen Heiligen, sondern von den Märtyrern der Gegenwart. Die Vita als »Chronik der laufenden Ereignisse«. Ihren Mittelpunkt bilden weniger abstrakte Überlegungen über das rechtgläubige Leben, sondern das Martyrium und das lebensnahe Bild eines Menschen, der sich für seinen Glauben opfert.

Hier sind auch die Wurzeln der verblüffenden Egozentrik Awwakums zu suchen, die nicht in seiner Persönlichkeit oder gar in seiner Überheblichkeit und seinem Egoismus liegen – jede Selbstbespiegelung ist ihm fremd. Diese Egozentrik entspricht der extremen historischen Situation, der Vernichtung des alten Glaubens, in der Awwakum mit dem letzten ihm noch zur Verfügung stehenden Argument operieren muß – mit dem Argument der eigenen Person und der eigenen Erfahrung. Als Motto könnte folgender Satz aus der *Vita* selbst dienen: »So glaube ich, der Protopope Awwakum, ich glaube und bekenne, und also lebe und sterbe ich.«

Es ist bemerkenswert, wie traditionelle, dem alten Schrifttum entnommene Handlungsschemata bei Awwakum mit dem konkreten Material individueller Erfahrung aufgefüllt werden. Zum Beispiel die Parabel vom reichen und armen Lazarus, die in Rußland besonders beliebt war, wie wir an den geistlichen Gesängen feststellen konnten. Awwakum war die betreffende Stelle im Neuen Testament wohlbekannt, aber unter seiner Feder verwandelte sich das Gleichnis in ein realistisches Bild, erweitert um eine Analyse der eigenen Psyche und bittere Selbstironie:

»Man brachte mich in das Zuchthaus von Bratsk und warf mich, krank wie ich war, in den eiskalten Turm. Dort blieb ich bis Weihnachten und litt sieben Wochen lang bittere Kälte. An Kleidern hatte ich nur einen dürftigen, blutbeschmierten Rock, aber der Herr wärmte mich: Ich lag im Stroh. Später gaben sie mir einen elenden Pelz. Eiter und Läuse auf dem ganzen Leib, Mäuse, eisige Kälte und Hunger. Ich spähe durch den Spalt, bei Paschkow bakken sie und braten sie und schleppen große Platten hin und her und trinken und haben ihre Freude. Zu mir aber kommt keiner, mir bringen sie nichts – diese Narren! Ich hätte gern eine solche Platte abgeleckt oder von dem Spülicht getrunken. Sie schütten es auf die Erde, mir aber wollen sie es nicht geben. Da geht einem allerlei durch den Sinn.«[198]

Gewöhnlich schrieben die altrussischen Autoren kaum etwas von dem nieder, was ihnen selbst »durch den Sinn« ging. Sie dachten und schrieben in kanonischen Schablonen. Aber nun, unter den Voraussetzungen der Kirchenspaltung, wird der christliche Kanon neu interpretiert und neu bewertet, da die eigene Glaubenshaltung entscheidende Wichtigkeit bekommt. Und zwar Auge in Auge mit dem Tod, angesichts des baldigen Endes der Welt und des göttlichen Richters. Das erklärt die stark betonten biographischen und dokumentarischen Komponenten der altgläubigen Literatur insgesamt und von Awwakums *Vita* im besonderen. Ihre Helden und Verfasser sind Teilnehmer und Zeugen blutiger Kämpfe. Aus Awwakums *Vita* schlägt uns eine Woge konkreter, tatsachengesättigter Darstellungen entgegen. Hier rückt das Subjektive plötzlich in den Vordergrund, da es einer Prüfung unterzogen werden muß. Awwakum geht es darum, sein Verhalten und seine Motive nicht nur aufzuzeichnen, sondern auch zu begründen, deshalb muß er seine Seele ausleuchten, alles in ihr verborgene Gute und Böse bloßlegen, und zwar nicht verkürzt und schablonenhaft, sondern ausführlich und immer anhand von konkreten Beispielen. Das herkömmliche Schema der Vita wird durch Awwakums Beichte modifiziert. Sein ganzes Buch kann als eine Art Beichte angesehen werden, aber als eine Beichte besonderer Art.

Erstens ist es eine Beichte in Erwartung seiner Hinrichtung, folglich eine sehr offene, ehrliche und direkte. In dem Erdloch, in dem sie entstanden ist, saß Seite an Seite mit Awwakum sein Glaubensgenosse, Freund und Beichtvater – Starez Epifanij –, der das Entstehen des Buches begleitete und sogar seine Kommentare in das Manuskript eintrug. Es ist klar, daß Awwakum nichts verbergen wollte – und dazu auch gar nicht die Möglichkeit hatte. Das zweite charakteristische Merkmal seiner Beichte besteht darin, daß sie sich nicht nur auf seinen Lebenslauf im allgemeinen bezieht, sondern in erster Linie auf Glaubensfragen und Glaubenskämpfe. Das Interesse Awwakums für die eigene Seele erschöpft sich nicht in sich selbst, sondern ist streng zielgerichtet und nur in Verbindung mit jenen Glaubensfragen existent. Das macht seine *Vita* so geschlossen. Es sind keine Memoiren, die einfach von einem »gelebten Leben« erzählen, sondern es ist ein Bericht über die eigene seelsorgerische Tätigkeit, von dem Weg, den ihm Gott gewiesen hatte. Deswegen versetzt diese Schrift den Leser in die Lage, zu erkennen und zu begreifen, wie jene Menschen beschaffen waren, die einen Konflikt mit dem Staat und der erneuerten Kirche im Namen des alten Glaubens riskierten.

Es ist völlig zutreffend, wenn man angesichts dieses Buches von »Realismus« spricht. In der Tat, es strahlt Zuverlässigkeit, Echtheit und Glaubwürdigkeit aus. Aber es ist ein spezieller, ein mittelalterlicher Realismus und keineswegs eine wahrheitsgetreue Wiedergabe von Alltagsdetails, die dem Leben abgeschaut wurden. Und wenn solche Alltagsdetails aufgenommen werden, dienen sie der Bestätigung eines Kanons, oder sie begleiten übernatürliche, wundersame Erscheinungen. Awwakum wechselt immer wieder zwischen diesen beiden Ebenen – der natürlichen und der übernatürlichen, dem Banalen und dem Wunder. Das Wunder wird häufig an einem durchaus handgreiflichen Gegenstand offenbar, der meistens zum Alltag eines Häftlings oder Verbannten gehört. Die himmlische Hilfe naht auf denkbar profane Weise, in der allerunwürdigsten Umgebung, und wird gelassen dargestellt. Als Awwakum im Kerker saß, in vollständigem Dunkel, angekettet, halb erfroren, erschien ihm ein Engel, den der Gefangene allerdings wegen des Dunkels nicht genau erkennen konnte. Der himmlische Helfer brachte ihm Speise – er schob ihm den Löffel in die Hand und reichte ihm ein wenig Brot und Kohlsuppe. Und Awwakum wiederholt frohlockend die Worte des Engels: »Wunderbar schmackhaft ist die gute Schtschi!«[199] Das Wunder offenbart sich in seiner niedrigsten materiellen Gestalt, und gerade darin findet es seine beste Bestätigung. Das ist der typische mittelalterliche Realismus, der bei Awwakum seinen höchsten Ausdruck gefunden hat. Eine solche Nachbarschaft von Hohem und Niederem, Materiellem und Spirituellem war für die mittelalterlichen Autoren nichts Außergewöhnliches. Nach ihrem Empfinden wohnte Gott in unmittelbarer Nähe des Menschen, und seine Gegenwart war auf Schritt und Tritt spürbar.

Als Awwakum sich an die lange Wanderung durch Sibirien und Daurien erinnert, gedenkt er gerührt eines wunderbaren Hühnchens, das seine Kinder vor dem Hungertod bewahrte:

»Wir hatten ein schwarzes Hühnchen bei uns, jeden Tag legte es zwei Eier als Nahrung für unsere Kinder. Das war der Wille Gottes: Er richtete es so ein. Als wir mit dem Schlitten fuhren, haben wir es versehentlich erdrückt. Heute noch tut mir das Hühnchen leid, sobald ich seiner gedenke. Hundert Rubel wären für dieses Hühnchen zu wenig, denn dieser kleine Vogel hatte eine Seele, diese Kreatur Gottes ernährte uns und hat aus demselben Kessel mit uns den Tannenzapfenbrei gepickt. Und wenn es einmal gelang, einen Fisch zu angeln, dann pickte es auch an dem Fisch herum.«[200]

Dieses Hühnchen war auf recht ungewöhnliche Weise in Awwakums Besitz gelangt. Im Hühnerstall einer Bojarin brach eine Seuche aus, die Hühner ließen den Kopf hängen, erblindeten und siechten dahin. Sie sammelte sie alle in einen Bastkorb und brachte sie zu Awwakum, damit er ein Gebet über ihnen lese. Awwakum sprach ein Gebet, besprengte sie mit Weihwasser, ging in den Wald, zimmerte einen neuen Futtertrog und schickte die Bojarin samt Hühnern und Futtertrog nach Hause. Mit Gottes Hilfe genasen die Hühner. Und aus diesem Stall stammte auch Awwakums schwarzes Hühnchen.

Die Dichte der Details aus dem alltäglichen Leben, ebenso wie die Unmittelbarkeit ihrer Darstellung sind, wie bereits angedeutet, nicht nur Merkmale der *Vita*, sondern der altgläubigen Literatur überhaupt, die sich durch eine enge Verbindung von Religion und Brauchtum auszeichnet. Denn die ganze Bewegung lag im Streit mit der offiziellen Kirche und kämpfte unter der Fahne des ursprünglich russischen und deshalb volkstümlichen Glaubens. Der kühlen griechischen Bildung hielten die Altgläubigen die Tradition entgegen, die damals noch warm und lebendig im Alltag des Volkes lebte. Wir greifen als Parallele ein kurzes Kapitel aus der wenig bekannten Vita des ehrwürdigen Kornelij heraus, die etwa zur selben Zeit wie die *Vita* Awwakums entstand. In der »Erzählung vom Fischfang« versteckt sich der ehrwürdige Kornelij in den Wäldern um die nordrussischen Seen. Eines Tages –

»fragte Kornelij seinen Jünger Pachomij: ›Hast du Kaviar für den morgigen Tag? Morgen, am Fest des Gerechten Lazarus, ist uns das Essen von Kaviar erlaubt und am Palmsonntag auch Fisch.‹ Pachomij antwortete: ›Ehrwürdiger Vater, woher nehmen wir Kaviar und Fisch, da überall grimmiger Winter ist und wir kein Angelgerät haben? Und auch keine Vorräte?‹ Darauf sagte Vater Kornelij zu Pachomij: ›Bete, nimm eine Brechstange und einen Spaten und einen Haken. Gehe zum See, an die Stelle, wo der Bach in den See mündet. Hacke das Eis auf, laß den Haken ins Wasser. Der Frühling beginnt, der Fisch steht dort.‹ Darauf fragte Pachomij: ›Und was soll ich als Köder nehmen?‹ Der ehrwürdige Vater nahm von dem Roggenschrot, knetete mit seinen heiligen Händen einen Teig und aus dem Teig ein Fischchen, spießte es auf den Haken und reichte es Pachomij. Pachomij nahm es, betete, bat um seinen Segen und begab sich zu dem angegebenen Platz. Er hackte das Eis auf, säuberte das Loch, genauso wie der ehrwürdige Vater es ihm gewiesen hatte, und hielt zweimal den Haken mit dem Köder ins Loch. Beim dritten Mal aber zog er dank des Gebets von Vater Kornelij einen Fisch herauf, der Hecht genannt wird, einundeinviertel Arschin lang. Er freute sich und eilte mit dem Fisch zu Vater Kornelij. Der Vater Kornelij erwartete Pachomij vor seiner Zelle und rief mit lauter Stimme folgende Worte aus: ›Einen Stör bringt der Vater!‹ Er nahm den Fisch aus Pachomijs Händen, schlitzte ihm den Bauch auf, fand darin eine Menge Kaviar, tat diesen in eine große Schüssel und schnitt den Fisch in Stücke. Am selben Tag kamen Gäste, Wassilij Iwanowitsch und mehrere Glaubensbrüder. Sie feierten die Auferweckung des Lazarus und die Palmwoche, erfreuten sich an

dem Kaviar und an dem Fisch und dankten Christus, der keinen, der an Ihn glaubt, übergeht, für die wunderbare Gabe.«[201]
Diese einfache Geschichte vom wunderbar geangelten Fisch erinnert in vielem an die Geschichte vom wunderbaren Hühnchen des Protopopen Awwakum. Das Wunder grenzt hier und dort unmittelbar an den Alltag, der ausführlich und liebevoll dargestellt ist. Auch die Sprache erinnert an Awwakum. Zum Beispiel durch plötzliche Rückgriffe auf die Umgangssprache und geläufige Redewendungen.

Der Realismus in Awwakums *Vita* lebt im wesentlichen von der Sprache – volkstümlich, saftig und unmittelbar, durchsetzt vom Umgangsrussisch, sogar von Vulgarismen. Letzteres hat verschiedene Gründe. So war Awwakum zu unserm Glück ein wenig gebildeter, kaum aufgeklärter Mann. Selbstverständlich kannte er sich in der Heiligen Schrift und in den Schriften einiger Kirchenväter aus. Aber grundsätzlich lehnte er die griechische Gelehrsamkeit und jede theologische Rhetorik ab. Er appellierte ebenso an die urwüchsige russische Sprache wie an den ursprünglichen russischen Glauben. Dementsprechend bezeichnete er den eigenen Stil und die eigene Sprache als die des »gemeinen Volkes« oder, nach seinem eigenen ironischen Ausdruck, als »Geschwätz«. Und dieses »Geschwätz« füllt seine *Vita*.

Auch die Bedingungen, unter denen dieses Buch entstand, begünstigten das Eindringen des lebendigen, gesprochenen Russisch in die Schriftsprache. Denn Awwakum saß, wie gesagt, in einem unterirdischen Verlies, Seite an Seite mit seinem Freund und Beichtvater, dem Starez Epifanij, dem er sein Leben erzählte. Der Text seiner *Vita* entstand wahrscheinlich als schriftliche Fixierung ihrer Gespräche. Man spürt im ganzen Text, daß Awwakum sich an einen Zuhörer und Gesprächspartner wendet. Und schließlich ist die sprachliche Lebendigkeit in vielem auf die Persönlichkeit des Protopopen zurückzuführen, auf sein äußerst bewegliches, stürmisches Temperament, einen Charakter, der sprunghaft zwischen Zorn und Reue, zwischen strenger Zucht und Selbstironie wechselt. Die hohe Prophetie geht Hand in Hand mit grobem oder gutmütigem Tadel, und biblische Formeln und Bilder mit Schilderungen seines stinkenden, elenden Gefängnisdaseins.

Ein gutes Beispiel für diese stilistische Spannweite bieten die zwei Schreiben aus Pustosersk, die Awwakum an seinen Freund und Glaubensbruder Simeon richtet. Über Simeon wendet er sich an alle anderen treuen Christen, so daß beide Schreiben als Beispiel der religiösen Publizistik Awwakums betrachtet werden können. Im ersten Brief an Simeon werden auch weitere Adressaten angesprochen, er enthält eine persönliche Botschaft an zwei Schülerinnen und Nachfolgerinnen Awwakums aus den vornehmsten und höchsten Bojarenkreisen. Es sind die Bojarinnen Morosowa und Urusowa, die ebenfalls um des alten Glaubens willen verhaftet, gefoltert und später hingerichtet wurden. Die im Brief erwähnte »Prokopjewna« ist eben jene Feodosija Prokopjewna Morosowa, die Surikow auf seinem berühmten Gemälde »Die Bojarin Morosowa« (1887) dargestellt hat. Auf einem einfachen Bauernschlitten wurde sie durch ganz Moskau gefahren, bevor sie in die Verbannung kam. Sie aber hebt mit flammendem Blick, ungebeugt, die mit zwei Fingern segnende Hand zum Himmel.

Awwakum schreibt:

»Ich bin kein Theologe. Was mir in den Sinn kommt, das sage ich auch. Ich kann, Simeon, essen und schlafen, aber wie kann ich meine Notdurft verrichten? Unser, meines und des Starez, Gemach ist dank Gottes Gnade reichlich bemessen. Wo wir essen und trinken, dort, nimms mir nicht übel, verrichten wir auch unsere Notdurft. Dann nehmen wir die Scheiße auf die Schaufel und werfen sie zum Fenster hinaus. Und wenn auch der Wojwode gerade vorbeigeht, wir kümmern uns nicht darum. Ich glaube, daß selbst der Zar Alexej Michailowitsch kein solches Gemach sein Eigen nennt. Häretiker, Hunde sind sie! Der Satan muß es ihnen eingegeben haben: Einen Menschen bei lebendigem Leibe unter die Erde stecken! Sie geben einem Brot, aber scheißen lassen sie einen nicht! Wie wird es wohl der armen Bojarin und den Schwestern ergehen? Oh, meine Liebe! Das war dir nicht auf den Leib geschnitten! In Kutschen bist du gefahren, immer in Kutschen, und nun bist du, meine liebe Freundin, in einen Schweinestall geraten! Sie geben einem eine Weile Futter, aber dann mit dem Knüppel gegen die Stirn und im Feuer gebraten. Wie ist dir, Prokopjewna, fürchtest du dich viel-

leicht vor dem Tode? Fürchte dich nicht, mein Täubchen, mach dir nichts aus ihnen! Sei mutig in Jesus Christus! Denn es ist süß, für Christus, unser Licht, zu sterben. Ich würde sterben, wieder lebendig werden und abermals sterben – für Christus, unseren Herrn.«
Man stelle sich vor: Als Awwakum dieses schrieb, sahen sie alle dem drohenden Feuertod entgegen. Deshalb bereitete er seine Anhänger auf den Scheiterhaufen vor, und machte ihnen Mut, indem er diesen Scheiterhaufen mit dem babylonischen Feuerofen verglich:
»Aber in diesem Feuer braucht man nur kurze Zeit auszuharren, nur einen Augenblick, und schon scheidet die Seele vom Leibe! Will dir das etwa nicht einleuchten? Fürchtest du dich vor dem Ofen? Sei mutig, spuck auf ihn, fürchte dich nicht! Bis zu dem Ofen dauert die Angst, hast du ihn aber betreten, so hast du ihn auch gleich vergessen.«
Diese Worte konnte er bald durch sein eigenes Beispiel bestärken, als er gemeinsam mit seinen Gefährten furchtlos den Scheiterhaufen bestieg. Im zweiten Brief an Simeon entwirft Awwakum ein Bild des künftigen Lebens des Zaren im Jenseits, dem er den Namen des heidnischen Kaisers Maximilian gibt. Zu dieser Zeit erfreute sich der Zar Alexej Michailowitsch noch des Lebens. Awwakum jedoch schildert bereits im voraus die Qualen, die er erleiden wird. Auf ähnliche Weise hatte er früher den Zaren direkt angesprochen, indem er ihm von Zeit zu Zeit aus dem Gefängnis in Pustosersk schrieb und ihn immer wieder beschwor, zum alten Glauben zurückzukehren.
»Der Henker brüllt im höllischen Schwefelfeuer. Das sind nun deine Gelage, die täglichen Piroggen ohne Zahl, der süße Met und der klare Wodka mit grünem Wein! Liegen auch unter dir, Maximilian, das Daunenbett und das Daunenkissen? Und stehen um dich herum die Eunuchen mit Wedeln, damit sich keine Fliege auf den großen Herrn niederläßt? Und wischen dir die Schlafzimmerpagen deinen Arsch ab, nachdem du im feurigen Höllenpfuhl deine Notdurft verrichtet hast? Der Heilige Geist sagt mir, daß du dort keine Dienerschaft hast, alle sind hiergeblieben, und daß du das, was du gegessen hast, nicht mehr von dir gibst, sondern daß du, der große Herrscher, selbst von den Würmern gefressen wirst. Oh, du

armer, armer, hirnloser, jämmerlicher Zar! Was hast du dir angetan? Wo sind deine goldgleißenden Gewänder und Schabracken? Deine Gemächer mit den goldenen Decken, die liebreizenden Dörfer, wo sind die Gärten und die Mauern, wo sind der purpurne Mantel und die Zarenkrone, mit Perlen und Edelsteinen geschmückt? Wo ist deine Dienerschaft, die in glänzenden Gewändern, waffentragend, wie die Engel sich um dich scharte? Wo sind die Künste und die Kurzweil dieser wesenlosen Zeit, in denen du dich ständig übtest und denen du, Gott vergessend, wie geistlosen Götzen dientest? Deshalb wandte sich Gott von dir ab und stürzte dich in die finsterste Hölle. Fahr hin, du Hurensohn!«[202]
Der Staat konnte sich Awwakums Anklagen nicht gefallen lassen. Er und seine Genossen wurden zum Tode auf dem Scheiterhaufen verurteilt. Das Urteil lautetete: »Für die unmäßigen Schmähungen des Zaren und seines Hauses sind sie zu verbrennen.« Dies geschah am 1. April 1682 in der Stadt Pustosersk. Mitten auf dem Platz wurde der Holzstoß aufgeschichtet. Es heißt, einer von ihnen habe vor Schmerz aufgeschrien, als die Flammen hochschlugen. Awwakum soll sich zu dem Mann geneigt, ihm zugeredet und ihn beruhigt haben.
Nach einem anderen Bericht soll er sich auf dem Holzstoß mit zwei Fingern bekreuzigt und an das Volk gewandt haben:

»Wenn ihr betend dieses Kreuz schlagt, so seid ihr in alle Ewigkeit gerettet. Haltet ihr dem Zweifingerkreuz nicht die Treue, so wird eure Stadt mit Sand zugeschüttet [d. h. so wird eure Stadt ohne Feuer verbrennen]. Und wenn eure Stadt verschwindet, so folgt auch das Ende der Welt ...«

Diese Prophetie ist – jedenfalls zum Teil – bereits eingetroffen. Die Stadt Pustosersk ist verschwunden. Wir haben diese Gegend 1959 besucht. Das war keineswegs leicht: durch unwegsame Sümpfe, auf überwucherten Pfaden und später in einem Boot gelang es uns endlich, die kleine Insel zu erreichen, auf der einst Pustosersk lag. Nach den alten Urkunden muß es sich um eine richtige Stadt gehandelt haben, mit mehreren Kirchen und vielen Häusern. Kaum hatten wir das flache Ufer betreten, als wir im Sand Menschenknochen und mehrere Schädel entdeckten. Später erfuhren wir, daß es ein uralter Friedhof war, den die nördlichen Stürme abgetragen hatten. Von der ganzen Stadt war ein einziges windschiefes Haus übriggeblieben. Aber überall sahen wir die Reste der alten Fundamente. Man konnte sich des Gefühls nicht erwehren, sich auf einem von Gott verfluchten Platz zu befinden. Verflucht, vielleicht auch von Awwakum, der hier fünfzehn Jahre gefangengehalten wurde und schließlich auf dem Scheiterhaufen gestorben ist.

Aber es gibt auch andere Erklärungen für das Schicksal von Pustosersk. Früher stand das Städtchen am Ufer der Petschora. Der Fluß war die einzige Verbindung mit der Außenwelt. Über den Fluß kamen das Bau- und Brennholz, das die Stadt ständig benötigte, denn Pustosersk liegt bereits in der Tundra, nördlich der waldreichen Gegenden. Aber mit der Zeit änderte die Petschora ihren Lauf und suchte sich ein neues Flußbett. Zwischen ihr und Pustosersk legten sich undurchdringliche Sümpfe. Ohne den Fluß ging es mit der Stadt bergab. Ihre letzten Einwohner verheizten die letzten verlassenen Häuser. Die Worte Awwakums trafen ein, die Stadt verbrannte ohne Feuersbrunst. Zurück blieb eine öde Stelle – Sand, Wind und Gebeine.

In dem einzigen Haus lebte damals eine halbverrückte Alte, von der man nichts Vernünftiges erfahren konnte. Bei ihr war ein kleiner Junge, ihr Enkel, lebhaft und fröhlich, der aus dem Nachbardorf in einem Boot herübergerudert war, offensichtlich, um seiner alten Großmutter zu helfen. Er war ungefähr dreizehn und sehr neugierig, was uns wohl aus dem fernen Moskau hierher geführt habe. Ich sagte: »Du weißt doch, daß die Stadt Pustosersk und überhaupt diese ganze Gegend berühmt sind!« Er wußte überhaupt nicht, was ich meinte, und war aufrichtig erstaunt: »Was sagst du? Wieso berühmt?« »Aber du weißt es doch ganz bestimmt! Man hat doch hier bei euch im siebzehnten Jahrhundert den Protopopen Awwakum verbrannt.« Er sah mich verdutzt an und lächelte. »Nee«, antwortete er, »wir glauben nicht an Gott und nicht an Märchen!«

Vom Protopopen Awwakum ist im Bewußtsein des russischen Volkes, selbst jener Menschen, die heute in der Nähe der alten Hinrichtungsstätte leben, nichts übriggeblieben, ebensowenig wie von der Stadt Pustosersk.

## 3
# Wege und Schicksale des Alten Glaubens

Der Feuertod Awwakums und anderer Führer der Altgläubigen brachten die Bewegung nicht zum Stillstand, sondern gaben ihr einen neuen Auftrieb. Ende des siebzehnten und zu Beginn des achtzehnten Jahrhunderts breitete sich ihr Einfluß über riesige Teile der russischen Bevölkerung aus. Gelegentlich wirkt sich eine Glaubensverfolgung vor allem als Bestätigung für die Verfolgten aus: Nur etwas Wahres kann so rigoros verfolgt werden. Außerdem warfen diese Verfolgungen ein äußerst zweifelhaftes Licht auf die offizielle Kirche und den Staat und riefen allerorts Widerwillen gegen die neue Ordnung hervor. Und obwohl die Altgläubigen sehr bald wußten, daß sie nicht siegen und ihr Land nicht zum alten Glauben zurückführen würden, blieben sie unbeirrt. Hier war eine ganz besondere Logik am Werk: Wenn sogar die heilige Rus in Gestalt der offiziellen Kirche vom wahren Glauben abgefallen war, so stand das Ende der Zeit unmittelbar bevor, die Welt hatte sich dem Bösen ergeben und war nun endgültig in Satans Hand. Die Diener des Staates und der Klerus Nikons waren die Knechte des Antichrist. Und für die Gläubigen bricht die große Prüfung an. Daraus folgt, daß jeder noch standhafter am alten Glauben festhalten muß und sich weder von Tod und Folter noch von den Versuchungen der Welt schrecken lassen darf. Nun geht es nicht mehr um Form und Ritus, um die zwei oder drei Finger, mit denen man das Kreuz schlägt, sondern um eine wirkliche Spaltung, einen Riß mitten durch das Volk, der sich zu einer unüberbrückbaren Kluft zwischen zwei Strömungen der Orthodoxie erweitert. Später, im achtzehnten Jahrhundert, waren Kirche und Staat bereit, die Altgläubigen als einen selbständigen Zweig der russischen Orthodoxie zu tolerieren. Aber weder Staat noch Kirche konnten zulassen, daß ihre eigenen Regeln,

Strukturen und Lehren verteufelt wurden. Deshalb hielt die Verfolgung mancher hartnäckiger Altgläubiger an, sie blieben in den Augen des Staates und der Kirche gefährliche Häretiker.

Der Grad, den die Spaltung erreicht hatte, ist durch die häufigen Selbstverbrennungen gekennzeichnet, die die Altgläubigen einzeln oder in ganzen Gemeinden praktizierten. Den Anstoß dazu gab noch Awwakum, der ihnen die Angst vor dem Feuer zu nehmen versuchte und sogar riet, sich nötigenfalls für den »feuerverbrennenden vernichtenden Tod« zu entscheiden. Er billigte die Selbstverbrennung als wirksames Mittel, sich den Häretikern zu entziehen, wenn man gewaltsam zum neuen Glauben bekehrt werden sollte. Besser sich selbst verbrennen, als Gott die Treue brechen! Für ihn galt dies nicht als der einzige Weg zur Errettung der Seele, nicht als Dogma, aber für manche seiner Glaubensgenossen war die Selbstverbrennung gleichsam heilige Pflicht. Die Menschen schlossen sich in einem Haus ein – manchmal waren es an die hundert –, beteten, psalmodierten und starben in den Flammen. Manchmal geschah es, sobald sich mitten im tiefsten Wald Soldaten ihrem Versteck näherten, mit dem Befehl, sie festzunehmen. Manchmal ohne jede unmittelbar drohende Gefahr seitens der Regierung, sondern im Glauben an den gottgefälligen kürzesten Weg in den Himmel, hinweg aus dieser dämonischen Welt. Sie handelten nicht aus Verzweiflung, sondern freudig und feierlich, im Zustand religiöser Verzückung und mystischer Exaltation: Die ganze Welt war vom rechten Weg abgekommen, der Antichrist war nahe oder bereits erschienen.

Die Lehre vom Antichrist erfreute sich in diesen Kreisen besonderer Beliebtheit. Es gab dazu verschiedene Theorien und Vermutungen. Der Zeitpunkt seines Erscheinens wurde nach der Bibel errechnet. Zum Beispiel taucht in der Offenbarung die geheimnisvolle und unheilverkündende Zahl 666 auf – die Zahl des Antichrist. Nach gewissen Auslegungen ist diese Zahl als Verdoppelung der Zahl 333 zu verstehen, die die heilige Dreifaltigkeit symbolisiert. Der Antichrist beabsichtigt, die Dreifaltigkeit zu übertreffen, und wählt deshalb die satanische 666. Das Jahr 1666 wurde mit Bangen erwartet. Und ausgerechnet in diesem Jahr wurde in Moskau ein

Konzil einberufen, auf dem die Kirchenreform Nikons endgültig bestätigt wurde.

Über den Antichrist wurden leidenschaftliche Dispute geführt. Man fragte: Kommt er noch, oder ist er bereits erschienen? Wenn er kommt, nimmt er die Gestalt eines Menschen an, oder ist er ein bloßer Geist, der sich vielleicht in der Verfolgung der Altgläubigen offenbart? Awwakum glaubte, daß der Antichrist sich in Nikons Reform verkörpere, daß Nikon Gott verraten habe und dem Antichrist diene, jedoch nicht selbst der Antichrist sei. Andere sahen in Nikon den Antichrist persönlich, der sich einer menschlichen Seele und eines menschlichen Leibes bemächtigt habe. Es wurde erzählt, daß Nikon den Teufel anbete, daß in einem seiner Schuhe das Bild der Heiligen Muttergottes und im anderen das russische Kreuz eingestickt seien, damit der Patriarch bei jedem Schritt die heiligen Symbole mit Füßen treten könne.

Wenig später war die Verkörperung des Antichrist nicht nur für die Altgläubigen, sondern für weiteste Bevölkerungsschichten niemand anderer als Peter der Große. Es heißt, daß er in seiner Jugend, bei einem seiner häufigen Auslandsaufenthalte, entführt und ausgetauscht worden wäre und daß in Rußland nun anstelle des Zaren der Antichrist auf dem Thron säße. Es kam vor, daß irgendwo auf dem Marktplatz oder in der Kirche ein Tollkühner laut verkündete, der russische Zar sei der Antichrist. Er wurde selbstverständlich auf der Stelle ergriffen, in die Geheimkanzlei gebracht und gefoltert, um herauszufinden, wer ihn angestiftet habe und wer zu seinen Verbündeten gehöre. Darauf wurde er hingerichtet. Manchmal erwies es sich, daß der Betreffende keine Gesinnungsgenossen und keine Einflüsterer hatte und von selbst, aus eigener Einsicht, zu der Meinung gekommen war, der russische Zar sei der Antichrist. Ein alter Mann hatte einmal Peter dem Großen in der Kirche während des Gottesdienstes ein Schreiben entsprechenden Inhalts überreicht. Unter der Folter gestand er lediglich, er wolle um seines Glaubens willen leiden. Er hatte – wie viele andere auch – das Bedürfnis, die Nachfolge Christi anzutreten und nach dessen Beispiel für die Wahrheit zu sterben, um so die eigene Seele zu retten.

Schon lange hatte sich Rußland daran gewöhnt, dem Westen zu mißtrauen und ihn als häretisch und antichristlich zu betrachten. Die Reform Peters des Großen und seine Ukase, die auf jedem Gebiet den westlichen Gepflogenheiten Tür und Tor öffneten, wurden im Volk, und ganz besonders unter den Altgläubigen, als eindeutige und unübersehbare Zeichen des nahenden Antichrist angesehen. Die Masse des Volkes wandte sich unter Peter zunehmend dem alten Glauben zu, und die Spaltung wurde dadurch wesentlich vertieft. Der Zar und seine westlichen Errungenschaften schienen das Werk Nikons unmittelbar fortzuführen. In Wirklichkeit verhielt es sich ganz anders. Aber für den konservativen Zeitgenossen war Nikon der falsche Prophet und Peter der Große der Antichrist auf dem Zarenthron: zwei Verkörperungen der apokalyptischen Dreiheit.

Zum Glück war Peter der Große im Unterschied zu seinem Vater, dem Zaren Alexej Michailowitsch, ein ausgesprochen weltlicher Staatsmann ohne jeden Sinn für Religion und Kirche. Ihm war es vollkommen gleichgültig, ob seine Landeskinder mit zwei oder mit drei Fingern das Kreuz schlugen. Er wollte nur ihren Gehorsam. Und obwohl er für die Altgläubigen als Vertreter der konservativen, seinen westlichen Errungenschaften feindlichen Richtung nicht viel übrig hatte, wußte er sehr wohl, daß ihre Verfolgung und Hinrichtung das Problem nicht lösen würde. Die Spaltung hatte bereits einen solchen Grad erreicht, daß es um die physische Vernichtung mehrerer Millionen Menschen gehen müßte, was offenbar die Möglichkeiten selbst dieses großen Herrschers überstieg. Außerdem glaubte er, daß ein Kompromiß mit den Altgläubigen für den Staat nützlich sein würde, da der größte Teil der Kaufleute dem alten Glauben anhing, der Zar aber um jeden Preis Handel und Industrie fördern wollte. Als aufgeklärter und intelligenter Herrscher hielt er die Legitimierung der Spaltung für unumgänglich und räumte den Altgläubigen Wohnrecht innerhalb der Grenzen seines Staates ein. Die Repressionen gegen die Altgläubigen wurden weitgehend gemildert. Dafür aber wurde gefordert, sich offen »in die Spaltung einzutragen«, d. h. amtlich, mit eigenhändiger Unterschrift, zu bestätigen, daß man ein Mensch besonderer Sorte, eben ein *raskolnik* war. Das war psychologisch gar nicht so einfach. Die Altgläubigen mußten sich öffentlich zu Raskolniki, zu »Abgespaltenen« stempeln, während sie offen oder insgeheim gerade die offizielle Kirche als abtrünnig und vom wahren Glauben abgewichen betrachteten. Eine weitere Bedingung der Legalisierung war die Loyalität gegenüber Kirche und Staat. Man durfte die neue Ordnung nicht als häretisch bezeichnen. Darauf stand immer noch die Todesstrafe. Man mußte sich also als Raskolnik zu erkennen geben, durfte jedoch über Kirche und Staat nichts Nachteiliges sagen. Dafür hatte man das Recht, nach dem alten Ritus zu beten. Aber dieses Recht wurde doppelt besteuert – eine Art Strafe oder Bußgeld für den Kirchenaustritt. Dies war der eigentliche Grund des öffentlichen Bekenntnisses, denn wenn der Raskolnik nicht zahlte, wurde er auf der Stelle verhaftet und ins Zuchthaus gesteckt. Dennoch war die Lage der Altgläubigen einfacher als zuvor. Die doppelte Steuer war immer noch weniger schmerzlich als Folter und Tod. Viele Altgläubige gingen diesen Kompromiß ein, der für ihr Vaterland in jeder Beziehung vorteilhaft war – sowohl finanziell als auch, was den inneren Frieden anbelangte. Jedoch konnten weder die Maßnahmen Peters des Großen noch die weit liberaleren seiner Nachfolger das Problem der Kirchenspaltung endgültig lösen. In erster Linie deshalb nicht, weil ein bestimmter Teil der Altgläubigen auf die Registrierung verzichtete, die sie gleichsam als eine Bestätigung ihrer eigenen Minderwertigkeit ansahen. Die »Einschreibung« empfanden viele als das Siegel des Antichrist, mit dem der Zar seine Untertanen zeichnete. Der Kompromiß kam für sie einem Pakt mit dem Teufel gleich. Es gab ein Gerücht, daß der Zar bereits eiserne Siegel habe anfertigen lassen, um sein Volk zu brandmarken: Alle, die sich wehren, werden getötet, und alle, die sich stempeln lassen, mit dem Zaren-Antichrist in den Höllenschlund fahren. Die einschlägigen Stellen aus der Apokalypse waren schnell zur Hand. Aber auch die Altgläubigen, die bereit waren einzulenken und ihre Loyalität bekundet hatten, litten unter mancherlei Konflikt. So stellte sich plötzlich heraus, daß diese Menschen, trotz ihres aufrichtigen Wunsches nach einem friedlichen Auskommen mit der Staatskirche, eine besondere Vorstellung von Loyalität hatten. Eines Tages wurde Peter dem Großen gemeldet, daß die »legalen« Altgläubigen das Gebet für den Zaren wegließen oder anders abfaßten. Statt den Zaren »rechtgläubig« zu nennen, nannten sie ihn bloß »wohlgeboren«. Der Unterschied scheint gering, aber bei näherem Betrachten stellt sich heraus, daß die Altgläubigen ihn lediglich wegen seiner Abkunft als Zaren ehrten: Gebt dem Kaiser, was des Kaisers ist. Sie weigerten sich also, ihn als »rechtgläubig« anzuerkennen, denn das hätte bedeutet, daß der wahre, der rechte Glaube auf seiner Seite sei. Hinter der Bezeichnung »wohlgeboren« witterten die Zuträger mit Recht die Überzeugung, der Zar sei der Antichrist. (Übrigens ist dieser Bericht an den Zaren, der mit der Empfehlung schließt, die Altgläubigen von neuem zu verfolgen und zu bestrafen, von einem Bischof verfaßt worden.)

Aber der eigentliche Grund für die immer tiefer werdende Spaltung lag anderswo und war durch einen Kompromiß nicht zu beheben. Unter Peter dem Großen und in der folgenden Zeit wandte sich Rußland immer stärker dem Westen zu, und der Alltag sowie das gesellschaftliche Leben nahmen immer deutlicher westliche – für die Altgläubigen häretische – Züge an. Die Entfremdung zwischen den verschiedenen Teilen der Bevölkerung nahm rapide zu. Es ging nicht mehr um rituelle Details, sondern um das gesamte Brauchtum, das innere und äußere Sein des russischen Volkes. Zwei Neuerungen Peters des Großen waren für die Altgläubigen völlig unannehmbar: die Verordnungen, die Bärte zu scheren und ausländische Kleidung zu tragen. Dies war in der Tat ein schwerer Schlag, den der Zar-Antichrist seinem Volk versetzte. Das Scheren des Bartes wurde im alten Rußland immer als Zeichen der Häresie angesehen. Der Bart galt als unantastbar. Das Stoglaw-Konzil unter Iwan dem Schrecklichen hatte ausdrücklich verboten, die Bärte auch nur zu stutzen, geschweige denn, sie abzuschneiden. Und plötzlich greift Peter, scheinbar zum Spaß, eigenhändig zur Schere und schneidet bei Versammlungen und Audienzen seinen ersten Bojaren die Bärte ab. Für die Betroffenen war das eine furchtbare Schande, aber sie mußten sie ertragen. Inzwischen war der Ukas veröffentlicht worden, daß sämtliche Staatsdiener, aber auch sämtliche Städter sich rasieren müßten. Eine Ausnahme wurde für die Geistlichkeit und die Bauern gemacht. Bei der Geistlichkeit geschah das aus Achtung für den Stand, bei den Bauern wahrscheinlich aus Resignation. Wenn ein Bauer in die Stadt kam, mußte er für seinen Bart eine Steuer, d. h. ein Bußgeld bezahlen. Ebenso wie die »Einschreibung in den alten Glauben« wollte der Zar sich die Toleranz gegenüber einem alten Brauch mit blanker Münze bezahlen lassen. Gleichzeitig wurde vorgeschrieben, in der Stadt ausländische Kleidung zu tragen. Die Händler in St. Petersburg, die russische Kleidung und Stiefel verkauften, wurden öffentlich mit Ruten gezüchtigt und nach Sibirien verbannt.

Das Thema der Bartschur zieht sich wie ein roter Faden durch das gesamte Schrifttum der Altgläubigen, fast als wäre es der Hauptpunkt der Auseinandersetzung mit den Nikonianern. Die Altgläubigen sagen: »Das Ebenbild Gottes trägt Bart und Schnurrbart« oder »Scherst du den Bart, schändest du Christi Bild«. Was bedeutet eigentlich der Bart im Brauchtum und im religiösen Bewußtsein der alten Rus? Der Bart – das war das Zeichen des göttlichen Bildes im Menschen. Entfernte man ihn, so machte man sich dem Weibe gleich. Es entsprach beinahe einem Bekenntnis zur »Sodomie« – heute würde man sagen, zur Homosexualität. Nach dem Ausdruck Awwakums nimmt der rasierte Mann eine »lastertragende Gestalt« an. Die Altgläubigen weigerten sich, Bartlose in ihre Gemeinschaft aufzunehmen, und nannten sie verächtlich »glattgeschabte Mäuler«, und schließlich und endlich war ein rasiertes Gesicht das Kennzeichen des Antichrist. Auf Ikonen-Darstellungen des Jüngsten Gerichts wurden die Gerechten immer mit Bart, die Türken, Häretiker, Polen und Lutheraner bartlos dargestellt. Manchmal tragen diese allerdings einen Schnauzbart. In einem alten Handbuch der Ikonenmalerei heißt es, sie hätten Schnurrbärte wie Kater oder Hunde. Daher die Sprichworte: »Ohne Bart kommst du nicht ins Paradies« und »Schneid uns den Kopf ab, rühr nur den Bart nicht an!« Der letzte Spruch stammt wahrscheinlich aus der Zeit Peters.

Auch auf andere Neuerungen reagierten die Altgläubigen mißtrauisch und feindselig, insbesondere auf den Tabak, der »Satanskraut« genannt wurde. Bis dahin galt das Tabakrauchen als verwerflicher und sündiger Zeitvertreib. Gelegentlich wurde einem dafür die Nase abgeschnitten, aber unter Peter wurde das Rauchen Mode und galt beim

Adel als Zeichen guten Geschmacks, da Peter selbst rauchte und diese westliche Sitte propagierte. Die Altgläubigen nannten die Raucher verächtlich *tabatschniki,* und es entstand das Sprichwort: »Nimmst du Tabak in den Mund, bist du schlimmer als ein Hund«, worauf die Raucher unter den Nikonianern sogleich parierten: »Schmauchst du dein Pfeiflein, bist du Christi Bäuerlein.«
Auch der Tee war für viele Altgläubige ein verbotener Genuß: »Hast du Tee gesoffen, brauchst auf Rettung nicht zu hoffen.« Desgleichen der Kaffee: »Wer Kaffee trinkt, legt die Seele an die Kette.« Die Kartoffel nannten die Altgläubigen den »Lustapfel des Antichrist« und behaupteten, sie käme aus Rom. Die Bauern weigerten sich, Kartoffeln anzubauen. Unter Katharina wurden sie dazu gezwungen, und diese Maßnahme führte zu dem sogenannten »Kartoffel-Aufstand«. Man stützte sich dabei auf den Glaubenssatz der Altgläubigen: »Sieben ökumenische Konzile haben Tee, Kaffee, Kartoffeln und Tabak mit dem Bann belegt.«
Aber natürlich ging es nicht nur um einzelne Genußmittel. Das Neue insgesamt wurde abgelehnt. So auch der Gebrauch der Gabel bei Tisch (»Es ist eine Sünde, die Gottesgaben aufzuspießen.«) oder das Verglasen der Ikonen oder Bettgestelle aus Eisen. Und später betrachteten viele Altgläubige Erfindungen wie Telegraph, Telefon und Eisenbahn als Teufelswerk. Dies allerdings trug dazu bei, daß die Altgläubigen, auch wenn sie nicht verfolgt wurden, keineswegs ein leichtes Leben hatten. Die Welt, die sie umgab, die Gegenstände des täglichen Gebrauchs mußten ständig mit Vorsicht und Mißtrauen beobachtet werden. Überall und in jeder Situation mußte man sich vergewissern, ob es sich nicht um eine Falle des Teufels handelte. Eines Tages entdeckte man auf einem bestimmten Papier das Wasserzeichen – ein Bär mit einem kleinen Beil. Daraufhin wurden sämtliche Kirchenbücher und Handschriften, die auf diesem Papier geschrieben waren, für ungültig erklärt, weil Menschen, die über diesen Büchern beteten, »das Tier anbeteten« (nach Apok. 14,4).
Die schlimmsten Barrieren aber bestanden im Umgang mit anderen Menschen. Im Laufe der Zeit vereinsamten die Altgläubigen immer mehr. Sie versuchten zwar, in Gemeinden zu leben, aber diese Ge-

meinden lagen weit verstreut in einem Ozean fremden und feindseligen Lebens. Im Hause eines Nikonianers weigerte sich ein Altgläubiger, aus fremdem und, wie er sagte, »unreinem« Geschirr zu essen und zu trinken. Ein solcher Hochmut rief bei den anderen feindselige Reaktionen hervor. Als Verhaltensregel für den Altgläubigen galt: »Mit einem Tabatschnik, einem Rasierten und einem, der sich mit drei Fingern bekreuzigt, sollst du nicht beten, nicht streiten und nicht Freundschaft schließen.«
Aber in ihrer abgeschlossenen, von allen äußeren Einflüssen abgeschirmten Welt bewirkten die Altgläubigen viel Gutes. Es waren in der Regel ehrliche, fleißige und moralische Menschen. Das sittliche Niveau in ihren Gemeinden war deutlich höher als beim Durchschnitt der übrigen Bevölkerung. Die konsequente religiöse Durchdringung sämtlicher Lebensformen trug natürlich dazu bei. Auffallend war vor allem ihre Belesenheit. Mitte des letzten Jahrhunderts stellten die Volkskundler erstaunt fest, daß sämtliche im Gouvernement Archangelsk angesiedelten Altgläubigen lesen und schreiben konnten, was damals unter der bäuerlichen Bevölkerung absolut ungewöhnlich war. Zweifellos hängt das mit der Verantwortung zusammen, die sie als Bewahrer des alten Glaubens und der alten Kultur auf sich selbst nahmen. Die Konflikte mit den Nikonianern zwangen sie immer wieder dazu, das alte Schrifttum zu studieren, die heiligen Texte nicht nur auszulegen und zu bewahren, sondern sie auch bei Bedarf von Hand abzuschreiben. Eine vergleichbare Liebe zum Buch können wir unter den durchschnittlichen russischen Bauern nicht finden. Die Altgläubigen versuchten ebenfalls, die alten Ikonen aus der Zeit vor Nikon zu sammeln und zu erhalten. Die russische Kultur verdankt ihnen sehr viel, und bis heute finden sich in entlegenen Gegenden, insbesondere des russischen Nordens, alte Bücher und Manuskripte, die ihnen gehört und deshalb bis in unsere Tage überlebt haben.
Wie bereits öfter erwähnt, stellt die Volkskultur der Alten Rus etwas anderes dar als die offizielle Kirchenkultur Rußlands. Bei den Altgläubigen jedoch hat die alte Kirchenkultur auf das Volk übergegriffen. Natürlich ist sie niemals zu einem Zweig der Folklore geworden, da es sich um eine schriftliche Tradition handelte, aber das Volk erhob sich

zur Höhe dieser Tradition und hat sie, wenn auch nicht fortgeführt, so doch bewahrt oder wenigstens zu bewahren versucht. So entstanden eigene Schulen mit eigenen Lehrern und eigenen Werkstätten, in denen Bibeln abgeschrieben und hergestellt wurden. Es handelte sich um Bücherherstellung in des Wortes eigentlicher Bedeutung. Das Buch sollte nach den alten Vorbildern möglichst genau und ohne den geringsten Fehler abgeschrieben und entsprechend illuminiert und gestaltet werden. Ein solches Buch hatte eine ganz andere Würde als ein heutiges Buch. Schon das Lesen selbst war etwas ganz anderes. Gelesen wurde langsam und feierlich, und manchmal wurde zur Belehrung der anderen laut vorgelesen. Es war fast ein Zelebrieren, fast eine kultische Handlung; bevor das Buch aufgeschlagen wurde, wusch sich der Vorleser die Hände und betete.

Wenn wir uns heute mit den handgeschriebenen Büchern der Altgläubigen beschäftigen, so staunen wir nicht nur über die Kunst, mit der sie ausgestattet wurden, sondern ebenso über den Umgang mit ihnen. Es ist ein Wunder, wie diese Bücher gelesen und wiedergelesen wurden, wie sie ihre Besitzer wechselten, jahrzehntelang, jahrhundertelang. Man las sie nicht nur, man lebte mit ihnen. Studiert man die Spuren, die die Leser in ihnen hinterlassen hatten, so wird man Zeuge einer Apotheose des Buches. Man bemerkt, wie hoch das Buch geschätzt wurde. Nachdem es durch unzählige Hände gegangen war und oft den Besitzer gewechselt hatte, mußten die Seiten sorgfältig geklebt und die zerfallenen abgeschrieben werden. Es enthält auch Spuren der früheren Inhaber, Spuren der Kunst des Lesens. So finden sich beispielsweise häufig anstelle der heute üblichen Unterstreichungen oder Ausrufezeichen sorgfältig gezeichnete Zeigefinger an Stellen, die besonders bedeutend oder interessant schienen, und unter dem Zeigefinger stets die feierliche Aufforderung: »Schaue!« Es findet sich auch eine Vielzahl Lesezeichen, die sehr sorgfältig aus bunten Stoffresten angefertigt sind. Manchmal wurden diese Läppchen oder Bänder in die Marginalien geklebt, offenbar, um die wichtigsten Stellen schneller nachschlagen zu können. Die Lesezeichen und Bänder lassen erkennen, daß man immer wieder zu diesem Buch griff, sich mit ihm auseinandersetzte, es auslegte, daß es der Mittelpunkt von Dis-

kussionen über die subtilsten und verzwicktesten Glaubensfragen war. Manchmal wurden diese Bücher sorgfältig versteckt, sie verschwanden im Untergrund, in des Wortes direkter und übertragener Bedeutung, ebenso wie manche Altgläubige selbst – und nicht nur während der Massenverfolgungen, sondern auch noch in unserer Zeit.
Ich hatte das Glück, einmal eine solche Untergrund-Werkstatt, in der das altgläubige Schrifttum angefertigt und abgeschrieben worden war, zu besuchen. Das war Ende der fünfziger Jahre, also vor verhältnismäßig kurzer Zeit. Die Kopisten habe ich selbstverständlich nicht mehr angetroffen. Sie hatten dort bis vor vierzig oder fünfzig Jahren gewohnt und gearbeitet, und möglicherweise war die Werkstatt sehr viel älter. Sie lag am Unterlauf des Mesen-Flusses, in einem Dorf, das durch seine Altgläubigen bekannt war. Ein Teil von ihnen hatte damals in der Öffentlichkeit gelebt, andere hatten sich vor dem Regime im selben Dorf versteckt und waren im Untergrund geblieben. Man zeigte mir das sogenannte Geheimgelaß, *skrytnja,* in dem lange Jahre die sogenannten *skrytniki (skryt* – verstecken, verbergen) gehaust hatten, einen Keller unter einem Bauernhaus. Der Raum war nicht einmal den Nachbarn bekannt gewesen. Nur die Hausleute selbst hatten ihre Freiheit (und in früheren Zeiten auch ihren Kopf) aufs Spiel gesetzt, um den Illegalen eine Zuflucht zu gewähren. In einem dunklen, feuchten Raum, ohne Fenster und ohne Türen, nur vom Licht eines Öllämpchens erleuchtet, hatten die Skrytniki gehaust. Nur in tiefer Nacht wagten sie sich in den Innenhof hinaus, um frische Luft zu schöpfen. So vergingen Jahre und Jahrzehnte. Die Skrytniki feierten den Gottesdienst nach dem alten Ritus, insgesamt acht bis zehn Stunden am Tag, und den Rest der Zeit lasen sie, besprachen das Gelesene und schrieben alte Bücher ab. Einen solchen Raum also durfte ich mir ansehen. Der frühere Hausherr, Bibelkundiger und überzeugter Altgläubiger, hatte seine Skrytnja noch unter dem Zaren eröffnet, aber sein Sohn, Traktorist in einer Kolchose, glaubte weder an Gott noch an den Teufel und zeigte mir gerne, wie es bei ihnen im Kellergeschoß aussah. Man stelle sich ein großes Blockhaus vor, so groß, wie es nur im russischen Norden mit seinem reichen Holzbestand zu finden ist.

Auf einen leisen, kaum merklichen Druck gleitet ein Stück der Holzwand zur Seite, und durch den entstandenen schmalen Spalt sieht man eine lange, beinahe senkrecht stehende Leiter. Man steigt hinab und findet sich in einer unterirdischen Kammer, voll von halb verfaulten und verwesten handgeschriebenen Büchern. Ihr Besitzer, der junge Traktorist, war überglücklich, alles im Raum Befindliche für eine Flasche Schnaps herzugeben. Er habe sowieso vor, erklärte er, diesen ganzen Mist zu verbrennen. Meine Frau und ich waren außerstande, alles auf einmal mitzunehmen. Wir beschworen den Besitzer, die restlichen Bücher nicht zu verbrennen und sie bis zum nächsten Sommer liegen zu lassen. Im nächsten Jahr kehrten wir mit einem Boot in das Dorf zurück und bekamen den Rest für eine zweite Flasche Schnaps. Damals habe ich zum ersten Mal erfahren, und zwar in aller Anschaulichkeit, was eigentlich altrussisches und altgläubiges Schrifttum ist.

# 4
# Die Fortsetzung der Spaltung

Die Kirchenspaltung brachte den Höhepunkt in der Entwicklung des Volksglaubens, folglich auch der religiösen Folklore. Aber man muß sich hüten, ihre Wirkungen zu idealisieren – letztlich war sie ein furchtbares Kapitel der russischen Geschichte. In ihr offenbarten sich die hellen und dunklen Seiten des russischen Volksglaubens. Und die dunklen Seiten müssen ebenfalls beachtet werden. Etwa das Bedürfnis der Altgläubigen, auch in der Neuzeit nach Art der Vorfahren weiterzuleben und eine Kehrtwendung in die vorpetrinische und sogar in die Zeit vor Nikon zu vollziehen. Eine derart hartnäckig reaktionäre Haltung fordert ihren Preis. Freilich ermöglichte sie es, bis zu einem bestimmten Moment und in einem bestimmten Maß die altrussische Kultur zu erhalten. Aber gleichzeitig verloren die Altgläubigen den Anschluß an die historische Entwicklung, und ihre Bewegung endete in der Erstarrung. Eines Tages hatte der tote Buchstabe den Geist verdrängt. Die Gebote der Altgläubigen (»Du sollst keinen Tabak rauchen! Du sollst keine Kartoffeln essen! Du sollst keine neumodischen Kleider tragen und mit keinem, der dies tut, Umgang pflegen!«) erschienen immer anachronistischer.
Seit dem neunzehnten Jahrhundert ist eine gewisse Schizophrenie nicht zu übersehen: Die wohlhabenden Kaufleute unter den Altgläubigen finanzierten Bethäuser und Einsiedeleien, in denen für ihr Seelenheil gebetet werden sollte. Sie selbst aber pflegten als Unternehmer und Handelsleute lebhaften Umgang mit den fluchwürdigen Nikonianern und arbeiteten damit praktisch für den Fortschritt, der ihre eigene Tradition unterhöhlte und schließlich zerstörte. Der alte Glaube wurde zur toten Form.
Auch die Vorstellungen vom Antichrist und seiner baldigen Ankunft

hatten ein ähnliches Schicksal. Diese Vorstellungen hatten die Altgläubigen-Bewegung wesentlich geprägt und in einem entscheidenden historischen Augenblick zu ihrer Kulmination beigetragen. Ohne die Idee des Antichrist, ohne die dramatische Endzeit-Erwartung hätte es weder die Altgläubigen noch die einzigartige *Vita* des Protopopen Awwakum gegeben. Aber dieselbe Idee zeitigte auch die monströsesten Früchte, als Folge des äußersten Mißtrauens gegenüber der gesamten Umwelt und der inneren psychischen Abkapselung von einer Gesellschaft, die ihrem Untergang entgegenschlitterte.

Ein Beispiel dafür ist eine grausige Begebenheit, die sich Ende des neunzehnten Jahrhunderts in einem kleinen südrussischen Städtchen abspielte. Die Altgläubigen wurden in der Regel nicht mehr verfolgt und wohnten unbehelligt in einer kleinen Gemeinde. Und plötzlich, ohne jeden ernsthaften Anlaß, beschlossen mehrere von ihnen, sich selbst bei lebendigem Leibe zu begraben. Ebenso wie die Selbstverbrennung und der freiwillige Tod durch Ertrinken schien dies eine Möglichkeit, dem Leben ein Ende zu setzen, und zwar nicht durch eigene Hand, sondern durch die Gewalt der Elemente Erde, Feuer oder Wasser. An diesem kollektiven Selbstmord beteiligten sich fünfundzwanzig Menschen in drei Etappen. Sie hatten bis dahin ein ganz normales Leben geführt, manche von ihnen waren durchaus wohlhabende Bauern. Aber sie lebten eben in der Erwartung des Endes aller Zeiten und des Jüngsten Gerichts, und zwar in unmittelbarer, greifbarer Zukunft, und wollten in einer vom Antichrist regierten Welt ihre Seele retten. Die meisten von ihnen waren Frauen und Kinder, auch Säuglinge, die die Mütter auf ihren Armen mit ins Grab nahmen. Alles geschah freiwillig und in bewußter Erwartung eines langsamen Todes durch Ersticken – eines besonders qualvollen Todes.

Unter der Erde wurde eine Höhle gegraben, deren schmaler Einstieg von innen und außen vermauert wurde, damit niemand im letzten Augenblick herausspringen und sich retten konnte. Die Initiatorin war die etwa vierzig Jahre alte Vorsteherin der Altgläubigen-Einsiedelei, die kluge energische Vitalija. Den letzten Anstoß zur Aktion gab der Beginn der Volkszählung, die von diesen Menschen als Werk des Antichrist betrachtet wurde. Das Eintragen ihres Namens in eine Liste war für sie gleichbedeutend mit der Besiegelung des ewigen Verderbens nach dem Tode. Hätten sie die Volkszählung verweigert oder den Wohnort gewechselt, wäre nichts passiert. Aber sie glaubten, daß eine solche Verweigerung sie ins Gefängnis bringen würde, wo sie unter Foltern ihrem Glauben abschwören müßten. Ursprünglich hatten sie den gemeinsamen Entschluß gefaßt, sich im Gefängnis zu Tode zu hungern. Aber da tauchte bei den Frauen eine schreckliche Frage auf: Was geschieht mit unseren Kindern, wenn wir im Gefängnis zu hungern anfangen? Man wird sie uns wegnehmen und im nikonianischen Glauben erziehen. Die Antwort einer Mutter: »Ich lasse mein Kind nicht verderben, lieber gehen wir beide ins Grab.« Und so beschlossen sie es. Vitalija verständigte sogar eilends ihre Schwester in einer anderen Stadt, die Mann und Kinder verließ und angereist kam. Auch sie wurde überredet, sich mit den anderen eingraben zu lassen.

Dieser kollektive Selbstmord beschäftigte lange die Presse, und im Laufe der Zeit wurde das Material zu diesem Vorfall wissenschaftlich ausgewertet, d. h. medizinisch, soziologisch und psychologisch. Deshalb sind wir über die Umstände der Aktion gut unterrichtet, ebenso wie über die Akteure, ihre Psychologie und ihre Motive.[203]

Besonders interessant ist die Gestalt des Mannes, der diesen schrecklichen Plan in die Tat umsetzte, sozusagen das Todesurteil vollstreckte. Es war der Bauer Fjodor Kowaljow, ein weichherziger und keineswegs fanatischer Mensch. Anfänglich versuchte er, sich dem gemeinsamen Beschluß zu widersetzen, und erst seiner Mutter und seiner Frau gelang es, ihn zu überreden. Er hat das erste Grab ausgehoben – die anderen erwachsenen Teilnehmer dieses Dramas halfen ihm dabei. In dieses Grab stieg mit anderen auch die zweiundzwanzigjährige Frau Fjodors mit ihren beiden kleinen Kindern, die er zärtlich liebte. Er wollte sich ihnen anschließen, aber man befahl ihm, oben zu bleiben und dafür zu sorgen, daß das Grab zuverlässig verschlossen würde und kein Verdacht auf Selbstmord aufkäme. Einige Wochen später mußte er noch zwei weitere Gräber für die restlichen Todeskandidaten ausheben und wieder zuschütten. In einem davon war auch seine alte Mutter. Schließlich, nachdem das letzte Grab zuge-

schüttet war, sollte er sich als einziger Übriggebliebener zu Tode hungern. Schon wollte er gewissenhaft seine letzte Pflicht erfüllen, als er verhaftet wurde. Später erzählte er:
»Drei oder vier Tage habe ich überhaupt nichts gegessen oder getrunken; ich sehe – nichts, kein Ende der Welt, am vierten Tag trank ich etwas Wasser, am fünften Tag – nichts, kein Ende der Welt, da aß ich eine kleine Tomate. So verstrichen zwei Wochen. Ich sehe – nichts, kein Ende der Welt. Sie holen mich nicht ins Gefängnis, und es ist auch kein Krieg. ›Was ist los?‹ denke ich, und so aß ich wieder Brot und nach und nach anderes.«[204]
Der alte Glaube blieb jedoch weder unverrückt noch monolithisch, wie sehr seine Anhänger das auch gewünscht hatten. Die Veränderungen vollzogen sich meistens weniger unter dem Einfluß der Umwelt oder der historischen Entwicklung, sondern folgten ihrer eigenen Logik. Das war ein weiteres Verhängnis der Spaltung und der Altgläubigen-Bewegung: Eine Spaltung führte zwangsläufig zur nächsten, innerhalb der abgespaltenen Kirche, und es war kaum möglich, diesen Prozeß aufzuhalten. Selbstverständlich strebten die Altgläubigen zunächst mit aller Kraft danach, sich als die einige und unteilbare Kirche zu behaupten, die unanfechtbar den alten Vorbildern nacheifert und den neuen Tendenzen widersteht. Aber sehr bald schwand die hierarchische Struktur, die Zentralisation und Autorität garantiert. Die Altgläubigen hatten sich abgespalten und blieben demzufolge ohne Popen, das heißt, ohne Geistliche, die sie nach altem Brauch Popen nannten und bis heute so nennen. Das Wort »Priester«, *swjastschenik*, ist ein Neologismus, der sich seit Nikon in die Sprache eingedrängt hat. Früher aber – heute, wie gesagt, noch bei den Altgläubigen und, mit derbem Unterton, in der Volkssprache – hieß der Geistliche Pope. Er besaß die höchste religiöse Autorität und spendete die Sakramente. Niemand außer ihm durfte dies tun – ohne den Popen waren die Sakramente, die die Religion und den orthodoxen Ritus tragen, undenkbar. Der strenge Ritus war für die Altgläubigen das höchste Ziel. Und nun entstand die wahrhaft tragische Situation, daß die Liturgie ohne Popen gefeiert werden mußte.
Im frühen Stadium der Kirchenspaltung war das Problem noch nicht

akut, da ein Teil der Geistlichkeit sich den Altgläubigen angeschlossen hatte. Aber gerade die altgläubigen Popen wurden vom Staat am härtesten verfolgt. Und irgendwann starben sie einfach aus. Woher sollte der Nachwuchs kommen? Es steht nicht in des Menschen Macht, einen Popen zu bestimmen oder zu wählen. Auch dies erfordert ein Sakrament, das von der höchsten kirchlichen Hierarchie verwaltet wird. Und eine kirchliche Hierarchie – Bischof, Erzbischof, Metropolit, Patriarch – gab es nicht mehr.

An diesem Punkt vollzieht sich nun die Spaltung innerhalb der Abgespaltenen. Ein Teil der Altgläubigen hielt es für möglich, die Popen der nikonianischen Kirche abzuwerben, unter der selbstverständlichen Voraussetzung, daß sie dem neuen, häretischen Glauben abschworen. Die anderen aber sprachen sich dagegen aus: War ein solcher Überläufer in Wirklichkeit überhaupt ein Pope? Denn wer hatte ihm die Weihen erteilt? – Nikons Kirche. Kann denn die Gnade Gottes auf dem ruhen, der von einem häretischen Bischof zu seinem hohen Amt geweiht wurde? Er ist kein wahrer Pope, sooft er seiner nikonianischen Vergangenheit auch abschwören mag.

So zeichneten sich sehr bald innerhalb der Altgläubigen zwei Hauptrichtungen ab – die mit Popen (*popowschtschina*) und die ohne (*bespopowschtschina*). Die erste erwies sich als widerstandsfähiger und dauerhafter, denn sie verfügte über eine wie auch immer geartete Hierarchie und behielt die Sakramente bei, die nur der Geistliche spenden kann. Aber auch hier tauchten immer neue Schwierigkeiten auf, die ernsthafte Konflikte nach sich zogen. Vor allem Neuerungen, die unentbehrlich waren, aber dem alten Brauch widersprachen. Da der Mangel an Popen groß war und sie ihre Gemeinden seelsorgerisch kaum betreuen konnten, mußten die Moskauer Altgläubigen auf die Beichte verzichten. Für sie wurde die sogenannte öffentliche oder gemeinsame Beichte eingeführt. Es versammelten sich viele Beichtkinder, manchmal an die dreihundert. Der Geistliche verlas das Sündenregister, und die Menge antwortete im Chor: »Ich bekenne mich schuldig«, ungeachtet dessen, ob der einzelne diese Sünde wirklich begangen hatte oder nicht. Auch die Trauungen wurden nicht mehr einzeln vollzogen, sondern mehrere Paare zogen im Gänsemarsch an dem Altar vorbei. Die gleiche Massenabfertigung widerfuhr auch den Verstorbenen – Beisetzung und Liturgie wurden *in absentia* zelebriert. So konnte in Moskau ein Brief aus Sibirien eintreffen mit dem Auftrag, eine Fernbeisetzung auf dem Rogoschskoj-Friedhof, dem Zentrum der Altgläubigen, vorzunehmen. Es kam vor, daß ein Pope innerhalb eines Jahres bis zu zehntausend Fernbeisetzungen zu vollziehen hatte. Die Popen waren rar, und selbst nach der Legalisierung der Altgläubigen ließen sich Regierung und offizielle Kirche immer wieder etwas einfallen, um die Abtrünnigen unter der Geistlichkeit zu schikanieren. Im neunzehnten Jahrhundert entstand sogar der offizielle *terminus technicus* »Fluchtpoperei« *(beglopopowschtschina)*. Damit waren jene Popen gemeint, die zum alten Glauben übergelaufen waren und dafür verfolgt werden sollten.

Erschwerend wirkte sich auch der Umstand aus, daß die Popen, die das Lager gewechselt hatten, nicht immer zuverlässig und von hoher professioneller Qualität waren. Sehr oft konvertierten sie aus Berechnung: Sie ließen sich für hohe Summen kaufen. Oder es waren Menschen, die sich als Geistliche etwas hatten zuschulden kommen lassen und nun gezwungen waren, im anderen Lager unter der Fahne des alten Glaubens Unterschlupf zu suchen. Es kam vor, daß Popen, sogar Erzbischöfe, sich im nachhinein als Scharlatane entpuppten. Da die Altgläubigen sie nicht wieder loswerden konnten, waren sie schließlich glücklich, wenn die Regierung solche Abenteurer ins Zuchthaus oder im günstigsten Fall ins Kloster steckte.

In einem Lied der Altgläubigen heißt es:

> Wer Gott fürchtet, geht nicht in die Kirche
> Und teilt mit Popen und Diakon nicht das Brot.

Diese Zeilen enthalten *en miniature* die Komponenten der Altgläubigen-Psyche. Die erste Bedingung des wahren Glaubens ist der Bruch mit der Kirche. Wie kann man also einen Popen einsetzen, der früher Diener der satanischen Häresie war? Wie kann man ihn in einen wirklichen Popen verwandeln, wenn er zu seinem Amt vom Teufel persönlich geweiht worden ist? Eine bloße Konversion genügt nicht. Er muß wieder getauft werden, wie ein Neugeborenes, dann wird er zumindest ein Christ, wenn schon nicht ein Pope. Hier kamen Phantasie und Erfindungsgabe zur Geltung. Einige meinten, der neue Pope müsse beim Taufakt in vollem Ornat ins Wasser getaucht werden. Andere glaubten, er müsse gar nicht ins Wasser getaucht, er müsse nur gesalbt werden. Wieder andere wollten heilige Reliquien über seinen Kopf halten. Immer aber handelte es sich um Palliativmaßnahmen, die das zentrale Dilemma nicht lösten: Übt dieser Pope sein Amt zu Recht aus? Entweder mußte die sakramentale Vollmacht der nikonianischen Kirche anerkannt oder die priesterliche Würde als Konzession an den Antichrist betrachtet werden. Daraus ergab sich, daß man am besten auf die Popen überhaupt verzichtete. Die Popowschtschina entschloß sich dennoch zum Kompromiß: Ohne die offizielle Kirche anzuerkennen, ließ sie ihre Priesterweihe gelten. Die »popenlosen« Altgläubigen verhielten sich bei weitem konsequenter: Sie wollten lieber ohne Popen auskommen, als ihre ehemaligen Folterknechte zu ihren Seelsorgern zu machen.

Aber auch die Lösung der Bespopowschtschina führte zu weiteren Zerwürfnissen innerhalb des eigenen Lagers. Das war nicht mehr als folgerichtig: Nachdem die Menschen ohne Seelsorger geblieben waren und später auf sie verzichtet hatten, mußten sie nun selbst viele Fragen lösen: Wie gestaltet sich das religiöse Leben? Wer darf den Gottesdienst abhalten? Wer ist befugt, die Sakramente zu spenden? Wer darf die Beichte abnehmen? Wer wird das Brautpaar trauen und das Kind taufen? Die Antworten fielen sehr unterschiedlich aus, und das Ergebnis war eine Zersplitterung in neue Richtungen und Sekten. Die einen lehnten gewisse Sakramente ab, ließen aber die übrigen gelten. Andere suchten und fanden neue Wege, die Sakramente zu spenden: Sie vollzogen z. B. die Taufe an sich selbst. Diese Sekte wurde die »Selbsttäufer« genannt. Aber auch innerhalb dieser Sekte gab es verschiedene Richtungen. Die einen vollzogen die Taufe in einem Fluß oder See, andere ausschließlich in gesammeltem Regenwasser, weil es ein Naß war, das unmittelbar vom Himmel kam. Wieder andere überließen den Frauen das Taufen, oder man verzichtete überhaupt auf die Taufe, im Glauben, daß unmittelbar vor dem Ende der Zeiten nur das Gebet und nichts anderes wirksam sei. Zu einer ähnlichen Zersplitterung führte auch der unterschiedliche Umgang mit dem Sakrament der Beichte: Man beichtete beim ersten besten Glaubensgenossen, der somit die Rolle des Popen übernahm; man beichtete nur ein einziges Mal im Leben; man beichtete unmittelbar vor Gott dem Herrn; man beichtete vor der Mutter Feuchte Erde; man kommunizierte nach der Beichte mit klarem Wasser. Noch tiefere Spaltungen entstanden um das Sakrament der Ehe. Einige Richtungen der »Popenlosen« lehnten die Ehe grundsätzlich ab und erwarteten von Verheirateten, daß sie die Ehe lösten und nach dem Vorbild der Mönche lebten. Die jungen Menschen sollten keine Ehe schließen und jungfräulich bleiben, damit die Fortpflanzung zum Stillstand komme. In einem altgläubigen Sektiererlied heißt es:

> Seine Jungfräulichkeit soll jeder bewahren,
> Das Geheimnis des Ehebundes nicht entsiegeln,
> Der Ledige soll nicht freien,
> Der Verheiratete sich enthalten,
> Das Mägdelein den Mann meiden,
> Die Geehelichte nicht empfangen.
> Das Geheimnis des Ehebundes soll versiegen,
> Kindszeugung nicht mehr sein.
> Sohn und Tochter soll man nicht vermählen,
> Eltern aus dem Hause weisen, weil sie kopulierten,
> Reinheit wollen wir vermehren,
> Für den Glauben an die Unbeflecktheit streiten.[205]

Dahinter standen nicht Abneigung gegen das andere Geschlecht und nicht das Bedürfnis nach Keuschheit und Enthaltsamkeit, sondern die Abneigung gegen den Popen und gegen den Trauungsakt, der von dem Knecht des Antichrist vollzogen wurde. Aber schon tauchten in der Gemeinschaft der Eheunwilligen die sogenannten »Neuheiratler« (*nowoscheny*) auf – Menschen, die trotz allem Ehen schlossen. Und sofort entstanden neue Probleme: Wie sollte man sich diesen Neuheiratlern gegenüber verhalten? Konnte man sie in der Glaubensgemeinschaft dulden oder nicht? Und was sollte mit den Kindern geschehen, die aus solchen Ehen hervorgingen? Ein Teil erkannte die

Neuheiratler an, der andere lehnte sie ab. Eine dritte Gruppe hielt sogar eine Trauung in der nikonianischen Kirche für zulässig. Und viele glaubten, die Trauung durch den elterlichen Segen ersetzen zu können. Schließlich fand man eine Patentlösung: Das Brautpaar sollte einen Busch im Wald umschreiten und sich damit das Sakrament der Ehe spenden. Die Verfechter solcher Ehen nannte man »Selbstdreher« (*samokruty*). Bis heute ist im Russischen der Ausdruck lebendig: Sie hat als Selbstdreherin geheiratet, d. h. ohne den Segen der Eltern und ohne kirchliche Trauung.

Mit einem Wort: Innerhalb der Altgläubigen tauchten Meinungsverschiedenheiten auf, deren jede sich zu einem Bekenntnis oder zu einer Sekte auswuchs. Diese Gruppen nannten sich *soglassije* (Eintracht) oder *tolk* (Sinn); heute könnte man beides mit »Sekte« übersetzen. Jede legte die Heilige Schrift auf ihre Weise aus. Es gab *pomoiskoje soglassije, spassowo soglassije*, letztere war auch als *netowschtschina*, »Neinschaft«, bekannt und hatte einige Untergruppen: »Singende Neinschaft«, »Strenge Neinschaft«, »Taube Neinschaft«. Es gab auch eine *fedossejewschtschina*, eine *filippowschtschina*, eine *stefanowschtschina* usw.

Es ist hier nicht der Ort, die scholastischen Subtilitäten der zahllosen Gruppen darzustellen, es ist kaum möglich, sie auch nur aufzuzählen. Bereits im achtzehnten und dann im neunzehnten Jahrhundert existierten an die hundert solcher Soglassija, und jede von ihnen tendierte dazu, sich neuerlich zu spalten und zu verzweigen. Ich möchte jedoch auf einige Gesetzmäßigkeiten dieser Spaltungsprozesse hinweisen. Zunächst sei betont, daß diese Sekten alle zur Altgläubigen-Bewegung gehören, wobei jede für sich in Anspruch nahm, Gesetz und Norm des alten überlieferten Glaubens am genauesten zu erfüllen. Aber je entschiedener dieser Anspruch war, desto weiter entfernte sie sich von der alten Tradition. Es ist ein religiös-historisches Paradoxon: In manchen Fällen verstießen verschiedene altgläubige Sekten so radikal gegen die Überlieferung, daß sie die nikonianische Kirche darin bei weitem übertrafen. Will man auf das Begriffspaar »Archaisten und Novatoren« zurückgreifen, das Jurij Tynjanow in die Literaturwissenschaft einführte, so stellt man plötzlich fest, daß die strengsten Archaisten, ohne es wahrhaben zu wollen gelegentlich als radikale Novatoren auftraten.

Die obengenannte Spassowo Soglassije (Heiland-Sekte) oder Netowschtschina (Neinschaft) war eine besonders konsequente Richtung unter den popenlosen Altgläubigen. Nach ihrer eigenen Definition bestand der Kern ihrer Glaubenslehre in der Verneinung: »Auf der Welt gibt es heute keine rechtgläubige Geistlichkeit, keine Sakramente und keine Gnade mehr.« Die Gnade war in den Himmel entschwebt, dem Menschen blieb nur übrig, auf alle Sakramente zu verzichten und seine letzte Hoffnung auf das Gebet und den Heiland zu setzen: »Der Heiland allein weiß, wo unser Heil liegt.« Die Mitglieder dieser Sekte lehnten die Beichte ab und verlangten keine Wiedertaufe für Konvertiten aus der offiziellen Kirche oder anderen Sekten. Manchmal verzichteten sie sogar darauf, ihre eigenen Kinder zu taufen: »Der Heiland führt zum Heil auch ohne Taufe.« Im Laufe der Zeit wurde die Errettung der Seele immer mehr der göttlichen Gnade überlassen. Schließlich hatten diese Menschen das Zweifingerkreuz und andere Merkmale beibehalten, indessen aber den ganzen Kodex christlichen Verhaltens über Bord geworfen. Ein Beispiel also für »Archaisten«, die »Novatoren« geworden sind. Nachdem sie mit den Nikonianern gebrochen hatten, wurden sie durch die innere Logik der Kirchenspaltung weitergetrieben und setzten sich nicht nur über die neuen, sondern auch über die alten Dogmen hinweg. Indem sie die Quelle des Heils auf die Person Christi beschränkten, fanden sie sich in einem religiösen Nihilismus wieder. Verglichen mit ihnen sind die Nikonianer mit ihrem Dreifingerkreuz konservativ und traditionalistisch.

Ein weiteres Beispiel für solch paradoxe Glaubensbekenntnisse findet sich bei der sogenannten Fedossejewschtschina. Gleich einigen anderen Sekten innerhalb der Altgläubigen-Bewegung haben sie sich auf die Ehelosigkeit als Weg zum Heil spezialisiert. Jüngere Menschen durften nicht mehr heiraten; bestehende Ehen mußten geschieden werden. Jeder, der heiratete, beging ein Sakrileg und trug das Siegel des Antichrist. Wenn Sekten-Angehörige diesen strengen Regeln nicht gehorchen konnten und Liebesbeziehungen eingingen, so be-

fand die Sekte: Unzucht ist der Ehe vorzuziehen. Hundert Buhlerinnen sind weniger schlimm als eine Ehefrau. Die Unzucht ist verglichen mit dem von der Kirche des Antichrist legalisierten Ehebund das kleinere Übel vor Gott. Einer der führenden Altgläubigen dieser Richtung, der offensichtlich selber viele Geliebte hatte und außereheliche Beziehungen innerhalb seiner »ehefeindlichen« Kirche predigte, pflegte zu sagen: »Selbst wenn Christus mir befiehlt: Ilja, nimm die Neuheiratler in dein Soglassije auf, würde ich antworten: ›Ich werde Dir nicht gehorchen, Christus!‹«[206]
Aber was sollte mit den Neuheiratlern und den Neugeborenen geschehen? Man glaubte, daß die Letzteren ihre Seele bei der Empfängnis vom Teufel erhalten, denn die Vermehrung des Menschengeschlechts ist die Sorge des Teufels, da vor dem Ende der Zeiten keine Kinder mehr auf die Welt kommen sollen, und wenn sie dennoch geboren werden, dann dürfen sie weder getauft noch christlich beerdigt werden. Die Mutter darf sie auch unter keinen Umständen stillen, sondern muß sie ausschließlich mit Kuhmilch ernähren, weil Muttermilch ebenfalls eine teuflische Widerwärtigkeit ist. Die Stefanowschtschina schrieb vor, die Neugeborenen im Wald auszusetzen, als Fraß für wilde Tiere. Man kennt Fälle, daß Neugeborene ertränkt werden sollten. Natürlich handelte es sich dabei um eine Entartung des Glaubens zugunsten einer neuinstallierten Regel. Diese Regeln aber waren zur Ehre und Wahrung der alten Riten erfunden worden und waren ein typisches Phänomen der Altgläubigen-Bewegung.
Charakteristisch für die Kirchenspaltung ist der Kampf aller gegen alle und das Ausmaß der Intoleranz. Der kleinste Unterschied in Theorie oder Praxis des Glaubens genügte, um eine Sekte zu spalten und Haß zwischen den neuentstandenen Lagern zu säen. Das naive Lied der Fedossejewschtschina besagt: »Unser Glaube ist der beste von allen.«[207] Dieser Glaube kennt keine Verunsicherung angesichts der vielen ähnlichen Glaubenslehren und Sekten. Zur Zeit des Antichrist ist der Teufel allgegenwärtig, und die Glaubensbrüder von heute sind die Abtrünnigen von morgen.
Besondere Bedeutung gewinnt in diesem Zusammenhang die Idee von »denen, die übrigbleiben«, der man immer wieder in der Geschichte

der Sekten begegnet. Der Prophet Jesaja sagt: »Wer wird übrigsein zu Zion und übrigsein zu Jerusalem, der wird heilig heißen.« Die Sektierer jeglicher Richtung zitierten mit Vorliebe dieses Wort, da sie sich zu den Auserwählten zählten.

Ein gewichtiger Faktor in der Bewegung der Altgläubigen war, wie gesagt, der Verlust der kirchlichen Autorität und Führung. Sobald die Kirche als Struktur zerbrach, machten sich ihre Glieder selbständig und fielen manchmal auf den ersten besten Lehrer herein. Das drückt sich schon in den Namen der einzelnen Sekten aus, so beispielsweise bei den Fedossejewschtschina, die sich nach dem Bauern Fedossej benannte. Er stand an ihrer Spitze und verbot die christliche Ehe – das war seine einzige Leistung. Nicht anders war es um die Filipowschtschina (Filip), Stefanowschtschina (Stefan), Onisimowschtschina (Onisim) und Akulinowschtschina (Akulina) bestellt. Letztere wurde von einer Frau namens Akulina gegründet, die sexuelle Freiheit predigte.

Die Persönlichkeit des Lehrers spielt eine entscheidende Rolle für Gründung und Fortleben einer Sekte. In den sibirischen Altgläubigendörfern antworteten noch in der Mitte des letzten Jahrhunderts Halbwüchsige auf die Frage der Reisenden nach ihrem Glauben: »Wir bekennen den Glauben Michail Sacharytschs« oder »Wir bekennen den Glauben Nasar Afanasjewitschs«.[208] Solche »Lehrer« gab es unzählige. Und jeder lehrte etwas anderes. In der Regel waren es Menschen aus den unteren Schichten, die schlau, bibelfest und willensstark waren. Aber jeder von ihnen las die Bibel auf seine Weise und legte sie anders aus. Manchmal verkündeten sie ihre Lehre im Namen Gottes, der sie ihnen eingegeben haben sollte. In den Augen ihrer Anhänger waren sie von einer Aureole von Heiligkeit und Weisheit umgeben. Diese Aureole strahlte um so mehr, je gnadenloser sie von Staat und Kirche verfolgt wurden, von denen sie als »Kirchenspaltungslehrer« oder »Pseudolehrer« bezeichnet wurden.

Der entscheidende Umstand, der die Spaltung förderte und Uneinigkeit schürte, war die unterschiedliche Haltung gegenüber der offiziellen Kirche und dem Gesetz. Ein Teil der Altgläubigen zeigte sich kompromißbereit, der andere nicht. So ließ beispielsweise ein Teil der

»Neinschaft« ihre Kinder in den nikonianischen Kirchen taufen, obwohl diese in ihren Augen häretisch waren. Sie sagten: »Auch wenn ein Häretiker am Taufbecken steht, so ist es immer noch ein Pope im Gewand und nicht ein einfacher Bauer.« Wenn jedoch der Säugling in die Kirche getragen wurde, verteilten alte Männer und Frauen aus dieser Sekte Pfannkuchen an die Bettler, damit diese darum beteten, Gott möge die Taufe vollziehen und die Gnade haben, sich diese häretische Taufe als die eigentliche heilige Taufe gefallen zu lassen.

Das Verhältnis der Altgläubigen zu Kirche und Staat soll an zwei entgegengesetzten Positionen illustriert werden. Die erste ist die maximale Annäherung an die offizielle Kirche, die von der Sekte der »Gleichgläubigen« *(edinowerzy)* vertreten wurde. Diese wurde unter der liberalen Regierung Katharinas II. gegründet, die die Glaubensspaltung teils durch weitgehende Toleranz, teils durch Wiedereingliederung der Abtrünnigen in den Schoß der offiziellen Kirche beenden wollte. Die »Gleichgläubigen« waren jene Altgläubigen, die bereit waren, in die offizielle Kirche zurückzukehren und die staatliche Hierarchie anzuerkennen, allerdings unter der Bedingung, daß in den von ihnen besuchten Kirchen der Gottesdienst nach dem alten Kanon und nach den alten Büchern zelebriert würde. Der Staat war zu einem Entgegenkommen gern bereit, um die Folgen der Spaltung zu beheben, um so mehr, da er sich europäisch und aufgeklärt wähnte und derart geringfügigen Differenzen keine besondere Wichtigkeit beimaß. Ein Teil der Altgläubigen, der Spaltung müde, ging auf diesen Vorschlag ein. Eigentlich sollte die »Gleichgläubigkeit« das Ende der Altgläubigenbewegung als selbständigem religiösem Zweig herbeiführen. Sie hätte im Schoß der einzigen orthodoxen Kirche sich aufgelöst. Aber nichts dergleichen geschah: Der Flügel der besonders standhaften Altgläubigen weigerte sich weiterhin, die Macht der häretischen Kirche und ihre Hierarchie anzuerkennen. Und die offizielle Kirche sah die reumütigen »Gleichgläubigen« von oben herab und mißtrauisch an, wie verlorene Brüder, derer man sich zum Zeichen des Verständnisses für ihre »Verfehlungen« und »Verirrungen« besonders annehmen muß. Es ist bemerkenswert, daß die offizielle Kirche, obwohl sie die »Gleichgläubigkeit« anerkannte und förderte, ihren

Gemeindegliedern und Geistlichen sehr bald den Übertritt zu den »Gleichgläubigen« untersagte. Denn schon bald setzte die Abwanderung der Nikonianer ein, die durch die »Gleichgläubigkeit« zu überzeugten Altgläubigen wurden und sich endgültig von der Kirche abwandten.[209]
Das ist natürlich ein Zeichen für den schweren Autoritätsverlust der offiziellen Kirche. Wenn Volkskundler im letzten Jahrhundert die ersten besten Bauern fragten: »Seid ihr Christen?«, dann antworteten diese: »Nee, wieso Christen? Wir sind keine Christen, wir gehen doch in die Kirche!« Der Kirchenbesuch wurde von den Leuten als etwas Erzwungenes aufgefaßt, etwas Sündhaftes oder als Kompromiß mit dem eigenen Gewissen. Die echten Christen waren die anderen, die Raskolniki.

Die zweite, den »Gleichgläubigen« entgegengesetzte Richtung sind die »Läufer« (so wurden sie vom Volk genannt) oder »Wanderer« (wie sie sich selbst nannten und immer noch nennen). Das waren Altgläubige, die jede Gemeinsamkeit mit Kirche, Staat und Gesellschaft ablehnten und es vorzogen, ihr ganzes Leben ohne ein Dach über dem Kopf durch die Welt zu streifen. Sie weigerten sich, sich in die Altgläubigen-Register einzutragen, weil ihrer Überzeugung nach nicht sie, sondern die verfluchten Nikonianer sich von der wahren rechtgläubigen Kirche und von der Gemeinschaft der Gläubigen abgespalten hätten. Aber in ihrer Ablehnung der Welt gingen die »Läufer« noch weiter. Sie verzichteten auf Ehe und Familie – in der Regel waren es Mönche und strenge Asketen. Um jede, auch die geringste Berührung mit Staat und Gesellschaft zu vermeiden, lebten sie außerhalb der Legalität und lehnten Pässe oder andere Dokumente grundsätzlich ab, zumal solche Papiere das Siegel des Antichrist – das Staatswappen – trugen, den doppelköpfigen Adler. Alle Kreaturen Gottes haben *einen* Kopf, und diesen Adler mit *zwei* Köpfen schuf Satan. Eine bestimmte Gruppe der »Wanderer« verzichtete deshalb sogar auf das Geld. Diese Gruppe, die »Geldlosen«, war allerdings nicht besonders zahlreich. Alle »Läufer« stellten sich selbst eine Art »Paß« aus, der auf den ersten Blick eine Art Parodie oder Witz zu sein scheint, tatsächlich aber eine Verneinung der Zugehörigkeit zu einem bestimmten Land, einem bestimmten Staat, einem bestimmten Geburts- und Wohnort enthält. Hier ein Beispiel eines solchen Dokuments, gleichzeitig ein Zeugnis religiöser Folklore, Anfang des neunzehnten Jahrhunderts »ausgestellt«:

»Inhaber, der Knecht unseres Herrn Christus [Name, Vorname] ist aus Jerusalem [vermutlich aus dem himmlischen Jerusalem, A. S.], der Stadt Gottes, nach verschiedenen Städten und Dörfern beurlaubt, um der Seele Wohl, um des sündigen Leibes Leid. Sein Brot soll er mit ehrlicher Arbeit und Fleiß verdienen, mäßig essen und trinken, keine Widerworte geben, Gott allzeit preisen. Wer mich Wanderer in sein Haus aufzunehmen sich scheut, der will mit meinem Herrn keinen Umgang pflegen. Mein Herr aber ist unser Heiland Jesus Christus, Gottes Sohn. Und wer mich um meines Glaubens willen vor die Tür jagt, der wird zum Antichrist in die Hölle fahren. Dieser Paß ist in der himmlischen Stadt Gottes ausgestellt, von der Polizei in Zion, im Golgatha-Quartier.«[210]

Solche Pässe wurden in der Fremde Glaubensgenossen, die man persönlich nicht kannte, vorgewiesen.

Die »Wanderer« (*beguny*) hatten ihre Gönner, bei denen sie Unterschlupf fanden, die selbst völlig legal lebten und einen guten Leumund hatten. Solche Gönner wurden »Wohltäter« genannt. Ein »Wohltäter« half nicht nur den Wanderern auf jede erdenkliche Weise, sondern er mußte geloben, früher oder später, wenn auch erst am Ende seines Lebens, selbst auf Wanderschaft zu gehen. Man darf allerdings nicht glauben, ein Begun würde ununterbrochen von Ort zu Ort ziehen. Im achtzehnten Jahrhundert war die Sekte tatsächlich ständig unterwegs, um sich jederzeit in die Wälder zurückziehen zu können. Später – und heute noch – lebten die Beguny meistens bei ihren Wohltätern, versteckt in verborgenen Kammern, ähnlich der oben beschriebenen Skrytniza. Über die »Wohltäter« hielten sie Kontakt zueinander, über hunderte, sogar tausende Kilometer hinweg. Heute sind sie keine »Wanderer« mehr im buchstäblichen, physischen Sinn, sondern in dem freiwilligen Verzicht auf eine Verwurzelung in der Welt.

Die »Gleichgläubigkeit« einerseits und die »Weltflucht« andererseits sind die Extreme in der Entwicklung des Alten Glaubens. Dazwischen liegt ein ganzes Meer verschiedenster Gruppierungen. Aber insgesamt tendieren die Altgläubigen, da ihnen an den alten Formen gelegen ist, zur altrussischen Lebensform und Kultur. Manchmal drückt sich diese Beziehung sehr naiv aus. Einer Sekte (der »Hirtensekte«) war es verboten, über Straßenpflaster zu gehen, da es zur Zeit des Antichrist und unter dessen Zeichen erfunden worden sei. Die Onisimowschtschina wurde die »Maulaffen-Sekte« genannt, denn ihr Begründer, der Bauer Onisim, lehrte, daß beim Gottesdienst am Palmsonntag die Gläubigen mit weit offenem Mund dastehen müßten. Er glaubte, daß sie so die Kommunion von den Engeln empfangen würden. Eine andere Sekte wurde Lipowzy (von *lipa*, Linde) genannt, weil sie nur vor einem Kreuz aus Lindenholz beteten. Andere wiederum, die Rjabinowzy (von *rjabina*, Eberesche) nur vor einem Kruzifix aus Eberesche. Und die Ossinowzy (von *ossina*, Espe) nur vor einem Kreuz aus Espenholz.[211]

Wir sollten diese Phänomene nicht nur oberflächlich beurteilen und als Torheit und Verblendung abtun. Sie alle wirken vielleicht absurd, sind aber dennoch legitime Äußerungen des Volksglaubens. Man darf ihre Vorgeschichte nicht vergessen, und zu dieser Vorgeschichte gehören der Autoritätsverlust der offiziellen Kirche und das Bewußtsein, daß die Welt zunehmend in Lüge versinkt. Was blieb dem armen Menschen unter solchen Bedingungen übrig? Wie konnte er sich retten? Er klammerte sich an den Ritus oder an ein irgendein unwesentliches Detail des Ritus. Manchmal dachte er sich ein solches Detail auch aus, und es schien ihm dann uralt und ehrwürdig, eine Stiftung Christi. Und – seine einzige Rettung.

# 5
# Die rationalistischen Sekten
Duchoborzen und Molokanen

Die Altgläubigen sind Rechtgläubige. Sosehr auch die einzelnen Sekten von der offiziellen Kirche abwichen, sie betrachteten sich in jedem Fall als orthodoxe Christen, und zwar als die wahren, die einzigen Orthodoxen. Zwei andere Richtungen – die rationalistische und die mystische – zählten sich nicht zu den Orthodoxen und lehnten den orthodoxen Gottesdienst radikal ab.

Im Gegensatz zu den Altgläubigen liegen die Ursprünge der rationalistischen und mystischen Sekten in undurchdringlichem Dunkel. Wir wissen genau, wann, warum und wie sich die Kirchenspaltung vollzog – sie nahm ihren Anfang mit der Reform Nikons um die Mitte des siebzehnten Jahrhunderts. Aber über die Entstehung der anderen beiden Richtungen läßt sich kaum Genaueres sagen. Einige Historiker gehen davon aus, daß die rationalistische Sekte aus dem Westen und die mystische aus dem Osten nach Rußland gekommen seien. Eine solche Lösung ist sehr verlockend, läßt sich aber kaum belegen. Denn beide Strömungen weisen außer fremden Einflüssen originäre russische Wurzeln auf und präsentieren sich als typische russische Volkssekten. Möglicherweise existierten die Keime solcher Bewegungen schon seit dem Beginn der Christianisierung der alten Rus. Aber eine festumrissene Gestalt nahmen sie erst verhältnismäßig spät, Ende des siebzehnten und zu Anfang des achtzehnten Jahrhunderts an. Den Anstoß gab wiederum die Kirchenspaltung. Die Kirche brach auseinander, und es war keineswegs eindeutig, welche der Parteien die Wahrheit auf ihrer Seite hatte. Vielleicht irrten sie beide? Vielleicht mußte man nach einer dritten, nach einer vierten Lösung suchen? Die rationalistischen und mystischen

Sekten zogen daraus ihre eigenen Schlüsse und orientierten sich jenseits der Orthodoxie.

Auch die rationalistische Richtung besteht aus einer Vielzahl von »Sekten« oder »Kirchen«, aber für alle gilt: Alle kirchlichen Autoritäten, alte und neue, alle kirchlichen Traditionen und Riten werden entschieden abgelehnt. Einzig und allein die Heilige Schrift wird anerkannt. Diese Sekten streben zu Christus zurück, abseits der historischen Entwicklung seiner Kirche. Aber auch die Heilige Schrift wird von ihnen meistens rein intellektuell oder allegorisch gedeutet, gemäß dem »gesunden Menschenverstand«. Demnach war beispielsweise Jesus Christus nicht Gott, sondern nur ein mit göttlicher Vernunft begabter Mensch. Die Auferstehung wurde nicht real als leibliche Auferstehung verstanden, sondern metaphorisch, als Hinweis, daß jeder Mensch schon während seines Lebens seinen Geist läutern und seelisch und moralisch auferstehen kann.

Der Bruch mit der Kirchentradition begünstigte eine Annäherung an den westlichen Protestantismus. Aber Sekten nach westlichem Muster tauchen in Rußland erst gegen Ende des neunzehnten Jahrhunderts auf, während die Volkssekten rationalistischer Prägung wesentlich älter sind.

Die erste von ihnen, die *duchoborzen* (*duch* – Geist, *borotsja* – kämpfen), ist seit der Mitte des achtzehnten Jahrhunderts bekannt. Ihren Namen erhielt sie von der ihr feindlichen orthodoxen Kirche. Er sollte zum Ausdruck bringen, daß die »Geistkämpfer« gegen den Heiligen Geist kämpfen und Ikonen, kirchliche Satzungen und Traditionen ablehnen. Die Sektenmitglieder bezeichneten sich schlicht als »Christen«, später ließen sie die Fremdbezeichnung Duchoborzen ebenfalls gelten, jedoch in ihrem eigenen Sinne: Geschworene Gegner von Ritus und Bild, erklärten sie sich zu Streitern im Geist. In einem ihrer Psalmen heißt es: »Deshalb bin ich ein Geistesstreiter, weil ich mit dem Geist Gott diene, weil ich den Geist inwendig in mir trage, weil ich vom Geist empfange und im Geist wache.«[212]

Die Orthodoxie hielten die Duchoborzen für Götzendiener, gemäß ihrem Sprichwort: »Die Kirche liegt nicht zwischen Mauern, die Kirche liegt zwischen den Rippen.« Oder: »Wir sind die lebendigen Tempel Gottes.« Die Taufe lehnten sie ab, mit der Begründung, daß sie nicht durch Wasser vollzogen werde, sondern durch Leiden oder durch Gottes Wort. Beim Beten schlugen sie kein Kreuzzeichen über der Stirn – man müsse nicht mit der Hand beten, sondern mit dem Geist und dem Wort. Auch eine Eheschließung erforderte bei ihnen kein Sakrament, sondern nur gegenseitige Liebe.

In ihrem Verhältnis zu kirchlichen und staatlichen Institutionen waren die Duchoborzen weniger feindselig eingestellt als die Altgläubigen. Allerdings wurde, trotz aller Akzeptanz, die Obrigkeit von ihnen gleichsam ignoriert. Anders als der russische Bauer es gewohnt war, zogen sie bei der Begegnung mit einem Natschalnik ihre Mütze nicht. Ihrer Meinung nach waren alle Menschen gleich und deshalb jede Obrigkeit, in der profanen wie der sakralen Ordnung, schlechthin überflüssig. Am wenigsten waren die Duchoborzen darauf angewiesen, die ohnehin rechtschaffen lebten. Wenn man überhaupt einen Staatsapparat brauchte, so nur, damit die Kinder dieser Welt sich nicht gegenseitig vernichteten. Demnach ging die Macht des Zaren nur die schwarzen Schafe etwas an, die Diebe und Räuber, nicht aber die guten Menschen. Da die Duchoborzen Eid und Krieg ablehnten, konnten sie nicht zum Dienst mit der Waffe herangezogen werden.

Wir ordnen die Duchoborzen den rationalistischen Glaubensreformern zu, auch wenn sie deutlich mystische Neigungen zeigen. Aus der Heiligen Schrift klaubten die Duchoborzen nur das heraus, was sie für nützlich hielten, und interpretierten auch dies ziemlich willkürlich, denn die Bibel war ihrer Meinung nach ein vergängliches, totes Buch, das von Fehlern durchsetzt war. Nichts, was vom Menschen kommt, konnte vollkommen sein. Als wichtigste Quelle des wahren Glaubens wurde von den Duchoborzen nicht die Heilige Schrift, sondern die lebendige mündliche Überlieferung angesehen, die, von Generation zu Generation weitergegeben, in ihrem Herzen und in ihrem Gedächtnis aufbewahrt wurde. Sie ist die Frucht der göttlichen Offenbarung, wohnt in der Seele des Menschen und erleuchtet seinen Verstand. Sie wird »Leibbuch« genannt, »Lebensbuch« oder »Lebendiges Buch« und gilt weit mehr als die Bibel. Faktisch besteht das »Leibbuch« aus »Psalmen«, in die Psalmen des Königs David, bestimmte

Abschnitte aus der Heiligen Schrift und selbstverfaßte Gebete eingegangen sind. Daraus wurde bei den Gebetsstunden gelesen und gesungen. Aber die Duchoborzen waren überzeugt, daß jede Zeile ihres »Leibbuchs« unmittelbar auf König David zurückging, weshalb es mündlich überliefert und in der frühesten Kindheit, sobald ein Kind zu sprechen beginnt, auswendig gelernt wurde.

Christus wurde von den Duchoborzen auf verschiedene Weise verstanden. Die einen sahen in ihm eine göttliche Kraft, die sich in der Natur und in den Gerechten offenbarte. Zuerst offenbarte er sich durch die Gottesfürchtigen des Alten Testaments, dann durch die Apostel und schließlich durch die Duchoborzen selbst. Andere lehrten, daß Christus zwar Gottes Sohn sei, aber in derselben Weise wie die Duchoborzen selbst – d.h. ein gewöhnlicher Mensch, den das Wort Gottes erleuchtete. Sie sagten:»Unsere Alten wissen noch mehr als Christus.« Die theoretischen Überlegungen der Duchoborzen nahmen folgenden Gang:

»Die Juden haben Christus ans Kreuz geschlagen, die Juden sind Menschen, und Menschen sind rechtgläubig. Nachdem sie ihn gekreuzigt hatten, wurden sie sich ihrer Tat bewußt und beteten, um ihre Schuld zu sühnen, den toten Christus, das Kreuz und seine Ikone an. Und der lebendige Christus, nunmehr für sie unsichtbar, nahm Wohnung in den Aposteln und darauf in ihren Nachfolgern – den auserwählten Duchoborzen – und weilt nun unter ihnen, von den Ahnen auf die Nachkommen vererbt.«[213]

Hier muß erwähnt werden, daß die Duchoborzen an wiederholte Erdenleben glaubten: Alle menschlichen Seelen waren von Gott noch vor der Erschaffung der Welt ins Leben gerufen worden; Stolz und Hochmut führten zu ihrem Fall, und zur Strafe wurden sie auf die Erde verbannt wie in ein Gefängnis und mit Fleisch überkleidet. Beim Hinscheiden eines Menschen zieht seine Seele in einen anderen Leib ein. Die Seelen der Gerechten in menschliche, die Seelen der Sünder in tierische Leiber. Der Tod wurde von ihnen immer nur »Veränderung« genannt, und wenn jemand starb, so sagten sie: »Unser Bruder hat sich verändert.«

Indem sie sich auf die Lehre von der Metempsychose stützten, behaupteten die Duchoborzen, daß der Mensch keinen irdischen Vater habe und auch keinen haben könne: Die Seele, als Bild Gottes geschaffen, hat nur einen Vater – Gott. Ihre Eltern redeten die Duchoborzen nie mit »Vater« und »Mutter« an, sondern nur mit Vornamen, gelegentlich im Diminutiv. Oder sie nannten sie »Alter« und »Alte«. Eine junge Mutter war »Amme«, weil sie den Säugling stillt und großzieht. Die Männer nannten ihre Frauen »Schwester« und die Frauen ihre Männer »Bruder«.

Die Duchoborzen galten lange Zeit als moralische Vorbilder: Sie stahlen und tranken nicht, waren pünktliche Steuerzahler und wurden wegen ihres Fleißes und ihrer Nächstenliebe gerühmt. Sie waren sogar zu den Haustieren freundlich und prügelten sie nie, wahrscheinlich, weil in dem Tier eine Menschenseele wohnen könnte.

Trotz allem blieben den Duchoborzen innere Konflikte, manchmal unter dem Einfluß konkurrierender Strömungen und Sekten, nicht erspart. Es kam abermals zu Verzweigungen. Die Glaubensspaltung setzte sich epidemisch fort.

Der Forscher weiß, daß das erste Zeugnis einer neuentstandenen Sekte niemals ihr Manifest oder Programm ist, denn alle Sekten halten sich zunächst verborgen und haben es keineswegs eilig, an die Öffentlichkeit zu treten. Es sind vor allem die Unterlagen der Polizei- und Kirchenbehörden, die bestätigen, daß diese Sekte existiert und von den offiziellen Stellen auf die schwarze Liste gesetzt worden ist. Der alarmierte Ton solcher Unterlagen, Verhaftungen und Repressionen geben Auskunft über die Zusammensetzung und das Eigenleben dieser Sekten, ebenfalls über die Geschwindigkeit, mit der ihre Ideen sich unter der Bevölkerung verbreiten und manchmal den Charakter einer Massenepidemie annehmen.

Auf diesem Wege erfahren wir, daß in der zweiten Hälfte des achtzehnten Jahrhunderts eine neue Sekte sich von den Duchoborzen abgespalten hatte und rasch an Boden gewann. Ihre Bezeichnung – *molokanen* – wurde von *moloko* (Milch) abgeleitet und sollte – so die ursprüngliche Absicht der offiziellen Kirche – geringschätzig klingen. Die neue Sekte setzte sich nämlich über die Fastenregeln hinweg und genoß auch an Fastentagen Milch. Selbstverständlich lag die Essenz ihres Glaubens nicht im uneingeschränkten Genuß von Milch. Das Milchtrinken war nur ein nebensächliches Detail, aber ein Detail, das die Umgebung sofort registrierte. Schließlich fanden sich die Molokanen mit ihrem Spottnamen ab und gaben ihm einen tieferen, aufwertenden Sinn, der ihrem Glauben entsprach: Sie seien deshalb »Molokane«, weil sie die Milch des Evangeliums genössen und alle anderen unwesentlichen Kirchenbräuche beiseite schöben. Aber sie zogen es dennoch vor, von sich als von den »Christen im Geiste« oder den »wahren Christen im Geiste« zu sprechen.

Der Gründer und erste Wortführer der Molokanen war der Bauer Semjon Ukléin. Ursprünglich war er ein besonders bibelfester Rechtgläubiger. Schneider von Beruf, zog er von Dorf zu Dorf und ging seinem Handwerk nach. Eines Tages kam er in das Gouvernement Tambow, und zwar in ein Dorf, das damals eine Residenz der Duchoborzen war. Das Sektenoberhaupt war der Lehrer Illarion Pobirochin. Ukléin blieb in diesem Dorf, freundete sich mit den Duchoborzen an und trat in die Sekte ein. Er heiratete eine Tochter Pobirochins und erfreute sich dank seiner Bibelfestigkeit und Rednergabe allgemeinen Ansehens. Fünf Jahre lang war Ukléin die rechte Hand Pobirochins. Aber die unter den Duchoborzen übliche Geringschätzung der Bibel konnte ihm, dem profunden Bibelkenner, nicht zusagen. Er fürchtete, seine Glaubensbrüder könnten die Heilige Schrift ganz und gar vergessen. Ebenso wenig Gefallen fand er an Pobirochin, der sich mehr und mehr göttliche Eigenschaften anmaßte: Er verkündete feierlich, daß Christus in ihm und nur in ihm Wohnung genommen habe und daß man nur ihn auf Erden anbeten müsse. Er verlangte widerspruchslose Unterwerfung, denn ihm obliege es, das Jüngste Gericht zu halten. Er spielte die Rolle des Heilands und erwählte zwölf Apostel, die er Erzengel nannte, und auch zwölf »Todesengel«, um die Abtrünnigen zu verfolgen. Eine solche Despotie widersprach den Regeln der Duchoborzen, denn Stolz und Hochmut galten unter ihnen als die schwersten Sünden, die zur Vertreibung der menschlichen Seelen aus dem Paradies geführt hatten.

Für die Duchoborzen waren alle Menschen gleich. Pobirochin nutzte nun die Autorität des Lehrers aus, dem im Leben einer Sekte besondere Bedeutung zukommt, und verkündete eines Tages, er sei Christus.Укléin war empört und bezichtigte vor der ganzen Gemeinde seinen Schwiegervater der Sünde der Selbstverherrlichung und des Hochmuts. Der despotische Alte verabreichte seinem Schwiegersohn vor versammeltem Publikum eine Tracht Prügel und gab anschließend seinen »Todesengeln« den Befehl, ihn zu töten. Ukléin floh und gründete bald darauf seine eigene Sekte – die Molokanen.

Dieser persönliche Konflikt zwischen Ukléin und Pobirochin führt uns anschaulich vor Augen, wie eine Sekte als Abspaltung aus einer anderen entsteht. Einige Glaubenssätze werden übernommen, andere gestrichen. In diesem Fall wurde das »Leibbuch« durch die Bibel ersetzt und Mystik und Seelenwanderung zugunsten eines rationalistischen Konzepts aufgegeben.

Im Unterschied zu den Duchoborzen, die sich gleichsam im Zwiespalt befanden, weil sie mystische und rationalistische Züge in sich vereinigten, waren die Molokanen eine rein rationalistische Sekte. Sie glaubten nur an das, was in der Bibel geschrieben stand, und warfen alles über Bord, was nicht belegbar war. Sie sagten: »Wir vertrauen nur der Heiligen Schrift. Die Apostelgeschichten, die Konzile und die Schriften der Kirchenväter lehnen wir ab.« Die wahre Kirche, für deren Erben sie sich hielten, war von Christus während seines irdischen Daseins gegründet worden; aber diese wahre Kirche existierte nur bis zum vierten Jahrhundert, dann hätten die ökumenischen Konzile und die Kirchenväter durch willkürliche Bibelauslegung das Christentum demoralisiert. Die Molokanen glaubten, die apostolische Urkirche zu restituieren, die nach dem vierten Jahrhundert, bis zum Auftreten der Molokanen gleichsam im Untergrund, im geheimen gelebt habe. Das gesamte historische Christentum betrachteten sie als einen monströsen, gewaltigen Rückfall ins Heidentum. Das im vierten Jahrhundert zwischen Kirche und Staat geschlossene Bündnis hatte, nach der Lehre der Molokanen, dazu geführt, daß das Christentum mit dem Heidentum vertauscht wurde, und der schlagende Beweis dafür waren die kirchlichen Riten, gegen die die rationalistischen Sekten zu Felde zogen und die sie zu Götzendienst erklärten.

Es ist bezeichnend, daß die Molokanen nicht nur die herrschende orthodoxe Kirche, sondern auch die Altgläubigen von oben herab betrachteten und behaupteten, letztere hätten Stroh statt Hirn in ihren Köpfen, da sie den Ritus hochhielten und sogar dafür zu leiden bereit seien. Ein alter Molokane verglich einmal die Glaubenslehre der Altgläubigen mit derjenigen der Molokanen:

»Gott ist Geist, dies hat auch Christus vor seinen Schülern bestätigt, und wer ihn im Geiste anbetet, wer sich ihm durch Vervollkommnung nähern will und Christi Geist aufzunehmen bestrebt ist, der betet zu Gott auf die rechte Weise. Der allein ist ein wahrer Christ, während die Raskolniki um zweier Finger willen aufs Schafott steigen. Wir bekreuzigen uns überhaupt nicht, weder mit zwei noch mit drei Fingern. Aber Gott kennen wir näher und besser als die anderen.«

Der Übertritt zum Glauben der Molokanen wurde damit eingeleitet, daß der Bauer die Ikonen aus seinem Haus entfernte oder sie gar zu Anmachholz zerhackte – ein Zeichen der Verachtung aller Götzendienerei. So begannen die Molokanen ebenso wie die Duchoborzen als Bilderstürmer, was wiederum besonders wütende Reaktionen, sowohl seitens der Kirche als auch der rechtgläubigen Bevölkerung, hervorrief. Der Stifter der Sekte, Ukléin, zog am Anfang seines Wirkens in Begleitung von siebzig Jüngern feierlich unter Absingen von Psalmen in die Stadt Tambow ein und forderte das Volk auf, die Götzen zu stürzen, d. h. die Ikonen zu vernichten, worauf er sofort von der Polizei in Gewahrsam genommen wurde.

Die Andachten der Molokanen entbehren aller rituellen Züge. Dies erinnert, ebenso wie ihr häusliches Leben, an den westlichen Protestantismus, besonders an die Puritaner. Sie trinken keinen Alkohol; sonntags versammelt sich die Familie, und man liest aus der Bibel vor; die Kinder haben kein Spielzeug, sie dürfen nicht auf der Straße spielen und nicht naschen, aber dafür werden sie von ihren Eltern fast nie bestraft. Die Molokaninnen tragen keinen Schmuck und sind den Männern gleichgestellt. Vor dem Hintergrund der russischen Sitten nimmt sich das alles sehr merkwürdig aus. Ein Volkskundler aus der Mitte des letzten Jahrhunderts beschreibt das Leben eines Moloka-

nendorfes, in dem er einige Zeit wohnte. Die Nüchternheit und der Fleiß der Bauern überraschten ihn.
»Von klein auf werden die Molokanen zur Arbeit erzogen. Ihre Kinder haben von der Wiege an keinen besonderen Zeitvertreib. Auf die Frage, wieso Kinder, auch die Kleinen, die gerade ihre ersten Schritte tun, keinerlei Spielzeug haben, antworteten ihre Eltern: ›Solches Spielzeug erzieht den Menschen zu Müßiggang und Zerstreuung; die Kinder werden, solange sie leben, nach Unterhaltung und Spielzeug verlangen. Der Mensch aber ist zu etwas ganz anderem geschaffen.‹ Damit nicht genug: Die Kinder dürfen auch nicht auf der Straße spielen, keine Lieder singen, keinen Reigen tanzen, auf keiner Schaukel schaukeln, kein Naschwerk kaufen, und sie dürfen keine Sonnenblumenkerne und Nüsse knacken.
›Ist denn das Sünde, wenn man eine Nuß knackt? Das ist doch ein ganz unschuldiger Zeitvertreib!‹ fragten wir die Eltern. ›Wie sollen wir Ihnen das erklären, lieber Herr‹, antworteten sie, ›nein, eine Sünde können wir darin nicht sehen. Das stimmt. Aber das ist eine ganz nutzlose Angewohnheit; da sitzt ein Mensch müßig herum und knackt und knackt, und die Zeit verstreicht ungenützt. Gut, er knackt also heute, er knackt morgen, und so knackt er auch übermorgen. Aber aufs Jahr gesehen hat er viel Zeit verloren, die er für seine Wirtschaft und für seine Seele gut hätte gebrauchen können. Hast du einmal ein bißchen freie Zeit, dann nimm dir ein Buch und lies und mach dir darüber deine Gedanken. Leg dir Regeln fürs Leben zurecht – das sind unsere Sonnenblumenkerne.‹
Solche puritanische Einstellung mag übertrieben erscheinen, aber als wir die Gesichter ihrer Mädchen und Knaben betrachteten, in der Erwartung, an ihnen die Folgen von Unterernährung und Entwicklungsstörungen zu entdecken, mußten wir zu unserm Erstaunen feststellen, daß die Kinder der Molokanen, eines wie das andere, blühend aussehen. Sie sind gut ernährt, rosig und meistenteils recht hübsch. Des Rätsels Lösung liegt in der ununterbrochenen Beschäftigung der Kinder mit häuslichen und nutzbringenden Arbeiten: Sechs Tage in der Woche verbringen sie mit den Erwachsenen an der frischen Luft und gehen ihnen bei allen Arbeiten zur

Hand. ›Ist denn das möglich, daß ihre Töchter die rechtgläubigen Mädchen nicht um ihren Schmuck beneiden?‹ fragten wir. ›Ein junges Mädchen liebt es doch, sich zu putzen und zu schmücken.‹ ›Unsere Töchter lieben es, sich mit ihrer Seele zu schmücken und nicht mit Ohrgehängen und Ringen. Jene unter ihnen, die am schnellsten lesen lernt, die am meisten liest, die am besten sich im Wort Gottes auskennt und die am schönsten bei den Andachten singt, die ist bei uns die Schönste.‹«[214]

Natürlich ist eine späte Berührung der Molokanen mit westlichen Glaubensrichtungen durchaus denkbar. So haben die »Stundisten« und »Baptisten« Glaubenslehren der protestantischen Kirchen in Rußland eingeführt. Aber auch innerhalb der Molokanen kam es zu Abspaltungen neuer rationalistischer Sekten, von denen hier eine, die sogenannten »Gemeinsamen«, erwähnt werden soll.

Es handelt sich um eine Sekte, die den Weg zur Umsetzung des Evangeliums im praktischen Leben suchte. Die »Gemeinsamen« brachten in den Dorfalltag und in die Dorfökonomie sozialistische oder kommunistische Prinzipien ein, d. h. sie gingen davon aus, daß man alles miteinander teilte – Arbeit und Besitz. Sie arbeiteten gemeinsam auf dem Feld, richteten gemeinsame Speisehäuser ein, bauten gemeinsame Häuser. Da diese Bewegung eine deutlich ausgeprägte soziale Tendenz zeigte, wurde sie von der Regierung besonders mißtrauisch beobachtet. Aber Theorie und Praxis der Gemeinsamen lassen sich keinesfalls auf den Einfluß frühsozialistischer, aus dem Westen importierter Ideen zurückführen. Diese Sekte entstand in den zwanziger Jahren des letzten Jahrhunderts, als von einer sozialistischen Idee noch nicht die Rede sein konnte. Und hätte es sie auch irgendwo gegeben, so wären sie nie zum russischen Dorf vorgedrungen, zu den einfachen russischen Bauern, die ihre *obschtschina* nicht unter dem Einfluß sozialistischer Ideen, sondern nach dem Vorbild des Evangeliums geschaffen hatten, in dem es heißt, daß die ersten Christen keinen persönlichen Besitz hatten, sondern alles miteinander teilten, entsprechend den Bedürfnissen des einzelnen. Diesen Verzicht auf Privateigentum versuchte die Sekte der Gemeinsamen zu verwirklichen, um wahrhaft christlich zu leben. Ähnliche Bestrebungen traten auch später unter den Sektierern nationalistischer Richtung, beispielsweise den Tolstojanern, auf, ebenso bei den Duchoborzen und Molokanen, die sich zu Tolstojs Lehre bekannten. Diese von Tolstoj beeinflußten Duchoborzen wanderten Ende des neunzehnten Jahrhunderts in großer Zahl nach Kanada aus und lebten dort nach strengsten Prinzipien. Grund und Boden durfte nur die Gemeinschaft besitzen, und das Land wurde nur gemeinschaftlich bebaut. Oft verzichtete man darauf, Tiere bei der Feldarbeit einzusetzen. Man weiß, daß die Duchoborzen schon früher niemals die Hand gegen ein Tier erhoben, weil sie davon ausgingen, daß die menschliche Seele sich auch in einem Tier wiederverkörpert. In Kanada zogen sie selbst, um die Tiere nicht auszubeuten, zu zehn oder zwölf Mann einen Pflug oder Wagen. Sie waren Vegetarier, aber nun weigerten sie sich, auch Milch oder Käse zu essen – worauf die Kühe freigelassen wurden. Alles in allem eine religiöskommunistische Utopie, die an das Poem *Ladomir* des Futuristen Welemir Chlebnikow erinnert:

> »Ich sehe Freiheiten für Pferde
> Und Gleichberechtigung für Ochs und Kuh...«

Die sinnvolle Auslegung der Heiligen Schrift entsprach den natürlichen Überlegungen des russischen Bauern zu Recht und Unrecht. Diese Art Rationalismus war keineswegs die Fortsetzung einer uralten Tradition, wie wir sie bei den Altgläubigen finden. Und ebensowenig eine mystische Offenbarung. Es waren durch und durch praxisnahe Überlegungen des russischen Bauern, der sich einerseits von der Heiligen Schrift und andererseits vom gesunden Menschenverstand leiten ließ. Deswegen schlugen sich solche rationalistischen Strömungen durchaus nicht immer und auch nicht sofort in Form einer definitiven und geschlossenen Glaubenslehre nieder. Der russische Bauer hat sich, wie sich herausstellt, einfach oft seine Gedanken gemacht und gelegentlich den Schluß gezogen, daß die Kirche überflüssig sei und die Gesellschaft radikal verändert werden müsse, da sie nicht nach der Wahrheit, nicht nach dem Evangelium, lebe.

# 6
# Wassilij Sjutajew und andere rationalistische Wahrheitssucher

Das Schicksal eines einfachen Mannes kann als Beispiel für die Entstehung »rationalistischer« Anschauungen dienen. Er hieß Wassilij Sjutajew und wirkte in den siebziger und achtziger Jahren des letzten Jahrhunderts. Die Schar seiner Anhänger war nicht besonders groß, ein paar Dutzend oder höchstens einige hundert Menschen. Seine Sekte, die schon damals die *sjutajewzy* genannt wurde, interessiert uns nicht als Sekte, sondern als Ausdruck einer bestimmten Geistesverfassung, die sich immer wieder im russischen Volk bemerkbar machte. Übrigens erhob Sjutajew selbst, ein Bauer, der seine Wirtschaft eigenhändig besorgte, keinerlei Ansprüche auf die Rolle eines neuen Lehrers – was für andere Sektenführer charakteristisch war –, geschweige denn eines Religionsstifters. Er hielt sich einfach nicht an die gültigen Normen, und dies trug ihm den Ruf eines Häretikers ein. Sein Lebenslauf sowie sein geistiges und psychologisches Portrait sind uns bekannt, da er mit einem der großen Forscher über die Kirchenspaltung und das Sektierertum, A. S. Prugawin, befreundet war. Prugawin hat über ihn sehr ausführlich geschrieben, und diese Aufzeichnungen sind ein gescheites, farbenreiches Dokument von Sjutajews Persönlichkeit. Das Material gibt uns Auskunft über die rationalistischen Strömungen des russischen Bauerntums, über ihren Ursprung und ihren besonderen religiös-psychologischen Typus.
Sjutajew stützte sich auf keine Überlieferung, auf keine sektiererische Glaubenslehre. Er lebte und dachte völlig selbständig und zog seine Schlüsse ohne jede fremde Hilfe. Während er zu einer eigenen Position fand, wußte er nichts davon, daß es in Rußland Sekten oder derartige Bewegungen gab. Er war ein ganz gewöhnlicher Bauer – ein

Tröpfchen im Ozean des russischen Volkslebens. Plötzlich jedoch – scheinbar völlig unvermittelt – fing er an, selbständig zu denken, wobei er aufrichtig glaubte, er denke nach Gottes Willen. Von Hause aus war Sjutajew ein frommer, rechtgläubiger Mann, der fleißiger als andere die Kirche besuchte, betete und die kirchlichen Gebote erfüllte. Der ortsansässige Geistliche bestätigte, daß Sjutajew bis zu seinem Abfall das eifrigste und frömmste Gemeindemitglied gewesen sei. Auch hier zeigt sich: Nicht die Gleichgültigen schlagen sich auf die Seite der Sektierer, sondern häufig die eifrigsten Anhänger der Kirche.

»Einmal fragte ich Sjutajew, wann er lesen und schreiben gelernt habe.

›Mit zwanzig habe ich geheiratet und gleich darauf lesen und schreiben gelernt.‹

›Wozu wolltest du das lernen?‹

›Ich wollte die Heilige Schrift lesen. Man muß, dachte ich mir, den Willen Gottes kennen. Denn das Leben, das wir führen, ist nicht richtig, ach, es ist nicht richtig! Man muß den Willen Gottes kennen – sonst gibt es für den Menschen keine Rettung. Also gut, ich kaufte mir das Alphabet und lernte buchstabieren. Und dann ging ich in den Buchladen der Synode.‹

›Wo war das?‹

›In Petersburg. Da kaufte ich das Evangelium. Ich schlug es auf und las – da sah ich gleich, daß wir alle nicht richtig leben.‹

›Wer hat dir denn geraten, gerade dieses Buch zu kaufen?‹

›Ein Geistlicher in Petersburg. Kaufe, sagte er, das Alte und das Neue Testament. Darauf sagte ich: Aber über der Bibel, habe ich gehört, kann der Mensch den Verstand verlieren. – Glaub es nicht, sagte er, wir lesen darin, solange wir leben, und haben darüber den Verstand nicht verloren.‹

›Nun, und wie hat dir die Bibel gefallen?‹

›Manches Buch habe ich bereits gelesen, aber keines war besser als das Evangelium. Ich kaufte das Evangelium, fing an, mich darein zu vertiefen, immer weiter zu vertiefen, und da sah ich die Lüge in der Kirche, die Lüge ringsum, nichts als Lüge! Und da begann ich, den richtigen Glauben zu suchen. Und ich habe lange gesucht! Ich sehe, der Christ prügelt, der Jude prügelt, der Altgläubige prügelt, der Rechtgläubige prügelt. In jedem Glauben Zwist und Totschlag. Es gibt keinen Glauben, der recht ist! Mit der Zunge glauben sie alle, aber Taten sind keine zu sehen. Dabei ist der Glaube in den Taten. Der Glaube ist im Leben. Man kann in die Kirche gehen, und man kann es auch lassen. Das Leben aber muß geachtet werden. Wahrheit, überall muß Wahrheit sein! Wahrheit und Liebe, das geht allem vor.‹«[215]

Wir finden hier die drei Komponenten, die zum Bewußtsein des rationalistischen Sektierers gehören. Die erste ist das aufmerksame Studium des Evangeliums. Dann die Erkenntnis, daß das Leben der Gesellschaft im Widerspruch zur Bibel steht, da die Masse der Menschen sich nicht nach den christlichen Grundsätzen richtet. Und zuletzt die Überzeugung, daß die Kirche sich weit von dem Evangelium entfernt hat und nicht in der Lage ist, die Frage eines Wahrheitssuchers zu beantworten.

»›Ich kam ins Dorf und sah, daß keine Liebe unter uns zu finden ist. Alle laufen dem Profit nach. Und da begann ich nachzudenken, was bedeutet dies und was jenes? Ich suchte Rat bei anderen und fragte den Geistlichen: Väterchen, hilf mir, wie soll ich das verstehen? Was sollen wir tun, um gut zu sein, um besser zu sein? Ich sehe, wir folgen vielen Regeln [gemeint ist der Ritus, A. S.], aber das führt zu nichts. Und da habe ich als allererstes das Kreuz abgelegt.‹
›Warum?‹
›Weil es Heuchelei ist. Um den Hals tragen wir das Kreuz, aber im Leben drücken wir uns davor – wir stehen nicht zur Wahrheit und wollen um der Wahrheit willen nicht leiden. Warum soll man dann das Kreuz auf der Brust tragen? Und just um diese Zeit wurde uns ein Kind geboren. Die Menschen sagten: Ihr müßt es taufen. Ich aber denke bei mir: Warum müssen wir es taufen? Wir alle haben die Taufe empfangen, aber wir leben schlimmer als die Ungetauften. Man hat uns getauft, wir aber sündigen immerfort, was hat man nun davon. Und ich wollte das Kind nicht taufen.‹«[216]

»Ich aber denke bei mir: Warum müssen wir es taufen?« Die Frage ist typisch für den rationalistischen Sektierer, der die Wahrheit durch eigene Überlegung und nicht durch bloße Lektüre der Heiligen Schrift sucht, der über sie aufmerksam nachdenkt und sie mit dem Leben und der kirchlichen Ordnung vergleicht. Eine Kongruenz ist nirgends zu entdecken, und nach und nach wendet sich der Fragende von seinem einstigen Glaubensbekenntnis ab. Zu diesem Zeitpunkt jedoch war Sjutajew noch ein Sohn der Kirche und hielt sich selber offensichtlich für einen solchen. Er setzte dem Dorfpriester mit verschiedenen peinlichen Fragen zu, die den Seelenhirten, der unglücklicherweise nicht besonders belesen, aber um so geschäftstüchtiger war, außerordentlich aufbrachten. Der nämlich erfüllte seine Pflichten ohne innere Anteilnahme, verschmähte aber kein Mittel, um seiner Gemeinde Geld abzunehmen. So besuchte er mit dem Kreuz an den Feiertagen nach altem Brauch sämtliche Häuser:

»Da kommt er zu uns ins Haus. Wir bieten ihm Platz unter den Ikonen an und beginnen, ihn auszufragen. Vielleicht war er zu Ehren des Feiertags betrunken, denn auf meine Fragen konnte er mir rein gar nichts antworten. Ich fragte ihn nach der Taufe: ›Was geht dich überhaupt die Taufe an? Soll ich dich mit dem Knüppel taufen?‹ Ich brachte ihm meine Bedenken vor: ›Hätte ich's damals geahnt, dann hätte ich dich im Taufbecken ersäuft!‹ Und dann legte er los – was hat er nicht alles zu mir gesagt! Ich sei ein Satan, ein Teufel. Ich aber hielt den Mund. Als er endlich aufhörte zu schimpfen, sagte ich zu ihm: ›Väterchen, erklär mir doch noch eine Stelle!‹ Und dann las ich ihm aus dem Hebräerbrief vor.

Er nahm das Buch, las und knallte die Bibel auf den Boden, vor die Schwelle. ›Die Eier wollen klüger sein als die Henne!‹

Ich bekam es mit der Angst zu tun. ›Was hast du getan?‹ fragte ich. ›Wehe, das ist doch eine Sünde. Du hast dich an Gottes Wort vergriffen! Das ist doch dasselbe Buch, was bei dir auf dem Altar liegt. Genau dasselbe, nur ist deins in Samt eingebunden. So teuer also hältst du Christi Wort! Nein‹, sagte ich, ›von nun an laß ich dich nicht mehr über meine Schwelle treten, nie mehr. Du bist kein Lehrer, sondern ein Wolf! Ein Blinder! Wenn der Blinde den Blinden

führt, fallen beide in die Grube. Ich will nichts mehr von dir wissen!‹
Und seit diesem Tag bin ich nicht mehr in die Kirche gegangen.«[217] Später antwortete er auf die Frage des Geistlichen, weshalb er nicht mehr in die Kirche komme, zum Entsetzen des Seelenhirten: »Warum soll ich eigentlich in die Kirche kommen? Ich selbst bin die Kirche!«[218]
Das klingt so, als sei er ein Duchoborze. Von dieser Sekte hatte er aber nie etwas gehört. Die Übereinstimmung seiner Formel mit dem Wahlspruch der Duchoborzen – »Die Kirche liegt nicht zwischen den Mauern, sie liegt zwischen den Rippen.« – ist durch die gemeinsame rationalistische Denkweise und den Verzicht auf die äußere Form und den Ritus zu erklären, auf den gemeinsamen Wunsch, die Nachfolge Christi nicht formal, sondern rational durch eigene Vernunft und eigene Tat zu verwirklichen. In Sjutajews Worten – »Ich selbst bin die Kirche.« – klingt nichts von jenem persönlichen Hochmut an, dessen sich viele Sektierer und besonders der Führer der Duchoborzen, Pobirochin, schuldig machten. Sjutajew war von Natur ein bescheidener und anspruchsloser Mensch. In seinen Augen war die Kirche einfach eine Profanierung des Christentums. Auch findet sich in seiner Weigerung, den Gottesdienst zu besuchen, nicht die leiseste Spur jener ablehnenden Haltung der Altgläubigen, die die offizielle Kirche für ein Nest des Antichrist und einen Kirchenbesuch für eine schwere Sünde hielten. In ihrer Angst gingen die Altgläubigen so weit, daß manche von ihnen einen großen Bogen um die Kirche machten, um ja nicht den Schatten eines nikonianischen Baus durchqueren zu müssen: »Nicht nur das Betreten der Kirche kommt einer schweren Sünde gleich, sondern auch das Eintreten in ihren Schatten, selbst bei einem Wolkenbruch.«[219]
Im Unterschied zu den Altgläubigen flohen Sjutajew und seine Anhänger keineswegs vor der Kirche, aber sie war als Institution gänzlich bedeutungslos. Man konnte in die Kirche gehen, aber man konnte es auch lassen – empfehlenswerter war das letztere, denn Gott ist kein reicher Bauer, der es gern sieht, wenn man sich vor ihm tief verbeugt. So gelangte Sjutajew zur vollständigen Ablehnung jeder kultischen

Form: des Kreuzzeichens, der Taufe, der Beichte und der Kommunion. Und schließlich auch des persönlichen Gebets. Das war ein radikaler Schritt. Sogar die Duchoborzen, sogar die Molokanen beteten. Auch bei den popenlosen Altgläubigen blieb das Gebet die letzte Verbindung mit Gott. Sjutajew aber erklärt, weshalb er und seine Anhänger auf das Gebet verzichten:

»›Wenn wir uns an nichts halten – welchen Zweck kann dann noch ein Gebet haben? Wir murmeln das Vaterunser, achten aber mitnichten unsere Eltern. Wir beten: Dein ist das Reich, schließen uns aber selbst aus dem Himmelreich aus, denn wir streben nicht nach der Wahrheit, und wir leben nicht nach der Wahrheit. Man muß nach der Wahrheit leben, man muß der Wahrheit folgen und nach der Wahrheit handeln. Und wenn ich nach der Wahrheit lebe – wozu brauche ich dann noch das Gebet?‹«[220]

Eine derart bedingungslose Ablehnung von allem, was mit der offiziellen Kirche zusammenhing – einschließlich des Verzichts auf das gemeinsame oder auch persönliche Gebet –, entsprang, wie wir sehen, dem Verlangen nach Wahrheit, der Absicht, Gott nicht mit den Lippen, sondern mit Werken zu dienen. Die Kirche erkennt Gott nach Sjutajews Meinung nur verbal, folgt aber nicht wirklich den Geboten des Evangeliums und erstickt in Sünde. Den Anlaß zu seinen Überlegungen bot ihm die alltägliche Praxis der Kirche. Die Geistlichen bezogen ihren Unterhalt von ihrer Gemeinde und waren gezwungen, auf Kosten der Bauern zu leben. Es ist kein Zufall, daß in russischen Volksmärchen der Pope gewöhnlich als negativer Charakter auftritt, dessen Haupteigenschaften Habsucht und Geldgier sind.

Die häufigen Fälle von Mißbrauch empörten die Gläubigen:

»Ein Kind war uns gestorben. Da sagen sie, man muß es mit dem Popen bestatten, eine Seelenmesse lesen, sonst, sagen sie, wird es im Jenseits nicht in das Himmelreich aufgenommen. Was sein muß, muß sein. Ich ging zum Popen: ›Bestatte das Kind, Väterchen.‹ ›Gut‹, sagt er, ›her mit dem Fünfziger.‹ ›Geht es auch billiger?‹ ›Nein.‹ Ich aber hatte damals alles in allem dreißig Kopeken in Silber. Er blieb hart. Ich ging nach Hause und dachte: Was ist das eigentlich? Für fünfzig ist es möglich, aber für dreißig nicht? Für

fünfzig wird es aufgenommen, aber für dreißig nicht? Das kann doch nicht sein! Und da sah ich, daß ich rundum schuldig war.‹
›Wieso warst du schuldig?‹
›Aber wie kann man um Gottes Segen feilschen? Wie kann man Gottes Segen kaufen wollen? Wenn man ihn nicht verdient hat, so kann man ihn auch um keinen Preis kaufen! Nicht um Tausende! Und wenn man ihn verdient hat, dann bekommt man alles, was einem zusteht, ganz ohne Geld. Ich ließ mir das alles durch den Kopf gehen, nahm mein Kind und beerdigte es selbst, ohne Popen, ohne Diakon, ohne alles. Bei uns unter den Dielenbrettern habe ich es beerdigt!‹«[221]
In Sjutajews Augen ist der Handel an und für sich schon Sünde, denn jedem Handel liegt der Wunsch nach persönlichem Profit zugrunde, und das Feilschen in der Kirche ist eine noch schrecklichere Sünde und Lästerung. Ähnlich dachte Sjutajew über Staat und Regierung. Ohne den Staat zu verneinen, unterschied er die Macht nach gut und böse und sagte: »Die böse Regierung erkenne ich nicht an, aber die gute Regierung – die erkenne ich sehr wohl an.« Die »böse« Regierung führte Kriege, verhaftete Menschen und sperrte sie in Gefängnisse. Den Zaren selbst hielt Sjutajew für »gut« und reiste sogar einmal nach Petersburg, um ihm persönlich ein Gesuch zu überreichen, das er in eine Bibel legte. Aber er wurde nicht vorgelassen. In seinem Gesuch schlug er dem Zaren vor, das ganze Land nach dem Evangelium leben zu lassen. Die Nichtanerkennung der »bösen« Regierung brachte Sjutajew häufig in mißliche Lagen. Sein Sohn zum Beispiel weigerte sich, in der Armee zu dienen. Als er den Eid ablegen sollte, weigerte er sich, weil man nach der Bibel nicht schwören dürfe. Schließlich kam er ins Gefängnis. Auch bei der Steuer ergaben sich immer Probleme. Sjutajew weigerte sich nicht, Steuern zu bezahlen, aber er wollte wissen, ob mit seinem Geld »Böses« oder »Gutes« bezahlt würde. Keiner konnte ihm darauf eine Antwort geben, und eines Tages holte man das Vieh aus seinem Stall und versteigerte es, um seine Steuerschuld einzutreiben.
Aber das Kurioseste sind Sjutajews Programm und seine Lebensführung. Er war davon überzeugt, daß Worte und Taten übereinstimmen

sollten und daß die Tat das wahre Gebet sei. Der christliche Glaube selbst sei nichts anderes als die Liebe zum Nächsten. Und wie kann es Liebe ohne gute Taten geben? So kam er auf die Idee des »gemeinsamen Lebens«, und er vertrat sie mit Wort und Tat. Er rief alle Bauern seines Dorfs zusammen und richtete an sie folgende originelle Ansprache:

»›Bist du, Nikita Iwanow, ein Dieb?‹

Alle wunderten sich über diese Frage, denn Nikita war als ein guter und ehrlicher Mann bekannt.

›Bis jetzt war Gott mir gnädig‹, antwortete Nikita.

›Bist du ein Dieb?‹ wandte sich Sjutajew an Nikitas Nachbarn.

›Gott bewahre‹, antwortete dieser.

Sjutajew befragte auf diese Weise alle Anwesenden und fand keinen einzigen Dieb.

›Und ich bin auch kein Dieb‹, sagte Sjutajew zum Schluß, ›also sind wir alle keine Diebe – warum leben wir denn schlimmer als die Diebe? Warum haben wir überall Schlösser, warum haben wir Riegel? Vor wem schließen wir uns ein, da wir doch alle keine Diebe sind? Wozu brauchen wir Wächter und Zäune, wozu brauchen wir Flurraine und jeder sein eigenes Stück Land? Warum müssen wir jedes Reis in der Mitte teilen?‹«[222]

Die Bauern sahen wohl ein, daß Sjutajew recht hatte, konnten sich aber nicht entschließen, mit gemeinsamer Arbeit gemeinsame Wirtschaft zu führen.

»Sjutajew verschließt seine Scheunen nicht: Tag und Nacht stehn sie offen. Die Bauern in der Nachbarschaft machten sich dies zunutze, fuhren mit einigen Wagen leise vor, drangen in die Scheune ein und fingen an, Säcke mit Korn aufzuladen. Im Nu war die Scheune leer. Schon wollten sie abfahren, als plötzlich Sjutajew vor ihnen stand. Er ging in die Scheune, dort lag ein einziger Sack Korn. Er schulterte diesen Sack, trug ihn hinaus und warf ihn auf einen Wagen. ›Wenn ihr in Not seid, nehmt auch diesen mit. Gott sei mit euch.‹ Die Bauern nahmen auch diesen Sack mit und fuhren los. Aber am nächsten Tag waren sie wieder da, sie brachten das Korn zurück und sagten: ›Wir haben es uns überlegt.‹ Sie ba-

ten Sjutajew im Namen Christi, sein Korn wieder zurückzunehmen.«[223]
Schließlich hatte Sjutajew Anhänger in mehreren Dörfern. Aber damit gab er sich nicht zufrieden. Denn in Liebe und Wahrheit sollten alle leben, nicht nur eine Handvoll Menschen. Das Besondere dieser Sekte besteht darin, daß sie sich von der Welt nicht zurückzog. Aber gerade das macht Sjutajews Traum unerfüllbar. Das »gemeinsame Leben« läßt sich kaum aufbauen, wenn jeder Mensch hinter einer Trennwand von Besitz und gesellschaftlicher Konvention verharrt. Das in der Apokalypse verheißene Paradies auf Erden stellt er sich etwa so vor: »Es wird keine Plünderung, keinen Totschlag, kein Teilen, es wird keinen Zwist und keine Prügelei mehr geben, keine Lohnarbeit, keinen Handel und kein Geld – wenn alle Menschen Brüder sind, wozu braucht man dann noch Geld? Brüderlichkeit wird es geben, Einigkeit.« Das klingt fast wie eine kommunistische Utopie, aber Sjutajew kannte keine kommunistischen Ideen, es waren seine eigenen Erkenntnisse, die auf dem Studium der Bibel beruhten. Mit der ortsansässigen Bevölkerung lebte er in Frieden und wurde von ihr niemals schikaniert. Allerdings wurde er immer wieder bestohlen. Das führte dazu, daß er schließlich doch Schlösser und Riegel an seinem Haus anbringen mußte. Manchmal machte man sich über ihn lustig:
»›Du redest und redest, aber du tust nicht so recht was. Du mußt mal ein Wunder tun, dann glauben wir dir. Du bist doch ein Heiliger. Hier ist der Fluß. Geh trockenen Fußes hinüber, und wir glauben dir sofort.‹
›Er hat sich an der Bibel überlesen, das ist ein Buch, das man nicht lange hintereinander lesen darf, sonst vergißt man darüber die Welt. Und man sagt, daß mancher schon den Verstand darüber verloren hat. Wir lachen ihn aus und sagen: Laß doch das Arbeiten. Du kannst doch nur von Geist leben! Geh doch in die Wüste!‹
Aber ebenso oft begegnet man Menschen, die Sjutajew als Heiligen ansehen, als einen Gottesfürchtigen, auf dem Seine Gnade ruht.
›Wieviel Kühe hat er?‹ fragte ich eines Tages ein junges Mädchen, seine Nachbarin.
›Viele‹, antwortete sie, ›sooft man ihm das Vieh weggeholt hat, so

oft ist es wiedergekommen. Sie holen ein Rind, und Gott vergütet es ihm reichlich und gibt ihm immer mehr und mehr davon. Man hat ihm schon das Tor aufgebrochen, man hat sein Vieh versteigert, fast verschenkt. Aber wenn jemand sein Vieh gekauft hat, der sollte daran keine Freude haben. Einer hat eine Kuh gekauft, die ist ihm verreckt. Einer ein Roß, das hat sich ein Bein gebrochen und hinkt. Gewiß, so was kommt von Gott.‹

Ich hatte Gelegenheit, mich mit Altgläubigen über Sjutajew zu unterhalten. Sie wunderten sich noch mehr als die anderen über seine guten Ernteerträge.

›Seltsam‹, sagten sie, ›er betet ja nicht zu Gott: Wir wissen ganz genau, daß er nicht betet und kein Kreuz auf der Brust trägt – aber seine Ernten sind gut... Seltsam!‹«[224]

Das Wohlwollen oder zumindest die Toleranz gegenüber Sjutajew ist jedoch keineswegs für das Schicksal aller Sektierer charakteristisch. Er war wirklich ein Gerechter und stets bereit, allen zu helfen, unabhängig davon, ob sie mit seinem Glaubensbekenntnis übereinstimmten oder nicht. Vor allem aber lebte er offen, während die meisten Sektierer sich zurückzogen und keinerlei Kontakte zu Andersgläubigen unterhielten. Auch war die Regierung immer bemüht, die Sektierer zu isolieren, um ihren Einfluß auf die übrige Bevölkerung zu beschränken und die Ausbreitung der Häresie zu verhindern. Deshalb wurden Sektenmitglieder häufig gemeinsam an die äußersten Ränder Rußlands verbannt. Diese doppelte Isolierung führte schließlich dazu, daß das Volk argwöhnisch wurde und allen möglichen Märchen und Übertreibungen über das Leben einer solchen abgeschlossenen Gemeinschaft Glauben schenkte. Außerdem erfreuen sich Menschen, die sich durch Lebensart und Überzeugungen von ihrer Umgebung unterscheiden, nur selten besonderer Beliebtheit, sie werden oft zu Unrecht verdächtigt. Es gibt viele Beispiele für Mißhandlung oder Verhöhnung von Sektierern durch ihre Dorfgenossen.

Der Leidensweg eines Stundisten in der zweiten Hälfte des neunzehnten Jahrhunderts, des Bauern Timofej Sajaz, verdient erwähnt zu werden. Die Stundisten sind eine Sekte protestantischer Prägung und gehen wahrscheinlich auf den Einfluß deutscher Kolonisten im russischen Süden zurück. Timofej Sajaz, von Hause aus orthodoxer Christ, schloß sich den Stundisten an. Was war für ihn eigentlich die Orthodoxie? »Mein Vater lebte ein ödes, ungutes Leben, und wir, seine Söhne, folgten unserm Vater auf seinem Weg: Ich trank, ich rauchte Pfeife, ich habe gestohlen und bin dem Popen gefolgt. Ich bin in die Kirche gegangen und habe Gott angebetet – jenen Gott, den der Pope gemalt hatte.« (Damit sind wohl die Ikonen gemeint.) Nach der Lektüre der Heiligen Schrift begann er, sich energisch seiner schlechten Gewohnheiten zu entledigen – »der Pfeife, des Wodka, des Diebstahls und aller anderen bösen Listen und Lügen, die die Lehre der Popen entgegen der Lehre Christi ihm anerzogen hatte.«[225] Eines Tages stürmte eine Schar kirchentreuer Bauern Timofejs Haus. Er wurde geschlagen, nackt ausgezogen und bei strengem Frost ausgepeitscht. Dabei wurde er immer wieder gefragt: »Willst du wohl wieder beichten gehen? Willst du wohl wieder Wodka trinken?« Da er sich standhaft weigerte, prügelten sie ihn halbtot und flößten ihm mit Gewalt Wodka ein. Genauso verfuhren sie mit seiner Frau.

Für die religiösen Sekten rationalistischer Prägung traten die eigentlichen religiösen Fragen vor den moralischen und gesellschaftlichen zurück. Ihre Angehörigen hatten weniger Gott im Sinn als eine vernünftige und tugendhafte Lebensführung, wobei sie die gesellschaftliche Ordnung oftmals bis in kleinste Details ablehnten. Besonders auffällig gebärdeten sich die »Tolstojaner«, eine Bewegung, die in den achtziger Jahren des letzten Jahrhunderts unter dem Einfluß der Lehren Tolstojs entstand. Überzeugte Tolstojaner waren bemüht, die Ideen, die Tolstoj predigte, ins praktische Leben umzusetzen. Zu dieser Bewegung gehörten nicht nur Intelligenzler, sondern auch Angehörige der unteren Stände. Und wenn sie sich mit anderen rationalistischen Sekten – mit Stundisten, Duchoborzen, Molokanen – vermischte, entstand eine neue Form der Volkskultur. Viele Tolstojaner verneinten die Gottessohnschaft Christi und hielten ihn einfach für einen moralisch hochstehenden Menschen. Es wurde beispielsweise gesagt, daß die Lehre Christi besser sei als die Lehre Buddhas, aber schlechter als die Lehre Tolstojs. Von religiösen Quellen wurde allein das Evangelium anerkannt, aber auch aus dem Evangelium wurde alles gestrichen, was nach Wunder und Mystik aussah. Sie glaubten nicht an das Leben nach dem Tode und an die Auferstehung. Es braucht nicht erwähnt zu werden, daß sämtliche kirchlichen Riten radikal abgelehnt wurden: Das Kreuz nannten sie Galgen, die Kirche Stall, die Geistlichen Strohpuppen. Einige Sekten dieser Richtung – die Molokanen unter den Tolstojanern – stellten sogar die Existenz Gottes als autonomer Macht in Frage und behaupteten, Gott sei nichts als die Liebe oder das Gewissen der Menschheit. Jeder Mensch verkörpere in sich einen Teil der göttlichen Kraft, und außerhalb des menschlichen Gewissens gebe es keinen Gott.

Folgerichtig verlagerte sich ihr Interesse gänzlich in die Sphäre der Moral. Indem sie die anarchistischen Ideen Tolstojs übernahmen, verneinten sie den Staat und dessen Institutionen wie die Polizei und das Gericht. Sie predigten, sich dem Bösen nicht mit Gewalt zu widersetzen, sie befürworteten die Ehelosigkeit und vegetarische Kost.

Es gab einen Tolstojaner, der seine Ansichten besonders kompromißlos ins Leben umsetzte. Da er jede Form von Privateigentum ablehnte, führte er das Leben eines einsamen, heimatlosen Pilgers, nahm jede Arbeit an und scheute auch vor schweren, schmutzigen Diensten nicht zurück. Als Entgelt glaubte er nur Essen und Obdach annehmen zu dürfen, manchmal, in äußerster Not, auch Kleidung. Aber er besaß nie mehr als ein einziges Hemd und eine einzige Jacke. Geld lehnte er entschieden ab und ging oft nach getaner Arbeit ohne eine Kopeke in der Tasche davon, ohne zu wissen, ob er heute oder morgen ein Mittagessen bekommen würde. Er sagte: »Reich ist nicht der, welcher viel hat, sondern der, welcher nichts braucht.« Trotzdem war er der Meinung, daß er von seinen Bedürfnissen noch gegeißelt würde und führte immer das Beispiel seines Freundes, des Tolstojaners Lew, an, der auch auf Kaftan, Mütze und Bastschuhe verzichtet hatte und barfuß, im bloßen Hemd, durch Städte und Dörfer zog: »Lew ist reicher als wir alle. Wir alle sind Sklaven unserer Bedürfnisse und unserer Gewohnheiten. Mir fällt es schwer, auf Mütze und Bastschuhe zu verzichten, also bin ich ihr Sklave. Lew aber steht darüber.«[226] Dieser Tolstojaner, Sergej Popow, war ein gescheiterter Gymnasiast und sein

Freund, Lew, ein Arbeiter. Im allgemeinen zogen sie es vor, ihre Namen nicht zu nennen und fragten: Wozu sind die Namen gut? Ist es denn nicht ganz gleich, wie man heißt? Eines Tages wurde Sergej Popow zur Polizei gebracht. Der Polizist fragte ihn: »Aus welchem Gouvernement?« Popow antwortete: »Ich bin ein Sohn Gottes. Es gibt keine Gouvernements, die ganze Welt ist das Haus Gottes, und alle Menschen sind Brüder.« Der Polizist wurde wütend, schimpfte und wollte schon, um ihm einen Schrecken einzujagen, den Revolver ziehen. Der Tolstojaner aber sagte: »Sei doch vernünftig! Weshalb ärgerst du dich so? Wir sind doch Brüder.« Schließlich wurde er dem Untersuchungsrichter vorgeführt, einem zum Glück gütigen und gebildeten Mann, der die Sache sofort begriff. Er setzte eine Erklärung auf: »Der Beschuldigte kann, da er den höchsten göttlichen Gesetzen folgt, die zu den menschlichen in Widerspruch stehen, keinen Paß und keinen festen Wohnsitz haben.« Darauf bat er Popow, zu unterschreiben. Dieser aber weigerte sich, indem er wiederholte, Namen und Unterschriften seien nicht vonnöten, da alle Menschen Brüder und Gottes Kinder seien. In dem aufrichtigen Wunsch, ihm zu helfen, verfiel der Untersuchungsrichter auf eine kleine List und bemühte selbst das christliche Gesetz der Nächstenliebe: »Wenn Sie Ihren Nächsten lieben, so unterschreiben Sie dieses Papier.« Da erst war der Tolstojaner bereit, zu unterschreiben, allerdings mit einem bemerkenswerten Zusatz: »Ein Sohn Gottes, nach seiner leiblichen Hülle von den Menschen genannt S. Popow.« Der Untersuchungsrichter seufzte, bedankte sich und ließ Popow zum Staatsanwalt bringen. Dieser fing von neuem an:

»›Wie heißt du? Aus welchem Gouvernement? Bist du Sergej Popow?‹

›Ich bin ein Sohn Gottes‹, sage ich, ›alle Menschen sind Brüder.‹

›Ich weiß, daß alle Menschen Brüder sind‹, sagt er.

›Das ist das einzige, was von Bestand ist‹, sage ich, ›vergessen Sie alles andere. Leben Sie brüderlich, dann ist alles gut.‹

›Ich frage dich zum letzten Mal‹, brüllt er, ›bist du Sergej Popow?‹

›Ich bin ein Sohn Gottes‹, sage ich.

›Ins Gefängnis mit dir!‹ schreit der Staatsanwalt.«[227]

Man darf nicht glauben, dies seien Früchte der Lehre Tolstojs. Ähnlichen Einstellungen begegnen wir auch bei Sektierern, die von Tolstoj nie etwas gehört hatten. Vermutlich sind in Tolstojs Lehre bestimmte Aspekte des Volksglaubens miteingegangen, die dem Rationalismus und Anarchismus des russischen Bauern verwandt waren. Sogar zu dem berühmten Aufruf Tolstojs zur Vereinfachung der Lebensformen, den er an die höheren Schichten und an die moderne Zivilisation mit ihren übermäßigen Ansprüchen gerichtet hatte, findet sich eine Parallele in einer Sekte, den *beloriszen* (»Weißkutten«). Ihrem Wesen nach war dies eine eklektische Glaubensgemeinschaft, in der sich die Anhänger verschiedenster Sekten und Anschauungen zusammenfanden. Uns interessiert in diesem Zusammenhang lediglich ihre Kleidung, der sie auch den Namen verdankte. Die Beloriszen trugen weiße Kleidung und begründeten dies folgendermaßen: »Alles Schwarze kommt vom Schwarzen Geist, vom Satan. Und in weißen Gewändern fliegen die Engel Gottes durch des Himmels All, und in weißen Tüchern wurde auch Christus ins Grab gebettet.«[228]

Die weißen Kleider also waren ein Symbol der Reinheit und der Heiligkeit. Aber das war es nicht allein: Ein Zweig der Beloriszen verband damit noch eine weitere Vorstellung – Schlichtheit und Einfachheit. Sie waren bestrebt, möglichst bescheiden und einfach zu leben und alles Überflüssige zu meiden. Sie trugen nur selbstgenähte Kleidung aus ungebleichtem Leinen und hielten schon das Färben für überflüssig. Sie spotteten darüber wie über jeden anderen Schmuck und sagten: »Der Dummkopf fliegt auf Rot.« Sie bemühten sich, möglichst wenig zu kaufen und möglichst viel selbst herzustellen. Es ging ihnen dabei nicht darum, Geld zu sparen, denn vieles kam sie auf diese Weise viel teurer zu stehen, sondern um die Idee der Einfachheit. Einer ihrer Wortführer sagte: »Wir tragen weiße Kleidung, weil wir glauben, daß es unnütz ist, Leinwand oder Tuch zu färben, das macht nur Mühe, Unkosten und unnütze Sorgen. Nichts braucht gefärbt oder bemalt zu werden. Ein weißes Gewand, ein weißes Kleid bezeugen das einfache Leben, befreien uns von Sorgen und erleuchten unseren Geist.«

Als man diesen Mann als Gründer der Sekte bezeichnete, entgegnete er:

»Nein, ich bin kein Gründer. Ich bin, wenn man so sagen will, ein Sucher. Ich suche nach der Wahrheit, wie die anderen nach Gold suchen. Es liegt an vielen Orten verstreut. Man braucht nur wenig Mühe, und schon hat man es gefunden. Ebenso verhält es sich mit der Wahrheit. Auch sie ist über verschiedene Bücher, über verschiedene Lehren und Sekten verstreut. Und ich möchte ihre verstreuten Teile finden und zusammenfügen. Ja, ich bin ein Sucher.«[229]

Das ist selbstverständlich ein typisch rationalistischer Zugang zur Religion – gleichzeitig aber auch eine tiefverwurzelte nationale Eigenschaft. Solche Wahrheitssucher waren in Rußland sehr zahlreich. Manchmal kamen sie auf ihrem Weg zu den unglaublichsten Folgerungen. Dann kehrte ein solcher Rationalismus seine glühende phantastische oder mystische Seite hervor, obwohl die Vernunft gerade diese auszuschließen suchte. Das muß allerdings nicht immer der Fall sein. Der Sucher nach dem wahren Glauben findet oft etwas Neues, das für den Außenstehenden wie ein Märchen klingt.

# 7
# Die mystischen Sekten
## Die Geißler

Die Geißler gehören zu der dritten, der mystischen, Strömung des russischen Volksglaubens, die sich von der Orthodoxie ebenso weit entfernte wie von jeglichem Rationalismus. Die Bezeichnung *chlysty* stammt von dem Verb *chlestat,* peitschen: Bei ihren Zusammenkünften geißelten sie sich mit Gerten, Ruten oder mit fest zusammengedrehten Handtüchern. Dadurch sollte das Fleisch abgetötet und der Heilige Geist herbeigerufen werden. Ihr Spruch hieß: »Ich geißle mich, ich suche Christus.« Jedoch ist die Selbstgeißelung ein unwesentliches rituelles Detail, das auch nicht von allen Sektenmitgliedern praktiziert wurde. Wahrscheinlich kann die Sektenbezeichnung *chlysty* auf *christy* (Plural von Christus) zurückgeführt werden. Nach Auffassung der Sekte verkörpert sich Christus immer wieder in anderen Menschen, und solche *christy* sind sehr zahlreich. Die *chlysty/christy* selbst nannten sich Gottesmenschen.

Nach einer ihrer Legenden lebte in der Mitte des siebzehnten Jahrhunderts ein Bauer namens Danila Filippowitsch – offensichtlich ein großer Bücherkenner. Eines Tages sammelte er alle seine Bücher in einen Sack und warf ihn in die Wolga, mit den Worten, daß keine Bücher, weder alte noch neue, vonnöten seien, sondern nur das eine – »das Ungeschriebene, das Goldene Buch, das Lebendige Buch, das Taubenbuch: der Herr Heiliger Geist«.[230]

Diese Anekdote, die den Kern der mystischen Sektenlehre erfaßt, kommt der Wahrheit sehr nahe. Ermüdet von den fruchtlosen Diskussionen und widerstreitenden Meinungen als Resultat der Kirchenspaltung, versammelte sich ein Teil der Gläubigen um Danila Filippowitsch, verzichtete auf alle Bücher und erkühnte sich, Gott in höchst-

eigener Person anzusprechen. Der Entschluß Danila Filippowitschs, sämtliche Bücher in die Wolga zu versenken, ist nicht nur symbolisch, sondern ebenso im tiefsten Sinne historisch: Im Zuge der Kirchenspaltung versiegte bei vielen der Bücherglaube – nur ein unmittelbares Eingreifen Gottes konnte einem den Weg zum richtigen Glauben weisen. Danila Filippowitschs Aktion war der Auftakt zur Sektengründung: »Der Buchstabe tötet, der Geist macht lebendig.«[231]
Die Legenden der Geißler sind eigentlich religiöse Folklore reinsten Wassers, in die historische Tatsachen und mythische Bilder einfließen. Sie erzählen, daß Gott der Herr »Seine Leute« – die Geißler – nicht darben ließ und auf ihre Bitte zur Erde kam, und zwar im Gouvernement Wladimir, in dem Dorf, in dem Danila Filippowitsch lebte. Er erschien am Himmel in unvorstellbarem Glanze, begleitet von den himmlischen Heerscharen, in einem Feuerwagen auf Feuerwolken, und zog ein in den heiligen Leib Danila Filippowitschs, der von diesem Augenblick an Gott Zebaoth hieß und von den Geißlern als der lebendige Gott verehrt wurde. In der Rolle des Höchsten zog Danila Filippowitsch durch Städte und Dörfer, predigte seine Lehre und gewann viele Anhänger. Noch in der Mitte des letzten Jahrhunderts lebte eine Bäuerin, die letzte aus der Sippe Danila Filippowitschs, die von den Geißlern »Göttin« genannt wurde.
Noch zu Lebzeiten Danila Filippowitschs, der übrigens nach manchen historischen Forschungen ein fahnenflüchtiger Soldat gewesen sein soll, fand sich ein treuer Helfer und Stellvertreter – Iwan Timofejewitsch Suslow, die zweite gottgleiche Person der Geißler. Schon seine Geburt war von Wundern und Zeichen begleitet. Er kam in einer bettelarmen Bauernfamilie zur Welt, als Sohn eines hundertjährigen, bisher kinderlosen Ehepaares, und das löste im ganzen Dorf einen wahren Tumult aus: Wer hatte je davon gehört, daß eine hundertjährige Greisin einem hundertjährigen Greis einen Sohn gebiert? Alle glaubten an Zauberei und gingen dieser Familie aus dem Weg, die so arm war, daß das Kind nicht einmal eine Wiege hatte. Der greise Vater fand auf der Straße einen gesprungenen Schweinetrog, nahm ihn mit und machte daraus eine Wiege. Niemand wollte das Kind aus der Taufe heben, bis der Vater endlich einen Bettelpilger traf, densel-

ben, der einst diese wundersame Geburt prophezeit hatte. Dieser Bettler, in dessen Gestalt sich ein ungleich Mächtigerer verbarg, taufte das Kind. Als Iwan Suslow dreiunddreißig Jahre alt war, begegnete er Danila Filippowitsch, der seine Göttlichkeit auf ihn übertrug, das heißt, die Gnade, den Heiligen Geist zu empfangen, und ihn zu seinem Sohn Jesus Christus erklärte. Iwan Suslow vollbrachte Wunder. Er soll nach der Legende zweimal vor dem Spasskij-Tor in Moskau gekreuzigt worden und beide Male auferstanden sein. Beim zweiten Mal wurde ihm bei lebendigem Leibe die Haut abgezogen, aber eine unbekannte Jungfrau warf ihm ein Leinentuch über, worauf das Linnen schützend anwuchs und zu Haut wurde.[232]

Er hat auch noch andere Wunder vollbracht, unter anderem stieg er in die Lüfte und schwebte über dem Glockenturm Iwan der Große im Kreml. Gemeinsam mit seinem »Vater« Danila Filippowitsch verbrachte er drei Nächte hintereinander im siebten Himmel. Letzteres ist wohl als Metapher für die mystische Ekstase zu verstehen, in der sich der Führer der Chlysten wie in den Himmel emporgetragen fühlte.

Danila Filippowitsch starb im Jahre 1700 und fuhr nach seinem Tode endgültig in den Himmel auf. Sechzehn Jahre später verschied Iwan Suslow und folgte vor vielen Zeugen Danila Filippowitsch, um sich mit ihm im Himmel zu vereinen. Sein Grab war ein Wallfahrtsort der Chlysten und wurde deshalb auf Befehl Zarin Anna Joannownas 1739 geöffnet. Die sterblichen Überreste mußten verbrannt und die Asche in alle Winde zerstreut werden.

Damals, in der ersten Hälfte des achtzehnten Jahrhunderts, begannen die Verfolgungen. Die Geißler wurden gefoltert und hingerichtet. Da erst kam ans Licht, daß die Chlystowschtschina sich nicht nur unter dem einfachen Volk verbreitet, sondern auch mehrere Klöster erfaßt hatte. Listen, Berichte und Verordnungen bestätigen heute, daß viele Mönche und Nonnen, die der Häresie verfallen waren, hingerichtet wurden – sie wurden alle enthauptet. Zu Beginn des neunzehnten Jahrhunderts war die Chlystowschtschina auch in die Adelskreise eingedrungen – so beispielsweise in den Kreis um E. F. Tatarinowa – und wurde nun auch dort rücksichtslos ausgemerzt. Grundsätzlich jedoch war diese Sekte im Volk verwurzelt und vorwiegend auf die einfachen Menschen beschränkt, denn sie vereinigte mystische Religiosität mit barbarischer Ursprünglichkeit.

Die Geißler sind womöglich die interessanteste Sekte Rußlands. Sie ist von einem undurchdringlichen Geheimnis umgeben, das sich auf zwei besondere Umstände zurückführen läßt: erstens auf die grausame Verfolgung durch die Regierung und das Mißtrauen der Bevölkerung, die diese Sekte für teuflisch hielt und ihr die schrecklichsten Verbrechen zuschrieb; zweitens auf den esoterischen Charakter ihrer Glaubenslehre. Die Geistlichen und die Polizei klagten, daß selbst jene Sektenmitglieder, die unter Druck ihre Verirrungen bereut hatten und in den Schoß der Kirche zurückgekehrt waren, ihr religiöses Geheimnis niemals gänzlich preisgaben. Jeder Neophyt, der nach vielen Prüfungen in die Sekte aufgenommen wurde, mußte einen besonderen Eid ablegen: »Ich schwöre, das, was ich bei den Zusammenkünften sehen und vernehmen werde, geheimzuhalten, ohne Mitleid mit mir selbst, ohne Furcht vor Knute, Feuer, Schwert und anderer Gewalt!«[233] Manchmal wurde der Eid mit Blut unterschrieben.

Eine besondere Schwierigkeit bei der Entlarvung der Geißler bestand darin, daß sie sich im Gegensatz zu anderen Sekten stets als die frömmsten Gemeindemitglieder tarnten. Wenn ein Geistlicher oder Missionar in ihrer Gegenwart die Lehren der Geißler analysierte und angriff, gerieten diese in gespieltes Entsetzen und riefen aus: Kann denn überhaupt ein Mensch so töricht sein? Mein Gott, was für unglückliche Menschen, diese Chlysten![234] Nach langjähriger Verfolgung beherrschen sie die konspirative Taktik und gaben sich fromm, obwohl sie in der Tiefe ihrer Seelen die Kirche verabscheuten und haßten. Um vor Gottes Angesicht nicht zu heucheln, bedienten sie sich allerlei Tricks. Sie kamen als erste in die Kirche und gingen als letzte, schlugen während des Gottesdienstes kein Kreuz, knieten nicht nieder, küßten auch nicht das Kreuz und gaben bei der Beichte zweideutige Antworten. Auf die Frage des Beichtvaters »Hast du gesündigt?« antwortete ein Sektierer: »Ich bin schuldig vor Euch, Vater.« Damit meinte er, er sei nicht vor Gott schuldig, sondern nur vor dem Geistlichen, den er hinterging. Den Geistlichen brachten die Geißler nichts als Verachtung entgegen: »Hätten sie Gottes Gnade, könnten sie selbst alles erraten.«[235] Damit gaben sie zu verstehen, daß ihnen im Gegensatz zu den orthodoxen Popen alle Geheimnisse offenstünden.

An der Spitze einer Geißler-Gemeinde – eines »Schiffes« – stand der »Steuermann«. Schon die Bezeichnung »Schiff« evozierte die Vorstellung, die Sekte fahre auf dem Meer des Lebens unter allerlei Stürmen und Fährnissen dahin. Der »Steuermann« war der jeweilige »Christos« oder, falls die Gemeinde von einer Frau geführt wurde, eine »Mutter Gottes«. Jedes »Schiff« war autonom und nur seinem »Christos« gehorsam. Ein solcher »Christos« konnte seine sogenannte »geistige Gattin« zur »Gottesmutter« erklären und sogar mehrere »Gottesmütter« aus seiner Gemeinde erwählen. Manchmal wetteiferten »Christos« und »Gottesmutter« untereinander: Wessen Gott ist mächtiger? Wer hat mehr von Gott in sich? Wer vollbringt das größte Wunder, wer prophezeit am genauesten, durch wen spricht der Heilige Geist am vernehmlichsten? Der »Christos« und die »Gottesmutter« genossen in ihrem »Schiff« unbeschränkte Autorität. Sie wurden angebetet wie göttliche Wesen, in manchen »Schiffen« war es Gebot, das entblößte Knie der »Gottesmutter« zu küssen. Man kennt Fälle, daß der Urin eines »Christos« oder einer »Gottesmutter« bei der Kommunion als Meßwein getrunken wurde.

Was verbirgt sich hinter dieser merkwürdigen Neigung der Geißler, in ihrer eigenen Umgebung den »Christos« oder die »Gottesmutter« zu suchen? Auf den ersten Blick scheint es eine törichte und absurde Idee, wenn ein gewöhnlicher Bauer sich als Verkörperung Jesu Christi fühlt und ein gewöhnliches Dorfweib als »Gottesmutter« verehrt wird. Die Geißler am Don sangen:

> Hei, bei uns am Don
> Wohnt der Heiland im Haus,
> Mit den Engeln,
> Mit den Erzengeln.[236]

»Im Haus« bedeutet »an Ort und Stelle«, buchstäblich in unserem eigenen konkreten Haus. Das klingt naiv und ungehobelt. Aber man kann diesen Sachverhalt auch religionspsychologisch betrachten, und dann zeigt sich darin das tiefverankerte Bedürfnis des Volkes und des einzelnen nach der ständigen Gegenwart Gottes. Für diese Menschen war Gott nicht nur eine über dem Universum waltende abstrakte Kraft, sondern ein reales, greifbares Wesen – der sich jedesmal aufs neue inkarnierende Jesus Christus. Gott ist überall – die pantheistische Nuance der Geißler-Lehre –, aber zugleich ist er auch in der konkreten physischen Gestalt des neuerschienenen »Christos« anwesend, den man betasten, festhalten und in die eigenen Netze, in die eigene Sekte locken kann. Es gibt keine undurchdringliche Wand mehr zwischen Gott und dem Menschen: Tag für Tag, Stunde für Stunde offenbart sich Gott im Menschen – eine sich fortgesetzt wiederholende Geburt Christi.

Die offizielle Kirche trennte Himmel und Erde, die Geißler aber sagten: Nein, sie müssen wieder eins werden, Gott wohnt in greifbarer Nähe. Wenn Jesus Christus Göttliches und Menschliches auf Erden vereint hat, so muß unter den Bedingungen unserer Gegenwart, da der christliche Glaube allerorten versiegt, das Wiedererscheinen Christi in Gestalt vieler »Christos'« erfolgen.

Das Bedeutendste zu diesem Thema findet man bei W. Rosanow.[237] Er behauptet, die größte Sehnsucht der Menschheit bestehe gerade darin, die Nähe Gottes und sein Wirken im eigenen Innern zu erleben. Im Gegensatz zu dem traditionellen »passiven« Christentum seien die Geißler in ihrem Bestreben, Gott auf die Erde herabzurufen, auf ihre Weise »aktiv«, und das Resultat sei das Erscheinen der zahlreichen »Christos'«.

Ein solch unmittelbarer Umgang mit Gott drückt sich in ihren Gottesdiensten *(radenija)* aus. Sie bestehen aus Gebeten, verbunden mit ekstatischem Drehen und Kreisen, in dessen Verlauf der Heilige Geist über die Betenden kommt oder, wie die Chlysten selbst sagten, sich über sie »ergießt«. Man weiß, daß diese Gottesdienste auf verschiedene Weise abgehalten wurden. Ein Teilnehmer oder mehrere drehten sich im Takt zu den von anderen Geißlern gesungenen Gebeten um sich selbst. Der Tanzende drehte sich auf der rechten Ferse, die Umdrehung beschleunigte sich ständig – wie ein Wirbelwind. Einige

Geißler entwickelten dabei eine solche Geschwindigkeit, daß die Kerzen in den Kronleuchtern oder in den Händen der Anwesenden durch den verursachten Luftzug ausgelöscht wurden. Manchmal drehten sich die Betenden paarweise oder zu dritt, wobei bestimmte Positionen eingenommen wurden. Aber die verbreitetste Form nannten die Geißler die »Kreis-« oder »Reigenmesse«, auch »Schiffs-« oder »Davidsmesse«, in Erinnerung an den vor der Bundeslade tanzenden König David. Dabei bildeten alle Anwesenden einen Kreis und liefen einander nach, manchmal faßten sie sich auch bei den Händen und tanzten alle gemeinsam im Rund, eine Art kollektives Gebet. Das Wort *radenije* bedeutete bei den Geißlern »zielstrebige Mühe« oder »Anstrengung zu Ehren Gottes«, mit der Absicht, sich mit ihm zu vereinen. Deshalb wurden solche Gottesdienste »Gottesarbeit« genannt, es handelte sich tatsächlich um Schwerarbeit, die den Menschen an den Rand der Erschöpfung brachte. Solche Techniken, um sich selbst in einen ekstatischen Zustand zu versetzen, sind bei anderen Völkern und Glaubensgemeinschaften seit dem frühesten Altertum bekannt. Im Osten tanzen die Derwische auf diese Weise manchmal mitten in der Großstadt unter der Menge. Augenzeugen berichten, daß sie sich mit einer solchen Geschwindigkeit um die eigene Achse drehen, daß man ihre Konturen nicht mehr erkennen und nicht mehr sagen kann, was sich da eigentlich bewegt. Es handelt sich jedoch keineswegs um ein Kunststück, sondern um die Form des ekstatischen Gebets, das den Derwisch in die Lage versetzt wahrzusagen und ihm den Ruf eines Heiligen verleiht. Man kann auch an die dionysischen Bacchanalien, an die Tänze der Schamanen in Sibirien oder an die Beschwörungstänze der primitiven Stämme denken. Dies alles läßt darauf schließen, daß die Gottesdienste der Geißler ihre Wurzeln in der tiefsten vorchristlichen Vergangenheit haben. Die Absicht solcher Gottesdienste besteht darin, daß der Mensch sich aus seinem Körper löst und sich mit dem göttlichen Geist vereint, der ihn ergreift. So beginnen manche Geißler, beim Tanzen den Anwesenden die Zukunft zu prophezeien oder dem ganzen »Schiff« den göttlichen Ratschluß kundzutun, den sie gerade in diesem Augenblick erfahren. Die ganze Versammlung lauscht solchen Weissagungen aufmerksam und andächtig, im festen Glauben, daß sie direkt vom Heiligen Geist stammen. Später kann sich das Medium meist nicht mehr an das Gesagte erinnern. Manchmal redet er in einer unbekannten, unverständlichen Sprache. Dazu verweisen die Geißler auf die Ausgießung des Heiligen Geistes in der Apostelgeschichte.

Darüber hinaus betrachten die Chlysten ihre Gottesdienste als eine Gelegenheit zur Abtötung des Fleisches. In der Tat sind sie bei der »Gottesarbeit« schweißgebadet, und anschließend müssen die Fußböden aufgewischt und die Kleidung ausgewrungen werden. Viele Sektenmitglieder brechen zusammen und bleiben auf dem Boden liegen. Auf dem Heimweg erkannte man an ihren bleichen Gesichtern, daß sie von einer Messe kamen. Die physische Erschöpfung wurde allerdings von geistigem Hochgefühl und Begeisterung begleitet:

»Wenn der Heilige Geist über dich kommt, sind deine Seele und dein Leib ein Nichts. Dann fühlt deine Seele, dann fühlt dein Leib nichts mehr. Du hast keinen Gedanken, keine Erinnerung, keinen Willen, keine Vernunft, keine Unvernunft, du weißt nichts von Gut, du weißt nichts von Böse. Du schwebst dann in himmlischen Kreisen, und es gibt keine Worte, um diese Seligkeit zu beschreiben. Wer sie nicht erfahren hat, wird sie nie begreifen. Es gibt nur ein Wort – Vereinigung mit Gott. Selbst im Paradies gibt es keine größere Freude und Seligkeit als die, die dich erfüllt, wenn der Heilige Geist deine Seele erleuchtet.«[238]

Nach dem Gottesdienst fühlen sich die Geißler gereinigt, gleichsam im Heiligen Geist gebadet. Deshalb nennen sie ihre Gottesdienste auch »Geistesbad«. Der reichlich vergossene Schweiß fördert offensichtlich die Assoziation von »Gottesarbeit« und »Geistesbad«. Zur Charakterisierung dieser Messen gehört noch ein wichtiger Begriff: »Geistiges Bier«. Im Alltag sind die Geißler Abstinenzler, häufig Vegetarier und halten sich streng an die Fastenregeln. Gleichsam als Kompensation dürsten sie nach »Geistigem Bier« – eine Metapher des mystischen Rausches, der Ekstase während ihres Gottesdienstes. Laut ihren Aussagen und Gesängen »betrinken« sie sich beim Gottesdienst mit diesem »Geistigen Bier«, das »Gott der Herr braut, Mütterchen einschenkt und die Seraphim der Sippe Gottes kredenzen« – den

Geißlern. Dieses »Bier« beschert den Betenden jene Seligkeit, die von nichts auf der Welt übertroffen wird. Es heißt, daß erfahrene Geißler süchtig werden und auf den rauschhaften Zustand während des Gottesdienstes nicht mehr verzichten können. Sie erleben dabei die verschiedensten Erscheinungen und Halluzinationen, die sich alle auf die unmittelbare materielle Herabkunft des Heiligen Geistes beziehen. So kann der Reigen beispielsweise um einen mit Wasser gefüllten Kessel getanzt werden. Plötzlich gerät das Wasser in Bewegung und bildet einen kleinen Wirbel. Das ist ein Zeichen der Anwesenheit des Heiligen Geistes und der Höhepunkt des Gottesdienstes: Die Betenden waschen sich mit diesem Wasser, es gilt als heilkräftig, wird in Flaschen gefüllt und als wirksame Medizin aufbewahrt. Manchmal erschien über dem Wasserkessel in den Dampfschwaden das Jesuskind, das vollkommenste Zeichen der Gegenwart des Heiligen Geistes.

Die Zusammenkünfte der Geißler fanden in der Regel nachts statt – und da jedes Geheimnis die Neugier weckt, haben Außenstehende immer wieder diesen Messen beizuwohnen versucht. Es liegen zahlreiche Beschreibungen von Augenzeugen vor. Einer dieser Augenzeugen berichtet, daß man bei diesen Zusammenkünften »etwas Dämonisches« erlebe und »unwillkürlich überlegt, ob man sich in einem Irrenhaus oder unter Besessenen befindet. Man braucht gute Nerven und einen starken Willen, um wenigstens kurze Zeit den Anblick ihres wilden Tanzes zu ertragen.«[239] Das Ganze machte den Eindruck einer Massenhysterie: Die Menschen küßten einander, drehten sich, tanzten, stießen unverständliche Laute aus, ließen sich auf den Boden fallen und zuckten wie bei einem epileptischen Anfall. Und das alles wurde von Ausrufen begleitet: »Da! Da! Oh, Geist! Oh, Zar! Gott, unser Zar! Oh, Geist!«

Die Geißler versammelten sich zum Gottesdienst in langen weißen Hemden, die ihre Heiligkeit und die Reinheit der Geschehnisse symbolisierten. Alle waren barfuß: wahrscheinlich, um leiser aufzutreten und den Nachbarn zu schonen, falls man ihm auf den Fuß trat. In der einen Hand hielten sie eine brennende Kerze, in der anderen ein Tuch oder ein Handtuch, die sogenannte »Fahne«. Mit der »Fahne« wischte man sich den Schweiß ab, und manchmal geißelte man sich

auch damit. Das Urbild dieser »Fahne« war das Leichentuch Christi.
Natürlich erzählte man über diese Messen die wildesten Geschichten. Besonders beliebt war die Version, daß alle Gottesdienste der Geißler in sexuellen Orgien gipfelten. Im Verlauf des Gottesdienstes oder hinterher, so hieß es, stürzten die Betenden zu Boden und kopulierten. Wiederholte Polizeikontrollen blieben erfolglos und brachten, so sehr auch der Regierung daran gelegen war, nichts Belastendes ans Licht. Wahrscheinlich handelte es sich bei solchen Berichten in den meisten Fällen um Ausgeburten der Phantasie, denn für die Geißler waren Enthaltsamkeit und strenges Fasten selbstverständlich. Es bestand also kaum ein Grund, die Sekte insgesamt der Promiskuität zu bezichtigen.
Für die Geißler ist allerdings eine große Spannweite der Glaubensvorstellungen und Riten charakteristisch. In Untergruppen und auch in anderen Sekten, die den Geißlern nahestanden, war sexuelle Freizügigkeit nicht verpönt. Man kann fragen, wie sich Askese und Abtötung des Fleisches mit sexuellen Ausschweifungen vertragen, denn das Fleisch ist für die Geißler ein eindeutig negatives, sündhaftes Prinzip, und nur der Geist kann Träger der Heiligkeit Gottes sein. Darauf gibt es mehrere Antworten.
Ein Mensch, der sich der religiösen Ekstase hingibt, wird nicht mehr durch den eigenen Willen und die eigene Vernunft geleitet, sondern vom Heiligen Geist, der durch seine Anwesenheit alles heiligt. Wenn also beispielsweise die geistige Vereinigung zwischen dem Geist-Mann und der Geist-Frau in eine fleischliche übergeht, so geschieht das nach dem Willen des Heiligen Geistes und ist nicht mehr Sünde, sondern »Christi Liebe«, während eine Ehe, die ohne den Segen des Heiligen Geistes vollzogen wird, Sünde sein kann. »Wenn der Heilige Geist sie [im Sexualakt vereinigte Menschen, A. S.] nicht durch Seine Propheten der Sünde bezichtigt, wie sollten wir sie einer Sünde bezichtigen und verurteilen?«[240] Deshalb wäre auch ein orgiastischer Gottesdienst nicht verwerflich, weil in diesem Augenblick alles durch den Heiligen Geist geläutert ist und die Menschen durch ihn und nicht durch die eigene Begierde gelenkt werden.

Sexuelle Kontakte können zudem als Weg zur Abtötung des Fleisches oder Bekämpfung einer Sünde durch die Sünde betrachtet werden. Im Beischlaf erlischt die Flamme der Leidenschaft, und der Mensch erreicht durch die Erschöpfung einen Zustand der Abgeklärtheit und körperlichen und seelischen Leidenschaftslosigkeit. Die Überwindung der Sünde durch die Sünde ist auch aus der Praxis anderer Sekten bekannt, deren Weltbild auf extrem dualistischen Vorstellungen beruht, auf der ursprünglichen strengen Teilung der Welt in Gut und Böse, in Materie und Geist. Die Materie, der Leib des Menschen, gehört dem Satan, seine Seele – Gott. Deshalb wird der Leib der schmählichen Sünde überlassen, mit der Überlegung: Hier hast du deinen Teil, Satan, nun laß ab von mir.

Die Teilnehmer solcher Gottesdienste verloren jegliche Selbstkontrolle und befanden sich im Zustand extremer Überreizung. Sie wurden zum Spielball ihres eigenen Über- und Unterbewußtseins. Daher der wechselnde Reigen göttlicher und dämonischer Visionen und der Ansturm elementarer Kräfte, die sich des Menschen bemächtigen. Oder – das Umschlagen mystischer Exaltation in sexuelle. Der Allmächtige Geist äußert sich unerwartet auf eine durch und durch körperliche Weise. Auch die antiken Bacchanalien waren eine Vereinigung religiöser Ekstase und entfesselter Sinnlichkeit. Ähnliches brach auch in verschiedenen Gruppierungen der Geißler durch. Jedoch darf man – dies sei unterstrichen – den dunklen, sinnlichen Aspekt bei dieser Sekte nicht überbetonen. Das Wesentliche ihrer Anschauungen liegt anderswo.

Um sich ein Bild von der Psychologie der Geißler zu machen, greift man am besten auf das Material zurück, das über das Wirken einiger führender Persönlichkeiten dieser Bewegung konkrete Auskunft gibt. Wie waren eigentlich das Selbstverständnis und die persönliche Lebensgestaltung solcher Menschen, die sich für einen »Christos« und für eine »Gottesmutter« hielten, zumindest für »Propheten« und »Prophetinnen«? Wer waren sie, diese einfachen Bauern und Bäuerinnen, waren sie durchtriebene Schwindler oder Verrückte? In der Mehrzahl – natürlich gab es auch Fälle von Mystifikation und Geisteskrankheit – glaubten diese »Steuermänner« aufrichtig daran, daß der

Heilige Geist sich ihrer bemächtigt habe oder mit ihnen ein neuer Christus geboren sei, dem Gott selbst die große und schwere Mission der religiösen Erneuerung auferlegt habe.

Ein »Christos« aus der Mitte des letzten Jahrhunderts, Wassilij Radajew, sagte mit neunundzwanzig Jahren vor dem Untersuchungsrichter aus: »Ich gebe zu, daß ich über keinen eigenen Willen verfüge. In mir handelt allein der Heilige Geist.« Er erzählte, daß er anfangs gezweifelt habe, ob er nicht einer falschen Vorstellung gefolgt und ob es tatsächlich der Geist Gottes und nicht eine satanische Versuchung gewesen sei. Aber der Geist habe ihm befohlen, zu beten. Er habe eine ganze Woche lang gebetet, und der Geist sei über ihn gekommen und habe ihn geführt. »Manchmal, bei Tisch, hält Er meine Hand fest, und überhaupt habe ich keinen eigenen Willen mehr.« Als eindeutigen Beweis der ihm widerfahrenen Gnade führte Radajew verschiedene wunderbare Begebenheiten aus seinem Leben an, z. B. daß er den Tod eines Menschen vorausgesagt und Kranke geheilt habe:

»Ich ging zu einer Kranken, weil der Heilige Geist es mir eingab, bat sie um etwas Kwas, nicht, weil ich selbst trinken wollte, sondern um sie davon trinken zu lassen. Als sie mir vorhielt, sie könne doch nicht gehen, befahl ich ihr, den Kwas dennoch zu holen, auch wenn sie auf allen vieren kriechen müsse. Als sie den Kwas geholt hatte, nahm ich ihn, als ob ich ihn selbst trinken wollte, schlug ein Kreuz darüber und ließ sie ihn austrinken. Am nächsten Tag war sie gesund.«[241]

Der in ihm wohnende Geist zieht andere Menschen an.

»Wenn jemand zu mir kam, der ungläubig war und mich in Versuchung führen wollte, habe ich ihm nicht geholfen, sondern ihn davongejagt. Aber das kam nicht aus mir, sondern vom Heiligen Geist, der mich immer führte und lenkte. Der Geist Gottes zeigte mir auch, welche Art Leben ein Mensch führt, ein gutes oder ein schlechtes. Ich saß einmal in meiner Zelle, da kam eine Frau zu mir, deren Geruch mir zuwider war, und, dem Willen des Geistes folgend, habe ich sie davongejagt, denn beim Anblick mancher Menschen mußte ich mich übergeben. Wenn die Begeisterung über mich kommt, so fühle ich in mir unsägliche Freude, Rührung, Ergebenheit, und mir kommen die Tränen. Ich gerate in vielfältiges Entzücken und fühle unsagbares Wehe. Der Geist Gottes wirft mich aufs Kreuz nieder [Wahrscheinlich lag Radajew in der Stellung des Gekreuzigten auf dem Boden. A. S.] und läßt mich manchmal entrückte Körperbewegungen vollziehen, von denen ich nichts weiß.« Radajew nennt die ihm besonders ergebenen Anhänger mit Namen, darunter auch den Bauern Nikifor:

»Ähnliche Erscheinungen, wie sie mir zuteil wurden, wurden auch Nikifor zuteil, und überhaupt war die Gnade des Heiligen Geistes auch über ihm, und überhaupt hatten wir alles gemeinsam, mit dem einzigen Unterschied, daß mein Tun glänzender war als seines. Nikifor geschieht genau dasselbe, nur verhält er sich närrischer als ich.«

Aus dieser Bemerkung können wir entnehmen, daß die Ausstrahlung der Prophezeienden manchmal durch Mystifikation und durch Auskosten der eigenen Verzückung getrübt wurde. Als Radajew eine ziemlich lange Liste seiner Jüngerinnen und Anhängerinnen zusammenstellt, gesteht er unerwartet, daß er mit ihnen allen geschlafen habe, und äußert sich darüber mit verblüffender Naivität:

»Mit allen habe ich geschlafen, aber den anderen habe ich es verboten, denn ich schlief mit ihnen nicht aus eigenem Willen, sondern aus Gehorsam zum Heiligen Geist, der mein Tun in allem bestimmt, und als Beweis dafür, daß ich mich nur Seinem Willen gefügt habe, kann ich anführen, daß ich früher, bevor die Gnade des Geistes über mich gekommen war, nach dem Beischlaf mich stets kraftlos und unrein fühlte. Nach der Erleuchtung durch den Heiligen Geist aber empfand ich in der Vereinigung nichts Unreines mehr, sondern verströmte danach einen ganz besonderen Wohlgeruch, der allerdings häufig auch ohne vorhergehende Vereinigung von mir ausging und meine Kleider wohlriechend machte. Das haben auch andere gerochen.«[242]

Radajew war sich durchaus im klaren, daß er dabei gegen das Gesetz der Bibel handelte. Aber er hielt sich nicht für berechtigt und er hatte auch nicht die Kraft, sich dem göttlichen Willen zu widersetzen, den ihm, wie er glaubte, der Heilige Geist kundtat. Seinem Verständnis nach war es eine größere Sünde, dem Heiligen Geist zuwiderzuhandeln, als gegen das Gesetz zu verstoßen. Selbstverständlich müssen alle Menschen das Gesetz strengstens respektieren, aber jene wenigen, derer sich Gott vollkommen bemächtigt, müssen ihm blind ergeben sein und sich das Nachdenken versagen; denn Gott allein weiß, welch hohe Ziele er ihnen gesetzt hat. Zu seiner eigenen Rechtfertigung und zur Rechtfertigung anderer Auserwählter sagte Radajew: »Wir wissen, daß manche unserer Taten mit dem geschriebenen Gesetz nicht übereinstimmen. Aber was sollen wir tun, da wir keinen eigenen Willen haben. Die Kraft, die in mir wirkt, läßt mir keine Ruhe, nicht bei Tag und nicht bei Nacht.«[243] Natürlich lassen sich solche Empfindungen auf Selbsthypnose zurückführen. Aber die Selbsthypnose ist in diesem Fall Resultat einer mystischen Weltanschauung und eines grenzenlosen Glaubens an die Macht des Heiligen Geistes, der sich des Menschen bemächtigt und sein ganzes Dasein verwandelt.

Die Wege der Geißler, die zur Selbstvergöttlichung führen, und die Formen dieser Selbstvergöttlichung sind unterschiedlich. Manchmal setzt es mit einer wunderbaren Erscheinung oder Halluzination ein. So behauptete die Novizin Jelena, eine Bäuerin, während des Gebets habe sich das Antlitz des Heilands von der Ikone gelöst, sei auf sie zugeschwebt und habe angefangen, sich mit ihr zu unterhalten. Dann, ebenfalls beim Gebet in der Kirche, schwebte sie selbst, für andere unsichtbar, in den Himmel hinauf, wo sie der Herr und seine Engel empfingen, sich mit ihr unterhielten und sie belehrten. Und als sie aus der Kirche kam, will sie gesehen haben, daß Engel Blumen auf ihren Weg streuten. Sie sagte die Zukunft voraus, konnte anderer Gedanken lesen und versammelte einige Nonnen um sich, denen sie die Namen von Aposteln, Propheten und Heiligen gab. Nachdem Jelena aus dem Kloster ausgestoßen worden war, gründete sie eine eigene Sekte, in der sich Bauern, Nonnen und sogar ein Abt zusammenfanden. Ihr zu Ehren wurden Gebete verfaßt, und man behauptete, Christus habe sie zu seiner Statthalterin erkoren, um sie nach dem Jüngsten Tag zu heiraten und dreihundert Jahre in ehelicher Gemeinschaft mit ihr zu leben. Auf diese Weise entstand eine Art Kult, ähnlich dem einer »Gottesmutter« der Geißler.[244]

Eine solche »Gottesmutter« wurde »Schiffsmutter« und von ihren geistigen Kindern »Unsere Mutter« oder einfach »Mama« genannt; ein »Christos« – »Unser Vater«. Obwohl er ein ganz gewöhnlicher Sterblicher war, wurde er für den Schöpfer von Himmel und Erde gehalten, weil die wundertätige Macht des Göttlichen Wesens in ihm einst das Weltall geschaffen hatte und diese Eigenschaft sich folgerichtig auch auf ihn übertrug.

Die Sache ist nicht ganz so einfach, wie es auf den ersten Blick scheint. W. W. Rosanow erzählt, daß er einst einem öffentlichen religiösen Streitgespräch beiwohnte, in dem ein bäuerlicher »Christos« gegen hohe Geistliche und Theologen polemisierte. Die Gelehrten zitierten fortwährend die Heilige Schrift, der »Christos« aber hielt ihnen entgegen, daß der Mensch, bevor er das Evangelium zitieren und auslegen darf, Christus lieben und wenigstens ansatzweise in sich verwirklichen müsse. Die »Nachfolge Christi« kann nicht angetreten werden, ohne Christus in sich aufzunehmen.

Besondere Bedeutung legten die Geißler (wie auch die Skopzen) der religiösen musikalischen Folklore bei, nach dem Sprichwort: »Ein Liedchen – zu Gott ein Leiterchen.« Die Lieder waren eine unerläßliche Begleitung ihrer Gottesdienste und dienten zur Einstimmung in die ekstatischen Zustände. In ihnen verschmilzt subtile Mystik mit entwaffnender Naivität. Traditionelle religiöse Bilder verbinden sich mit Alltagsvorstellungen und sozialen Kategorien, die dem einfachen Bauern verständlich sind. Es gibt Lieder, in denen der Erzengel Michael als himmlischer Gouverneur und der Heilige Geist als Revisor auftreten, die vom Himmel herabsteigen und durch den Mund der Propheten Rechtes und Falsches scheiden, um das irdische Leben zu erneuern.

> Schon naht unserem *sobor*
> Himmelsaug' und Himmelsstolz,
> Heiliger Geist – der Revisor.
> Er wird Recht und Unrecht sichten,
> Streit und Hader weise schlichten
> Und den alten Adam richten.[245]

Im Unterschied zu den stets monotonen und traurigen Gesängen der Orthodoxen und Altgläubigen sind die Lieder der Geißler häufig von Heiterkeit und Frohsinn erfüllt. Sie singen von Gott, der auf die Erde herabsteigt und dem Menschen begegnet.

# 8
# Die Skopzen

Um die Mitte des achtzehnten Jahrhunderts spalteten sich die Skopzen von der Sekte der Geißler ab. Sie behielten deren Gottesdienste bei, führten aber ein neues zentrales Prinzip ein: die Kastration. Schon die Geißler strebten danach, sich aus den Banden der Körperlichkeit zu befreien und das Fleisch auf alle erdenkliche Weise zu bekämpfen. Die Skopzen gingen einen Schritt weiter. Das Zentrum der Körperlichkeit ist für sie das Geschlecht. Die Befreiung vom Fleisch heißt demnach die Befreiung von den Fortpflanzungsorganen, von dem Sitz der Urschuld. Vielleicht war dies eine Reaktion jener Geißler, die an der Reinheit ihrer Sekte zu zweifeln begannen und nun einen eigenen Weg suchten, die Reinheit bis zur logischen und physiologischen Vollendung zu führen. Der entscheidende Faktor, die Voraussetzung für die Herabkunft des Heiligen Geistes, wurde die Kastration. Und so entstand eine neue Mythologie.

Die Skopzen lehrten, daß die ersten Menschen von Gott geschlechtslos geschaffen worden seien. Nachdem sie, durch Satan verführt, wollüstigen Vorstellungen in ihrer Seele Raum gegeben hatten, bildeten sich an ihren Körpern jene Auswüchse, die die menschliche Gestalt seitdem entstellen. Der Leib des heutigen Menschen ist durch die Geschlechtsorgane verunstaltet, und nun gilt es, sie zu entfernen. Die Skopzen hatten für diese Grundbefindlichkeit einen besonderen Begriff: *lepost*. Ursprünglich bedeutete Lepost Schönheit, aber die Skopzen verstanden unter Lepost alle fleischlichen und lüsternen Neigungen des Menschen. Für sie waren Lepost und Prelest – satanische Versuchung, das Eitle – eng miteinander verbunden. Lepost ist das größte Übel auf Erden. Sie verführt den Menschen und kettet ihn an sämtliche Sünden der Welt, »sie entfernt den Menschen von Gott und hindert ihn daran, Gott zu suchen«. Sie ist die Domäne des Satans und der Schlange, die als männliches Glied dargestellt wird. Die Skopzen sagten: »Wenn man die Schlange töten will, so muß man sie schnell töten – solange sie einem nicht im Nacken sitzt und sticht.«[246] In ihren Liedern wird die Kastration im Stil einer Byline besungen: »Leg mir das Schwert in meine weiße Hand, dem Drachen will ich den Kopf abschlagen.«[247] Für den heutigen Leser klingt das ungeheuerlich: Die höchste religiöse Handlung besteht darin, daß man sich mit dem »Schwert« eigenhändig entmannt. Dargestellt wurde sie in den Kategorien des altrussischen heroischen Epos, des Kampfes mit dem Drachen.

Einer besonderen Verehrung erfreute sich bei den Skopzen die Ikone des Heiligen Georg, der auf seinem weißen Roß mit dem Speer den Drachen tötet. Sie war für die Skopzen das Symbol der Überwindung des Fleisches und der Himmelfahrt der Seele eines Kastrierten. Das weiße Roß verkörperte höchste Reinheit und Keuschheit. Manchmal nannten sich die Sektenmitglieder »weiße Tauben«. Blumige Metaphern wie »auf einen Fuchs oder auf einen Schimmel aufsitzen« oder »das kleine oder große Zarensiegel empfangen« umschrieben die teilweise oder vollständige Entfernung der Geschlechtsmerkmale – bei Frauen das Abschneiden der Brüste. Das »kleine Siegel« bestand im Entfernen der Hoden oder, bei Frauen, der Brustwarzen. Skopzen mit dem »kleinen Siegel« wurden Engel, die mit dem »großen Zarensiegel« Erzengel genannt.

Es ist bemerkenswert, welch gewichtige Rolle im religiösen Leben der Skopzen der Sprache zukam, den Metaphern und Neologismen. In ihren Liedern finden sich wunderbare poetische Bilder, hinter denen sich die grauenhafte Praxis gewaltsamer und qualvoller körperlicher Eingriffe verbirgt.

Die Hoffnung, eine solche Prozedur zu überleben, war gering, und der Mensch bereitete sich darauf wie auf den Tode vor. Der Ritus der Kastration wurde von einem Gebet begleitet, in dem der Auserwählte vom Leben und von der Welt Abschied nahm, die er zum letzten Mal, bevor er zum Engel oder Erzengel wurde, mit den Augen eines irdischen Menschen betrachtete. »Leb wohl, du Himmel, lebe wohl, du

Erde, lebe wohl, Sonne, lebe wohl, Mond, lebt wohl, ihr Seen, Flüsse und Berge, lebt wohl, alle irdischen Elemente.«[248]
Gewiß ein tragischer Abschied, nicht nur vom eigenen sündigen Fleisch, sondern auch von der gewohnten Wahrnehmungsweise. Die Welt verging und erstand aufs neue in verwandelter Gestalt. Die getötete Sexualität verwandelte sich in die mystische Energie göttlicher Liebesfähigkeit. Es fand eine Verwandlung der innersten Natur des Menschen statt.
Dies hatte eine Neuinterpretation der Heiligen Schrift zur Folge. Die alttestamentarische Beschneidung wurde zum Urbild der Kastration. Christus ist erschienen, um bei der Jordantaufe von Johannes entmannt zu werden und dann, beim Abendmahl, alle seine Jünger, mit Ausnahme des Judas, selbst zu entmannen. Nach den Evangelien hat sich Judas nach seinem Verrat erhängt – in der russischen Version an einem Espenbaum, dessen Laub seitdem vor Angst zittert. Die Skopzen aber deuten Judas' Schicksal auf ihre Weise: »Judas hat sich nicht an der Espe *(ossina)* erhängt, er hat eine Axinja geheiratet.«[249] Unter den für die Skopzen wichtigen Textstellen war jene in der Apokalypse von besonderer Bedeutung, in der gesagt wird, daß am Ende der Welt auf dem Berg Zion an der Seite des Lamms hundertvierundvierzigtausend Heilige stehen werden, die sich des Umgangs mit Frauen enthalten haben: »Diese sind es, die mit Weibern nicht befleckt sind, denn sie sind Jungfrauen und folgen dem Lamm nach, wo es hingeht. Diese sind erkauft aus dem Menschen zu Erstlingen Gott und dem Lamm.« (Offenbarung 14,4) Die Skopzen versuchten in ihrer Sekte diese heilige Zahl zu versammeln. Dies erklärt ihre rasche Ausbreitung, die für Gesellschaft und Staat gefährlich wurde. Unter ihnen galt die Regel: Jeder, der zwölf Männer kastriert, kommt in das Himmelreich, ganz gleich, welche Sünden er begangen hat. Man kennt Fälle, in denen die Skopzen gegen Handgeld selbst Kinder entmannt haben sollen, um die apokalyptische Zahl hundertvierundvierzigtausend zu erreichen.
Das biblische »Mehrt euch und seid fruchtbar!« wurde durch Ersetzen eines Buchstaben im ersten Wort so verändert *(plodites – plotites)*, daß es bedeutete – »Kastriert euch!« Es wurde angenommen, daß

nach dem Jüngsten Gericht die Menschheit sich auf geistigem Weg vermehren würde – durch den Kuß. Solche Versuche, das Evangelium auf dem Wege einer Volksetymologie umzudeuten, begegnen uns auch bei den Geißlern. So heißt »Garten« im Kirchenslawischen und Altrussischen *wertograd*. Nach der Deutung der Geißler ging Christus nach Wertograd, um sich dort im Kreise zu drehen *(wertetsja)*, d. h. sich dem ekstatischen Gebet hinzugeben.

Am Beispiel der Skopzen wird ersichtlich, daß den Glaubensbekenntnissen der Sekten manchmal die Deutung und Hyperbolisierung einer einzigen Stelle der Heiligen Schrift, manchmal eines einzigen Satzes, zugrunde lag. Ein solcher Satz wurde zum Fundament einer neuen Glaubenslehre und verdrängte das Evangelium. Die daraus resultierenden Konstruktionen können als Kunstwerk bewundert werden. Aber so ausgeklügelt sie auch sein mögen, sie sind keine große theologische Einheit. In der Regel fehlt den Sekten jene Universalität, die das Merkmal der Kirche ist.

Der Stifter der Skopzen-Sekte war Kondratij Seliwanow, der von seinen Anhängern – im Unterschied zu den Geißlern – als einziger »Christos« angesehen wurde. In ihm, glaubten sie, sei Gott der Herr zum zweiten Mal auf die Erde gekommen und habe damit die Verheißung des Evangeliums erfüllt. Da Seliwanow den Willen des himmlischen Vaters verkörperte, wurde er manchmal Herr Zebaoth genannt und als »Herr Zebaoth mit Händchen und Füßchen« besungen.[250]

Diese Materialität der Gottheit verlieh vielen Gesängen der Geißler und Skopzen über die Wiederkunft des Herrn eine kraftvolle, naive Schönheit. Anläßlich eines Besuchs Seliwanows in Petersburg sangen die Skopzen:

> Und jetzt, liebe Freunde,
> Kommt die liebe rote Sonne
> In die Stadt im Norden, in Peters Stadt.
> Im Angesicht des Vaters, der die Sünden sühnt,
> Im Angesicht unseres zweiten Heilands,
> Feiern unsere Seelen Auferstehung.[251]

Das Wirken Kondratij Seliwanows begann in den siebziger Jahren des achtzehnten und dauerte bis in die dreißiger Jahre des neunzehnten Jahrhunderts. Er war ein einfacher Bauer aus dem Gouvernement Orjol. Aber die Skopzen dichteten ihm eine wunderbare Abstammung an und brachten ihn in Beziehung zu der »Gottesmutter« Akulina Iwanowna, die sie für seine leibliche Mutter und die himmlische Königin hielten. Seliwanow selbst sprach von »meiner Mutter, der Himmlischen Königin Akulina Iwanowna«. Nach den Überlieferungen der Skopzen verbarg sich hinter dem Namen Akulina Iwanowna die russische Zarin Jelisaweta Petrowna. Sie soll nach der Legende nur zwei Jahre regiert und dann als unberührte fromme Jungfrau ihre Stellung auf ein Hoffräulein übertragen haben, das ihr sehr ähnlich sah. Als Bettlerin verkleidet, pilgerte sie nach Kiew, aber unterwegs, im Gouvernement Orjol, begegnete sie den »Gottesmenschen«, den Geißlern, nahm ihren Glauben an und blieb unter dem Namen Akulina Iwanowna bei ihnen. Noch als Zarin war sie mit einem Sohn vom Heiligen Geist niedergekommen, einem »Jesus Christus«, den sie vor allen verborgen hielt. Später nahm dieser den Namen Kondratij Seliwanow an und folgte seiner Mutter ins Gouvernement Orjol, wo Akulina Iwanowna inzwischen die »Steuerfrau« eines großen »Schiffes« geworden war.

Sieht man von der phantastischen Abstammungsgeschichte Seliwanows ab, so steht seine Karriere tatsächlich im Zusammenhang mit dem von Akulina Iwanowna, die zu diesem Zeitpunkt nicht mehr ganz jung war, gesteuerten »Schiff«. Zu der Gemeinde gehörten rund tausend Geißler, als Seliwanow sich ihr anschloß. Wahrscheinlich war er um diese Zeit bereits Skopze, aber er sprach nicht darüber, ebensowenig, wie er seinen göttlichen Ursprung preisgab. Anfangs stellte er sich sogar taub und suchte sich bei den Zusammenkünften immer den bescheidensten Platz aus, direkt neben der Tür, an der Schwelle. Aber seine wahre Bedeutung wurde bald von der Prophetin Anna erkannt, der begnadetsten Seherin dieses »Schiffs«. Nach Seliwanows Worten war ihr Ruhm so groß, daß auch Menschen, die mit den Geißlern nichts zu schaffen hatten, zu ihr kamen, um sie um Rat zu fragen. Einmal, bei einem Gottesdienst, an dem etwa siebzig Menschen teilnahmen, geriet Anna in einen Zustand der Entrückung und begann, sich in der Rede zu ergehen, wie die Geißler es nannten. Sie wandte sich Seliwanow zu und sagte: »Gott in Seiner höchsten Person ist gekommen!« Ein anderes Mal nahm Anna Seliwanow bei der Hand, führte ihn in eine Kammer und forderte ihn auf, er möge das Kreuz in ihren Händen küssen, offensichtlich in der Absicht, ihn in einen ekstatischen Zustand zu versetzen. Seliwanow erzählt:

»Da kam mein Geist über sie, sie wurde ohnmächtig und stürzte zu Boden. Ich aber hauchte sie mit meinem Odem an. Sie erhob sich wie nach einem tiefen Schlaf, bekreuzigte sich und sprach: ›Mein Gott! Wie ist mir geschehen? Dein Gott ist groß und mächtig, vergib mir.‹ Sie küßte das Kreuz und sagte: ›Ach! Was habe ich nicht alles von dir gesehen!‹ Und ich sagte darauf: ›Was hast du denn gesehen? Sag es mir, dann werde ich dir auch etwas sagen.‹ Sie erzählte, wie ein Vogel über die ganze Welt flog und überall verkündete, daß ich ein Gott über den Göttern, ein Zar über den Zaren und ein Prophet über den Propheten sei. Da sagte ich: ›Das ist wahr. Hüte dich und sprich mit keinem darüber. Sonst wird das Fleisch dich töten!‹«[252]

Diese Szene, an deren Echtheit man nicht zu zweifeln braucht, gemahnt an den Wissenswettstreit der Alten. Seliwanow verfügte offensichtlich über ein unerschöpfliches Reservoir geistiger und psychischer Energie. Beiläufig erfahren wir aus dieser Episode, wie ein »Christos« durch Prophetie und Schauung entdeckt wurde.

Seitdem begann Seliwanow wahrzusagen, zu predigen und wurde von Akulina Iwanowna als der von ihr, der reinen Jungfrau, Geborene anerkannt. Aber bei den Geißlern ihres »Schiffes« stieß er auf Ablehnung, als er begann, ihnen nahezulegen, sich kastrieren zu lassen. Er trennte sich schließlich von den Geißlern, gründete ein eigenes »Schiff« und behauptete nun öffentlich, Gottes Sohn und Heiland zu sein, berufen, überall auf der Welt den Drachen zu erlegen. Er war es, der schließlich die Spaltung der Geißler verursachte und die Abtrünnigen in der selbständigen religiösen Gruppierung der Skopzen zusammenführte. Still und sanft von Natur, glaubte Seliwanow dennoch, daß er sämtliche Lehrer und Propheten der Vergangenheit übertreffe,

von denen er sagte: »Die Gnade, die sie erfüllte, ist rein. Aber das Fleisch war tückisch.« oder »Die alten Lehrer und Propheten waren von Gnade erfüllt bis zum Gürtel. Ich aber habe die volle Gnade erfahren.« Deshalb fühlte er sich als Christus, der schon einmal den Sieg der Keuschheit auf Erden errungen hatte und nun zum zweiten Mal erscheinen mußte, da die Menschheit erneut den Versuchungen des Satans erlegen war. Über seine Mission sagte er:
»Ich wanderte über die feuchte Erde und brachte allen die Reinheit [die Kastration, A. S.]. Ich stieg auf den Glockenturm [eine Metapher für die weithin vernehmbare Predigt, A. S.], läutete mit einer Hand sämtliche Glocken, winkte mit der anderen meine Kinderchen herbei und redete sie an wie folgt: ›Herbei, meine Treuen, meine Auserwählten, herbei aus allen vier Himmelsrichtungen! Folgt dem Geläut und meiner klagenden Stimme; kommt heraus aus dem dunklen Wald, weg von den reißenden Tieren und den giftigen Schlangen, flieht eure Eltern, euer Eheweib und Kind!‹ Meine klagende Stimme und das Glockengeläut weckten einige aus ihrem ewigen Schlaf, sie streckten die Köpfe aus den Gräbern, stiegen vom Meeresgrund an die Oberfläche, traten aus dem Wald und kamen zu mir.«[253]
Es findet eine Art Auferstehung der Toten statt.
Zu den ersten, die diesen Ruf vernahmen, gehörte sein späterer Schüler und Helfer, der von Seliwanow sein geliebter Sohn und von den Sektenmitgliedern Johannes der Täufer genannt wurde. Es war der Bauer Alexandr Iwanowitsch Schilow, ein entschiedener und leidenschaftlicher Sucher, ein »Wiedertäufer«, der von einer Sekte zur anderen gewechselt war und sich immer wieder neu taufen ließ. Nirgendwo fand er, was er suchte; in jeder Sekte trat er als Lehrer auf und verkündete: »Unser Glaube ist nicht der wahre Glaube, und wir haben nichts, wofür wir sterben können. Oh, würde ich Christi wahren Glauben erlangen, es täte mir um mein Fleisch nicht leid. Für ihn würde ich mit Freuden meinen Kopf hergeben und mein Fleisch in Stücke hacken.«[254]
Schilow stellt einen religiösen und psychologischen Typus dar, der nicht nur unter den Skopzen weit verbreitet, sondern für das Sektie-

rertum im allgemeinen charakteristisch war. Man könnte von einer Fluktuation des religiösen Lebens nach der Kirchenspaltung sprechen, bei der Menschen, die den wahren Glauben suchten, ständig die Richtung wechselten. Das führte dazu, daß eine Sekte plötzlich stark anschwoll, um bald darauf wieder zu schrumpfen oder sich zu spalten und neue Untergruppen hervorzubringen. Auch Schilows Tendenz zum Maximalismus ist ein Merkmal des typischen Sektierers, der vorwiegend extreme und endgültige Lösungen anstrebte und sich zu einem Glauben bekannte, für den man Prüfungen und Leiden durchstehen mußte und ohne Zögern sein Leben hingab.

Als Kondratij Seliwanow den Bauern Schilow zum ersten Mal besuchte, erkannte ihn dieser auf den ersten Blick und kam ihm mit den Worten entgegen: »Hier, da ist er, den ich brauche und den ich vierzig Jahre lang erwartete, da kommt er. Du bist unser wahrhaftes Licht. Du wirst alle sündigen Seelen erhellen und sie von den Ketten des Lasters befreien. Ein jeder halte es, wie er will, für mich bist du Gottes Sohn.«[255] Seliwanow segnete ihn, händigte ihm das Kreuz, die Kerze und das Schwert, d. h. das Messer, und sagte: »Nimm mein Schwert, du wirst noch an vielen Bäumen den Ast und die Sünde abschneiden.« Die Allegorie ist durchsichtig: Das Kreuz bedeutet die Kastration, das Schwert und die Kerzen waren die dazu benötigten Instrumente.

Die Sekte vergrößerte sich zusehends. Der erste Gegenschlag der Regierung erfolgte 1772, aber Seliwanow und Schilow gelang es zu fliehen, und sie setzten ihre Mission fort. Erst zwei Jahre später konnte man sie verhaften. Seliwanow wurde grausam ausgepeitscht und nach Sibirien ins Zuchthaus verbannt; Schilow schickte man mit einigen besonders aktiven Skopzen nach Riga. Es ist nicht geklärt, weshalb Seliwanow nie an seinem Bestimmungsort ankam, sondern als Verbannter in Irkutsk blieb. Aber man vermutet, daß dies auf die Fürsprache einiger reicher Skopzen zurückging. Er lebte dort fast zwanzig Jahre ziemlich unbehelligt, sammelte in der Stadt Almosen für einen Kirchenbau und predigte überall seinen Glauben. Später pflegte er stolz zu erzählen: Auf dem Weg nach Irkutsk »war meine Ware bereits einmal versiegelt. Als ich aus Irkutsk nach Rußland zurückkehrte, brachte ich dreimal versiegelte Ware mit.«[256] Seliwanow, bereits kastriert, wiederholte in seiner Besessenheit denselben Eingriff noch zweimal.

In Irkutsk gab sich Seliwanow als der Zar Pjotr Fjodorowitsch aus. Peter III. war eine außerordentlich populäre Gestalt. Die russische Geschichte kennt sieben Abenteurer – darunter den berühmten Jemeljan Pugatschow –, die sich für Peter III. ausgegeben haben, und Seliwanow schloß sich ihnen an. Vielleicht, weil sich während der kurzen Regierungszeit Peters III. um die Mitte des achtzehnten Jahrhunderts die Lage der Sektierer gebessert hatte. Unter ihnen kursierte die Legende, daß dieser Zar der reinkarnierte Christus sei, der auf die Erde gekommen sei, um seine wahren Jünger vor Verfolgung und Vernichtung zu retten. Der Nachricht von seinem plötzlichen Tod schenkte man keinen Glauben und erwartete ungeduldig seine Wiederkehr.

Der Name Peters III. war gleichsam ein Synonym für die Unzufriedenheit mit den sozialen und innenpolitischen Zuständen Rußlands, weshalb sich Jemeljan Pugatschow, der legendäre Anführer eines Bauernaufstands in den Jahren 1773 bis 1775, Peter III. nannte. Während er auf wahrhaft bestialische Weise mit Gutsbesitzern und Amtspersonen abrechnete, erließ er Ukase mit der Unterschrift Peters III., in denen er den Bauern nicht nur die Befreiung von der Leibeigenschaft, sondern auch »Kreuz und Bart« zusicherte – das Kreuz der Altgläubigen und das Recht, einen Bart zu tragen. Auf diese Weise versuchte Pugatschow, die Raskolniki für sich zu gewinnen.

Der historische Peter III., ein Enkel Peters des Großen, hatte mit den idealisierten Vorstellungen des einfachen Volkes und der Sektierer kaum etwas gemeinsam. Er war allem Anschein nach ein in seiner Entwicklung gestörter, beschränkter Mensch, fürchtete sich vor allem Russischen und hatte als Lutheraner von Geburt für die Orthodoxie nichts übrig. Der religiösen Frage überhaupt stand er völlig verständnislos gegenüber und beschäftigte sich im wesentlichen mit Kriegsspielen. Als er aufgrund des Testaments seiner Tante, der Zarin Jelisaweta Petrowna, an die Regierung kam, begann er, die russische Armee nach preußischem Vorbild zu reformieren, und stieß dadurch den gesamten Adel vor den Kopf. Nur ein halbes Jahr blieb er auf dem

Thron, bevor er als Opfer von Hofintrigen und der unzufriedenen Garde gestürzt wurde. Man entfernte ihn aus Petersburg und ermordete ihn schließlich. An der Verschwörung war seine Frau wesentlich beteiligt – Katharina II., die 1762 zur Zarin ausgerufen wurde.
Im Volk jedoch hielt sich hartnäckig das Gerücht, daß es dem Zaren Pjotr Fjodorowitsch gelungen sei, sich zu retten, und in der Version der Skopzen, die Kondratij Seliwanow auf den Zarenthron hob, sah alles besonders phantastisch aus. Danach hatte die Zarin Jelisaweta Petrowna, wie bereits erwähnt, vom Heiligen Geist empfangen und einen Sohn, Pjotr Fjodorowitsch, geboren, den sie später zur Erziehung ins Ausland schickte, während sie selbst auf den Thron verzichtete und den Namen Akulina Iwanowna annahm. Dem Zarewitsch Pjotr – alias Kondratij Seliwanow – wurde im Ausland noch im Jünglingsalter die Entmannung zuteil, er wurde, wie die Skopzen sich auszudrücken pflegten, »geweißt«. Als er in die Heimat, nach Petersburg, zurückkehrte, wurde er zum Thronfolger ausgerufen und mußte heiraten. Aber da er »geweißt« war, entbrannte seine Gattin, die spätere Zarin Katharina II., in unstillbarem Haß gegen ihn und beschloß, ihn, sobald er Zar geworden sei, mit Hilfe einiger Verschwörer zu ermorden. Ihr Plan schlug fehl: Peter III. erfuhr rechtzeitig von der Intrige, woraufhin er mit einem Wachsoldaten die Uniformen tauschte und nach Moskau floh. Der Wachsoldat wurde an der Stelle des Zaren getötet, und Pjotr Fjodorowitsch predigte ungefährdet in Moskau die Lehre der Skopzen, bis er sich in das Gouvernement Orlow zu seiner Mutter Akulina Iwanowna – der Zarin Jelisaweta Petrowna – begab. Kurz – Seliwanow war niemand anderer als der Zar Peter III. in Personalunion mit Jesus Christus. Und seine Anhänger glaubten, daß ihm der russische Thron gewiß sei.[257]
Die Entstehung dieses Mythos hängt wahrscheinlich damit zusammen, daß die Sekte der Skopzen zu Beginn der Regierungszeit Katharinas entstanden ist, in einer Atmosphäre geheimnisvoller, finsterer Gerüchte über das Verschwinden ihres Gatten. Die Skopzen, die überall verfolgt wurden, hatten für Katharina nicht viel übrig und dichteten ihr sogar an, Napoleon sei ein in der Russischen Akademie erzogener unehelicher Sohn Katharinas. Selbst noch um die Mitte des

neunzehnten Jahrhunderts behaupteten die Skopzen, Napoleon, der Antichrist, sei noch am Leben und halte sich in der Türkei verborgen.[258]

Wir können kaum nachvollziehen, wie Kondratij Seliwanow Jesus Christus und Peter III. in seiner Person zusammenführte und wie er den kaiserlichen Stammbaum mit seiner eigenen Biographie in Einklang brachte. In seinen Traktaten berührt er das Thema nicht, möglicherweise, um sich den Vorwurf zu ersparen, er sei ein Usurpator, was damals zu den schlimmsten Verbrechen zählte. Er erwähnt nur »Mütterchen Akulina Iwanowna, die Himmlische Königin«, die ihn als »ihren geliebten Sohn« anerkannt habe. Vielleicht verstand Seliwanow das im übertragenen Sinn, so wie er auch Schilow seinen »geliebten Sohn« nannte. Denn Geißler und Skopzen legten in der Regel auf Familien- und Blutsverwandtschaft keinen Wert und verschmähten sie sogar zugunsten der religiösen Bande. Womöglich war Seliwanow auch eine »Geistgeburt« unter der Regie Akulina Iwanownas. Und da manche Sekten Peter III. als den wiedererschienenen, von Jelisaweta Petrowna geborenen Christus verehrten, übernahm Seliwanow diese Rolle, um sich zusätzliche Autorität zu verschaffen.

Im Jahre 1775 kam es zu einer denkwürdigen Begegnung. Als Seliwanow in Ketten und unter strenger Bewachung als gefährlicher Häretiker und Zauberer nach Sibirien transportiert wurde, kreuzte sich sein Weg mit dem Pugatschows, der in einem Käfig nach Moskau gebracht wurde, wo man ihn schließlich hinrichtete. Gaffendes Volk begleitete sie von Dorf zu Dorf. In seiner Biographie erzählte Seliwanow: »Damals, als sie mit Pugatschow unterwegs waren, begegneten wir einander. Er wurde von ganzen Regimentern begleitet und Tag und Nacht bewacht; ich hatte doppelt soviele Bewacher, und man verfuhr auch mit mir sehr streng. Da lief das Volk, das mich begleitete, hinter ihm her und die, die ihn begleiteten, gingen mit mir weiter.«[259]

Vielleicht brachte diese Begegnung Seliwanow auf die Idee, sich für den Zaren Pjotr Fjodorowitsch auszugeben. Fühlte er sich doch in der Tat als »Gott über den Göttern und Zar über den Zaren« und glaubte aufrichtig an seine Berufung. Wie dem auch sei, diese Episode ist symbolisch für den russischen Volksglauben und für die russische Ge-

schichte – die Begegnung zweier in Ketten geschlagener Usurpatoren, des selbsternannten Zaren und des selbsternannten Christus.
Wie es scheint, gelang Seliwanow Mitte der neunziger Jahre die Flucht. Er zog von Stadt zu Stadt, verkündete überall die Lehre der Skopzen und kam schließlich nach Moskau. Die Legende, er sei Peter III., war inzwischen unter den Skopzen allgemein bekannt. Sie kam auch dem Zaren Pawel I. zu Ohren, der 1796 den russischen Thron bestiegen hatte. Vor seiner eigenen Krönung ließ er die sterblichen Überreste seines Vaters Peter III. krönen. Er hing mit zärtlicher Liebe an seinem Vater und war bestrebt, ihn in allem nachzuahmen, wobei er die Verordnungen seiner Mutter, die an dessen Ermordung beteiligt gewesen und ihm deshalb verhaßt war, rückgängig machte. Verständlicherweise wollte er den Mann kennenlernen, der laut Gerüchten Zar Pjotr Fjodorowitsch sein sollte. Kondratij Seliwanow wurde nach Petersburg geholt und dem Zaren vorgestellt. Es gibt keinen offiziellen Bericht über ihre Unterhaltung, aber nach einer sehr glaubwürdigen Überlieferung soll Pawel Seliwanow gefragt haben: »Bist du mein Vater?« Worauf Seliwanow antwortete: »Der Sünde Vater bin ich nicht; bekenne dich zu meiner Sache, und ich werde dich als meinen Sohn anerkennen.« Eine solche Antwort entspricht durchaus der Vorstellungswelt Seliwanows. Als Kastrierter konnte er Pawel unmöglich als seinen Sohn anerkennen, aber wenn Pawel sich ihm angeschlossen hätte, wäre er zu seinem geistigen Sohn geworden. Dieser Dialog klingt in einem Skopzen-Lied nach:

> Wende dich, Pawel, mir zu:
> Ich könnte dein Leben wieder richten.
> Der Zar aber gab eine stolze Antwort,
> Das Göttliche nahm er nicht wahr.[260]

Wahrscheinlich hat Seliwanow bei dieser Audienz dem Zaren nicht mehr und nicht weniger vorgeschlagen, als sich kastrieren zu lassen. Natürlich wurde das als Sakrileg aufgefaßt, aber Seliwanow war nicht zu beirren. Zu guter Letzt befahl der Zar, Seliwanow ins Irrenhaus zu sperren, und zwar gleich nach der Audienz.
Nachdem Alexander I. 1801 den Thron bestiegen hatte, besserte sich

die Lage der Skopzen schlagartig. Jegliche Art von Mystizismus war in Mode gekommen. Religiöse Vereinigungen aller Art schossen wie Pilze aus dem Boden. Die Lehre der Skopzen verlor für einige Zeit alles Abschreckende, Kondratij Seliwanow wurde aus dem Irrenhaus entlassen, er lebte in reichen Kaufmannshäusern, deren Besitzer sich mehr oder weniger offen als Skopzen zu erkennen gaben. Er war von unzähligen Jüngern und Verehrern aus den verschiedensten Gesellschaftsschichten umgeben. Einer von ihnen, der Kammerherr Jeljanskij, der sich sogar entmannen ließ, legte 1804 dem Zaren einen Plan vor, wie man ganz Rußland in ein einziges »Schiff« verwandeln könne. Allen wichtigen Institutionen des Imperiums sollten hauptamtliche Propheten beigeordnet werden, die die Instanzen von dem Willen des Heiligen Geistes unterrichten sollten. In der Nähe des Zaren sollte sich ständig Kondratij Seliwanow aufhalten, denn in ihm war »der himmlische Geist selbdritt, mit Vater und Sohn, gegenwärtig«. Für sich und zwölf andere Propheten beanspruchte Jeljanskij die Beratung des Oberbefehlshabers der Armee. Auch die Kriegsschiffe sollten mit Propheten ausgestattet werden, »damit der Kapitän allzeit die himmlische Stimme vernehmen könne, sowohl vor der Schlacht als auch bei diversen anderen Gelegenheiten«.[261]

Hierbei handelte es sich offensichtlich um einen Versuch, das Skopzentum zur Staatsreligion zu erheben – ein einzigartiges, aber für die russische Mentalität charakteristisches Beispiel einer barbarischen Mischung von Mystik, Verschrobenheit, penetrantem Utilitarismus und politischem Abenteuer.

Das Projekt wurde vom Zaren nicht gebilligt, der Autor zur Ernüchterung ins Kloster gesteckt. Aber Seliwanow und seiner nächsten Umgebung blieb jeder Ärger erspart. Sie mußten nur versprechen, künftig auf körperliche Eingriffe zu verzichten, ein Versprechen, das sie regelmäßig brachen und angesichts ihrer unbarmherzigen Doktrin auch nicht halten konnten. Da die Skopzen um Seliwanow immer zahlreicher wurden, baute man eigens für ihn ein Haus, in dem sich bis zu dreihundert Menschen zu kultischen Handlungen versammeln konnten. Es wurde »Haus Gottes« und »Berg Zion« genannt. Auf Befehl des Zaren durfte die Polizei dieses Gebäude nicht betreten.

1805 stattete der Zar Alexander I., bevor er in den Krieg gegen Napoleon aufbrach, Seliwanow einen Besuch ab. Dieser geheimnisvolle, von Gott inspirierte Greis muß ihn irgendwie beunruhigt und fasziniert haben. Wollte der Zar aus seinem Munde einen Rat oder eine Prophezeiung empfangen? Wollte er etwas über Napoleon erfahren, in dem damals viele, nicht nur die Skopzen, den Antichrist sahen? Man weiß nichts über dieses Gespräch.

Die Skopzen hielten Seliwanow nach wie vor für den Zaren Pjotr Fjodorowitsch. Sie bewahrten die wenigen Münzen, die während dessen kurzer Regierungszeit geprägt worden waren, wie Reliquien auf. Man konstruierte Ähnlichkeiten zwischen dem Zaren und Kondratij Seliwanow und verehrte diesen nach wie vor wie eine Gottheit. Indessen verhielt Seliwanow sich seiner Umgebung gegenüber außerordentlich sanft und gütig und hatte, nach der Beschreibung eines Zeitgenossen, einen »ungewöhnlich liebevollen Blick«.[262] Geschenke, erst recht Geldgeschenke, wies er zurück; er führte ein einfaches, asketisches Leben. Seine Nachfolger ermahnte er: »Oh, es ist eine große Aufgabe, ein Lehrer zu sein. Man bettet sich bei lebendigem Leibe in einen Sarg, gräbt seine Beine tief in die Erde ein, den Kopf aber bindet man am Himmel fest, hebt seinen Verstand stets zum Himmel hinauf, legt sein Herz in Gottes Hand und nimmt keine Geschenke an.«[263]

Das Wohlwollen der Obrigkeit und das ruhige Leben hielten bis 1820 an, als den Behörden allmählich auffiel, daß die Skopzen unter Seliwanows Führung ihre Ziele unbeirrt weiter verfolgten. Man erfuhr von zahlreichen Kastrationen in Seliwanows »Schiff«, sogar an Seeleuten, Gardesoldaten und Offizieren. Es mußte rasch gehandelt werden, und Seliwanow wurde nach Susdal in ein Kloster verbannt, jedoch mit der Weisung, ihn »schonend und aufmerksam« zu behandeln. Dort starb er 1832.

Bis Ende des Jahrhunderts weigerten sich die Skopzen, an seinen Tod zu glauben. Sie vermuteten, Seliwanow pilgere als Bettler durch das Land und setze sein Wirken fort. Wenn die Zahl der Skopzen die apokalyptischen einhundertvierundvierzigtausend erreiche, würde er wieder auftauchen, das Letzte Gericht halten und als rechtmäßiger

Zar den Thron besteigen. Und dann beginne das Paradies auf Erden.

Mehrere Gründe haben mich veranlaßt, bei dieser Figur zu verweilen, nicht nur die Komplexität seiner Persönlichkeit und sein außerordentliches Schicksal. Unter allen uns heute bekannten »Christos'« ist Kondratij Seliwanow der gerechteste, obwohl seine Lehre und ihre Konsequenzen uns entsetzen und abstoßen. Darüber hinaus aber war er ein Meister des Wortes. Seine interessantesten Werke sind die *Sendschreiben* und *Kreuzwege*. Letztere sind eine Art Vita, wie im Fall der *Vita* des Protopopen Awwakum von der dargestellten Person selbst verfaßt. Da Seliwanow nicht schreiben konnte, wurden seine Erzählungen von anderen Skopzen festgehalten. Stilistisch aber lassen sich die Lebensbeschreibungen Seliwanows und Awwakums kaum vergleichen. Seliwanow verfügte über die seltene Gabe, in Reimen zu sprechen und wie nebenbei Aphorismen und Sprüche, die zu den schönsten Beispielen russischer Prosa zählen, aus dem Ärmel zu schütteln. Die Erzählkunst Seliwanows gewährt dem Leser einen Einblick in den Reichtum der oralen Folklore:

»Für mich sind alle gleich, Fürst und Bettelmann: Manch ein Bettelmann ist ein Gottsucher, und manch ein Fürst treibt mit seiner Seele Wucher; für mich ist jener ein General, für den das Wort Gottes kein leerer Schall, und jener Erzbischof ein Hirt, der nicht des Teufels Hort und Wirt; und jenen nenn ich Patriarch, der gütig ist und ohne Arg.«[264]

Seliwanows Sprache zeichnet sich durch eine Fülle von Diminutiven aus, die im Russischen außerordentlich nuancenreich sind. Das ist ein Charakteristikum der Geißler- und Skopzensprache überhaupt, die einander nur mit Verkleinerungs- oder Koseformen anredeten und grobe und derbe Ausdrücke vermieden. Bei Seliwanow nimmt diese Sprechgewohnheit hypertrophe Formen an und führt zur Ausbildung eines besonderen, man möchte fast sagen, infantilistischen Stils. Er spricht so, als wäre er ein Kind, und nicht einmal ein Knabe, sondern ein kleines Mädchen mit dünnem, feinem Stimmchen. Vermutlich ist das die sprachlich-stilistische Auswirkung des »Zarensiegels«. Aber dieser Zug macht seine Prosa irgendwie ergreifend, zart und voller

Gottvertrauen, auch wenn Grausames und Schreckliches geschildert wird: wie er gesucht, gefangen, geschlagen, gefoltert und dem Henker überantwortet wurde. Er scheint ein kindliches, unschuldiges Spiel zu spielen und der Menschheit fortwährend den einzigen Ausweg zu zeigen: Entmannt euch! Und ihr alle werdet, so wie ich, liebe und glückliche Kindlein in Christo.

# Statt eines Schlußworts

Als ich dieses Buch schrieb, halfen mir Gedanken und Erinnerungen an meine alten Freunde, sowjetische Strafgefangene, die wegen ihres christlichen Glaubens verurteilt worden waren. Ich habe sie im Lager kennen und achten gelernt. Sie gehörten den verschiedensten Sekten oder Kirchen an. Nun ist es an der Zeit, einige von ihnen namentlich zu erwähnen.

Großvater Mina – er hatte ausdrücklich gebeten, ihn Großvater und nicht Vater zu nennen – nannte ich im stillen »die liebe Sonne«. Sein Gesicht verströmte ein gütiges Lächeln wie ein Leuchten. Er war das Oberhaupt der Gruppe der Beguny oder Skrytniki oder, wie sie sich selbst nennen, der »wahrhaft rechtgläubigen christlichen Pilger«. Sie hatten Unterschlupf gefunden im Keller eines mehrstöckigen Hauses, wo Mina eine Art Kloster oder geistliches Seminar für junge Nonnen unterhielt. Sie wurden beobachtet, samt ihren Büchern abgeschleppt, vor Gericht gestellt und als besonders gefährliche Staatsverbrecher verurteilt. In ihrer Bibliothek stammte kein Buch aus dem zwanzigsten Jahrhundert – sie wurden aber alle vor Gericht als antisowjetische Propaganda eingestuft. Aus irgendeinem Grunde fühlte sich das Regime durch den Begriff »Antichrist« getroffen. Selbstverständlich hatten unsere »Wanderer« mit Politik nichts im Sinn. Sie flohen einfach aus einer Welt, die vor dreihundert Jahren dem Antichrist verfallen war.

Nach Minas Verhaftung mußten sich die Nonnen einer erniedrigenden Untersuchung unterziehen, und obwohl es an ihrer Jungfräulichkeit keinen Zweifel gab, beschloß der zuständige Untersuchungsrichter des KGB, belastendes Material für die sowjetische Presse zusammenzustellen. Die jungen Mädchen, Minas geistige Töchter, wurden fotografiert, und der Fotograf stellte eine Collage her. Sie banden den

Greis an einem Stuhl fest, und der Untersuchungsrichter heftete die Bilder der jungen Mädchen an seine Kleider: der alte Lüstling und sein Harem. Mina nahm dies schweigend hin, sagte aber schließlich zum Untersuchungsrichter: »So, wie Sie jetzt mich mit diesen Fotos behängen, wird Ihre Tochter sich dem ersten besten Mann an den Hals werfen.«
Der Untersuchungsrichter stutzte und entließ den Fotografen.
Eines Tages besuchte ich Großvater Mina in seiner Baracke und fand ihn tief betrübt vor, Tränen standen in seinen Augen. Soeben hatte man im Radio die Meldung gebracht, Woroschilow sei gestorben. Das Lager triumphierte: Der alte Henker war endlich tot. »Wieso nehmen Sie sich das so zu Herzen?« Ich wunderte mich über die Tränen des alten Mannes. »Dieser Woroschilow hat so viel Böses getan... auch Ihnen...«
»Aber seine Seele ist doch jetzt direkt auf dem Weg in die Hölle!« sagte er mit unendlichem Schmerz, ohne allerdings sein freundliches Lächeln zu verlieren.
Sogar die Regierung war über den Tod des ehemaligen Marschalls und Staatspräsidenten nicht sonderlich bekümmert: Woroschilows Zeit war vorbei. Großvater Mina war vielleicht der einzige Mensch im ganzen Land, der ihn aufrichtig bedauerte. Er schien den Weg der verlorenen Seele im Jenseits mitzuverfolgen und zu beweinen. »Liebet eure Feunde, tuet wohl denen, die euch hassen.«
Kurz bevor Großvater Mina Ende der sechziger Jahre entlassen wurde, gab er zu verstehen, daß er an seinem Verbannungsort, wo er unter Polizeiaufsicht wohnen sollte, nicht ankommen, sondern unterwegs verschwinden würde. Das bedeutete, daß er abermals in den Untergrund gehen wollte. So war es auch. Wahrscheinlich haben seine Glaubensbrüder ihn unterwegs abgefangen und versteckt.
Wladimir Andrejewitsch Schelkow, das Oberhaupt der Adventisten, lernte ich 1966 kennen. Die genaue Bezeichnung dieser Kirche lautet: Seventh-Day-Adventists (Adventisten des Siebten Tages). Die Bezeichnung Adventist stammt vom lateinischen *adventus* (Ankunft) und bezieht sich auf die bevorstehende Wiederkehr Christi. Der siebte Tag ist der Sabbath, der von den Adventisten nach dem Alten

Testament statt des Sonntags gefeiert wird. Die »Übrigen« sind ein Zweig der Religionsgemeinschaft der Adventisten, der sich erst unter dem Sowjetregime abspaltete, da sie den Militärdienst und jegliche staatliche Registrierung strikt ablehnten. Ihren Namen leiteten sie von einem Bibelspruch ab: »Denn ob dein Volk, o Israel, ist wie Sand am Meer, sollen doch die Übrigen desselben bekehrt werden.« (Jesaja 10,22)

Der Adventismus entstand Anfang des neunzehnten Jahrhunderts in Amerika, faßte um die Jahrhundertwende in Rußland Fuß und ist heute recht verbreitet. Es handelt sich um eine rationalistische protestantische Sekte, deren Fundament der Glaube an die bevorstehende Wiederkunft Christi und das herannahende Weltenende bildet. Nach den Adventisten gibt die Bibel genaue Auskunft über die wichtigsten Etappen der Weltgeschichte, sie prophezeit Entstehung und Niedergang der Reiche sowie die Abfolge historischer Ereignisse und gibt sogar deren exakte Daten an. Das katholische Rom, die Orthodoxie und überhaupt jede christliche Richtung, die mit der Staatsgewalt ein Bündnis eingeht, gehört für sie in die Sphäre des Antichrist.

In den Gesprächen mit Wladimir Andrejewitsch bewunderte ich seinen distanzierten, gleichsam über den Ereignissen schwebenden Blick. »Wir leben alle in den Fingern des Götzen!« Die zeitliche Distanz begünstigt, wenn ich ihn richtig verstanden habe, das Verständnis von größeren Zusammenhängen; sie wirkt gleichsam wie ein Weitwinkelobjektiv, mit dem wir das alte Judäa, Ägypten, Babylon, Persien betrachten können, und zwar klarer, als wenn wir sie auf Nasenlänge vor uns hätten.

Als wir uns kennenlernten, war Schelkow bereits zum dritten Mal in Haft. Ein ruhiger, schlanker alter Mann, war er ein hervorragender Kenner der Bibel und der christlichen Geschichte, als wäre er seit seiner ersten Verhaftung 1931 selbst alle ihre Wege gegangen. Abends hielt er mir heimlich auf den verschneiten Trampelpfaden einen umfassenden Vorlesungszyklus zu diesem Thema.

Eine einzige Episode charakterisiert seine moralische Festigkeit: 1946 wurde er um seines Glaubens willen zum Tod durch Erschießen verurteilt und verbrachte fünfundfünfzig Tage in der Todeszelle, wobei er stündlich, vor allem nachts, mit der Urteilsvollstreckung rechnen mußte. Immer wieder sagte er sich: »Der Herr holt mich in seiner unendlichen Liebe zu sich, damit ich nicht noch mehr sündige.« Wie es sich für einen Christen geziemt, betrachtete sich der Gerechte als Sünder.

Ein Teil der Adventisten glaubt nicht an das Leben der Seele nach dem Tode, sondern an die Auferstehung der Toten. Sie nehmen einen schlafähnlichen Zustand der Seele und ein Erwachen am Tage des Jüngsten Gerichts an, daher die Bezeichnung »Seelenschläfer«. Darüber wurde im Lager unter den Gläubigen der verschiedenen Richtungen leidenschaftlich anhand der Bibel diskutiert. Besonders umstritten war die Stelle aus dem Lukas-Evangelium (23,43) vom Gekreuzigten und dem reumütigen Übeltäter: »Und Jesus sprach zu ihm: Wahrlich, ich sage dir, heute wirst du mit mir im Paradiese sein.« Für die einen war das Gesagte ein Beweis für die kontinuierliche Fortdauer des Lebens nach dem physischen Tod, die Adventisten hingegen behaupteten, im kanonischen Text sei die Zeichensetzung willkürlich. Richtig sei es, den Satz mit folgender Interpunktion zu lesen: »Wahrlich, ich sage dir heute: du wirst mit mir im Paradies sein.« Auf diese Weise wird der Aufenthalt im Paradies in die Zukunft verlegt, nämlich dann, wenn die Toten auferstanden sind.

Schelkow wurde 1968 entlassen und tauchte sofort unter. Bis dahin hatte er insgesamt dreiundzwanzig Jahre im Gefängnis verbracht. Zehn Jahre später hatte man ihn wieder aufgespürt, verhaftet und abermals zu fünf Jahren Gefängnis verurteilt.

Einen besonderen Aspekt des christlichen Glaubens vertreten die »Heiligen des Fünfzigsten Tages«. Sie predigen die Taufe durch den Heiligen Geist, der über die Seelen der Betenden kommt, wie einst über die Apostel, und sie in fremden Zungen reden läßt, unter anderem in der Sprache der Engel. Diese Sekte geht auf die westliche Pfingstbewegung zurück und hat vieles mit anderen russischen mystischen Sekten gemeinsam. Der Herr persönlich soll die Pentekoste-Gemeinschaft bei ihren Zusammenkünften häufig vor Verrätern und Spionen, Haussuchungen und Polizeikontrollen gewarnt haben. »Und was wird erst sein, wenn wir uns in die Luft erheben und fliegen?« sagte mir einer von ihnen, noch größere Wunder andeutend.

Als ich einmal etwas verlegen meine Freunde aus der Pfingstbewegung fragte, ob ich an einer ihrer Andachten teilnehmen könnte, um dabeizusein, wenn sie in Zungen redeten, willigten sie zu meinem Erstaunen sofort ein. Ich wurde in das Bad geleitet, wo einer aus der Gemeinde als Heizer arbeitete und deshalb den Raum, wenn er nicht gerade benutzt wurde, als Gebetsort zur Verfügung stellen konnte. Wir waren zu dritt, zwei Pentekostler und ich. Die Tür wurde von innen verriegelt, und wir knieten auf dem Steinboden nieder. Zu meiner Erleichterung wurde zu Beginn das russische Vaterunser gebetet. Plötzlich ging einer der Betenden und dann auch der andere – sie knieten links und rechts von mir – in eine mir unbekannte Sprache über. Sie redeten gemessen und ruhig, gar nicht entrückt oder gar hysterisch – aber sie redeten in einer anderen Sprache. Genaugenommen in verschiedenen Sprachen – der eine in einer europäischen, vielleicht einer nordischen, die des anderen klang orientalisch. Sie wußten selbst nicht, welche Sprache es war, und ich schämte mich, weil ich mich durch Philologie von der Mystik ablenken ließ: Ich versuchte, mich hineinzuhören. Was war das? Glossolalie? Abrakadabra? Sinnlose Laute, die man für Engelsstimmen hält? Eine poetische Übersprache? Ich bin leider kein Linguist. Das einzige, was mir zu verstehen glückte, war die Struktur, die Sprachharmonie, ob es nun die Sprache der Engel war oder eine andere, es war eine Rede voller Bedeutung, voller Sinn. Es war die letzte Sprache.

Am liebsten wäre ich aufgestanden und weggegangen. Ich meinte, daß Blitze, starke elektrische Ladungen, die durch die beiden Blitzableiter jeweils einen halben Meter links und rechts von mir in den Zementboden des Bades einschlugen, mich jeden Augenblick mitten in die Schädeldecke treffen könnten, mit demselben wunderbaren Sprachstrom, dessen ich nicht würdig war und dem ich mich verweigerte.

Die beiden kündeten, indem sie sich in allen Sprachen gleichzeitig an die ganze Welt wandten, von dem Dasein mit Gott unter den Bedingungen des Kerkers.

Der Tradition der Orthodoxie bin ich ebenfalls im Lager begegnet –

dort, wo die Bibel verboten ist und von Hand abgeschrieben wird. Bei jedem Filzen wurden solche Blättchen konfisziert, aber bald tauchten neue auf und verbreiteten sich in der ganzen Zone. Im Morgengrauen oder in der Abenddämmerung knieten hinter dem steinernen Badehaus, hinter der langgestreckten Latrinenbaracke Betende – mit Blick auf den Stacheldraht und das offene Feld. Kam ein Aufseher vorbei, so verjagte und bedrohte er sie. Aber gleich darauf kniete hinter der Latrine wieder jemand und betete...

Bald nach meiner Ankunft trat abends, eine Stunde vor Einschluß, jemand auf mich zu und fragte vorsichtig, ob ich an einer Lesung der Apokalypse teilnehmen wolle. Er führte mich in den Heizraum, wo man sich vor den Augen der Spitzel und der Lagerleitung sicher fühlen konnte. Dort, in dem halbdunklen höhlenartigen Kellerraum kauerten bereits in den Ecken und an den Wänden einige Menschen, und ich erwartete, daß im nächsten Augenblick ein Buch oder handgeschriebene Blätter unter einer Steppjacke zum Vorschein kommen würden – aber ich hatte mich geirrt. Im rötlichen Schein des Heizungskessels erhob sich ein Mann und las aus der Offenbarung – er las ohne Text, auswendig, Wort für Wort. Als er verstummte, sagte der Heizer, ein älterer Bauer, der hier so etwas wie den Hausherrn darstellte: »Jetzt bist du dran, Fjodor!« Fjodor stand auf und sprach die nächsten Kapitel. Dann entstand eine Lücke, weil der Zuständige Nachtschicht hatte. »Dann kommt er nächstes Mal dran«, sagte der Heizer und rief Pjotr auf. Da erst begriff ich, daß die wichtigsten Texte der Heiligen Schrift auf diese Strafgefangenen, ganz einfache Bauern, die ihre zehn, fünfzehn, zwanzig Jahre im Lager absitzen mußten, verteilt waren. Sie hatten sie auswendig gelernt, trafen sich ab und zu heimlich und sprachen laut vor, um sie nicht zu vergessen.

Diese seltsame Szene erinnerte mich damals an den Roman des amerikanischen Meisters der Science-fiction Ray Bradbury – *Fahrenheit 451*. Bei 451 Grad Fahrenheit brennt Papier. In diesem Roman schildert Bradbury den künftigen »idealen« Staat, in dem alles normiert ist und der Besitz von Büchern und Papier sowie das Lesen und Schreiben verboten sind. Bücher, die bei einer Hausdurchsuchung gefunden werden, müssen mit ihren Besitzern verbrannt werden. Aber am Ende

des Romans erfahren wir, daß irgendwo außerhalb der Stadt Menschen nachts in Höhlen zusammenkommen, und daß einer von ihnen sagt: »Ich bin Shakespeare«, und ein anderer »Ich bin Dante«. Das bedeutet, daß der erste etwas von Shakespeare auswendig weiß und vorträgt, der zweite von Dante, der dritte von Goethe...
Die Bauern im Lager, die sich im Heizungskeller versammelten, hätten ebensogut sagen können: »Ich bin die Offenbarung des Johannes, 22. Kapitel.« Der andere: »Ich bin das Evangelium des Matthäus.« Und so weiter, einer nach dem anderen, und jeder spricht so gut und soviel er weiß. Das war Kultur als Kontinuität und Essenz, die auch in der niedrigsten primitivsten Sphäre fortbestand. Eine Kette: von Mund zu Mund, von Hand zu Hand, von Generation zu Generation, von Lager zu Lager. Aber gerade dies ist Kultur, vielleicht sogar in einer ihrer reinsten und höchsten Erscheinungsformen. Und wenn es solche Menschen nicht gäbe und sie sich nicht allen Widrigkeiten zum Trotz zu einer solchen Kette zusammenfänden, würde das Leben auf dieser Erde seinen Sinn verlieren.

# Anmerkungen

1 Afanasjew (Hg.), *Russische Volksmärchen*, (russ.), Moskau 1957, Bd. 3, S. 302
2 ebda., Bd. 3, S. 347
3 ebda., Bd. 2, S. 35
4 ebda., Bd. 2, S. 414
5 ebda., Bd. 2, S. 12
6 ebda., Bd. 2, S. 172
7 ebda., Bd. 2, S. 373
8 ebda., Bd. 2, S. 446
9 ebda., Bd. 2, S. 130
10 ebda., Bd. 2, S. 373
11 Sokolow, J. u. M. (Hg.), *Bylinen Sammlung*, (russ.), Moskau 1954, S. 9
12 Afanasjew, Bd. 3, S. 353–5
13 ebda., Bd. 2, S. 136
14 *Russische Volksdichtung. Ein Lesebuch*, (russ.), Moskau 1959, S. 324
15 Afanasjew, Bd. 3, S. 23
16 ebda., Bd. 3, S. 326, 356
17 ebda., Bd. 1, S. 32
18 ebda., Bd. 2, S. 58
19 ebda., Bd. 2, S. 153
20 ebda., Bd. 2, S. 113
21 ebda., Bd. 2, S. 44
22 ebda., Bd. 2, S. 6
23 ebda., Bd. 2, S. 26
24 ebda., Bd. 2, S. 329
25 ebda., Bd. 2, S. 350–2
26 ebda., Bd. 2, S. 3
27 ebda., Bd. 3, S. 195
28 ebda., Bd. 1, S. 315
29 Smirnow, M. J., *Märchen und Lieder aus dem Perslawl-Salesskij-Kreis*, (russ.), Moskau 1922, S. 94
30 Afanasjew, Bd. 3, S. 195–6
31 ebda., Bd. 2, S. 45
32 Trubezkoj, Jewgenij, *Die Suche nach dem anderen Reich im russischen Volksmärchen*, (russ.), Moskau 1946, S. 46
33 vgl. z. B. das deutsche Märchen ›Die goldene Gans‹ aus der Sammlung der Gebrüder Grimm
34 *Anthologie der altrussischen Literatur*, (russ.), Moskau 1969
35 Afanasjew, Bd. 1, S. 103–4
36 ebda., Bd. 3, S. 165–7

37 Trubezkoj, S. 11-2
38 Afanasjew, Bd. 1, S. 320
39 ebda., Bd. 3, S. 168
40 ebda., Bd. 3, S. 179
41 ebda., Bd. 2, S. 303-4
42 ebda., Bd. 2, S. 413
43 *Bylinen*, (russ.), Leningrad 1986, S. 345, 348, 349
44 Gorkij, Maxim, *Gesammelte Werke in 30 Bänden*, (russ.), Moskau 1951, Bd. 15, S. 336
45 Afanasjew, Bd. 3, S. 33
46 ebda., Bd. 2, S. 49-50
47 ebda., Bd. 2, S. 98
48 ebda., Bd. 1, S. 319
49 Osarowskaja, O. E., *Pjatiretschje*, (russ.), Leningrad 1931, S. 258-9
50 ebda., S. 259
51 ebda., S. 264
52 Onutschkow, N. E., *Märchen des Nordens*, (russ.), St. Petersburg 1908, S. 4
53 ebda., S. 79
54 Sokolow, J. M., *Russische Folklore*, (russ.), Moskau 1947, S. 354
55 Afanasjew, Bd. 2, S. 6
56 ebda., Bd. 2, S. 108
57 ebda., Bd. 1, S. 239
58 Onutschkow, S. 387
59 Afanasjew, Bd. 2, S. 439
60 ebda., Bd. 2, S. 86
61 Asadowskij, M. (Hg.), *Das Russische Märchen. Seine Meistererzähler*, (russ.), Leningrad 1931, S. 143
62 Afanasjew, Bd. 2, S. 406
63 Asadowskij, Bd. 1, S. 171
64 *Das Lachen im alten Rußland* (Sammelband), (russ.), Leningrad 1944, S. 21
65 Asadowskij, Bd. 2, S. 373
66 Afanasjew, Bd. 3, S. 305
67 ebda., Bd. 2, S. 323
68 ebda., Bd. 1, S. 103
69 Onutschkow, S. 508
70 Afanasjew, Bd. 3, S. 225/232
71 ebda., Bd. 3, S. 219
72 *Märchen und Mythen Ozeaniens*, (russ.), Moskau 1970, S. 433
73 *Sowjetische Ethnographie*, (russ.), 1969, Nr. 2, S. 34
74 Afanasjew, Bd. 3, S. 232
75 *Das Russische Märchen. Seine Meistererzähler*, Bd. 1, S. 96
76 Afanasjew, Bd. 1, S. 53-4
77 »Legende vom Heiligen Fürsten Pjotr und der Heiligen Fürstin Fewronija«, in: Nassonow, A., *Mongolen und Russen*, (russ.), Moskau u. Leningrad 1940
78 *Nestor-Chronik. I*, Moskau u. Leningrad 1950, S. 221
79 Iwanow Wjatscheslaw u. Toporow, W., *Slawische semiotische Sprachsysteme*, Moskau 1950, S. 160
79a Schein, P., *Materialien zur Sprach- und Brauchtumsforschung des russischen Nordwesten*, St. Petersburg 1893, Bd. 2, S. 343

80 Tschulkow, M., *Handbuch des russischen Aberglaubens*, St. Petersburg 1782, S. 53
81 Sasurzew, P., *Das Nowgorod der Archäologen*, Moskau 1962, S. 28
82 Iwanow u. Toporow, S. 131
83 Anitschkow, E. W., *Heidentum und die alte Rus*, (russ.), St. Petersburg 1914, S. 344
84 Borosdin, A., Lipawskij, A., Schochow, D., Maximow, W. u. Solotarjow, S., *Skizzen zur Geschichte der russischen Literatur*, (russ.), St. Petersburg–Kiew 1913, S. 29
85 Dal, Wladimir, *Über Glauben, Aberglauben und Vorurteile des russischen Volkes, Gesammelte Werke*, (russ.) Moskau u. St. Petersburg 1898, Bd. 10
85a Maximow, S. W., *Die Unreinen, der fremde Geist und die guten Geister*, (russ.), St. Petersburg 1903
86 Maximow, S. 36
87 ebda., S. 37
88 *Nestor-Chronik I*, S. 208
89 Schein, Bd. 2, S. 536–7
90 Maximow, S. 71
91 ebda., S. 93
92 Dal, S. 337
93 Maximow, S. 91
94 ebda., S. 91
95 Buslajew, F., *Meine Mußestunden*, (russ.), Moskau 1886, Bd. 2, S. 7
96 Maximow, S. 14
97 Schein, P., *Der Großrusse in seinen Liedern, Riten, Sitten, Aberglauben, Märchen, Legenden usw.*, (russ.), St. Petersburg 1900, Bd. 1, 2. Folge, S. 662
98 Maximow, S. 152
99 Nowombergskij, *Reden und Sachen des Zaren (Gerichtsverhandlungen vor dem Erscheinen des Gesetzbuches des Zaren Alexej Michailowitsch 1649)*, Moskau 1911, Bd. 1, S. 325–6
100 *Die Vita des Protopopen Awwakum*, (russ.), Moskau 1916, S. 116–7
101 ebda., S. 111
102 Iwanow, P., *Studie über die Auffassung der bäuerlichen Bevölkerung des Kubjanskij-Bezirks. Von der Seele und dem Leben im Jenseits*, (russ.), Charkow 1909, S. 47
103 Ibn Fadlan, Achmed, *Reisebericht*, (deutsch von A. Zeki, Validi Togan), Deutsche Morgenländische Gesellschaft, Kommissionsverlag F. A. Brockhaus, Leipzig 1939
104 Fjodorow–Dawydow, G. A., *Grabgelege, Götzen, Münzen*, (russ.), Moskau 1968, S. 57–8
105 *Bylinen*, Moskau 1954, S. 92
106 Florenskij, Pawel, *Allgemeine menschliche Wurzeln des Idealismus*, (russ.), Serijew Possad 1909, S. 22
107 (aus dem Archiv des Verfassers)
108 Sacharow, J., *Mündliche russische Volksdichtung*, (russ.), St. Petersburg 1841, Bd. 1, S. 20
109 Busslajew, J. F., *Historische Skizzen der russischen Volksdichtung und Volkskunst*, (russ.), St. Petersburg 1861, Bd. 2, S. 45
110 Sacharow, Bd. 1, S. 33
111 ebda., S. 19
112 Nowombergskij, Bd. 1, S. 205

113 (aus dem Archiv des Verfassers)
114 *Russische Volksdichtung*, Moskau 1959, S. 389
115 Dal, S. 368
116 Maximow, S. 116
117 ebda., S. 140
118 *Bylinen*, Moskau 1954, S. 3
119 ebda., S. 64
120 Maximow, S. 112
121 ebda., S. 140
122 ebda.
123 ebda., S. 176
124 Dal, S. 332
125 Sacharow, J., Bd. 1, S. 20
126 Fedotow, G., *Der russische Volksglaube in geistlichen Gesängen*, (russ.), Paris 1935, S. 18
127 Schmeljow, I., *Das Jahr des Herrn. Feste, Freuden, Leiden*, (russ.), New York, S. 334
128 Fedotow, S. 34
129 Schmeljow, S. 171/173
130 *Russische Folklore. Ein Lesebuch*, (russ.), Moskau u. Leningrad 1938, S. 151–2
131 Bessonow, P., *Kaliki*, Moskau 1861–64, (in englischer Übersetzung 1970), Bd. 1, S. 34–5
132 *Nestor-Chronik*, S. 274
133 Fedotow, S. 101
134 ebda., S. 79
135 Maximow, S. 252
136 Fedotow, S. 48–9
137 ebda., S. 49–50
138 ebda., S. 44
139 ebda., S. 51
140 ebda., S. 83
141 ebda., S. 80
142 Samarin, D., *Die Gottesmutter im Verständnis des russischen Volkes*, (russ.), Moskau u. Petrograd 1918, Bd. III–IV, S. 25/32/34
143 Gorkij, Maxim, *Gesammelte Werke*, Bd. 13, S. 245
144 Olearius, Adam, *Moskowitische und persische Reise*, Schleswig 1656. Bearbeitet v. Eberhard Meißner, Berlin 1959
145 *Russische Volkslegenden*. Sammlung Afanasjew, (russ.), Moskau 1859, S. 39–42
146 Fedotow, S. 61
147 *Kaliki*, Bd. 1, S. 757
148 Remisow, Alexej, *Nikola-Legenden*, (russ.), New York, Paris, Riga, Harbin 1924, S. 104–5
149 Maximow, S. 349
150 ebda., S. 447
151 ebda., S. 442
152 *Anthologie der altrussischen Literatur*, S. 529
153 *Kaliki*, Bd. 1, S. 510
154 ebda., S. 513
155 ebda., S. 417

156 *Russische Volkslegenden*, S. 136
157 Maximow, S. 345
158 ebda., S. 448
159 *Kaliki*, Bd. 1, S. 38
160 Maximow, S. 494–9/468
161 Maximow, S. 353
162 *Kaliki*, Bd. 2, S. 120–3
163 Leskow, N. S., *Werke*, Moskau 1957, Bd. 5, S. 464–5
164 Busslajew, J. F., Bd. 2, S. 58–9
165 *Des Heiligen Dionysios Areopagita über die beiden Hierarchien*, a. d. Griechischen von Jos. Stiglmayr, S. J., Kempten u. München 1911, S. 5
166 Adrianowa-Perez, *Kriegergeschichte aus der alten Rus*, (russ.), Moskau u. Leningrad 1949
167 *Russische Folklore. Ein Lesebuch*, S. 146–7
168 *Kaliki*, Bd. 1, S. 284
169 *Russische Folklore. Ein Lesebuch*, S. 146–7
170 *Kaliki*, Bd. 1, S. 283/307/301/279
171 ebda., Bd. 1, S. 301
172 ebda., Bd. 1, S. 270–1
173 ebda., Bd. 1, S. 271
174 ebda., Bd. 1, S. 338
175 ebda., Bd. 1, S. 305/376
176 ebda., Bd. 1, S. 225/230/234
177 ebda., Bd. 1, S. 48–9
178 ebda., Bd. 2, Folge 6, S. 327
179 ebda., Folge 5, S. 133/135
180 ebda., S. 122
181 ebda., S. 237
182 ebda., Bd. 1, S. 20–1
183 Borosdin, A., u. a., S. 100
184 *Eines Pilgers aufrichtige Erzählungen an seinen Beichtvater*, (russ.), Paris 1973, 4. Aufl., S. 31, 107–8
185 Pantschenko, A. M., *Lachen als Schauspiel. Das altrussische Jurodstdwo*, in: Lichatschow, D. S. und Pantschenko, J. M., Ponyrko, N. W., (Hg.), *Das Lachen in der alten Rus*, (russ.), Leningrad 1984, S. 85
186 Fedotow, G. P., *Die Heiligen der alten Rus. Zehntes bis Siebzehntes Jahrhundert*, (russ.), New York 1951
187 ebda., S. 200/202
188 Lodyschenskij, M. W., *Das unsichtbare Licht*, (russ.), Petrograd 1915, S. 238
189 *Die Chronik des Serafimo-Diwejewo-Kloster*, hg. v. Archimandrit Serafim (Tschitschagow), (russ.), St. Petersburg 1903, S. 206/417–25
190 Motowilow, N. A., *Die Unterweisungen des Serafim von Sarow*, (russ.), Sergejew Posad 1914, S. 17–8/48–9
191 Rosanow, W. W., *Die Psychologie der russischen Kirchenspaltung. Religion und Kultur*, (russ.), St. Petersburg 1899, S. 24–5
192 Olearius, S. 312
193 *Die Vita des Protopopen Awwakum*, S. 196
194 Klutschewskij, W. O., *Werke*, Moskau 1957, Bd. 3
195 *Die Vita des Protopopen Awwakum*, S. 318–9

196 ebda., S. 338
197 ebda., S. 200
198 ebda., S. 320
199 ebda., S. 66
200 ebda., S. 78
201 zitiert nach der handschriftlichen Abschrift der ›Vita des Ehrwürdigen Kornelijus‹ aus dem Archiv des Verfassers
202 *Die Vita des Prototypen Awwakum*, S. 224/227–9
203 Rosanow, W. W., *Das dunkle Antlitz. Metaphysik des Christentums*, (russ.), St. Petersburg 1911, S. 136–7
204 ebda., S. 198
205 Liwanow, F. W., *Altgläubige und Zuchthäusler. Erzählungen und Skizzen*, (russ.), St. Petersburg 1870, Bd. 1, S. 146
206 Andrejew, W. W., *Die Kirchenspaltung und ihre Folgen. Eine historische Skizze*, (russ.), St. Petersburg 1870, S. 231–2
207 Liwanow, S. 147
208 Andrejew, S. 328
209 ebda., S. 305
210 Melnikow, P. J., *In den Bergen II*, (russ.), Moskau 1956, S. 471–2
211 Andrejew, S. 171/184
212 Plotnikow, K., *Eine kritische Geschichte des russischen Sektierertums*, (russ.), Petrograd 1916, S. 106
213 ebda., S. 115–6
214 Liwanow, S. 515–7
215 Prugawin, A. S., *Die religiösen Abtrünnigen. Zum modernen Sektierertum*, (russ.), St. Petersburg 1904, Folge I, S. 118–9
216 ebda., S. 121
217 ebda., S. 122–3
219 ebda., S. 37
219 Maximow, S. W., *Das pilgernde, bettelnde Rußland*, in *Gesammelte Werke*, St. Petersburg 1910, Bd. 6, S. 168
220 Prugawin, S. 74
221 ebda., S. 106
222 ebda., S. 124–5
223 ebda., S. 9
224 ebda., S. 130–1
225 Butsch-Brujewitsch (Hg.), *Materialien zur Geschichte des russischen Sektierertums und der Altgläubigen*, (russ.), St. Petersburg 1910, 3. Folge, S. 31
226 Prugawin, A. S., *Die der Welt Entsagenden. Skizzen religiöser Wege*, Moskau 1918, S. 99–100
227 ebda., S. 122–3
228 Prugawin, *Religiöse Abtrünnige*, Serie 2, S. 175–6
229 ebda., S. 210/212
230 Plotnikow, S. 8
231 Ajwasow, J. G. (Hg.), *»Christowschtschina«. Materialien zur Erforschung russischer mystischer Sekten*, Petrograd 1915, Bd. 3, S. 71
232 *Christowschtschina*, Bd. 1, S. 63
233 Liwanow, S. 72
234 Plotnikow, S. 55

235 ebda., S. 16
236 Andrejew, S. 268
237 Rosanow, W. W., *Die apokalyptische Sekte. Chlysty und Skopzen*, St. Petersburg 1914
238 Melnikow, P. J., *In den Bergen II*, S. 119
239 Plotnikow, S. 23–4
240 ebda., S. 20
241 *Christowschtschina*, Bd. 1, S. 117
242 ebda., S. 119
243 Plotnikow, S. 12
244 *Christowschtschina*, Bd. 1, S. 416/418/421
245 Roschdestwenskij und Uspensnij (Hg.), *Lieder der russischen Sektierer und Mystiker*, (russ.), St. Petersburg 1912, S. 828
246 Plotnikow, S. 52
247 *Lieder der russischen Sektierer und Mystiker*, S. XXVIII
248 Rosanow, S. 26–7
249 Plotnikow, S. 50
250 Andrejew, S. 329
251 Rosanow, S. 168
252 ebda., S. 148
253 ebda., S. 18–9
254 ebda., S. 148
255 ebda., S. 149
256 ebda., S. 142
257 Plotnikow, S. 51
258 Andrejew, S. 277
259 Rosanow, S. 138
260 Andrejew, S. 278
261 Fedorenko, F. J., *Die Sekten, ihr Glaube und ihre Taten*, (russ.), Moskau 1965
262 Rosanow, S. 22
263 ebda., S. 161
264 ebda., S. 162